감정의 귀환

아리스토텔레스
감정론 연구

감정의 귀환

아리스토텔레스
감정론 연구

한석환 지음

성균관대학교
출 판 부

나의 에너지원 승민에게

아주 오래된 신화

"'이치를 따져 말하는 일'(*hoi logoi*)만으로 사람이 유덕하게 될 수 있다면 (…) 말하는 일에 많은 보상과 큰 보상이 주어졌을 것이다. 그러나 현실이 그러하듯이 (…) '이치를 따져 말하는 일'만으로는 많은 사람을 격려하여 고상함과 좋음에 이르게 할 수 없다." _아리스토텔레스, 『니윤』 X 10, 1179b4-10

'감정적으로 대응해서는 안 된다. 이성을 되찾아야 한다.' 2018년 대법원은 일제 강점기 강제동원 피해자들이 일본 기업을 상대로 제기한 손해배상 청구소송에서 피고가 피징용 피해자들에게 위자료를 지급하여야 한다는 취지의 원심판결을 그대로 확정한다. 얼마 뒤 정부는 탄핵을 당해 물러난 직전 정부가 2015년 일본과의 일본군 위안부 합의에 따라 설립한 화해·치유재단의 해산 결정을 발표한다. 과거사 청산과 관련한 정상화 조치의 일환이었다. 이에 일본은 2019년 7월 대(對)한국 수출규제 조치를 취함으로써 반격을 가한다. 대일 의존도가 높은, 반도체와 디스플레이 산업에 필수적인 3개 품목의 수출을 제한한다는 것이었다. 이러한 대응방침이 알려지자 국내 시민사회에서는 일본 제품 불매운동을 대대적으로 벌인다. 그러자 언론에서는 일본 제품 불매운동을 '감정적 대응'으로 간주, 기사는 물론이고 사설, '석학'의 특별기고, 지명도 높은 논객의 칼럼 등을 동원하여 훈계조의 논평을 대량으로 쏟아낸다. 한 마디로 요약하면 감정적 대응을 해서는 안 된다는 것이었다. 매체와 필자는 달라도 하는 소리는 하나같이 똑같았다. 냉정하게, 이성적으로 대처해야 한다는 주문이었다. 놀라운 것은 그같은, 감정에 적대적인 논조에 그 어떤 반론도 나오지 않더라는 것이다. 다들 무언중에 맞는 소리라고 수긍해서였을 거라고 막연히 짐작한다.

감정적 대응 운운하며 말을 에둘러 하지만 골자는 의외로 간단하다. 감정을 표출하지 말라(!), 이 한마디로 모든 게 집약된다. 분노하지 말고 잠자코 있으라는 거다. 아니, 화가 나는데 화를 내지 말라니 가당키나 한 소린가. 목이 마르더라도 물을 찾지 말고 참아라, 가렵더라도 긁지 말고 견뎌라, 울음이 나오더라도 울지 말고 꾹꾹 눌러라, 이와 뭐가 다른가. 어불성설, 말이 안 되는 소리다. 난센스다. 감정을 표출하지 말라는 것은 생리적 현상이 나타날 기미가 보이더라도 분출시키지 말고 틀어막으라는 것과 조금도 다르지 않다. 자연에 역행하는 처사다. 여론의 탈을 쓴 자기기만적 궤변이다. 대체 감정이 무엇이기에 이러는 것일까.

감정신화, 아주 오래된

감정이 신뢰할 수 없는 말썽꾸러기로 다뤄진 것은 어제오늘의 일이 아니다. 이성 우위의 사고로 점철된 서양철학의 역사가 곧 감정을 차별하고 배제하는 역사였다. 진득하지 못하고 충동적이다, 이랬다 저랬다 한다, 이성이 옳다고 판단한 것을 왕왕 뒤집어버린다, 믿을 수 없고 합리적이지 않다, 제멋대로여서 통제가 안 된다, 언제 무슨 짓을 할지 가늠이 안 된다, 파괴적이다, 맹목적이다, 천박하다, 이 모두가 감정에 붙여진 꼬리표이다.

이 같은 감정의 대척점에 놓여 있는 것은 이성이다. 감정과 정반 대되는 징표를 열거하면 죄다 이성에 들어맞는다. 믿음직스럽다, 한결같다, 냉철하다, 세련되었다, 앞을 내다볼 수 있게 해준다. 그 러기에 우리는 이성의 도움을 받아 우리의 삶을 가지런히 정돈할 수 있다. (그러기에 이성적으로, 합리적으로 삶을 영위함이 마땅하다.)

이성은 인간을 동물과 구별해주는 유일한 징표이다. 심지어 인 간적 세계를 뛰어넘어 신적 영역으로 나아갈 수 있는 통로이기도 하다. 널리 퍼져 있는 이성을 보는 보편적 시각이다. 여기서 한번 되짚어보자, 과연 그런지. 유감스럽게도 그 허구성을 찾아내는 데 는 많은 시간이 필요치 않다. 한두 사례를 언급하는 것만으로도 그 것이 지어낸 이야기임이 단박에 드러난다. 그래, 이성은 믿음직스 럽다. 그러나 항상 믿음직스럽기만 하던가. 거짓을 말하지는 않던 가. 냉철하기만 하던가. 그렇지 않다는 것은 유구한 인류 역사가 웅변으로 증언한다. 인류 역사에서 금수만도 못한 만행의 많은 귀 책사유가 이성에 있기 때문이다. 그뿐인가, 이 세계에 풀어야 할 문제가 산적해 있는 것 역시 많은 부분은 이성이 자초한 결과이자 이성의 무능과 역부족을 반증하는 반례가 아니고 무어란 말인가. 이성, 만능도 만물박사도 아니다. 실수도 잦고 할 수 없는 일도 부지기수로 많다.

　이성을 보는 긍정적 시각이 그러하듯, 감정을 보는 부정적 시각역시 허구다. 이성을 부각시킬 요량으로, 고의로 평가 절하한 이데올로기적 혐의가 짙다. 허구적이라는 의미에서 감정에 대한 경멸적내지 적대적 시각은 '신화'이다.[1] 철학자들이 감정에 그런 덧칠을 하여 왜곡한 것일 뿐, 실상은 그렇지 않다. 모든 신화가 그러하듯, 감정신화 역시 지어낸 이야기이고 인간의 자아상 구축을 위해 편파적으로 각색한 것일 뿐이다.

'사려분별'(프로네시스), 실천(프락시스)의 영역을 관장하는 이성

이성이 하는 일을 보통 한 가지인 것처럼 뭉뚱그려 사고라고 칭하지만 구별해야 할 것이 있다. 이론적 사고(누스/디아노이아)와 실천적사고(프로네시스, 이하 '사려분별'이라 칭함)가 그것이다. 전자를 특징짓는표현으로는 보편적이다, 필연적이다, 불변적이다, 무차별적이다, 예외가 허용되지 않는다, 법칙과 원리로 정식화할 수 있다, 등을 들수 있다. 그것의 대상이 그러하기에 그런 대상을 인식하는 이성 역시 그렇게 특징짓는다. 그러면 사려분별은 어떤가. 그 역시 이성적이다. 동시에 특수하고 개연적이다. 예외 없이 그런 것이 아니라십중팔구 그렇다는 뜻이다. 그뿐이 아니다. 규칙을 세울 수 없지는않지만 예외적인 경우 역시 허다하다. 사려분별의 대상이 되는 인간(의 삶)이 그렇기 때문이다. 비유컨대 이론적 사고는 무균실에 들어앉아 증류수를 양식으로 삼는, 핏기 없는, 해쓱한 얼굴의 책상물

림이 하는 일이라면, 사려분별은 항해 중 망망대해 한 가운데서 외적 요인으로 인해 발생하는 선박 내의 갖가지 문제를 한배를 탄 동승자들과 함께 가용할 수 있는 최소한의 수단을 동원하여 해결해가면서 목표지점을 향해 계속 나아갈 수밖에 없는 기구한 운명의, 혈기왕성한 근육질의, 땀내 나는 악전고투라고 할 수 있다. 그러기에 후자의 경우, 대체로 들어맞는 규칙이 아주 없지는 않지만 그것이 적용되지 않는 부분도 만만치 않게 넓다. 이론적 사고는 우리가 자연세계, 물리의 세계를 염두에 두고 생각하면 쉽게 이해할 수 있다. 이를테면 계절의 순환이나 중력의 작용 등이 비근한 예이다. 수의 계산 같은 것도 같은 부류에 속한다. 해법이 명확하게 일의적으로 정해져 있다. 누가 풀더라도 답은 한 가지로 정해져 있다. 정답이 아니면 오답이 있을 뿐이다. 그러나 인간사는 그렇지 않다. 정답이 없다. 답도 여럿이어서 가장 나아 보이는 것을 선택해야 한다. 책임이 따르는 결단의 문제이다.

인간의 조건, 재앙이자 동시에 축복이다

이론적 사고가 늘 같은 방식으로 진행되는 불변적인 것을 대상으로 삼는 것이라면 사려분별은 인간사, 인간의 삶의 물음을 대상으로 삼는다. 인간사의 특징은 가변성이다. 아리스토텔레스의 표현대로 하면 '다른 식으로도 얼마든지 있을 수 있다.' 흔히들 말한다, 사람 사는 거 다 똑같다고. 큰 틀에서 보면 별반 다르지 않다는 의미일 것이다. 그러나 구체적으로 파고들면 똑같은 것 하나도 없는 게 인간사이다. 요컨대 큰 규모로 보면 대동소이하지만 딱히 정해진 답이 없다. 정치적 사안을 비롯하여 외교적 현안, 각종 사회적 다툼거리가 다 그렇다. 모두가 '일리' 있는 의견일 뿐, 절대적 타당성을 지닌, 유일성을 내세울 정답이랄 것이 없다. 이 말도 일리 있어 보이고 저 말도 일리 있어 보인다.[2] 여러 갈래의 길 가운데서 어떤 길을 선택할 것인가는 이해 당사자들끼리 머리를 맞대고 궁구하는 수밖에 다른 도리가 없다. '숙고(하다)'(bouleusis, prohairesis)가 바로 그것이거니와, 실천적 사고, 사려분별이 하는 일이 그것이다.

여러 가능한 옵션 가운데서 숙고 끝에 단안을 내려 결론에 도달한다고 하더라도 그것이 결정적인 것이냐 하면 그렇지 않다. 그것이 해결책으로 작동하는 동안만 해결책의 구실을 할 따름이다. 유효기간의 길고 짧음만 있을 뿐, 인간사에는 결정적, 최종적, 영구적 해결책 같은 것은 없다.[3] 인간의 삶이라는 게 인간이 통제할 수 없는 수많은 변수에 종속되어 있기 때문이다. 그것이 인간의 (삶의) 조건이다. 끝없이 이어지는, 해결을 요하는 문제의 빈발은 한편으로는 커다란 부담이지만 다른 한편으로는 아무도 가보지 않은 새로운 길을 개척한다는 점에서 살맛나는 일이기도 하다.

실천이 전제되는 사려분별

이성적 사고(=사고)의 활동무대는 '진공'의 공간이다. '무균' 상태의 사고 차원에서 끝이 난다. 그러나 사려분별(=숙고)은 그렇지 않다. 그것은 행동을 전제로 하는 사고이다. 행동으로 옮겨지지 않는 사려분별은 실천적 사고가 아니다. 온전한 의미의 사려분별은 행동으로 구현된다. 구체적인 행동을 보고서야 비로소 우리는 사려분별의 옳고 그름, 잘잘못을 평가할 수 있다. 일례로 기하학에서는 '한 점으로부터 같은 직선이 뻗어 나갔을 때 만나는 점들 안에 만들어진 평면도형'을 원이라고 부른다. 또 삼각형은 '세 개의 직선으로 이루어진 도형'을 가리킨다. 이런 정의는 사고 차원에 속하는 어떤 것이다. 무슨 말이냐면 정의상의 원, 정의상의 삼각형은 우리가 만질 수도 눈으로 볼 수도 없다는 뜻이다. 감관을 통해 지각할 수 없는 그 무엇이다. 지각하지 않더라도 정의상의 원, 정의상의 삼각형에 문제가 생기지 않는다. 물성적인 어떤 것에 구체화된 원, 삼각형을 말할 수 있다. 이를테면 피자의 '몸'에 구현된 원형이나 초콜릿의 '몸'에 구현된 삼각형을 말할 수 있다. 그러나 그런 물성적인 원과 삼각형은 엄밀한 의미의 원이나 삼각형이 아니다. 수의 경우도 마찬가지다. 사과 세 덩어리가 있다거나 자전거 네 대가 있다고 말할 수 있다. 그러나 셋이라거나 넷이다, 는 그런 사물―세 덩어리의 사과, 네 대의 자전거―과는 차원을 달리한다. 그러나 사려분별(숙고)은 그렇지 않다. 행동으로 가시화될 때 비로소 사려분별의 전모가 드러난다. 행동으로 가시화되기 전의 사려분별은 반쪽에 불과하다. 사려분별(숙고)이 행동으로 구현되기 전에는 그것의 옳고 그름도 말할 수 없다. 잘했느니 못했느니 평가를 할 수가 없다. 구체적인 행동으로 드러날 때 비로소 사려분별(숙고)은 완성된다. 사려분별이 달리 '실천적인' 게 아니다. '실천'되어야 하는 것이기에 그런 이름을 달고 있는 것이다. 사려분별(숙고)에 구체적 행동(프락시스)은 필수불가결하다.

감정의 시간

사려분별(숙고)이 완성된다, 라고 표현한 데서 간취할 수 있듯이, 그것은 완수되지 않을 수도 있다. 모종의 행동을 취하는 것이 현재로서는 최선의 길이라고 단안을 내렸음에도 그것을 행동으로 옮기지 못하고 미적대거나 머뭇거리는 경우가 없지 않다. 그 결과 최선의 선택을 그르치는 어리석음을 범한다. 사려분별(숙고)이 수포로 돌아가는 것이다.[4]

그 같은 경우를 고려할 때 사려분별(숙고)에는 그것을 구체적 행동으로 변환시킬 동력이 필요하다. 사려분별(숙고)이 행동으로 구체화되는 데에 필요한 동력은 어디서 조달받는가. 다름 아닌 (욕망과) 감정이다. 희·로·애(哀)·락·애(愛)·오·욕 같은 감정 말이다. 감정의 '몸'에 깃들 때 비로소 사려분별(숙고)은 행동으로 가시화된다. 그제야 우리는 문제의 구체적 행동을 대상으로 정의롭다/부정하다, 절제하다/무절제하다, 용감하다/비겁하다, 같은 도덕적 평가를 내릴 수 있다. 잘살았다/못살았다, 행복하다/불행하다, 덕 있다/덕 없다, 고 평가하는 것도 그제야 가능하다. 행동으로 구체화되지 않은 사려분별(숙고)은 말 그대로 사고의 차원에 머무는 것일 뿐이어서 평가를 하고 말고 할 대상이 못된다.

감정의 (재)발견 혹은 복권 : 아리스토텔레스의 감정론

감정, 그것은 결코 천덕꾸러기가 아니다. 그것은 합리적 판단의 장

애물이 아니라 촉진자이다. 있어도 그만 없어도 그만인 것이 아니라 필수불가결한 요소이다. 감정은 결단코 이성에 어깃장이나 놓는 무뢰한 혹은 제멋대로 날뛰는 야생마가 아니다. 감정은 사려분별(숙고)의 (아리스토텔레스적 의미의) '질료'이다.

여기서 우리는 어떻게 감정이 저 같은 일을 해낼 수 있는 것인지 그 전말을 묻지 않을 수 없다. 아무리 뛰어난 명의라고 하더라도 태생적 명의 같은 것은 없다. 명의의 반열에 오르려면 폭넓은 의학 지식은 물론이요 다년간의 임상경험이 필수적이다. 악기 연주가, 전투기 조종사, 도예가, 연설가, 연기자 등 어느 분야의 기술(테크네)에서든 사정은 마찬가지이다. 시간과 공을 들여 연마를 하지 않으면 탁월한, 훌륭한, 출중한, 평균 이상의 기술자(테크니테스)가 될 수 없다. 아무나 전문가라 부르지 않는다. 해당 분야의 전문성을 갖춘 사람이라야 그런 대우를 받을 수 있는 것이다. 테크네의 경우만이 아니다. 이론적 사고(능력)나 숙고(능력)의 경우도 마찬가지이다. 반복해서 연습하고 훈련하는 과정을 거쳐야 이론적 사고든 사려분별이든 마스터할 수 있다. 감정의 경우도 예외가 아니다. 감정이 위에서 언급한 바와 같은 식의 감정의 일을 수행하려면 그것 역시 일정한 방식으로 계발되어야 한다. 비유컨대 아침저녁으로 물을 줘가며 정성들여 가꾸어야 온전히 성장할 수 있는 것이다.

고대 그리스에서 감정은 (비극시인들에 의해) 인간을 인간이게 만들어주는 교육(파이데이아)의 근간을 이루는 것으로 받아들여지던 때가 있었지만, (소크라테스에 의해) 인간을, 특히 젊은이를 타락시키는 주범으로 배척되던 때도 있었다. 과연 감정의 정체는 무엇인가. 철학의

니키포로스 리트라스(Nikiforos Lytras),
「죽은 폴리네이케스 앞에 선 안티고네(Antigone in front of the dead Polynices)」(1865)

뒤안길에서 마이너리티로 홀대받던 감정에 스포트라이트를 비추어 그 전모를 드러내 보일 때도 되지 않았나 싶다. 감정, 그것의 중요성과 역할을 과장할 일도 아니지만, 타성에 젖어, 영문도 모르고 덩달아, 무비판적으로 평가절하할 일도 아니다. 감정이 마땅히 차지해야 할 자리가 어디인지 확인하여 제자리를 찾아주는 일, 감정에 자기 몫을 챙겨주는 일이야말로 철학이 할 일이 아닐까 싶다.[5]

이 책은 아리스토텔레스에 주안점을 둔다. 감정에 적극적 역할을 부여했던 고대 그리스 비극시인들의 한계를 인정하는 한편, 그들에

극도의 반감을 보였던 플라톤의 '감정 배제론'의 경고도 새겨들으면서 슬기롭게 감정을 복권시켜 제자리를 찾아주기 때문이다. 아리스토텔레스의 감정의 창조적 복권과 그 구체적 내용을 살피는 것이 이 책의 과제이다. 그의 수사학, 비극론, 윤리학에서 (그리고 그의 영혼론에서) 감정이 하는 역할과 그것이 차지하는 비중을 탐색함으로써 그의 '감정론'을 그리려는 것이다. 결과적으로 그의 수사학, 비극론, 윤리학에 대해서도 상당한 정도의 이해를 얻게 될 것인 바, 감정은 저들 각 영역에서 해당 주제가 온전히 펼쳐지도록, 자신을 전면에 노출시키지 않으면서도, 없어서는 안 될 그만의 역할을 곡진히 수행한다.

*

감정을 차별하고 배제하는 사회는 인간이 차별당하고 배제되는 사회이다. 거꾸로 인간이 제대로 대접받는 사회에서는 감정이 억압받거나 하는 일이 없다. 감정이 볕을 보지 못해 누렇게 뜬 사회는 인간이 고사할 조건이 충분히 무르익은 사회이다. 감정이 거세된 사회는 불임사회이다. 한 사회의 '감정지수'는 그 사회 구성원들의 인간적 성숙의 정도를 가늠할 수 있는 바로미터이다. 감정, 성숙한 삶으로 나아가는 통문이다.

서양고대철학 관련 원전 약호

『니윤』　『니코마코스 윤리학』

『에윤』　『에우데모스 윤리학』

APo	Posterior Analytics
APr	Prior Analytics
Apol.	Apology of Socrates
Cat.	Categories
DA	De Anima
DL	Diognes Laërtius
	(Vitae Philosophorum)
EE	Eudemian Ethics
EN	Nicomachean Ethics
Euthyd.	Euthydemus
GA	De Generatione
	Animalium
Gorg.	Gorgias
Insomn.	On Dreams
	(=De Insomniis)

Int.	De Interpretatione
MA	De Motu Anmalium
Mem.	On Memory and
	Recollection
Met.	Metaphysics
PA	Parts of Animals
Phileb.	Philebus
Phys.	Physics
Poet.	Poetics
Pol.	Politics
Rep.	Republic
Rhet.	Rhetoric
SE	Sophistical Refutations
Sens.	Sense and Sensibilia
TD	Tusculanae Disputationes
Theaet.	Theaetetus
Top.	Topics

세계 설명에 독보적이던 시문학에
철학이 도전하다

사고는 그 어떤 형태의 것이든 또 하나의 사고를 유발한다. 나중에 이루어지는 후속 사고는 앞서 이루어진 선행 사고에 의해 현실이 규정되고 어떤 식으로론가 결단이 내려진 이후 그것을 반성적으로 되씹는 사고이다. 이른바 신화는 그저 그렇고 그런 '신들의 이야기'가 아니다. 뮈토스라는 그리스어 단어가 의미하듯 그것은 복잡다단하게 얽히고설킨 사태를 그림 그리듯 일목요연하게 보여준다. 복잡다단한 것을 그 안에 내포하고 있는 것, 왜, 어떻게, 언제, 누구 때문에 등의 물음을 묻도록 자극하는 것, 또 어떤 물음을 어떻게 묻느냐에 따라 자신을 다채롭게 펼쳐 보여주는 것이 바로 신화이다.

0.1 신화, 지어낸 이야기이자 동시에 인간의 세계 해석

신화(뮈토스)는 전승되어 전통이 된 이야기, 짜임새 있게 잘 구성된 이야기이다. 흥미진진하고 다채롭고 감정이 풍부하고 내용이 튼실하고 깊이 있고 의의 있는 이야기들로서 구체성을 띤다. 신화는 일차적으로 꾸며낸, 지어낸 이야기이다. 아주 놀라운, 합리적으로 설명할 수 있는 존재자들이 못하는 일이 없는 허구적 세계의 이야기이다. 괴물, 마력을 지닌 여성, 변신한 것들, 마법에 걸린 것들, 거인들, 상상 속에서나 가능한 사람들, 그리고 신들과 반신들, 불사의 존재자들, 이런 것들이 활개를 치고 다니는 세계의 이야기이다. 오뒷세우스의 모험담, 바람기 많기로 유명한 제우스, 질투심으로 똘똘 뭉친 헤라, 총명하나 호전적인 아테나, 바람둥이 아내 아프로디테로 인하여 바람 잘 날 없는 헤파이스토스, 다재다능하지만 어쩐 일인지 바람만 맞고 다니는 아폴론 이야기 등이 다 그렇다.

그러나 신화는 밑도 끝도 없이 지어낸 이야기가 아니다. 우리의 구체적 삶의 바탕에서 나온 이야기이다. 신화는 '신화 식으로' 재현한 우리의 경험적 현실이다. 우리의 세계 경험과 자기 이해를 신화의 형식에 담아 표현한 것이다. 신화의 진수는 인간적 삶의 진리이다. 진리는 로고스의 전유물이 아니다. 뮈토스에도 진리가 있다. 뮈토스라고 합리적이지 않은 게 아니다.

신화는 인간 경험의 보고(寶庫)이다. 신화 속에는 수없이 많은 유형과 전형과 모범이 들어 있다. 수없이 많은 행동의 모델과 제안, 인간적 행동의 근본적 물음에 대한 모범답안이 들어 있다. 우리는 거기서 도움을 받고 우리가 나아가야 할 방향의 힌트를 얻는다. 궁한 처지의 우리가 비빌 언덕이다. 신화의 틀과 구조는 유연하고 신축성이 있다. 다양한 해석을 가능케 한다.

0.2 시문학 혹은 신화의 시적 형상화

신화(뮈토스)는 언어를 통해 전달된 그 무엇으로서 인간이 자신을 둘러싼 자연환경과 사회적 형편과 그리고 자기 자신과 격론을 벌인 끝에 얻은 정신적 고투의 산물이다. 처음에는 구전으로 전해지다가 문자가 발명된 이후에는 문자로 기록되었다. 그로써 신화는 구속력을 강화하였고 후대에 계속 전승될 수 있었다. 그리스 신화가 성공적으로 전승될 수 있었던 주된 요인으로는 풍부한 모티브와 다양한 성격의 등장인물, 그리고 신과 영웅이 인간과 벌이는 흥미진진한 상호작용이 꼽히지만 천재적인 시인들의 노고 또한 빼놓을 수 없다. 신화를 아주 멋진 시적 프레임을 통해 형상화하였기 때문이다. 신화를 이야깃거리(플롯)로 삼아 훌륭한 시작품을 빚어낸 것이다. 어떤 의미에서는 그들이 신들을 창조하였다고 할 수도 있다. 최고의 예술적 완성도로 신들에게 생명력을 불어넣었기 때문이다. 그저 이름만 달고 있던 신들로 하여금 제 이름에 걸맞은 행동을 하도록 생기를 불어넣은 것이다. 신과 영웅호걸의 이야기가 그토록 재미있고 생동감 넘치는 것은 다 시인들의 문재(테크네) 덕분이다. 처음에는 호메로스와 헤시오도스가, 나중에 가서는 아이스퀼로스와 에우리피데스를 비롯한 천부적인 이야기꾼들이 바로 그 주인공이다. 시인을 달리 포이에테스(영어로 'poet')라고 부르는 게 아니다. 저같이 보통의 현실 외에 또 하나의 새로운 현실의 '창조자'(포이에테스)이기 때문이다.

0.3 시문학의 전성시대, 시인은 곧 교사였다

고대 그리스인들은 호메로스의 서사시 『일리아스』와 『오뒷세이아』를 구전으로 들으면서, 나중에는 그에 덧붙여 비극공연을 관람하면서, 인간적 삶의 법도를 익혔다. 말하자면 시인들의 문학작품을 통해 교양을 쌓고 인간의 격을 갖추어갔던 것이다. 인간이 제 분수를 망각하고서 신들에 맞서면 어떤 '천벌'을 받는지, 인륜을 저버리면 어떤 불운을 겪게 되는지, 인간의 역량은 얼마나 되고, 그 한계는 어디인지, 어떻게 사는 것이 잘사는 삶이고 또 그러려면 어떻게 해야 하는지, 이 모든 것을 그들은 신화, 설화, 구전, 서사시 등을 통해 배우고 익혔다.

이 같은 신화와 그에 기초한 서사시와 비극작품의 주된 에너지 공급원은 분노, 공포, 연민, 사랑, 의분 같은 감정이다. 대표적으로 호메로스의 『일리아스』는 아킬레우스의 분노로 시작하여 그의 분노가 진정되면서 끝나는, 분노를 실마리로 전개되는 대하 서사시이다. 아가멤논을 향한 아킬레우스의 분노는 단지 그의 분노로 끝나지 않고 일련의 연쇄반응을 일으켜 그의 절친 파트로클로스를 포함한 다수의 그리스 장수의 죽음을 초래할 뿐만 아니라 종국에 가서는 그 자신의 요절로 귀착한다. 이러한 초창기 서사시의 유산을 이어받은, 기원전 5세기 그리스의 비극 역시 사정이 크게 다르지 않다. 비극에 등장하는 인물들의 행동의 동기로 작동하는 것이 다양한 감정이기 때문이다.

감정에 의해 자극을 받는 것은 서사시와 비극작품에서 활약하는 영웅들에 한정된 일이 아니었다. 무대에서 공연되는 배우들의 연기를 보고 코러스의 합창을 듣고 서사(시)의 음송을 듣는 관객 역시 주인공들이 겪는 희로애락에 함께 빠져든다. 주인공이 불운을 겪을라치면 관객 역시 자기가 불운의 주인공인 양 같이 아파한다.[1]

인간적 삶의 근간을 이루는 것이 감정이다. 우리의 감정, 그러니까 우리의 느낌, 기분, 욕구는 우리를, 그리고 우리가 삶을 영위하는 이 세계를 그 바탕에서 규정한다. 주기적으로 열렸던 비극 경연을 통해 그리스인들은 가족애, 동지애, 전우애, 동포애를 다졌고 인간 상호간의 연대의 끈을 이어갔다. 한배를 타고 있다는 소속감과 일체감을 맛보고 확인하였다. 연민과 공포의 샤워 물줄기를 맞으며 연민과 공포의 땟국을 벗겨냈다. 그러면서 그들은 폴리스의 시민이 되어갔고 인간다운 삶을 꾸려갔다. 신화를 줄거리로 하는 비극의 서사는 이처럼 수 세기에 걸쳐 그리스인들에게 고품격 교양의 젖줄 구실을 했다. 비극시인들은 호메로스나 헤시오도스 같은 서사시인들과 함께 젊은이들의 주요한 윤리적 교사로 간주되었다.

비극은 특히 젊은이들에게 도덕의 범례 같은 것이었고 도시국가 전체에 대해서는 그 도시국가의 목표에 잠재하는 긴장과 갈등에 눈을 뜨게 해주는 촉매였다. 고대 아테네에서 비극작품이 공연된 것은 도시국가 차원에서 개최되었던 주요 종교제전에서였다. 제전에는 전체 시민이 참여하였거니와, 모르긴 몰라도 여성과 (몇몇 경우에는) 외국인도 참여하였던 것으로 보인다. 비극이 공연되는 제전에 참여한다는 것은 오늘날 우리가 극장에 가는 것과 같은 식의 일이

샤를-앙투안 쿠아펠(Charles-Antoine Coypel),
「아킬레우스의 분노(Fury of Achilles)」(1737)

아니었다. 오늘날 우리네의 극예술 공연 체험은 오락성과 판타지를 비롯하여 현실에서 잠시나마 벗어나는 현실도피성 목표가 우위를 차지한다면, 고대의 그것은 사회적 통찰과 윤리적 의식의 목표가 앞자리에 놓였다. 극작품을 평가하더라도 그 대상은 대체로 극의 윤리적 내용이었다.

일례로 기원전 405년 제작된 아리스토파네스의 희극『개구리』는 당시의 아테네 사정이 어떠했는지를 극적으로 증언한다. 위기에 처한 아테네는 도덕적 지도자를 필요로 한다. 이에 극의 등장인물들은 재빨리 결정한다, 이미 이승을 하직한 위대한 비극시인들 중 하나를 저승에서 데려오는 수밖에 없다고. 아이스킬로스, 소포클레스, 에우리피데스가 그들이다. 극은 이제, 저 셋 중 누구를 지도자로 데려올 것인지를 다룬다. 우여곡절을 거친 끝에 성사된 아이스킬로스와 에우리피데스 간의 양자대결은 최종적으로 윤리적 문제들에 초점이 맞춰진다. 극의 스타일 역시 윤리적 내용의 전달수단으로 간주된다. 플롯도 스타일도 모두 '윤리적' 성격을 띤다. 극이 인간적 삶과 불가분의 관계를 맺고 있다는 뜻이다.

0.4 철학, '잘사는' 길을 묻다

그들이 결과적으로 수행했던 역할을 고려하여, 일반적으로 시인이라 불렸던 교양인들이 교사 대접을 받았던 그리스 사회에 기원전 5세기 무렵부터 스스로 교사를 자임하는 이들이 등장하였다. 이른바 소피스트들이다.[2] 페르시아와의 전쟁에서 아테네가 승리를 거둔 후, 그리스 사회에는 일대 변혁의 바람이 불었다. 부의 축적, 식민의 수요 증가, 민주정의 집권 등에 힘입어 능력 발휘 여하에 따라 정계로 진출하는 등 출세할 수 있는 기회의 폭이 상대적으로 넓어졌다. 이런 시대적 요구에 부응하여 사회에 진출하려는 젊은 수요자를 상대로 (전문)기술(테크네)을 가르칠 수 있다고 표방하고 나섰던 이들이 소피스트다. '새 술은 새 부대에!' 소피스트들에게 '새 부대'는 신화, 뮈토스와 대비되는 의미의 '로고스'였다. 그들은 말하는 기술, 연설하는 기술, 논변을 전개하는 기술을 가르칠 수 있다고 했다. 그런 기술을 배우면 사계의 전문가, 역량이 출중한 사람이 되는 것일 터였다. 이제까지의 시가 교육이 '구식'이었다면 그들이 가르칠 수 있다고 주장했던 전문기술은 말하자면 '신식' 교육이었다. 시가의 뮈토스를 중심으로 펼쳐졌던 전통적인 문예교육에 정면으로 도전하는 새로운 문화운동이었던 셈이다.

그러나 소피스트들의 '신교육'을 기다리고 있던 것은 철학의 '참교육'이었다. 소피스트들은 전문지식, 그러니까 사회에 진출하여 성공하는 데 필요한 기술과 덕(아레테)을 가르치노라고 떠벌였지만 그들이 하는 일이란 고작 특정 상황에 대처하는 맞춤형(혹은 족집게 식) 요령이나 실용적 팁을 속성·단기 코스를 통해 팔아넘기는 상행위에 불과하다는 것이 '철학'의 진단이었다. 비유하자면 질병을 근원적으로 고치는 의학기술을 가르치는 것이 아니라 특정 증상을 일시적으로 멎게 하는 대증요법 같은 것이나 가르친다는 것이었다. 소피스트들의 정체는 이렇게 적나라하게 파헤쳐진다. "소피스트들 가운데는 국가통치술을 가르칠 수 있노라고 내세우는 이들이 있는데 실제로는 그 일과 거리가 멀다. 그것이 어떤 성질의 것인지, 그리고 무엇을 다루는 것인지 전혀 알지 못하기 때문이다."[3] 정곡을 찌르는 아리스토텔레스의 촌평이다.

철학의 화신은 소크라테스였다. 그는 '참교육'의 기치를 높이 내걸었다. 그가 보기에는 '모방'(미메시스)에 기초한 '구식' 문예(무시케)교육도 청산의 대상이지만 길을 제대로 잡지 못했다는 점에서는 소피스트들이 내세웠던 '신식' 무늬만의 전문교육 역시 다르지 않았다. 소크라테스가 무슨 일을 어떻게 하였는가는 플라톤의 (초기)대화편에 상세하게 묘사되어 있다. 그는 소피스트들을 상대로 집요하게 캐물었다, 그대들이 말하는 덕이 무엇이냐고. 어떤 의미에서 플라톤의 대화편은 소크라테스를 상대로 한 소피스트들의 연전연패의 기록이다.

고대의 철학사가들을 좇아 관습적으로 탈레스를 철학사의 맨 앞자리에 세우지만 참된 의미의 철학이 시작된 것은 소크라테스에 와서의 일이다. 철학에 일대 전환이 이루어졌기 때문이다. 이른바 '소크라테스 이전 철학자들'의 학적 관심이 '자연'에 가 있었다면 그를 기점으로 철학의 관심이 (인간의 '성격'과 관련된) '윤리적인 것'으로 옮겨졌기 때문이다.[4] 문제의 획기적인 '사건'을 키케로는 한 편의 아름다운 이미지로 형상화하였다. "소크라테스는 철학을 하늘에서 불러내려 도시들에 정착시킨, 심지어 그것을 가정집 안으로 불러들이기까지 한, 또 그것으로 하여금 삶과 도덕을, 좋음과 나쁨을 탐구하지 않을 수 없게 한 최초의 사람이었다."[5] 그 이전까지 인간의 삶에는 무관심한 채 '하늘' 높이 머물던, 자연철학적 원리의 탐구에만 골몰하던 철학을 이 지상으로 끌어내려 사람 냄새 물씬 나는 이 도시 저 도시에 둥지를 틀게 한 것이다. 나아가 철학을 '집' 안으로 끌어들여 인간 행동의 규범을 반성하게 하고, 그럼으로써 철학으로 하여금 인간의 문제투성이 삶과 도덕을, 좋음과 나쁨(악)을 논하지 않을 수 없게 하였다.

실로 소크라테스의 최대의 관심사는 '잘사는 것'이었다.[6] 『국가』 I권에서도 소크라테스는 이렇게 말한다. "우리가 지금 논하고 있는 것은 흔해 빠진 문제가 아니라 '어떻게 살아야 하느냐'는 것이다."[7] 그저 목숨이나 부지하며 그럭저럭 사는 것이 아니라 이왕이면 사는 것처럼, 보란 듯이 '잘' 사는 것 말이다. 이 물음에 최고의 가치를 둬야 한다는 것이 소크라테스의 지론이다. 과연 어떻게 사는 것이 '잘' 사는 것인가. '잘'이란 '좋다'의 부사형이므로 우리들 인간이 중점적으로 다뤄야 할 물음은 결국 어떤 삶이 '좋은 삶'이냐의 물음이 된다. 어떤 삶이 좋은 삶인지 대답할 수 있으려면 먼저 무엇이 '좋은' 것인지 밝혀야 할 것이다.

사람들이 흔히 드는 '좋은' 것으로는 세 가지가 있다.[8] 첫째는 신체적인 것이다. 사지 멀쩡하게 건장하고 체력이 좋은 것, 준수한 외모 등이 그것이거니와, '잘' 사는 것과 구별되는, 단순히 목숨만 유지하며 사는 것, 그러니까 생물학적 의미의 생명도 그 범주에 포함된다.[9] 둘째로는 소크라테스가 도덕적으로 중립적인 것(혹은 도덕 외적인 것)으로 이해하는 사회적으로 좋은 것, 지적으로 좋은 것이다. 좋은 것인데 왜 도덕적으로 중립적인가. 그것을 누린다고 해서 도덕적으로 훌륭한 것도 아니고 그것을 얻지 못했다고 해서 수치스러운 것도 아니기 때문이다. 부유함이라든가 사회적 네트워크, 좋은 평판, 위신, 정치적 성공, 전쟁에 나가 공훈을 세우는 일들을 비롯하여, 유능함이나 머리 회전이 빠른 것 등이 그 범주에 든다.[10] 마지막 세 번째 부류는 '도덕적으로' 좋은 것으로서 정의, 용기, 절제, 경건 같은 덕(아레테)이 그것이다.

소크라테스의 처방은 무엇인가. 그의 경우 좋은 삶은 덕 있는 삶, 유덕하게 사는 삶이다. 모든 좋은 것, 모든 가치 중에서 최고로 좋은 것, 최고의 가치는 덕이다. 남김없이 죄다 매거된 선택지들 가운데서 어느 하나를 선택해야 한다면 우리는 덕을 선택해야 한다. 소크라테스가 감방에 구금되었을 때의 일이다. 만반의 준비를 다 해놓고서 탈옥을 권하는 죽마고우 크리톤의 제안에 소크라테스는 이렇게 대답한다. 그렇게 함으로써 우리가 정의를 행하는 것인지 아니면 부정을 행하는 것인지만 고려하면 답이 나온다고. 그렇게 따져본 다음, 그런 식으로 행동(탈옥)하는 것이 부정한 것이라는 게 명백해진다면, 감방에 그대로 구금되어 있다가 죽음을 맞이하거나 그 밖의 다른 어떤 고초를 당하는 일이 있더라도, 탈옥하는 길을 선택해서는 안 된다,[11] 이것이 소크라테스의 처방이다. 어떤 것이 정의로운 것이고 어떤 것이 부정한 것인가, 바꿔 말해서 어떤 것이 덕 있는 것이고 어떤 것이 (사)악한 것인가를 놓고 저울질하는 것 외의 다른 검토는 쓸모가 없다. '도덕 외적으로' 좋은 것들, 예컨대 부나 건강, 준수한 외모, 정치적 성공 등은 말 그대로 도덕 외적인 것이기에 '도덕적으로' 좋은 것의 빈자리를 메꿀 수 없다. 가치의 영역에서 가장 좋은 것은 그러기에 덕이다. '덕 있는' 삶이 인간에게 '좋은' 삶인 소이이다.

0.5 철학의 처방, 감정의 배제

'덕 있는 삶이 좋은 삶이다'는 '좋은 삶은 덕(있는 것)으로 충분하다'로 바꿔 표현할 수 있다.[12] 『국가』 III권에 나오는 '좋은 삶을 영위하기 위해서는 문제의 인물이 좋은 사람인 것으로 충분하다'는 것 역시 같은 취지의 언명이다.[13] 문제의 인물이 좋은 사람이라는 것은 그가 덕 있는 사람이라는 뜻이다. 좋은 삶을 구가하기 위해서는 문제의 인물이 '덕 있다'는 조건만 충족시키면 되지 그 외에 더 만족시켜야 할 조건은 없다. 외부로부터 뭘 추가하고 말고 할 것이 없는 것이다. 좋은 삶은 자족적인 것, 자체완결적인 것이다. 소크라테스가 『변명』에서 '좋은 사람에게는 살아서나 죽어서나 어떤 나쁜 일도 일어날 수 없다'고 말하는 것도 같은 맥락의 이야기다.[14] '좋은 사람'은 외부로부터 상처받을 일이 없기 때문이다. 덕은 외적 우연성으로 인하여 손상되거나 하는 것이 아니기 때문이다.

  '좋은 삶'이 최대의 철학적 관심사였던 소크라테스(와 플라톤)에게 그것은 이처럼 자기완결적인 것이다. '덕'이면 충분하지 그 밖에 이른바 '외재적 좋음' 같은 것은 '도덕적으로' 아무런 가치가 없기 때문이요, 덕은 외적 우연성으로 인하여 파괴되는 성질의 것이 아니기 때문이다. 그러면 덕이란 무엇인가. 잘 알려져 있다시피 소크라테스에게 덕은 앎(에피스테메)이다.[15] 덕이 있다는 것은 덕이 무엇인지 '알고' 있다는 뜻이다. 바꿔 말하면 덕이 있다는 것은 사고의 특정 부문(이성능력)에 능숙하다는 것과 다르지 않다. 플라톤의 대화편 『뤼시스』, 『메논』, 『프로타고라스』, 『국가』 I권 등에서 소크라테스는 집요하게 '좋은' 사람, '덕 있는' 사람을, 문제가 되는 주제와 관련하여, 전문적 앎을 가진 자라고 주장한다. 이성능력을 발휘하여 사고를 잘 하는 사람이 바로 그런 사람이다.

그러면 이 같은 덕의 이해로부터 도출되는 결론은 무엇인가. 좋은 삶은 유덕한 것으로 충분하다는 관점에서 보면 연민이니 공포니 슬픔이니 하는 감정은 쓸모가 없다. 소크라테스가 보기에 감정은 이성능력과 무관하기 때문이다. 감정은 오히려 좋은 삶에 걸림돌일 뿐이다. 백해무익한 감정은 제거하는 것이 상책이다. 깨끗이 소제하여 털어냄으로써 증류수와도 같이 오염되지 않은 환경을 조성해야 한다. 국가의 동량을 교육하는 프로그램에 그 같은 감정이 허용되지 않는 이유가 바로 거기에 있다. 철학에서 감정 배제의 역사가 소피스트들에 의해 첫발을 떼었다면 그 기념비적 일보는 소크라테스가 내디뎠다.

소크라테스가 보기에 엉겁결에 착오를 일으킨 나머지 덕 있는 행동을 하지 못한 것이 아닌 한, 심각하게 받아들일 만한 가치가 있는 것은 아무것도 없다. 설령 실족한 경우라고 하더라도, 충분히 통제가 가능한 일이었음에도 그런 것이라면, 그것은 도덕적으로 비난이나 책망을 받을 일이지 비극에서처럼 연민의 대상이 되지는 않는다. 우리가 비극에서 보듯, 사랑하는 사람을 잃거나 권좌에서 쫓거나는 일들은 보통 공포나 연민의 유발 원인으로 받아들여진다. 그러나 소크라테스는 그렇지 않다고 잘라 말한다. "무릇 인간사 가운데서 아주 진지하게 받아들일 가치가 있는 것은 아무것도 없기" 때문이다.[16] 한가롭게 슬퍼하거나 애통해하며 주저앉아 있을 여유가 어디 있느냐는 것이다. 연민, 공포, 슬픔 같은 감정은 싸구려 호사를 부리는 일일 뿐이다. 사달이 났으면 어떻게 대처할 것인지 숙고하여 방책을 세울 일이지 울고불고 하는 일 따위는 도무지 도움이 되지 않는다. 비극이 하는 일이 딱 그 짝이다. 하찮은 인간사임에도 아주 중요한 일이라도 된다는 듯 비극적 인간사를 펼쳐 보이기 때문이다. 비극은 폴리스에서 아웃시키지 않으면 안 된다. "우리들 가운데 자리 잡고 있는 연민의 요소에 자양분을 공급하여 그것을 강화시키기" 때문이다.[17]

플라톤이 그리는 '좋은' 사람, '덕 있는' 사람은 '지혜롭고' 걱정에 사로잡히지 않은 '평온한' 성품의 소유자이다. 또 그런 사람은 항상 자기동일성을 유지한다.[18] 그러기에 그런 인물을 문학작품으로 그려내기란 대단히 지난한 일이다. 설령 그려내는 데 성공한다고 하더라도 독자나 관객이 이해하는 데 어려움이 따른다. 독자와 관객이 변화무쌍한 감정의 세계에 푹 절어 있기 때문이다. 하지만 우리가 그런 인물을 만날 수 있는 길이 완전히 차단되어 있지는 않다. 플라톤의 대화편이 있기 때문이다. 그의 대화편에 등장하는 주인공 소크라테스가 바로 그런 유의 인물이다.[19] 피도 눈물도 없는 냉혈한의 전형이다. 인간의 공포의 대상인 죽음 같은 것도 그를 위축시키지 못한다. 외적 상황은 아랑곳하지 않고 철학적 탐구에만 전념

장-프랑수아 피에르 페이론(Jean-François Pierre Peyron),
「소크라테스의 죽음(The Death of Socrates)」(1787)

한다. 『변명』에 묘사되어 있듯이 법정에 선 그는, 많은 이들이 으레 그러는 것과 달리, 부인과 자식을 대동하지 않는다. 연민 같은 것과는 거리가 먼 그의 성정을 여실히 보여주는 압권이다. 『파이돈』에 그려진, 그가 감방에서 맞는 최후는 어떤가. 죽음을 코앞에 두고서 느끼는 공포, 애꿎게 죽어가는 이에 대한 연민 등 비극적 감정에 휩싸인 채, 작별을 고하기 위해 감방에 들어선 이들은 평소와 조금도 다름이 없는 소크라테스의 얼음장과도 같이 차가운, 말짱한 사리분별에 혀를 내두른다. 부인 크산티페는 눈물바람을 한다고 귀가 조치를 당한다. 그의 열성적인 문하생이었던 아폴로도로스를 두고서는 하는 짓이 꼭 '여자들 같다'며 준엄하게 꾸짖는다. 위로를 하러 갔던 이들이 오히려 (철학적으로) 위로를 받는 진기한 장면이 연출된다. 감정이 철저히 배제된 대표적인 대화공간이다.

0.6 아리스토텔레스, 감정의 자리를 찾아주다

그러나 아리스토텔레스로서는 우리 삶에서 감정이 일익을 담당한다는 엄연한 사실을 애써 모른 채 덮어놓을 수 없었다. 덮는다고 덮일 일도 아니다. 우리들 인간의 삶이라는 게 본디 그렇게 돌아가는 것을 그렇지 않은 척 시치미를 떼다고 있는 사실 자체가 없어지는 게 아니기 때문이다. 문제가 있으면 들추어낼 일이다. 그런 다음 해결하면 될 일이다. 겉으로는 문제인 것 같이 보여도 따지고 보면 인간에게 주어진 축복인지 누가 알겠는가.

아리스토텔레스는 그의 여러 저작에서 오늘날 우리가 '감정'이라는 말로 표현하는 정신적 현상을 다룬다. 그러나 그것의 요체가 무엇인지 대강을 말하는 규정 정도만 있을 뿐 제대로 된 의미의 정의 같은 것은 없다. 감정의 대강을 말하는 규정 외에 그가 즐겨 사용하는 방법은 실례를 열거하는 것이다. 그러나 그때도 마찬가지다. 분노나 공포처럼 비교적 고정적으로 등장하는 예들이 없지 않으나 확고하게 정해진 감정의 목록 같은 것은 없다. 감정과 관련하여 아리스토텔레스가 내놓은 언설을 보면 현대의 용어로 '명제적' 감정이나 '인지적' 감정 개념의 전형이라 할 요소가 다분하다. 하지만 위에서 말한 바와 같은 한계 때문에 '아리스토텔레스의 감정이론'이라고 체계화하기는 어렵다.

하지만 이 같은 한계에도 불구하고 그의 저작 구석구석에 널려 있는 조각들을 주워 모아 맞춰보면 구멍 난 부분이 없는 건 아니지만 그래도 어렴풋이 형태를 그릴 수 있다. 문제의 조각들이 비교적 많이 묻혀 있는 영역은 윤리학, 수사학, 시학 등지이다. 윤리학에서 감정은 덕 있는 삶, 행복한 삶을 뒷받침하는 핵심 요소이다. 심지어 부분적이긴 하지만 행복한 삶을 구성하는 면모까지 보인다. 공적연설의 장에서 감정은 청중(의 정신) 가운데 파문을 일으킴으로써 설득이라는 목표 달성에 이바지한다. 특히 논변으로 우열을 가리기 어려운 상황에서 결정적 역할을 하는 것이 감정이다. 비극론에서는 이른바 '비극적 감정' 공포와 연민을 불러일으키는 일이 문제의 핵심이다. 아리스토텔레스에 따르면 비극은 주인공의 행동(과 성격)의 모방을 통해 객석에서 감정적으로 반응이 일어나도록 짜여야 한다.

0.6.1 '좋은 삶'을 영위하는 데 필수적인 감정적 안정성

아리스토텔레스의 경우, 잘산다, 행복하게 산다는 것은 본질적으로 덕을 실로 행하는 데 있다. 덕은 이성의 덕과 성격의 덕으로 나뉜다. 좋은 삶, 행복한 삶(에우다이모니아)과 관련하여 덕을 실로 행한다고 할 때의 덕(아레테)은 성격의 덕을 말한다. 성격(에토스)의 덕을 실로 행하는 것이 곧 잘사는 것이고 행복하게 사는 것이다.

성격의 덕(이하 덕으로 줄임)을 행한다는 데는 그것을 갖추고 있다는 것이 전제되어 있다. 덕을 갖추고 있다는 것은 덕이 있다는 것이다. 덕이 있다는 것은 다시금 우리의 성격이 모종의 방식으로 확고하게 틀이 잡혀 있다(헥시스)는 뜻이다. 어떤 식으로 틀 잡혀 있는가. 특정의 상황에 처하였을 때 그에 딱 들어맞게 일을 처리하도록 틀이 잡혀 있는 것이고, 감정 역시 문제의 상황에 딱 들어맞는 상태를 유지하도록 틀이 잡혀 있는 것이다.

이것은 무엇을 말하는가. 합당하게 행동하는 것만으로는 덕을 실로 행한다고 말하기 어렵다는 이야기다. 모종의 정해진 틀을 벗어나지 않게 행동하는 것 외에 플러스알파가 있어야 덕을 실로 행한다고 할 수 있다. 일례로 정의의 덕을 행한다고 해보자. 정의로운 일을 행하는 것만으로는 충분치 않다. 정의롭다거나 정의로운 사람이다, 라는 소리를 들으려면 정의롭게 행동을 해야 함은 물론이려니와, 그런 행동에 임하는 감정적 자세 역시 그에 걸맞아야 한다. 정의로운 일을 내켜서 해야 한다. 그제야 정의의 덕을 행한다는 소리를 들을 수 있다. 합당한 행동을 하되, 내적 갈등 끝에 겨우 마지

못해 하는 경우도 있다. 자제력이 발휘된 경우다. 내적 갈등을 극복하지 못하고 무너진 경우(무절제)나 사악한 경우보다는 도덕적으로 낫다. 그러나 자제력이 발휘된 경우보다 한층 더 나은 것은 덕 있는 경우다. 덕 있다는 것에는 이처럼 합당한 행동을 하는 것 외에 감정적 자세가 필수적으로 수반된다. 감정적 자세가 확고하게 틀 잡혀 있어야 합당한 것을 행하더라도 기꺼이, 바꿔 말해서 자제력을 발휘할 필요 없이 행하게 된다.

그 밖에도 감정은 덕 있는 행동을 유발하고 뒷받침한다. 일례로 분노의 경우를 보자. 분노는 자신뿐만 아니라 자신의 권속에게 상처를 입힌 사람을 상대로 느끼는 감정으로서 문제의 인물(상처받은 사람)을 움직여 '용기 있는' 행동, '칭찬 받을 만한' 행동을 하게 할 수 있다. 경쟁심의 경우도 마찬가지다. 문제의 인물을 움직여 '고귀한' 것, '널리 인정받는 좋은' 것을, 긍정적인 의미에서, 경쟁적으로 추구하게 만든다. 일반적으로 감정은 우리의 판단과 결단에 적정 수준의 영향을 미침으로써 합당하게 행동하도록 촉진한다. 일례로 적정 수준의 공포심은 우리로 하여금 재고 따지고 결단을 내리는 데서 무모하게 대들기보다 비교적 신중하게 접근하도록 이끈다. 덕 있는 사람의 감정은 숙고할 짬이 없을 때에도 덕 있는 사람을 자연스럽게 이끌어 상황에 딱 들어맞게 행동하도록 해준다. 일례로 돌발적인 위험상황에서 공포심은 재고 따지고 할 겨를이 없이 뒤로 물러서게 하는 바, 그것은 문제의 인물의 생명을 구하는 일이다.

감정은 이처럼 다양한 방식으로 합당하게 행동하고 덕을 발휘하도록 뒷받침한다. 또 그럼으로써 종국적으로 좋은 삶에 도달하는 데에 이바지한다. 그러나 여기서 확실히 해둬야 할 것은 이상에서 말한 바와 같은 식으로 좋은 삶에 기여하는 감정은 '틀이 잘 잡힌 성격'의 소유자가 갖고 있는, '장기간의 트레이닝을 통해 정제된 감정'이다. 그렇지 않은, 그러니까 담금질의 과정을 거치지 않은 감정이나 악덕한 사람의 감정은 유익은커녕 해악을 끼치기까지 한다. 무절제한 사람의 감정적 충동은 합리적 판단을 무력화하거나 합리적 숙고를 불가능하게 만들 수 있다. 지나치게 두려워하거나 지나치게 자신만만해 하는 것은 우리를 쉽게 파국에 빠지게 할 수 있다. 우리의 분노 감수성이 객관적 현실에 기초한 우리의 자아존중감에 비례해서 개발되지 않는다면, 걸핏하면 업신여김을 당했다거나 무시당했다고 오판하게 만들 것인 바, 이러한 태도는 다른 사람과 관계를 맺는 데서 이런저런 문제를 유발할 수 있다.[20]

아리스토텔레스의 경우 감정은 감정인 한에서 몰가치적이다. 좋고 나쁘고 할 것이 없다. 이런 식이든 저런 식이든 확고하게 틀이 잡혔을 때라야 비로소 좋다거나 나쁘다는 평가가 가능하다. 아리스토텔레스가 좋은 삶과 관련하여 평가하는 감정은 잘 형성된 성격, 덕 있는 성격과 한 몸을 이룬 감정이다. 가치를 평가하는 성향과 태도를 덕의 형식으로 형성하고 개발한 사람의 감정이 그것이다. 덕 있는 사람은 자신의 감정을 믿고 의지할 수 있다. 아리스토텔레스적 의미에서 잘사는 사람, 행복하게 사는 사람은 바로 그런 사람이다.

0.6.2 공적연설의 장에서 설득의 일익을 담당하는 감정

일찍이 플라톤은 이른바 수사기술(레토리케)에 사이비기술이라는 낙인을 찍어 기술(학)에서 퇴출시켰다. 전래의 수사기술에 비판적이기는 아리스토텔레스 역시 다르지 않았다. 몰기술적이었기 때문이다. 기술이라는 명칭이 달려 있긴 해도 실상은 기술이 아니었다. 요령만 부렸기 때문이다. 전해지는 바에 따르면 트라쉬마코스 같은 소피스트는 주물을 찍어내듯 판에 박힌 표현을 만들어냈다. 어떤 자리에서든 노리는 표적이 무엇이든 상관없이, 청중의 연민을 자아낼 참이라면 그냥 투입하기만 하면 되는 상투적 표현이었다.[21] 우격다짐으로 작업하는 것임에도 마치 기술(학)이라도 되는 양 착각하고 있었다. 그런 식의 수사기술에서 감정의 자리는 정해져 있었다. 이소크라테스가 그랬듯이 이른바 도입부에서 연설가가 할 일은 청중의 호감을 사는 일이고 종결부에서는 청중으로 하여금 다툼의 상대편을 향해 분노하게 만들거나 아니면 연설가 자신에게 연민의 정을 느끼게 하는 것이 다반사였다. 겉으로 보면 기술 같지만 실은 기술에 기초한 것이 아니었다. 기술을 익히지 않은 사람도 그냥 가져다 쓰면 되는 것이었기 때문이다.

아리스토텔레스는 이런 부류의 수사 관행과 정면 대결한다. 기성 수사학 교사들의 작업방식을 두고서 그는 몰기술적이라고 평가한다. 기술적 방법을 좇아 일을 처리하지 않기 때문이다. 아리스토텔레스에 따르면 저들의 주된 관심사는 '사안 외적인' 것이었다. 그에 따르면 수사기술 내지 수사학이 그 본령에 충실하려면 문제의 중심에 서 있는 '사안'에 초점을 맞춰야 한다. 모름지기 설득작업은 사안 중심으로 진행되어야 한다. 사안 중심의 설득작업의 핵심적 요소는 증명이다. 일반적으로 논리학에서 쓰는 용어를 차용한 것이어서 아리스토텔레스는 수사 증명이라는 특화된 표현을 사용한다. 기성 수사학 교사들이 놓쳤던 것이 바로 이 점이다. 그들은 상대편을 헐뜯고 청중의 연민이나 유발하고 분노를 조장하는 등 감정에 편승하는 수법만 사용했다. 아리스토텔레스가 보기에, 판단하는 위치에 있는 사람을 분노, 질투, 연민에 빠지게 만드는 것, 그럼으로써 그의 관심을 딴 데로 돌려놓는 것, 뭐가 뭔지 종잡을 수 없게 만드는 것, 판단을 흐리게 만드는 것은 제대로 된 수사가라면 해서는 안 될 일이었다.

감정과 관련된 재래의 수사학 관행에 비판적이었지만 아리스토텔레스는 설득작업에서 감정을 환기하는 일 자체를 배척하지 않는다. 그의 전략은 감정 환기를 수사기술의 통제 아래 두는 것이다. 기술적으로 혹은 방법에 기초하여 감정을 유발하는 것이다.[22] 그의 『수사학』의 근간을 이루는 것은 세 가지 기술적 설득수단이다. 수사 증명, 성격 표출, 감정 환기가 그것이다. 청중이 어떤 감정상태에 놓이느냐에 설득작업의 성패가 크게 좌우된다는 것이 아리스토텔레스의 통찰이다. 그는 이렇게 말한다.

> 동일한 사물이라도 사랑하는 사람 눈에 비치는 것과 미워하는 사람 눈에 비치는 것은 같지 않다. 분노한 사람(의 눈에 비치는 것)과 평온한 사람(의 눈에 비치는 것)도 그렇다. (동일한 사물이) 전적으

로 다른 것으로 보이거나 중요한 정도에서 차이가 나는 것으로 보이기 때문이다. (일례로) 사랑하는 사람 눈에는 자신이 판단을 내릴 대상인물이 잘못한 게 없어 보이거나 (설사 잘못한 게 있다손 치더라도) 대수롭지 않은 정도의 잘못으로 보이지만 미워하는 사람 눈에는 그 반대이다.[23]

공적연설에서 연설가가 기울이는 수사학적 작업의 목표는 청자의 판단이다. 과시연설 같으면 연설현장에 운집한 청중의 판단이 그것이고, (법정에서 행하는) 사법연설과 (민회에서 행하는) 평의연설의 경우는 각각 선고와 의결이 그것인 바, 그것은 각각 청자의 투표행위를 통해 드러나는 결과이다. 이러한 판단 형성과 관련하여 아리스토텔레스는 말한다. 그것이 연설을 통해 연설가가 내놓는 증명에 근거를 두고 있지만 증명 외의 다른 요소도 그 못지않게 역할을 한다고. 사정이 그러하기에 연설가는 문제의 '다른 요소'도 고려하지 않을 수 없다. 위의 인용문에 드러나 있듯이 청자의 감정상태(와 연설가 표출하는 자신의 성격 혹은 사람됨)가 문제의 다른 요소에 속한다. 설득이라는 목표를 달성할 요량이라면 청자의 감정상태를 목표 지향적으로 관리를 해야 할 필요가 있다. 기술이 필요한 일이다. 이일에 최적화된 기술(학)이 바로 수사학이다.

청자의 감정을 목표 지향적으로, 즉 기술적으로 환기하려면 우선 다종다기한 감정의 정체를 알고 있어야 한다. 아리스토텔레스의 『수사학』 II권 2장~11장에는 감정의 이른바 '변증법적' 정의가 풍부하게 담겨 있다. 연설가를 위해 감정의 정의를 집대성해놓은 것이다. 각 감정의 정체에 대한 앎을 갖췄으면 다음으로 할 일은 연설 현장에 맞게 다음 세 가지를 도출하는 것이다. 첫째, 어떤 사유로 청중의 감정을 환기하는가(지향대상/유발요인). 둘째, 어떤 인물을 향해 청중의 감정을 환기하는가(표적인물). 셋째, 정신적으로 어떤 상태일 때 사람들은 문제의 감정을 느끼는가(정신상태).[24] 일례로 청중으로 하여금 분노의 감정을 품게 만들려면 어떻게 하는가. 분노의 정의를 알고 있다고 전제하고서 하는 말이거니와, 우선 업신여김을 당했다는 점을 각인시킨다. 그조차 그럴 주제가 못되는 자에게서 받았다는 점을 부각한다. 아울러 그런 행태가 용납되어서는 안 된다는 점을 강조한다.[25] 공포심을 느끼게 하려면 어떻게 하는가. 공포란 파멸적인 '좋지 못한' 일이 임박했음을 감지할 때 느끼는 불안감으로서 특히 자신이 무력하다는 것을 자각할 때 절감한다.[26] 아리스토텔레스가 예시하듯이 민회에서 국경을 맞대고 있는 인접국가와 전쟁을 벌일 것인지 여부를 놓고 평의가 진행된다고 하자. 대안을 모색하려는 연설가가 설득작업의 일환으로 청자(민회의원)를 상대로 공포심을 유발하는 경우이다. 인접국가 국민들의 행태가 위협적인 데 반해 자국의 형편은 취약하다는 점을 확인시킨다. 아울러 상대의 공격이 임박했음을 주지시킨다. 중요한 것은 감정을 환기하더라도 주먹구구로 하는 것이 아니라 수사기술에 입각해서 이렇게 목표 지향적으로 환기하는 것이다. 수사기술을 연마한 사람이라면 누구든 해낼 수 있게 정립되어야 할 일이다.

0.6.3 비극공연에서 객석을 압도하는 공포와 연민,
그리고 이어서 찾아오는 안도의 쾌감

비극에서 문제가 되는 감정은 공포와 연민이다. 아리스토텔레스에 따르면 비극은 행동의 모방으로서 관객들 가운데 공포와 연민을 유발하는가 하면, 다른 한편으로는 그 같은 감정을 정화한다.[27] 공적 연설이 산문이라면 비극은 운문이고 그 형상화 수단은 리듬과 멜로디이다. 비극에서는 텍스트만 중요한 게 아니다. 연기자를 통해 무대 위에서 상연되는 것도 중요하고 무대 연출도 중요하다. 이 모든 요소가 관객의 감정에 영향을 줄 수 있다. 하지만 아리스토텔레스가 각별히 주목하는 것은 비극이 행동의 모방이라는 점이다. 여기서 말하는 행동은 사건을 형성하는 일련의 행동을 가리킨다. 이야기가 수반되는 행동이다. 그리스어로는 뮈토스라고 하는 바, 이야기, 서사, 플롯으로 옮길 수 있다. 아리스토텔레스에 따르면 모름지기 뮈토스는 문제의 사건을 듣기만 하여도 비극 특유의 효과, 그러니까 연민과 공포의 감정이 환기되도록 디자인되어야 한다.[28] 비극 작품 속에 그려진 사건 자체가 문제의 감정을 유발하도록, 공적연설에서와 마찬가지로 목표 지향적으로 구성되어야 한다.

비극작가는 하나의 사건이 그 같은 효과를 낼 것인지를 어떻게 알 수 있는가. 아리스토텔레스는 이 문제를 공적연설에서와 다르지 않게 다룬다. 그는 명시적으로 『수사학』을 언급하면서 이렇게 말한다.

페르 비켄버그(Per Wickenberg), 「오이디푸스와 안티고네(Oedipus and Antigone)」(1833)

당연하거니와, 사건을 그릴 때에도, 연설에서와 동일한 절차를 밟아야 한다. 사건을 연민이나 공포감을 주는 것으로 그릴 요량이라면, 사건을 의미심장하거나 개연적인 것으로 드러나게 할 요량이라면 말이다. 차이라면, 이 경우(=비극)에서는 (명시적인) 가르침 없이 문제의 파급효과가 나와야 하지만, 저 경우(=공적연설)에서는 연설을 통해 연설가에 의해 문제의 파급효과가 나와야 하고 연설의 결과로 나와야 한다는 것뿐이다.[29]

인용문에 따르면 청자-관객-를 상대로 감정을 유발한다는 점에서 비극은 연설과 다르지 않다. 무엇보다도 비극작가는 인간이 보통 어떤 일로 이를테면 연민의 정을 느끼는지 정확한 지향대상(유인)을 알고 있어야 한다. 그래야 사건을 그릴 수 있다. 연민의 경우, 사건의 주인공은 덕이 있고 관객이나 다르지 않은 사람이다. 그런 그가 애꿎게 불운을 당한다. 가엾은 일이 아닐 수 없는 바, 연민을 유발하려면 사건이 이런 식으로 그려져야 한다. 관객으로 하여금 감정적으로 반응하게 하는 것 역시 공적연설에서와 다르지 않다. 관객의 의견(판단)에 영향을 미치는 것이다. 공적연설에서와 다른 점이 있다면 이런 것이다. 문제의 인물이 이를테면 우리가 연민의 정을 느끼기에 충분한 관련 특징을 지니고 있는 인물임을 공적연설에서는 연설가가 연설을 통해 명시한다. 그에 비해 비극에서는 그려진 일련의 행동 자체가 연민과 공포의 감정을 유발하는 특징을 드러낸다.

아리스토텔레스가 말하는 비극은 관객이 공포와 연민의 감정에 빠지는 것으로 끝나지 않는다. 공포와 연민의 감정은 그것 자체로 보면 고통을 수반하는 감정이다. 그러나 비극은 관객으로 하여금 연민과 공포 외에 특수한 부류의 쾌락도 맛보게 한다.[30] 이름하여 비극적 쾌락이다. 한 자리에 앉아서 울었다 웃었다 감정의 롤러코스터를 타는 것이다. 십년 묵은 체증이 내려가는 것 같은 후련함을 느끼고 안도감을 맛보는 것이다. 비극을 통해서만 맛볼 수 있는 특유의 감정 경험이다.

*

공적인 자리에서 설득이라는 목표 달성을 위해 연설가는 청자의 감정상태를 목표 지향적으로 관리할 필요가 있다. 수사학의 과제 중 하나이다. 여기서 중요한 것은 문제의 감정이 연설가가 현장에서 행하는 '연설을 통해' 기술적으로 유발된다는 점이다. 비극에서도 사정은 다르지 않다. 무대 위에서 공연되는 '행동의 흐름'을 통해 관객이 연민과 공포를 경험한다. 두 경우 모두 현장성이 특징이다. 그러나 윤리의 영역에서는 다르다. 윤리의 영역에서 감정은 덕 있는 삶, 행복한 삶을 뒷받침해주는 유익한 요소이다. 뿐만 아니라 부분적으로 그런 삶을 구성하는 요소이기도 하다. 그러나 이것은 기본적으로 성향과 태도의 문제로서 하루아침에 되는 일이 아니다. 아리스토텔레스의 유명한 비유처럼 제비 한 마리가 왔다고 봄이 오는 것은 아니다. 어려서부터 장기간에 걸친 절차탁마의 과정을 통해 제2의 본성으로 몸에 배야 한다.

제1부

감
정

일
반

제 1 장

감정의
기초

1

감정을 지칭하는 아리스토텔레스의 표현은 '파테 테스 프쉬케스' (*pathē tēs psychēs*)이다. '영혼 안에서 일어나는 사건', '영혼의 경험', '영혼의 상태'라는 뜻이다. 명칭에 드러나듯 감정은 근본적으로 '영혼의 사건'이다. 한편 아리스토텔레스가 말하는 영혼은 신체와 떼어놓고서는 이야기가 안 된다. 생명체의 형상에 해당하는 것이 영혼이기 때문이다. 따라서 감정이 영혼의 사건이라는 사실을 통해 감정 역시 직간접적으로 신체와 연결되어 있을 수밖에 없다는 점이 명시된다. 이것이 아리스토텔레스가 말하는 감정을 이해하는 첫걸음이다.

1.1 감정은 신체와 영혼에 공통으로 속하는 현상

'영혼의 사건'을 말함으로써 아리스토텔레스는 감정이 신체와 영혼에 공통으로 속하는 현상이라는 점을 부각시킨다. 이것은 아리스토텔레스의 '질료형상합성설에 기초한 신체와 영혼의 연계성에 따른

영혼

아리스토텔레스가 말하는 '영혼'(프쉬케)은, 우리가 통상적으로 말하는
그것과 달리, 생명을 가진 것으로 하여금 그런 것이게 하는 어떤 것을
뜻한다. 그러기에 식물에게도 이른바 영혼이 있다. 그것도 생물이기 때문
이다. 생명을 가진 것이 살아 있는 까닭은 그것에 이른바 영혼이 깃들어
있기 때문이다. 영혼이 깃들어 있음으로써 살아 있는 것이다. 살아 있는
것과 그렇지 않은 것을 가르는 기준이 영혼이다. 영혼이 생명의 원리이다.

살아 있다는 것은 생명을 유지하는 데 필요한 기능과 능력이 있다는
뜻이다. 모든 동식물에 필수적인 ① 양분섭취 능력, 소화 능력이 그것이
다. 동물에게는 그 외에 ② 감각하고 지각하는 능력도 있다. 감관을 통
해 지각할 수 있어야 생명을 위태롭게 하는 위험에서 몸을 피할 수 있기
때문이다. 동물 가운데는 감각인상을 그대로 간직해두었다가 필요할 때
그것을 다시 꺼내 사용할 수 있는 ③ 기억하는 능력과 ④ 장소이동 능력
을 추가적으로 갖고 있는 동물도 있다. 그 밖에 이모저모 따지고 셈하고
계획하는 이른바 ⑤ 사고하고 이해하는 능력은 인간이라는 동물에게만
특유하다. 이 모두가 다 영혼이 깃든 생물을 특징짓는 능력과 기능이다.
이런 능력과 기능이 있기에 영혼이 깃들어 있다, 다시 말해서 살아 있다,
고 말하는 것이다.

영혼은 신체에 깃들어 있다. 신체에 깃들어 그 신체를 생물(생명체)
이게 만드는 것이다. 기능공이 연장을 사용하여 일하듯, 영혼은 신체를
부림으로써 저들 능력을 발휘한다. 영혼의 논의에 신체가 언급되지 않
을 수 없는 소이이다. 아리스토텔레스에 따르면 영혼은 신체라는 '질료'
에 깃든 '형상'이다(*DA* II 1, 412a19).

자연스런 이해이다.[1] 아리스토텔레스의 경우 영혼은 신체라는 질료
에 깃든 형상이다. 그것은 신체와 별개의 또 하나의 실체가 아니다.
신체가 없으면 영혼은 제구실을 할 수 없다. 그렇다고 영혼을 중심
으로 벌어지는 일들이 무턱대고 물질적 상태로 환원될 수 있느냐면

그렇지도 않다. '영혼의 사건'이라는 표현에는 이처럼 그것이 배타적으로 영혼에만 속하는 게 아니라는 점이 암암리에 함축되어 있다.

우리의 관심사인 감정은 저 같은 '영혼의 사건'의 부분집합이다. 따라서 '영혼의 사건'인 한에서 감정 역시 신체와 영혼의 연계성의 조건 아래 놓여 있다. 아리스토텔레스는 『영혼론』 I권 1장에서 감정의 사례를 들어 이같이 신체와 영혼이 연계되어 있는 두 가지 양상을 구별한다.[2] 하나(①)는 강력하고 명료하게 '느껴지는 것'(pathēmata)이 현전함에도 감정을 느끼지 못하는 경우이고, 다른 하나(②)는 그 역의 상황으로서 미미하고 또렷하지 않은 '파테마타'에도 감정이 동하는 경우이다. 전자(①)의 경우 정상적이라면 특정의 감정을 유발하고도 남을 감각인상이 현전함에도 불구하고 감정을 느끼지 못한다. 신체상의 필요요건이 충족되지 않았기 때문이다. 일례로 분노가 촉발될 때에는 으레 피가 끓어오른다. 그런데 분노를 느껴야 할 상황임에도 문제의 인물에게 분노의 촉발에 필요한 신체상의 열기가 어떤 이유에서인지 구비되어 있지 않다. 이런 경우 업신여김을 당했다거나 모욕을 당했다는 강력하고도 또렷한 감각인상이 주어졌음에도 분노의 감정은 미동도 하지 않는다. 아리스토텔레스에 따르면 자신의 분노의 감정을 다른 한 사람을 상대로 다 쏟아냈을 때 그런 일이 있을 수 있다.[3] 다른 사람을 상대로 분풀이를 한 후라서 감정의 찌꺼기가 더 이상 남아 있지 않기 때문이다. 그 밖에도 아리스토텔레스에 따르면 신체라고 해서 다 똑같은 것은 아니다. 분노의 촉발에 필요한 신체상의 열기를 모든 신체가 다 똑같은 정도로 뿜어낼 수 있는 것은 아니다. 일례로 나이가 많은 노인과 혈기왕성한

젊은이의 신체적 조건은 똑같지 않다. 노인의 신체는 차갑지만 젊은이의 신체는 열기로 가득 차 있다. 그 결과 노인은 겁을 집어먹기 십상이다. 공포란 차가운 기운의 감정이기 때문이다.[4] 이런 식으로 감정의 발생은 체온과 무관하지 않다. 이 같은 감정의 신체 연계성은 여기서 그치지 않는다. 그것을 통해 또 한 가지 사태가 드러난다. 일례로 공포는 몸이 차가워지는 것과 연계되어 있다. 그러기에 지금 공포감에 사로잡혀 있는 사람은 분노에 필요한 열기를 뿜어내지 못한다. 그리하여 그가 모욕을 당했다거나 업신여김을 당했다고 하는 아주 또렷한 감각인상을 가지고 있다손 치더라도 그는 분노의 감정을 느끼지 못한다.

두 번째 경우(②)는 위와 반대로 미미하고 또렷하지 않은 '파테마타'에도 감정이 동하는 경우이다. 이 같은 일이 벌어지는 이유는 신체가 이미 상응하는 감정에 전형적인 조건을 충족시키고 있기 때문이다. 일례로 앞서 벌어진 사건으로 인하여 심장의 혈액이 이미 데워진 상태라고 하면 대수롭지 않은, 희미한 것일지라도 일단 유인이 주어지기만 하면 감정은 또 다시 동할 수 있다. 『꿈에 관하여』에서도 비슷한 경우가 예시된다. 신체가 이미 모종의 감정상태, 일례로 분노나 공포가 야기될 때와 같은 상태에 있다면, 평소 같으면 문제의 감정을 유발하기에 충분치 않을 정도의 유인이 주어지더라도 문제의 감정에 기름을 붓는 결과가 될 수 있는 것이다.

이 같은 두 가지 경우 외에도 아리스토텔레스는 감정의 신체 연계성을 좀 더 확연히 보여주는 또 하나의 상황을 언급한다. 공포심을 자극할 만한 것이 현전하지 않음에도 우리가 공포심을 느낄 때와 같은 '영적 사건'을 경험하는 것이다.[5] 어떤 상황이냐면 하나의 감정을 유발할 아무런 외적 유인도 주어져 있지 않음에도 우리의 신체가 하나의 감정에 속하는 모든 징표를 드러내 보여주는 경우이다. 사시나무 떨 듯 몸을 덜덜 떤다거나 식은땀을 흘린다거나 얼굴이 새파랗게 질린다거나 가슴이 두근거리는 것이다. 공포감을 느끼거나 불안하거나 긴장했을 때 나타나는 신체적 징후들이다. 우리가 하나의 감정을 느낄 때 그 감정에 전형적인 신체상의 변화들이다. 하지만 그렇다고 해서 하나의 진짜 감정을 느낀다고 할 수는 없다. 진짜 감정을 느낀다고 하려면 그에 딱 들어맞는 유발요인이 있어야 하기 때문이다.[6]

아리스토텔레스에 따르면 감정(*pathē*)은 '질료에 깃든 로고스' (*logoi enhyloi*)이다.[7] 어째서 그런지 설명(로고스)을 내놓을 수 있어야 감정이라고 할 수 있는 것이다. 신체적 징후만으로는 불충분하다. 거꾸로 감각인상이 아무리 강렬하고 또렷하더라도 해당 감정의 발생에 필수적인 신체상의 조건이 충족되지 않으면 감정은 발생하지 않는다. 모든 감정은 신체적 변화로 실재한다. 신체적 변화는 '영적 사건'에 단지 수반될 뿐인 현상에 불과한 것이거나 앞서 일어난 '영적 사건'에 대한 신체상의 반응일 뿐인 것이 아니다. 벽돌이나 기왓장 같은 자재 없이 집을 지을 수는 없다. 감정에서도 마찬가지이다. 감정의 신체적 조건은 건축자재와 같은 의미의 구성적 요소이다.

전문적 감정 '논고'의 부재로 인한 제약 : 그러면 이제 이 같은 기본 얼개를 유념하면서 감정의 물음이 아리스토텔레스에게서 어떻게 다뤄지는지 세부적으로 들어가 보자. 미리 말해둘 것은 전해져오는 그의 저작 가운데 감정이라는 주제를 전문적으로 다루는 논저가 없다는 점이다. 그의 '감정'을 다루는 일이 만만치 않은 작업임을 짐작케 하는 대목이다. 『수사학』 II권 2장-11장처럼 개개의 감정을 비교적 세세하게 논하는 곳이 없지 않지만 이들 장에서 감정의 물음이 철학적으로 미진함이 없을 정도로 충분히 다뤄지지는 않는다. 수사학이라는 한계 때문에 논의의 배경을 이루는 이론적 물음에는 관심이 없다.

『니윤』과 『에윤』 등 윤리학 저작에서는 중용의 물음과 관련하여 다양한 덕을 분석하면서 이런저런 감정이 다뤄진다. 그러나 거기서도 감정을 일반적으로 규정하는 물음에는 관심이 없다. 덕은 어째서 감정이 아니냐의 물음과 관련하여 모든 감정의 공통적 특성이 소략하게 언급될 뿐, 개별 감정 논의는 전반적으로 도덕적 작용이라는 특정 관점에서만 제한적으로 이뤄질 따름이다.

『영혼론』의 사정 역시 크게 다르지 않다. I권 1장에서 '영혼과 신체에 공통적인 상태'의 대표적인 사례로 감정이 소개된다. 이같이 영혼과 신체 모두와 연계되어 있다는 성격 때문에 감정은 거기서 아리스토텔레스의 '질료형상합성설'에 입각한 영혼 설명의 모델이 된다. 그러나 『영혼론』의 감정론 역시 그 정도가 전부이다. 감정을 독립적인 주제로 다루는 전문적인 저작이 아니라는 점에서는 『영혼론』도 예외가 아니다. 그 밖에도 『동물운동론』, 『꿈에 관하여』, 『자연학 소론 모음집』에 간헐적으로 감정이 언급되는 대목이 나오지만 그 역시 다른 현상을 설명하기 위해서이지 감정 자체에 관심이 있어서가 아니다. 아리스토텔레스 저작집에 '감정론' 같은 독립적인 논고는 들어 있지 않다. 이런 까닭에 그의 감정 개념을 이해하려면 구체적인 논의의 자리에서 감정이 어떤 식으로 다뤄지는지 일일이 확인하는 식으로 접근하는 수밖에 없다.

개념정리 02   **질료형상합성설**

영어로 'hylomorphism' 혹은 'hylemorphism'이라고 한다. 하나의 형이상학적 시각을 표현하기 위해 그리스어 '휠레'(*hylē*, 'matter'를 뜻함)와 '모르페'(*morphē*, 'form'을 뜻함)를 결합해 만든 조어이다. 문제의 형이상학적 시각에 따르면 모든 사물은 두 가지 본구적 원리로 구성되어 있다. 잠재적인 성질의 '질료'가 하나이고 활성적인 성질의 '형상'이 다른 하나이다. '질료형상합성설'은 아리스토텔레스에 의해 개발된 대표적인 철학이론 가운데 하나이다. 질료란 한 사물의 물성적 부분을 지칭한다. 사물을 구성하기 이전의 질료는 개별화가 이루어지기 이전이기에 뭐라고 특정되지 않는다. 아직은 '덩어리'(mass)의 상태로 있다. 이같이 특정의 개체로 한정되지 않은 '질료'를 특정의 개체로 규정하는 것이 '형상'이다. 이로써 개별화가 이루어진다. 하나의 개별적 사물 X가 존립하게 된다. 예를 들자면 석공의 작업장에 널려 있는 석재는 아직 개별적 사물이 아니다. 돌덩어리일 뿐이다. 그 같은 돌덩어리에 석공이 부처의 형상을 새겨 넣으면 석재는 불상이 되고 돌하르방의 형상을 새겨 넣으면 돌하르방이 된다. 앞마당에 쌓여 있는 기왓장, 벽돌, 시멘트반죽 등 건축자재는 한갓 건축자재일 뿐이다. 그것들이 건축기사에 의해 일정한 방식으로 배열되고 제 위치를 찾게 될 때 한 채의 건축물이 완성된다. 이를 일컬어 건축자재에 건축물의 형상이 부여되었다고 말한다. 이들은 인조물의 경우이지만 자연물의 경우도 마찬가지이다. 위에서 말했듯이 아리스토텔레스에 따르면 생명체는 두 가지 원리로 구성된다. 신체라는 '질료'와 영혼이라는 '형상'이 그것이다. 질료형상합성설에 기초한 설명이다.

1.2 일반적 특징: 수동성, 휘발성, 우연성, 변화 유발성

우리가 일반적으로 '감정'이라고 부르는 것을 아리스토텔레스는 '파토스'라는 개념으로 이해한다. '파토스'는 동사 '파스케인'(*paschein*)에 그 뿌리를 두고 있다. '파스케인'은 우리가 무엇을 '감수'(感受)한다는 뜻이다. 그래서 우리가 규정하고자 하는 의미의 파토스는 어원상 수동적 성격을 띤다(①). 한 주체가 띠는 수동적 성질이 파토스인 셈이다. 꿀은 달고 소태는 쓰다. 단맛은 꿀의 특성이고 쓴맛은 소태 나무 열매의 특성이다. 우리가 꿀을 입에 넣으면 입안에 단맛이 감돈다. 우리가 단맛을 느낀다. 꿀의 단맛이 우리의 미각을 자극한 것이다. 그러한 작용의 결과가 우리가 말하는 파토스이다. 여기서 파토스를 가리켜 수동적이라고 하는 것은 꿀의 예에서 보듯 그것이 우리의 미각에 자극을 일으켜 우리가 그 자극에 '수동적으로' 반응을 보이기 때문이다. 단맛, 쓴맛만이 아니다. 실질적으로 한 주체에게 일어날 수 있는 모든 것이 다 파토스로 간주된다. 잠자는 것, 잠에서 깨어나는 것, 아이를 임신하는 것, 머리가 빠지는 것 등이 다 그렇다. 한 가지 더 지적해둘 것은 우리가 말하는 파토스가 이른바 종차를 나타내는 본질적 성질을 두고서 하는 말이 아니라는 점이다.[8] 우리가 말하는 파토스는 우리가 수치심을 느낄 때 얼굴에 홍조를 띠는 것과 같은 것을 가리킨다. 말하자면 금세 나타났다가 또 순식간에 잦아드는 어떤 것이지 그 담지자에게 지속적으로 달라붙어 있는, 변하기 어려운 성질이 아니다(②).

넓은 의미의 파토스에 다소 제한이 가해지는 것은 아리스토텔레스가 '영혼의 파토스'(*pathē tēs psychēs*), '영혼이 감수하는 것', '영혼이 경험하는 사건'을 말할 때이다.[9] 하지만 이 역시 전문적이지 않기는 마찬가지이다. 왜냐하면 감관지각은 그 어떤 것이든 모두 '영혼의 파토스'('*pathē*', '*pathēmata*')로 간주되기 때문이다. 감각기관을 통해 지각된 내용(*aisthēma*)을 아리스토텔레스는 '감관을 통해 지각한 자의 파토스'라고 칭한다.[10] 감관지각만 그런 게 아니다. 아리스토텔레스의 경우 감각기관을 통하지 않은 비감각적 지각도 파토스이다. 『명제론』에서 아리스토텔레스는 영혼의 '파토스'(정확하게는 '파테마타')를 말한다. 이것은 영혼에 새겨진 바깥세계에 있는 사물의 모상, 닮음꼴, 닮은 이미지(*homoiōmata*)이거니와, 문자와 말을 통해 상징됨으로써 다른 사람에게 알려질 수 있다.[11] 문제의 파토스, 정확하게 말해서 파테마는 우리가 흔히 말하는 '사상' 혹은 '사고내용'(*noēma*)과 하나도 다를 게 없다.[12] 이런 측면에서 볼 때 '영혼의 파토스'라고 한다고 해서 우리가 말하는 파토스의 개념적 윤곽이 특별히 더 명료해지는 것 같지 않다. 그렇더라도 어떤 식으로든 '영혼'에 새겨진 것이라는 점만큼은 분명해졌다. 우리가 말하는 파토스, 즉 감정 역시 이상에서 말한 바와 같은 '영혼의 파토스'이다. 그것은 영혼에게 일어난, 영혼이 경험한 모종의 '우발적 사건'이다(③). 그것은 또한 영혼이 수동적으로 겪는 것이다(①). 그런 의미에서 그것은 능동적으로 행하는 행동(프락시스)과도 대비되고 제작(포이에시스)과도 대비된다. 그 밖에도 그것은 영혼이 지속적으로 유지하는 상태와 달리 휘발성을 지녔다(②). 홀연히 나타났다가도 언제 그랬냐는 듯이 자취를 감춘다는 뜻이다.

한편 감정이 '영혼의 파토스'라고 해서 그것이 배타적으로 '영혼'에만 속한 것이냐면 그렇지 않다. 아리스토텔레스의 경우, 영혼의 모든 상태는 종국적으로 '영혼이 깃든 신체'의 상태이기 때문이다. '영혼'이 명사형이기 때문에 마치 신체에 덧붙여질 수도 있고 다시 신체에서 빠져나갈 수도 있는 독립적인 사물 같은 인상을 준다. 그러나 아리스토텔레스의 경우 영혼은 사물이나 객체가 아니다. 그가 말하는 영혼은 신체에 깃들어 있음으로써 신체를 살아 있게 하는 그 무엇이다. 생명현상과 결부된 모종의 능력이다. 신체는 영혼이 깃들어 있을 때 신체이다. 영혼이 없는 신체는 신체가 아니다. 죽은 신체이다. 생명체가 아니다. 약간의 화학물질일 뿐이다. 한편 아리스토텔레스는 『영혼론』에서 이렇게 말한다. 영혼을 가진, 살아 있는, 전체로서의 인간이 아니라 영혼이 화를 낸다고 말하는 것은 영혼이 뜨개질을 한다거나 영혼이 집을 짓는다고 하는 것만큼이나 생뚱맞다.[13] 감정적 의미의 영혼의 상태 혹은 성질은 영혼이 영혼인 한에서 띠는 (본질적) 성질이 아니다. 위에서도 말했듯이 그것은 영혼이 일시적으로, 어쩌다가 띠는 우연적(symbebēkos) 성질이다(③).[14]

감정은 '영혼의 파토스'의 부분집합이다. 문제의 부분집합을 특징짓는 한 대목이 『니윤』 II권 5장에 나온다. 거기서 아리스토텔레스는 감정을 능력(뒤나미스)하고도 구별하고 성향(헥시스)하고도 구별한다. 감정은 그것에 힘입어 우리가 무엇을 해낼 수 있는 '능력'도 아니고 일정한 방향으로 확고하게 틀 잡힌 '성향'도 아니다. 감정은 우리의 의지와 무관한 것이다.[15] 우리가 선택하고 결단하는 일과 관계가 없다. 화를 내가 '내는' 것이 아니라 내 의지와 무관하게 그냥 화가 '나는' 것이다. 내가 파토스를 감수하는 것, 그러니까 어떤 감정을 느끼는 것은 나의 의지와 무관하게 일어나는 일이다. 그래서 감정을 느꼈다는 사실 자체만으로 누구를 칭찬하거나 책망할 수는 없다. 감정은, 감정인 한에서, 도덕적 칭찬과 비난의 대상에 속하지 않는다.[16] 그리고 감정은 구체적인 변화(*alloiōsis, metabolē*)와 연결되어 있다(④). 감정에 응하여 우리가 움직이는(*kineisthai*) 것이다.[17] 감정을 매개로 신체상 변화가 생기는 것이다. 그것과 연결되면 사물에 변화가 일어날 수 있는 모종의 성질, 변화를 유발하는 원인이 곧 감정이다. 이것이 아리스토텔레스가 이해하는 넓은 의미의 파토스와 구별되는 감정의 개념이다.

1.3 쾌락과 고통의 느낌

위와 같이 제한을 가하였음에도 감정을 확연히 드러내기에는 부족하다 싶었던지 아리스토텔레스는 『니윤』 II권 5장에서 다음과 같이 부연한다.

> '감정'으로 나는 욕망, 분노, 공포심, 담력, 질투심, 희락, 우정, 혐오감, 동경심, 경쟁심, 연민을, 일반적으로 '쾌락과 고통이 따르는' 모든 것을 일컫는다.[18]

아리스토텔레스는 감정과 관련하여 정의다운 정의를 내놓지 않는다. 이렇듯 그저 예를 들어 설명할 뿐이다. 그렇다고 그가 드는

페터 P. 루벤스(Peter Paul Rubens),
「술 취한 헤라클레스(The Drunken Hercules)」(1612~1614)

예들에 일관성이 있느냐면 그렇지도 않다. 분노, 공포, 연민처럼 상수로 등장하는 실례가 없지 않지만 대체로 가짓수와 종류에서 목록마다 들쭉날쭉 차이가 난다. 『니윤』의 목록과 비교해보면 『수사학』 Ⅱ권 2장–11장에는 '욕망'이 빠져 있다. '희락' 역시 후자에는 나오지 않는다. 『수사학』에 빠진 '욕망'이 『에윤』에는 나온다.[19] 『수사학』에는 나오지만 위의 『니윤』 목록에 나오지 않는 것도 있다. '평온함'이 그 하나이다. 『니윤』에서 평온함은 덕으로 다뤄진다.[20] 그에 비해 위의 목록은 감정을 나열한 목록이다. 위의 『니윤』 목록에서는 '수치심'도 안 보인다. 그러나 그것은 『니윤』 Ⅳ권 9장에서 분명하게 감정으로 다뤄진다. 『니윤』 목록에는 '사의'와 '의분'도 보이지 않는다. 『영혼론』의 사정은 어떤가. 『영혼론』의 목록에는 『니윤』 목록처럼 '희락'이 포함되어 있다. 그리고 『수사학』에 나오는 '평온함'이 『영혼론』의 목록에 포함되어 있다. 그러나 『수사학』 Ⅱ권이 그러하듯 『영혼론』의 목록에도 '욕망'에 대한 언급은 나오지 않는다. 『영혼론』에서는 분노, 평온함, 공포심, 연민, 담력, 희락, 우정, 혐오감이 언급된다.[21] 그 밖에, 『니윤』과 『수사학』에는 '무명의' 감정도 들어 있으나 공식 목록에서는 언급되지 않는다.

이런 가운데서도 정의의 요소를 가장 많이 보여주는 것은, 위의 인용문에도 나와 있듯이, 쾌락과 고통에 대한 언급이다. 주의할 것은 모든 감정이 쾌락/고통과 연결되어 있다는 게 아니라는 점이다. 그 반대이다. 쾌락/고통과 연결된 모든 것은 감정으로도 간주될 수 있다는 것이다. 대체로 우리말 속담처럼 바늘 가는 데 실 간다, 정도로 이해하면 족하지 않을까 싶다. 두말할 필요도 없지만 쾌락/고통의 느낌 자체가 감정인 것은 아니다. 핵심은 양자가 밀접한 관계를 맺고 있다는 점이다.

감정이 쾌락/고통과 연계되어 있다는 점을 통해 감정과 관련하여 중요한 몇 가지 점이 시사된다. 먼저 (1) 감정이 신체와 연계되어 있다는 점이다. 쾌락과 고통이 전적으로 신체적이기만 한 것은 아니지만 적어도 부분적으로 우리가 몸으로 감지할 수 있는 것이기 때문이다. 아리스토텔레스의 경우 고통과 쾌락은 감관지각이다. 『수사학』 II권 4장에 따르면 "고통스런 것은 어떤 것이든 지각될 수 있다."[22] 같은 책 I권 11장에서는 또 "쾌감을 느낀다는 것은 곧 (…) 지각한다는 것(이)"[23]라고 말한다. 그러면 우리는 고통과 쾌락을 어떻게 지각하는가. 크게 두 가지 길이 있다. 하나는 감각기관을 통해 '직접' 지각하는 것이고, 다른 하나는 표상을 통해 '간접적으로' 지각하는 것이다. 표상을 통해 지각한다는 것은 과거에 지각한 것을 회상하거나 과거의 경험을 바탕으로 앞으로 일어날 일을 미리 예기하는 것을 뜻한다.[24] 요컨대 우리는 쾌락과 고통을 감관지각을 통해 직접 느낄 수도 있고 표상을 통해 느낄 수도 있다.

다음으로 감정의 쾌락/고통과의 연계성을 통해 (2) 어떤 것을 추구하고 회피하는 인간의 행동양상이 시사된다. 우리가 모종의 감정 상태에 놓일 때 쾌락과 고통을 느낀다는 것은 감정의 대상이 갖는 모종의 특징을 우리가 인정하거나 거부하는 속내를 표출하는 것과 다르지 않다. 아리스토텔레스가 『영혼론』 III권 7장에서 피력하는 견해에 따르면, 우리가 어떤 것을 지각할 때 쾌감을 주거나 고통을 주는 것으로 받아들이는데, 문제의 대상을 쾌락적인 것으로 받아들이는 것은 그것을 취하고 싶다는 뜻의 표출이고, 그것을 고통스런 것으로 받아들이는 것은 그것을 피하고 싶다는 뜻의 표출이다. 전자는 우리가 특정의 의견에 동의하는 것에 비견할 수 있고 후자는 문제의 의견에 반대의 뜻을 표하는 것에 비견할 수 있다.[25] 쾌락과 고통을 매개로 무엇을 추구하거나 회피하는 인간의 욕구가 감정에 끼어 들어오는 것이다. 그렇다고 감정에 행동을 촉발하는 어떤 요소가 직접적으로 들어 있다는 이야기는 아니다.[26] 우리가 무엇을 추구하고 회피하는 데에, 우리로 하여금 쾌락과 고통을 느끼게 만드는 다양한 유발요인을 상대로 한 우리의 긍정적 혹은 부정적 입장이 묻어난다는 뜻이다. 우리가 감정을 느끼는 것은 뭔가를 표상하기 때문이다.[27] 머릿속에 뭔가를 떠올리는(phainetai) 것이다. 문제의 감정에 빠지게 만드는 모종의 유인(epi poiois)이 전제되고 있는 것이다.[28] 유인에 우리는 반응을 보이기 마련이다. 유인에 직면하여 우리가 취할 수 있는 반응으로는 크게 두 가지가 있다. 인정하거나 거부하는 것이다. 유인을 인정하는 경우 그것은 쾌락의 형태로 표출되고 거부하는 경우 고통의 형태로 표출된다. 이런 의미에서 쾌락과 고통은 감정의 양상이다.

정상적인 의미의 정의가 없긴 하지만 쾌락과 고통을 통해 욕구가 매개되기 때문에 감정의 쾌락/고통과의 연계성은 정의에 버금가는 면을 보인다. 실로 아리스토텔레스는 『수사학』 II권 2장−11장에서 대부분의 감정을 쾌락/고통과 관련지어 규정한다. 그로써 모든 감정의 통일적 징표가 비로소 뚜렷이 드러난다. 아쉬운 점이 있다면 여기서도 일관성이 부족하다는 점이다. 대부분의 경우 쾌락/

고통과 연결고리가 분명하지만 그렇지 않은 경우도 있다. 아래에서는 연결고리가 분명한 경우와 그렇지 못한 경우를 차례로 살핀 다음, 이어서 쾌락/고통과의 연결고리가 명시적이지 않은 감정의 경우는 어떻게 이해할 수 있는지 그 방안을 모색한다. 우선 쾌락/고통과의 연결고리가 분명한 경우이다. 먼저 고통의 경우이다. 아주 분명하게 고통의 일종으로 혹은 고통의 느낌으로 정의되는 감정은 공포심, 수치심, 연민, 의분, 질투, 경쟁심이다. 고통이 이들 감정의 상위개념인 셈이다.

쾌락으로 이해되는 경우는 어떤가. 『수사학』II권 9장에 나오는 '무명의' 두 가지 감정이 '희락'의 하위개념으로 간주된다. 하나(=무명감정1)는 '그래도 싼 사람이 겪는 불행을 보면서 (고거 참 잘됐다, 쌤통이다, 고소해하면서) 희희낙락하는 것'이고, 다른 하나(=무명감정2)는 '누릴 만한 사람이 누리는 행운을 보면서 (얼마나 좋아, 하면서 덩달아) 희희낙락하는 것'이다. 전자는 연민의 정을 잘 느끼는 성향의 인물이 쉽게 빠져드는 (연민의) 반대감정이고 후자는 의분에 민감한 인물이 쉽게 느끼는 (의분의) 반대감정이다. 질투하기를 잘하는 인물이 잘 느끼는 (질투의) 반대감정 역시 '희락' 축에 든다.[29] 같은 부류의 인물(A)에게 그런 일이 일어나거나 그런 것이 그(A)에게 현전하면 같은 부류의 인물(B)에게 고통을 주는 어떤 것 ─ 이를테면 A의 일이 잘 풀리는 것 ─을 문제의 인물(A)이 잃거나 그것이 파괴되는 것을 보면서 (B가) 희희낙락하는 것이 그것이다.[30] 서구에서는 '샤덴프로이데'라는 독일어 명칭으로 통칭되는 감정이다.[31] 이상의 감정은 명쾌하게 고통이나 쾌락으로 규정되는 감정이다.

공포심과 수치심은 깔끔하게 고통으로만 규정되지 않는다. 그 둘은 정확히 '일종의 고통과/이나 불안'으로 규정된다. 하지만 그렇더라도 문제가 되지는 않는다. 불안을 고통의 하위개념으로 이해하면 되기 때문이다. 불안이 앞으로 일어날지도 모를 고통을 내다보면서 느끼는 고통일 수 있기 때문이다.[32]

분노에는 쾌락의 부분과 고통의 부분이 다 있다. 고통은 업신여김을 당한 데서 비롯하는 것이고 쾌락은 앞으로 복수할 것이라는 예기와 관련되어 있다. 그래서 고통의 하위개념으로 간주되더라도 깔끔하게 고통으로만 간주되는 다른 (고통)감정들과 그 양상이 다르다. 아리스토텔레스가 분노를 규정하는 자리에서 상대적으로 구속력이 덜한 '고통과 연계된'[33]이라는 표현을 선택한 것도 그 같은 사정을 고려한 신중함에서 나온 조치 같다.[34] 이런 측면에서 분노는 '모든' 감정이 고통이나 쾌락의 일종으로 명쾌하게 정의될 수 있다는 이해에 걸림돌이 된다. 그러나 이러니저러니 하더라도 지금까지만 놓고 보면 쾌락과 고통을 모든 감정의 본질적 구성요소로 이해하는 정립이 흔들림 없이 유지된다. 문제는 다음의 경우이다.[35]

쾌/고와의 명시적 연계성 부재의 감정 : 평온함, 몰염치, 담력에는 쾌락/고통과 명시적인 연계성이 없다. 그렇다면 이들 감정은 쾌락/고통과 말 그대로 무관한가. 이들 감정은 반대감정으로서 그 각각에는 하나의 원본감정이 대응한다. 그러기에 대응하는 원본감정과 대조할 필요가 있다. 문제의 반대감정들은 원본감정이 가라앉거나 해소될 때 나타난다는 특징을 보인다. 문제의 반대감정들은 크게 두 가지 방식으로 이해할 수 있다. 하나는 각기 대응하는 원본감정이 더 이상 남아 있지 않은 상태로 간주하는 것이다. 이럴 경우 몰염치는 수치심의 부재가 되고 평온함은 분노의 부재가 된다. 그러나 이렇게 되면 문제의 후속감정에는 쾌락도 고통도 없게 되고 결과적으로 그것들은 참된 의미의 감정이 아니게 된다. 다른 하나의 방식은 문제의 후속감정을 원본감정의 단순한 부재로 이해하는 것이 아니라 고통스런 감정상태에서 고통스럽지 않은 감정상태로 넘어간 것으로 이해하는 것이다. 이럴 경우 후속감정의 상태를 쾌락적인 것으로 간주할 수 있는 길이 열린다.[36]

쾌락/고통과 연계되지 않은 채 정의되기는 사의(謝意) 역시 마찬가지이다. 그러나 아리스토텔레스가 『수사학』 II권 7장에서 논하는 것을 보면 쾌락/고통으로 이어지는 통로가 완전히 차단되어 있지 않다. 우선 사의(charin echein)는 호의(charis)를 받은 데 대해 감사의 정을 느끼는 것으로서 호의를 받은 사람의 감정상태를 나타낸다.[37] 한편 아리스토텔레스는 고통 받는 사람을 문제의 고통에서 놓여나게 해주는 것이 호의 중에서도 가장 마음에 와닿는 호의라는 점을 애써 강조한다.[38] 도움을 받는 수혜자가 몹시 딱한 형편에 있을 때, 필요한 도움의 크기와 난이도가 클 때가 그런 경우에 속한다. 도움을 베푸는 이가 한 사람뿐일 때도 그렇다. 그렇다면 간접적이긴 하지만 사의에 쾌락/고통과의 연계성이 전혀 없지 않다. 고통스런 상태에서 풀려나는 것이 사의를 표명하도록 유도하는 정황으로 간주될 수 있기 때문이다.

우정과 그것에 대립하는 혐오 역시 쾌락/고통과 관련이 없는 것으로 정의된다. 먼저 우정의 경우부터 보자. 아리스토텔레스는 『수사학』 II권 4장에서 사랑(philein)을 기원(boulesthai)의 일종으로 정의한다. 그에 따르면 우리가 일반적으로 좋다고 믿는 것을 자기 자신을 위해서가 아니라 문제의 인물을 위해 '기원'하면서 힘닿는 데까지 그것을 해주려고 하는 것, 이것이 곧 사랑이다.[39] 이럴 경우 쾌락과 고통이 우정(philia)과 직접 연결되기가 어렵다. 하지만 여기서도 아리스토텔레스는 우정과 쾌락/고통 사이에 연결통로를 만들려고 노력한다. 우정과 친구를 정의하면서 그는 친구가 좋을 때 함께 기뻐하고 괴로울 때 함께 괴로워하는 사람이라는 점을 각별히 강조한다.[40] 친구에게 좋은 일이 일어나면 함께 기뻐하고 친구가 괴로워하면 함께 괴로워하는 것은 친구에게 좋은 일이 일어나기를 '기원'하고 고통스런 일이 일어나지 않기를 '기원'하는 것과 다르지 않은 것이다. 굳이 친구와 관련을 짓지 않더라도 일반적으로 무엇을 바라거나 '기원'하는 것에는 욕구(오렉시스)가 걸려 있다. 욕구란 충족될 수도 있고 충족되지 못할 수도 있는 것이다. 그러니까 충족되면 쾌락을 느끼지만 충족되지 못하면 실망감 때문에 고통을 맛보는 것이 욕구이다. 한편 『수사학』 I권 11장에 따르면 사랑을 하는 것도 사랑을 받는 것도 쾌감을 주는 것이다. 그러하기에 그것은 쾌락과 연계되어 있다. 우정의 감정에도 쾌락/고통과의 연계성이, 정의에 표현되지 않았을 뿐, 구석구석에 자리 잡고 있다. '감정에는 쾌락/고통이 수반된다'는 '감정이 있는 곳에는 (영락없이) 쾌락/고통도 있다'는 취지이다. 그러기에 어떤 식이든 쾌락/고통의 느낌과 연계되어 있다면 '쾌락/고통이 수반되는' 경우라고 할 수 있다.

그러면 끝으로 우정과 대립적인 혐오감의 경우는 사정이 어떤가 보자. 혐오야말로 쾌락/고통으로 통하는 연결통로가 대표적으로 막혀 있는 것 같다. 혐오하는 사람은, 분노하는 사람과 달리, 아무런 고통도 느끼지 않기 때문이다.[41] 그러나 혐오를 이처럼 분노와 대비시키는 것은 혐오를 상대화하여 해석할 수 있는 여지를 남긴다. '혐오하는 사람은 분노하는 사람과 달리 아무런 고통도 느끼지 않는다'는 아리스토텔레스의 언명을 '혐오하는 사람은 분노하는 사람이 그러는 것과 같은 식으로 고통을 느끼지 않는다'는 취지의 언명으로 이해할 수 있기 때문이다.[42] 이렇게 해석한다고 해서 양자 간의 차이가 드러나지 않는 것도 아니다. 우리의 분노는 항상 다른 사람이 '우리들 자신'을 향해 취하는 특정의 행동방식으로 인하여 촉발된다. 그러나 혐오의 경우는 그렇지 않다. 타인으로부터 어떤 일을 우리가 '개인적으로' 당하지 않더라도 혐오감을 품을 수 있다. 따라서 혐오가 고통과 전적으로 무관하다고 고통과 연결될 수 있는 길을 완전 봉쇄하기보다는 혐오는 분노와 달리 한 사람이 다른 한 사람으로부터 받은 고통스런 상태의 결과가 아니라고 말하는 편이 낫다. 한편 위에서 우정을 기원의 일종이라고 말한 바 있거니와, 이를 토대로 혐오감의 사정을 헤아려볼 수도 있다. 혐오가 우정의 반대감정이기 때문이다. 요컨대 혐오 역시 우정과 마찬가지로 기원의 일종이다. 우정이 일반적으로 좋다고 하는 것을 문제의 인물을 위해 바라면서 힘닿는 데까지 그것을 해주려는 것이라고 할진대 혐오는 일반적으로 나쁘다고 하는 것이 타인에게 이루어지기를 바라는 것이다. 그런 경우 혐오하는 사람에게도 그러한 기원—바람—이 충족되거나 충족되지 못하는 일이 일어난다. 그리고 그럼으로써 만족감과 실망감의 형태로 쾌락이나 고통을 느낄 수 있다. 그렇다면 결국 혐오의 경우도 쾌락과 고통으로 통하는 연결통로가 완전히 막혀 있지는 않다.

이상과 같은 식으로 이해하게 되면 아리스토텔레스가 감정으로 열거한 예들 중 쾌락/고통과 직접적으로든 간접적으로든 연결되지 않는 것은 없다고 하겠다. 그렇다면 모든 감정은 쾌락의 상태이거나 고통의 상태이거나 아니면 양자가 혼합된 상태라고 해도 문제될 게 없다. 쾌락/고통과 관련이 없어 보이는 경우라고 하더라도 쾌락/고통과의 연결이 분명한 감정의 경우와 마찬가지로 쾌락과 고통이 문제의 감정의 본질적인 구성부분을 형성한다.[43]

✳

이상의 논의를 통해 아리스토텔레스의 감정 개념과 관련하여 드러난 점을 간추리면 다음과 같다. 첫째, 감정은 영혼의 상태인 바, 우리가 분노나 공포심에 휩싸였을 때와 같은 상태가 바로 그런 상태이다. 둘째, 문제의 영혼의 상태, 즉 감정은 어떤 형태로든 쾌락/고통과 연계되어 있다. 셋째, 문제의 영혼의 상태는 우리의 선택이나 결단과 무관할 뿐만 아니라 우리의 의지와도 상관이 없다. 그것은 우리가 수동적으로 감수하는 어떤 것이다. 넷째, 문제의 영혼의 상태는 변화와 연결되어 있는 바, 그것은 문제의 감정을 느끼는 사람이 겪는 변화이다. 그러니까 감정은 신체적 변화가 그것을 통해 표출되는 통로이기도 하다. 이런 까닭에 아리스토텔레스는 감정의 문제는 '자연학자'—생리학자—의 문제이기도 하다는 입장이다. 특정의 감정이 사그라지는 것은 어찌된 영문인가와 같은 물음이 그렇다. 최소한 일부 감정에서 특수한 신체적 반응이 확인된다. 일례로 분노는 심장의 피가 끓어오르는 것이다.[44] 그래서 분노는 항상 몸에서 열이 나는 현상과 연결된다. 그에 반하여 공포는 차가운 기운의 감정이다.[45] 차가운 기운의 감정에서는 신체(의 한 부분) 역시 차갑게 식는다.[46]

1.4 신체 연계성

아리스토텔레스는 『영혼론』 서두에서,[47] 우리가 감정으로 이해하는 '영혼의 파토스'가 영혼의 문제이기만 한 것인지, 아니면 영혼의 문제이자 동시에 신체와도 얽힌 문제인지의 물음을 묻는다. 그는 후자 쪽으로 입장을 정하고 예시를 통해 자신의 입장을 정당화한다. 그에 따르면,

> '영혼의 파토스'(감정)는 모두, 그러니까 분노, 평온함, 공포심, 연민, 담력, 나아가 희락과 우정과 혐오감은 (모두) 신체와 연결되어 있는 것 같다. 왜냐하면 이것들(이 일어남)과 동시에 신체가 뭔가를 겪기 때문이다.[48]

인용문에 이어지는 대목에서[49] 그는 실례를 들어 감정의 신체

연계성을 설명한다. 그에 따르면 우리는 미약하고 보잘것없는 경험을 통해서도 공포나 분노의 상태에 빠진다. 신체가 그에 상응하는 상태에 있기 때문이다. 그런 반면 신체가 상응하는 상태에 있지 않을 때는 훨씬 더 강한 인상을 받더라도 아무런 감정도 느끼지 않는다. 전자는 일종의 불활현상(*inertia*)이다.[50] 그러니까 공포심을 조성했던 상황이나 격분을 유발했던 상대방의 행동거지가 사라졌음에도 신체에는 관련 반응이 비록 활활 타오르는 형태로는 아닐지라도 잔불처럼 불씨로 여전히 남아 있는 것이다. 그렇게 수면모드로 있다가 (제대로 된 유발요인이 아닌) 경미하고 희미한 유발요인과 유사한 것만 주어지더라도 불쏘시개가 되어 해당 감정이 타오르게 된다. 아리스토텔레스가 말하는 것도 이 비슷한 내용이다. 감정을 유발하는 요인(의 지각)과 실제로 체감하는 감정의 강도와 지속성 간에 일종의 불균형이 존립하는 것이다. 신체적 반응 때문에 생긴 불균형이다.

사정이 이러하다면 감정은 본질적으로 신체적 변화이다. 그러나 이것만으로는 감정이 다 설명되지 않는다. 아리스토텔레스에 따르면 감정은 특정의 유인(의 경험)과도 얽혀 있다. 문제의 유인이 사실적인 것인가 아니면 머릿속에서 그리기만 하는 것일 뿐인가 같은 것은 문제가 되지 않는다. 이런 사정을 아리스토텔레스는 다음과 같이 요약 정리한다.

사정이 그러하다면 분명하거니와 '영혼의 파토스'(감정)는 질료(신체)에 깃든 개념(*logoi*)이고 그것(영혼의 파토스)의 정의는 다음과 같은 식의 것이 된다. 즉 '분노란 이러이러한 성질의 신체-혹은 신체의 부분 혹은 (이러이러한 성질의) 능력-가 이러이러한 특정의 원인으로 인하여 이러이러한 특정의 목적을 달성하기 위해 하는 운동(kinēsis)의 일종이다.'[51]

이에 따르면 감정의 정의에는 두 가지가 담겨야 한다. 하나는 감정이 진행되는 동안 신체에서 일어나는 운동 혹은 변화이고, 다른 하나는 원인과 목적이다. 약방의 감초처럼 빠지지 않고 등장하는 분노의 경우를 예로 들어 말하면 우선 신체적 측면에서는 심장의 피가 끓어오르는 것이라고 정의할 수 있다.[52] 그리고 원인과 목적으로는 '업신여김을 받았다거나 업신여김을 받은 것으로 여겨진다'와 '복수를 하려는 욕구'를 꼽을 수 있다.[53] 감정을 정의하되 신체적 측면에서 정의하는 것을 가리켜 아리스토텔레스는 '자연(철)학자(physikos)의 정의'라고 하고 원인과 목적을 들어 정의하는 것을 두고서는 '변증법 전문가(dialektikos)의 정의'라고 한다. 변증법 전문가라고 하지만 철학자라고 할 수 있다. 질료적인 원인을 세세하게 추궁하는 일 없이 사물을 개념적으로 따지는 사람을 두고서 하는 말이기 때문이다.

아리스토텔레스가 말하는 요지는, 감정, 그러니까 신체와 연계된 '영적 파토스'를 충분히 과학적으로 설명하려면 두 가지 유형의 정의가 모두 필요하다는 것이다. 그리고 제대로 이해된 자연철학이라면 질료적·신체적 과정을 고려하는 것만으로는 충분치 않고 문제의 변화가 일어나게 된 발단과 유발요인에도 관심을 기울여야 한다는 것이다. 그러나 이것이 마치 감정이 두 가지 요소, 즉 '신체적 · 질료적' 요소와 '영적 · 정신적' 요소로 '구성'되어 있기라도 한 것처럼 이해되어서는 안 된다. 아리스토텔레스의 영혼론의 근간을 이루는 언명들과 정면으로 배치되기 때문이다. 아리스토텔레스가 유념하는 것은 다음이다.[54] (1) 감정은 일종의 신체적 변화이다. 감정은 이러한 질료적 변화에서, 현실적으로든 사고상으로든, 분리하여 생각할 수 없다. 그러나 (2) 감정을 유발하는 원인으로는 질료적인 것만 있는 게 아니라 다른 유의 원인도 있다. 분노의 예를 들어 말하면 당사자가 경험하는 업신여김과 관련된 '(분노)유발요인'이라는 '원인'도 있고 역시 분노에서 볼 수 있는 복수를 향한 욕구 같은 '목표'라는 의미의 '원인'도 있다. 감정을 충분히 설명하는 데 필요한 원인들이다.

이 같은 설명방식은 감정의 발생과 가라앉음을 설명하는 데서도 진가를 발휘한다. 하지만 유감스럽게도 감정의 신체적 · 질료적 원인과 관련하여 아리스토텔레스의 텍스트에서 얻을 수 있는 정보는 거의 없다시피 하다. 얻을 수 있는 것이라고는 그가 즐겨 예시하는 분노와 공포와 관련된 언급이 전부이다. 분노는 몸에서 열이 나는 것과 관련이 있고 공포는 몸이 차갑게 식는 것과 관련이 있다. 그러므로 이들 감정이 발생하려면 결정적인 순간에 몸이 상응하는 정도의 체온을 만들어낼 수 있어야 한다. 그런데 이런 필수적인 전제조건이 충족되지 않을 때도 있다. 우리 몸이 때마침 그와 반대되는 체온을 유지하고 있을 때이다. 다른 감정의 영향 하에 놓여 있거나 질환을 앓고 있거나 몸에 열이 나거나 술에 취해 있을 때가 그런 때이다. 일반적으로 노인의 몸은 열이 나더라도 그 세기나 지속성에서 젊은 사람과 비교가 된다. 그렇기 때문에 노인은 기질적으로 노기를 잘 띠지 않고 노기를 띠더라도 그 정도가 약하다. 그조차 오래가지 않는다. 감정의 이러한 측면은 어째서 특정의 감정이 서로 배척하는지 그 이유를 설명하기도 한다. '열'이 나는 감정과 '차가운 기운'이 감도는 감정을 동시에 느낄 수 없기 때문이다.[55]

제 2 장

감정,
근본적으로 인지적인

2

감정을 충분히 설명하려면 질료적·신체적 과정을 설명하는 일 외에 문제의 변화가 일어나게 된 유발원인을 밝힐 필요가 있다. 이른바 '변증법적' 사태 기술에 명시되는 영적·정신적 요소가 그것이다. 이제 감정의 유인의 물음으로 눈을 돌려보자.

2.1 '변증법적' 정의와 개별화의 지표

감정은 하나의 대상을 지향한다. 감정을 느끼는 사람은 그 대상이 실재한다고 믿는다. 일례로 분노는 업신여김을 당했다고 믿는 데서 비롯한다. 자신이 당했다고 믿는 모멸감이 분노의 유인이다. 바꿔 말하면 분노는 나를 향한 상대방의 업신여김'에 꽂혀 있다.' 업신여김을 당했다고 '믿는다'는 의미에서 분노의 감정은 '인지적'이고 업신여김에 '꽂혀 있다'는 의미에서 '지향적'이다. 감정은 지향적 상태이고 그 상태에는 뭔가 내용이 있다. 분노의 경우 지향대상─나를 향한 상대방의 모멸에 찬 태도─의 실재 여부는 중요하지 않다. 실제로 그러하든 분노의 감정을 느끼는 사람만 그렇다고 믿는 것이든 문제가 되지 않는다.[1] 감정이 지향하는 대상은 서술문 형식으로 표현될 수 있는 이른바 명제적 성질을 띠고 있다.[2]

감정이 지향하는 대상을 좀 더 깊이 들여다보자. 아리스토텔레스는 『수사학』 II권 1장에서 감정을 가리켜 고통과 쾌락이 수반되는 것이라고 규정한 다음, 이어서 각각의 감정은 세 가지 측면에서 구별되어야 한다고 덧붙인다. 감정을 세분화·개별화할 때 따라야 할 일종의 지표인 셈이다. ① 감정의 '영적' 상태, ② 표적인물, ③ 지향대상이 바로 그것이다. 그의 표현을 그대로 옮기면 ① (문제의 감정을 느끼는 사람은) '정신적으로 어떤 상태에 놓여 있는가', ② (그는) '어떤 인물을 상대로' (문제의 감정을 느끼는가), ③ (그는) '무엇과 관련하여 (혹은 무엇 때문에)' (문제의 감정을 느끼는가)의 물음의 형식이 된다.[3] 분노를 예로 들어 말하면, ① 분노하는 사람은 정신적으로 현재 '어떤 상태에' 놓여 있는가, ② 그는 '누구에게' 분노의 감정을 느끼고 있는가, ③ 그는 도대체 '무엇을 꼬투리로' 혹은 '무엇을 보고서' 분노하는가가 그것이다. 이를 제대로 설명할 수 있어야 분노의 감정의 정체를 온전히 드러냈다고 할 수 있다는 게 아리스토텔레스의 입장이다. 그래서 아리스토텔레스가 『수사학』 II권 2장-11장에서 내놓는 각 감정의 정의에는 이 같은 세 가지 측면이 풍부한 예시와 함께 잘 드러나 있다. 몇 가지 예를 들면 아래와 같다.

> 분노 : • 자신이나 자신과 가까운 이들 중 누군가가 그럴 자격이
> 없는 상대로부터 업신여김을 당했다고 여겨지기 때문에(*epi*

phainomenēn oligōrian) 복수라고 여겨지는 것으로(*timōrias phainomenēs*) 설욕하려는, 고통과 연결된 욕구(이다).⁴

• 모든 분노에는 (언젠가는) 복수할 수 있으리라는 기대감에서(*apo tēselpidos tou timōrēsasthai*) 쾌락이 따른다.⁵

우정 : • 좋은 일을 만나면(*tois agathois*) 함께 희희낙락하고 괴로운 일을 만나면(*tois lypērois*) 함께 괴로워하는 것으로서, 다른 무엇 때문이 아니라 상대방(즉 친구) 때문에 그러는 것이다.⁶

공포심 : • 파국적인 혹은 고통을 가져다줄 것 같은, 임박한 위험을 표상함으로써(*ek phantasias*) 느끼는 고통이나 불안의 일종(이다).⁷

• 남이 잘 되면 자기에게 안 좋은 일이 일어날는지도 모른다는 것 때문에(*dia touto*) 느끼는 고통이나 불안(이다).⁸

수치심 : • 그것이 현재의 것이든 과거의 것이든 아니면 미래의 것이든 간에 불명예를 안겨줄 것 같이 여겨지는 좋지 않은 일과 관련된(*peri ta eis adoxian phainomena*) 고통이자 불안의 일종(이다).⁹

연민 : • 그런 일을 당해서는 안 될 사람이 (애꿎게) 파국적인 혹은 고통을 가져다줄 것 같이 여겨지는 좋지 못한 일을 겪는 것을 보면서(*epi phainomenō[i] kakō[i]*) 느끼는 고통인 바, 문제의 좋지 못한 일은 우리들 자신이나 우리들 권속 중 누군가에게도 닥칠 수 있다고 충분히 예상 가능한 일이고 임박한 것 같이 보이는 일이다.¹⁰

• 일이 부당하게 꼬여가는 것을 보면서(*epi tais anaxiais kakopragiais*) 고통을 느끼는 것(이다).¹¹

에드바르 뭉크(Edvard Munch), 「절규(The Scream)」(1893)

- 일이 부당하게 꼬여가는 사람을 보면서(*epi tois anaxiōs prattousi kakōs*) 함께 아파하는 것(이다).¹²

의분 : • 일이 부당하게 잘 풀리는 것을 보면서(*epi tais anaxiais eupragiais*) 고통을 느끼는 것(이다).¹³

• 일이 부당하게 잘 풀리는 것 같이 여겨지는 사람을 보면서(*epi tō[i] phainomenō[i] anaxiōs eupragein*) 고통을 느끼는 것(이다).¹⁴

질투심 : • 자기와 비슷한 사람이 잘 풀리는 것을 보면서(*epi eupragia*) 배 아파하는 것으로서 문제의 그 인물 때문에(*di' auton ton plēsion*) 받는 고통(이다).¹⁵

• (=앞서) 서술한 '좋은 것들'의 면에서, 자기와 비슷한 사람들에게(*peri tous homoious*) 일이 잘 풀리는 것 같이 여겨지는 것을 보면서(*epi eupragia[i] phainomenē[i]*) 배 아파하는 것으로서, 그로써 어떤 사람 자신에게 유익한 일이 생겨서가 아니라 저들(=자기와 비슷한 사람들) 때문(*di' ekeinous*)에 받는 고통(이다).¹⁶

경쟁심 : • 자신도 얻을 수 있는 (사람들이) 높이 떠받드는 '좋은 것'이 본성상 비슷한 사람들에게(*peri tous homoious tē[i] physei*) 현전한다고 여겨지는 것을 보면서(*epi phainomenē[i] parousia[i] agathōn*) 느끼는 고통이거니와, 다른 사람이 그것을 갖고 있기 때문(*hoti*)이 아니라 (문제의 좋은 것을) 자신이 갖고 있지 못하기 때문에 그런 것이다.¹⁷

무명감정1 (=화사(禍事)를 보며 고소해하다) : • (인과응보로) 그래도 싼 사람이 겪는 불행을 보면서(*epi tois enantiōs kakopragousin*) (쌤통이다, 고소해하면서) 희희낙락하거나 (적어도) 고통을 느끼지 않

는 것(이다).[18]

무명감정2 (=경사에 같이 희희낙락하다) : • 누릴 만한 사람이 누리는 행
운을 보면서(*epi tois eu prattousi kat' axian*) (얼마나 좋아, 하면서
덩달아) 희희낙락하는 것(이다).[19]

무명감정3 (=샤덴프로이데) : • 같은 부류의 인물(A)에게 그런 일이 일
어나거나 그런 것이 그(A)에게 현전하면 같은 부류의 인물
(B)에게 고통을 주는 어떤 것(이를테면 A의 일이 잘 풀리는 것)을
문제의 인물(A)이 잃거나 그것이 파괴되는 것을 보면서(*epi
tē[i] sterēsei kai tē[i] phthora[i] tē[i] toutou*) (B가) 희희낙락하는
것(이다).[20]

이상의 정의에서 우선적으로 눈에 띄는 것은 감정의 표적인물과
이유－지향대상－를 명시하는 데서 일반적으로 '~을 보면서'의 형
식이 동원된다는 점이다. 연민의 경우 '누구에게' '어째서' 연민의
정을 품는가. '그의 일이 부당하게 꼬여가는 것'을 보면서 '일이 부
당하게 꼬여가는 사람'에게 연민의 정을 느낀다. 그런 유의 사람이
야말로 일이 잘 풀리는 게 마땅한 일일 텐데도 어찌된 영문인지(하
늘도 무심하지!) 일이 거꾸로 돌아가기에 그가 안돼 보이는 것이다. 의
분의 경우는 어떤가. '그의 일이 부당하게 잘 풀리는 것'을 보면서
'일이 부당하게 잘 풀리는 것 같이 여겨지는 사람에게' 느끼는 감정
이다. 무명감정1과 무명감정2의 경우는 표적인물을 적시하는 데에,
그리고 질투, 경쟁심, 무명감정3(샤덴프로이데)의 경우는 이유를 적시
하는 데에 각각 '~을 보면서'가 동원된다.

이 밖에도 아리스토텔레스는 (1) 주된 표적을 명시하는 데에 '~

과 관련된 (혹은 ~에게)'의 형식을 사용한다. 수치심, 질투심, 경쟁심이 그런 경우이다.[21] 우정에서처럼 (2) 여격(*tois*)만 사용하여 쾌락의 대상과 고통의 대상을 명시하기도 한다. 또 고통의 유인을 설명하는 대목에서 (3) 한층 더 세분할 때는 '~때문에'의 형식을 사용한다. 일례로 공포심은 남이 잘 되면 '자기에게 안 좋은 일이 일어날지도 모른다는 것 때문에' 느끼는 고통이고 질투는 다른 사람의 형편이 순풍에 돛 단 듯 술술 잘 풀리는 것을 보면서 '다른 사람 때문에' 느끼는 고통이다. 공포심과 질투 모두 남이 잘 되는 걸 보면서 느끼는 고통이라는 점에서 다르지 않으나 자기 자신 때문이냐 아니면 다른 사람 때문이냐, 에서 차이가 난다. 그러나 경쟁심에서 느끼는 고통은 자신도 충분히 얻을 수 있는 '좋은 것'을 '자신이 갖고 있지 못하기 때문에' 느끼는 고통이다.

이들 외에 위의 감정 정의를 보면 이유와 고통/쾌락 간의 인과적 연결을 주장하는 것 같이 보이는 경우도 눈에 띈다. 분노에서 느끼는 쾌락은 언젠가 복수할 수 있으리라는 기대감'에서'(*apo*) 기인하고[22] 공포심에서 느끼는 고통은 임박한 위험을 표상함'에서'(*ek*) 기인한다.[23] 전자는 기대감과 쾌락 간의 연결이, 후자는 표상과 고통 간의 연결이 인과적인 것으로 보인다. 그러나 이 두 가지 연결형식이 아리스토텔레스에게서 일반적이지는 않다. 그 두 가지 연결형식은 각각 감정과 쾌락/고통 간의 연결에 '*apo*'(~에서)와 '*ek*'(~에서)가 사용된 유일한 사례이다.[24] 그러하기에 이 두 가지 사례를 근거로 감정과 쾌락/고통 간의 연결관계를 인과적이라고 단정하기는 무리이다. 그렇게 말할 수 있으려면 위에서 살펴본 '~때문에'나 '~을 보

면서' 등 다른 연결형식 역시 인과적이라는 게 드러나야 할 텐데 사정이 여의치 않기 때문이다.[25]

2.2 지향대상의 표상적 구성

위의 분석을 바탕으로 살펴보면 감정의 세 가지 개별화의 지표가 큰 틀에서는 대체로 지켜지지만 경우에 따라서는 표적인물과 유인이 겹친다는 점 또한 분명해 보인다.[26] 일례로 분노에는 고통이 수반되거니와 그것은 자신이 혹은 자신과 가까운 이들 중 누군가가 업신여김을 당했다고 믿기 때문에 받는 고통이다. 어찌되었든지 간에 자신(이라고 단순화하자)이 부당하게 당했다고 철석같이 믿고 있는 업신여김이 사단이다. 그리고 문제의 분노는 자신을 업신여겼다고 (당사자가) 믿고 있는 모종의 인물을 향해 있다. 업신여김을 당했다고 믿기 때문에 분노가 치밀어 오른 것이므로 분노가 모멸을 자행한 사람을 향해 있으리라는 것은 두말할 필요가 없는 일이다. 그러므로 분노의 유인을 알면 그 유인의 담지자인 표적인물이 누구인지도 어렵지 않게 알 수 있다. 모멸감이라는 분노의 유인과 분노의 표적이 되는 인물이 개념적으로는 구별이 가능하더라도 실질적으로는 상당 부분 중첩된다. 모멸감을 느낀 사람이 분노를 표출하는 대상 인물은 분노의 유인을 온몸으로 예시하는 구체적인 본보기인 셈이다. 그러하기에 문제의 감정의 유인 혹은 근거가 특정되면 그 감정의 표적인물 역시 어렵지 않게 특정할 수 있다. 거꾸로도 마찬가지이다. 표적인물이 특정되면 그가 내보이는 특징 때문에 문제의 감정의 유인 역시 드러나지 않을 수 없다. 문제의 인물을 표적으로 삼고 있는 데에는 그만한 이유가 있고 그가 문제의 감정의 유인을 담지하고 있는 데에도 역시 그만한 이유가 있기 때문이다. 표적인물이 내보이는 특징은 일부 감정의 경우 정의에 명시적으로 언급되어 있다. 질투심의 표적인물은 질투심을 느끼는 주체와 도토리 키재기 수준의 '비슷한' 사람이다. 분노의 표적인물은 분노를 느끼는 주체를 업신여길 만한 위치에 있지 않다. 그럼에도 그가 업신여기는 태도를 취하기에 이쪽에서 분노하게 되는 것이다. 감정의 개별화는 이처럼 ① 감정을 촉발한 유인 ─ 그리하여 감정의 초미의 관심사로 떠오른 표적 ─ 을 통해, ② 유인의 담지자인 표적인물을 통해, 그리고 ③ 감정을 느끼는 당사자가 표적인물과, 그럼으로써 유인과, 맺고 있는 관계를 통해 규정된다. ① 유인과 ② 표적인물과 ③ 당사자가 이들 삼자와 맺고 있는 관계가 바로 개별 감정을 개별 감정으로 식별할 수 있게 해주는 지표이다.

감정에는 그것이 지향하는 대상이 있다. 지향적인 한에서 감정에는 뭔가 내용이 있다. 감정은 이러한 지향적 내용과 동일시되거니와, 문제의 내용을 매개로 우리는 문제의 대상이 굳이 신경 쓸 필요 없이 그냥 스쳐 지나가는 바람 같은 것인지, 아니면 관심을 갖고 주의를 기울여야 하는 것인지 머릿속으로 저울질한다. 전자라면 별일 아니지만 후자라면 반응을 보이게 되고 반응은 감정으로 분출된다. 감정의 내용을 구성하는 것은 표상(*phantasia*)이다. 분노의 감정을 느끼고 있는 사람의 머릿속을 가득 채우고 있는 대상은 자신이 당했다고 '여기는/간주하는' 업신여김([dia] phainomenēn oligōrian)이다.[27] 의분의 표적인물은 일이 부당하게 잘 풀린다고 '여겨지는/간주되는' 사람([epi] tō[i] phainomenō[i] anaxiōs eupragein)이다. 공포심, 연민, 질투심, 경쟁심의 경우도 마찬가지이다. 문제의 인물이 '표상하는' 내용을 접하는 가운데 쾌락/고통을 느끼는 것이다. 질투심의 고통과 경쟁심의 고통 간에 미묘한 차이가 생기는 것도 따지고 보면 표상에서 비롯한다. 질투심과 경쟁심의 고통은 모두가 자기와 비슷한, 같은 등급의 사람과 관련하여 받는 고통이다. 그러나 전자는 상대방이 잘 풀려서 '상대방 때문에' 배가 아픈 것이고 후자는 고통을 받는 당사자 자신이 문제의 '좋은 것'을 갖고 있지 못하기에 '자기 자신 때문에' 고통스런 것이다.

그러면 표상이란 무엇인가. 여기서 표상이라 옮겨 쓴 아리스토텔레스의 '판타시아'는 지각적이고 인지적인 능력의 기능을 지칭하는 것으로서 일반적으로 '해석하는' 일로 이해할 수 있다. 그러니까 단순히 지각을 통해 입력되는 것을 '나타내기'만 하는 것이 아니다. 판타시아는 지각한 것을 놓고서 모종의 방식으로 '생각하는' 것이기도 한 것이다. 이를테면 하늘에 흘러가는 구름을 보면서 우리는 그것을 구름으로 본다. 그러나 그것을 새털로 보는 사람도 있을 수 있고 양떼로 보는 사람도 있을 수 있다. 또 구름 가운데서 방긋 웃는 어린아이의 얼굴을 읽어내는 사람도 있을 수 있다. 이 모두가 다 판타시아가 하는 일이다. 경우에 따라서는 판타시아가 지각의 비사실적인, 그러니까 사실과 부합하지 않는 조건들과 연결되기도 한다. 그런 경우 판타시아는 지각의 대상을 바르게 표상할 수 없게 만든다. 일례로 태양의 직경을 1피트라고 표상하는 것이 그런 경우이다.[28] 실제로는 지구보다도 더 큰 태양이건만 그것을 내 손바닥만 하다고 표상하게 만드는 판타시아는 '시각은 우리를 가끔 기만한다'는 우리의 앎을 통해 교정될 필요가 있다. 우리에게 그렇게 '나타나 보이는' 표상을 우리가 '확신'을 가지고 받아들일 수는 없는 일이다.[29]

감정의 내용에 대해서도 같은 얘기를 할 수 있다. 앞서 아리스토텔레스가 말하는 감정의 개별화의 지표 세 가지를 살핀 바 있다. '변증법적' 정의를 통해 '형상'에 해당하는 감정의 일반적 지향대상 —이것이 없으면 도대체 쾌락이나 고통을 느끼고 말고 할 일도 없다—이 규정되면 그로부터 개별화의 지표에 따라 세 가지 계기가 도출된다. 분노를 예로 들어 말하면 '형상'에 해당하는 일반적 의미의 대상은 '그럴 자격이 없는 누군가한테서 억울하게 업신여김을 받았다'는 것이다. 정의에 담기는 것은 바로 이같이 넓은 의미의 유인—표적—이다. 이 정의에 기초하여 ① 특정의 분노에 딱 들어맞는 구체적인 지향대상, ② (특정의 분노에) 딱 들어맞는 구체적인 표적인물, 그리고 ③ 문제의 분노 감정에 휩싸인 인물의 내면상태[30]에 최소한으로 필수적인 전제 조건이 도출되는 것이다. 일반적인 의미의 분노 규정에 근거하여 특정인이 특정의 상황에서 느끼는 특정의 분노 감정이 구체적으로 규정되는 것이다. 좀 더 구체적으로 말하면 이렇다. 즉 분노는 그 어떤 것이든 분노인 한에서 다 똑같다. 그러나 특정 개인의 감정인 한에서 각각의 분노는 똑같지 않다. 각양각

색이다. 바로 그러한 개별적 분노를 우리가 분노의 감정으로 분류할 때 척도 역할을 하는 것이 위의 세 가지 지표이다. 예컨대 분노 A는 정신적 상태 A_1과 표적인물 A_2와 지향대상 A_3을 통해, 그리고 분노 N은 정신적 상태 N_1과 표적인물 N_2와 지향대상 N_3을 통해 '분노'로 분류될 수 있다. 이로써 감정의 미세한 차이, 다양한 뉘앙스를 확인할 수 있는 길이 확보된다. 위의 세 가지 사항을 개별화의 지표라고 하는 것도 이런 사정 때문이다.

한편 '형상'에 해당하는 일반적 의미의 대상 ─ 분노의 경우 '그럴 자격이 없는 누군가한테서 억울하게 업신여김을 받았다' ─ 에 명시된 특징을 충족시키지 못하는 지향대상①과 표적인물②도 문제의 감정의 표적으로 떠오를 수가 있다. '딱 들어맞는' 지향대상①과 '딱 들어맞는' 표적인물②을 제대로 집어내지 못한 것이다. 문제의 감정이 표적을 적중하지 못한 것이다. 전후 사태를 제대로 파악하지 못한 탓이다. 말하자면 오판한 것이다. 위에서 지향대상과 표적인물을 말하면서 '딱 들어맞는'을 부기했는데 그렇지 않은 경우도 가능하다는 점을 시사하기 위함이었다. 관련 정보를 아무리 많이 가지고 있다고 하더라도 지향대상과 표적인물을 제대로 특정하지 못하면 괜스레 혼자 분노하고 혼자 공포에 떨고 제 설움에 겨워 연민의 정을 품게 되는 것이다. 감정에는 그것이 지향하는 대상이 있기 마련이고 그 대상에 대한 일정한 해석(또는 평가)이 포함되기 마련이다. 그런데 해석에는 믿음을 뒷받침하기에 부족함이 없는 근거가 항상 튼실하게 갖추어져 있기만 한 것은 아니다.[31] 문제의 해석이 자의적일 수도 있는 것이다.

위에 인용한 아리스토텔레스의 개별 감정의 정의에 '판타시아'라는 표현은 드물게 사용된다. 공포심의 정의('ek phantasias')가 유일한 예이다.[32] '판타시아'가 드물게 사용되는 대신 '나타나다'(또는 '현상하다')를 뜻하는 동사 '파이네스타이'(phainesthai), '파이네타이'(phainētai)는 여러 형식으로 반복해서 사용된다. 분노는 (자신이 보기에) 부당하게 당했다고 '여겨지는' 업신여김에 직면해서 느끼는 고통이고 연민은 자신이 보기에 파멸적인 것 같이 '여겨지는' 나쁜 일에 직면해서 느끼는 고통이다. 문제의 동사형은 여기서 위험이나 손상을 '지각'하였음을 표현한다. 적어도 나는 내가 업신여김을 받았다고 '믿고' 있으며 앞으로 닥쳐올 위험을 파멸적이라고 '믿고' 있다는 뜻이다.[33] 이런 의미에서 감정은 그 내용의 구성에서 표상적이다.[34]

'감정을 느끼는 당사자가 모종의 대상―표상―과 지향적으로 관계를 맺고 있다'는 '그가 문제의 지향대상에 대해 표상을 갖고 있다', '그는 문제의 대상(유인)이 주어져 있다고 하는 의견 혹은 믿음을 갖고 있다', '그는 문제의 대상을 지각하고 있다, 표상하고 있다, 머릿속에 그리고 있다'와 조금도 다르지 않은 표현이다. 감정의 여러 정의에 등장하는 '업신여김으로 여겨지는 어떤 것', '나쁜 일로 여겨지는 어떤 것', '잘 풀린다고 여겨지는 어떤 것' 등의 표현에는 또 감정의 발생에서 중요한 것은 당사자 자신이 문제의 대상(유인) 내지 사태를 주어진 것으로 간주하느냐 여부이지 그것이 사실적으로 실재하느냐 여부가 아님이 함축되어 있다. 아리스토텔레스가 말하는 감정은 이처럼 특정의 사태를 통해 개별화된다. 그리고 문제의 사태는 판단과 믿음의 내용으로 언표된다.

2.3 분노의 예시

이상에서 우리는 넓은 의미의 파토스가 무엇인지 그리고 그것의 부분집합인 감정이 무엇인지 개관하였다. 이제는 그동안 일반적인 관점에서 파악한 감정의 제반 특성이 개별 감정에서 구체적으로 어떻게 확인되는지 분노의 예를 통해 점검해보자.[35] 분노는 『수사학』 II권 2장에서 주제적으로 다뤄진다. 2장 서두에 나오는 정의를 옮겨 적으면 다음과 같다.

> 분노란 자신이나 자신과 가까운 이들 중 누군가가 그럴 자격이 없는 상대로부터 업신여김을 당했다고 여겨지기 때문에 복수라고 여겨지는 것으로 설욕하려는, 고통과 연결된 욕구라고 (정의) 해두자. 과연 분노가 이런 것이라면 분노하는 사람은 필연적으로 항상 특정 개인―예컨대 클레온―에게 분노하는 것이지 (신원 불명의) 인간을 상대로 분노할 리가 없으며 (그가 분노하는 것은) 문제의 특정 개인이 자신이나 자신과 가까운 이들 중 누군가에게 (이미) 무슨 짓을 하였거나 할 셈이기 때문일 터이다. 또한 (필연적 이거니와) 모든 분노에는 모종의 쾌락이 수반되는 바, 문제의 쾌락은 언젠가 복수할 수 있으리라는 기대감에서 생기는 쾌락이다. 자신이 추구하는 것을 달성할 것이라고 생각하는 것은 쾌감을 느끼게 하는 일이고 자신이 달성할 수 없어 보이는 것을 추구하는 사람은 아무도 없기 때문이다. 〔분노하는 사람도 자신이 달성할 수 있는 것을 추구한다.〕[36]

인용문에서 맨 먼저 눈에 띄는 것은 분노를 정의하는 데에 '이러이러하다'는 직설법 대신에 '이러이러하다고 해두자'(*estō dē*)라는 화법이 동원된다는 점이다. 물론 여기서만 그런 것은 아니다. 문제의 화법은 I권에서 토포스를 도입할 때도 숱하게 나왔고 II권에서도 반복적으로 사용된다. 지금은 이 문제를 길게 논할 계제가 아니기에 이 자리에서는 '~라고 해두자'가 통념[37]을 인용하는 형식이라는 점과, 논의의 출발점을 마련하기 위한 방법적(=변증법적) 장치라는 점을 지적하는 것으로 만족하고자 한다.

아리스토텔레스는 분노란 이러이러한 것이라고, 잠정적이긴 하지만, 일단 정립함으로써 논의의 출발점을 확보한다. '자신이나 자신과 가까운 이들 중 누군가가 그럴 자격이 없는 상대로부터 업신여김을 당했다고 여겨지기 때문에 복수라고 여겨지는 것으로 설욕하려는, 고통과 연결된 욕구'라는 분노의 정의는, 따라서, 더 이상 정당화할 필요가 없다. 그러면 이로부터 논리적으로 무엇을 도출할 수 있는가. 첫째, 분노는 예외 없이 특정 개인을 향해 분출된다는 점이다.[38] (논리적으로) 필연적으로 그렇다.[39] 둘째, 분노에는 자신이나 자신과 가까운 이들 중 누군가가 특정인에 의해 뭔가 부당한 일을 당했다고 하는 믿음이 포함되어 있다. 셋째, 분노에는 모종의 쾌락이 포함되어 있다. 쾌락은 복수의 기대감이 그 원천이다.

2.3.1 특성 (1): 고통과 쾌락이 수반되다

먼저 고통과 쾌락의 문제부터 살펴보자. 위의 인용문에 분노를 구성하는 여러 요소가 언급되어 있지만 무엇보다도 고통이 따른다는 점이 눈에 띈다. 그러나 분노에 수반되는 것은 고통만이 아니다. 몇 행 내려가서 아리스토텔레스는 모든 분노에는 미구에 복수할 수 있으리라는 기대감에서 쾌락도 수반된다고 덧붙인다. 분노에는 요컨대 고통과 쾌락이 따른다.

고통과 쾌락의 지각: 분노에 고통과 쾌락이 따른다는 것은 그것이 감정임을 확인해주는 언명이다. 분노를 규정하기에 앞서 아리스토텔레스는 『수사학』 II권 1장에서 감정부터 규정한다. 그에 따르면 '① 감정을 통하여 사람들에게 변화가 일어나고 그럼으로써 그들의 판단이 달라지거니와 ② 감정에는 고통과 쾌락이 수반된다.'[40] 감정에는 요컨대 고통과 쾌락이 따르는데 쾌락과 고통이 따르는 모든 것은 '영적 사건'이라는 의미의 감정으로 분류될 수도 있다는 뜻이다.[41]

분명하거니와 고통과 쾌락 자체가 감정인 것은 아니다. 그러면 분노의 감정에 수반되는 고통과 쾌락은 어떤 식의 것인가. 우리가 고통과 쾌락을 지각하는 길로는 크게 두 가지가 있다. 하나는 감각 기관을 통해 직접 지각하는 것이고 다른 하나는 표상을 통해 지각하는 것이다. 표상을 통해 지각한다는 것은 과거에 지각한 것을 회상하거나 앞으로 일어날 일을 미리 머릿속에 그리는 것을 말한다.[42] 텍스트에 명시적으로 드러나 있지는 않으나 위의 인용문을 근거로 가늠한다면, 분노의 고통은 회상이나 예기의 결과이기보다는 오히려 뭔가 해가 되거나 불쾌한 것을 직접 지각하는 데서 오는

윌리엄 아돌프 부그로(William-Adolphe Bouguereau),
「복수의 여신들에게 쫓기는 오레스테스(Orestes Pursued by the Furies)」(1862)

결과인 듯싶다.[43] 반면 분노의 쾌락은 명시적으로 드러나 있듯이 언젠가 복수할 수 있으리라는 기대감, 즉 예기라는 의미의 표상의 결과이다. 설욕을 할 것이라고 생각하는 것만으로도 절로 기분이 좋은 것이다.[44]

추구와 회피의 양상: 한편 우리가 모종의 감정상태에 놓일 때 쾌락과 고통을 느낀다는 것은 감정의 대상이 갖고 있는 모종의 특징을 우리가 인정하거나 거부하는 속내를 표출하는 것과 다르지 않

다. 전자는 우리가 어떤 의견에 동의하는 것과 같고 후자는 문제의 의견에 반대의 뜻을 표하는 것과 같다.[45] 쾌락과 고통을 매개로 무엇을 추구하거나 회피하는 인간의 욕구가 감정에 비집고 들어오는 것이다. 우리가 무엇을 추구하고 회피하는 데에, 우리로 하여금 쾌락과 고통을 느끼게 만드는 다양한 유발요인에 대한 우리의 긍정적 혹은 부정적 입장이 은연중에 실린다는 뜻이다. 뾰족한 이유도 없이 괜스레 화내고 공포를 느끼고 하는 게 아니라는 얘기다. 외부의 자극에 대한 우리의 긍정적 혹은 부정적 입장이 감정의 형태로 표출되는 것이다.

2.3.2 특성 (2): 대상 지향성

분노의 지향적 대상/ 업신여김 : 다음으로 분노의 감정은 뭔가에 초점이 맞춰져 있다. 특정의 대상을 '지향한다는 뜻이다. 분노가 지향하는 대상은 분노하는 당사자가 그럴 자격도 없는 상대방으로부터 받았다고 철석같이 믿는 업신여김이다. 자신이 부당하게 업신여김을 받았다고 믿기 때문에 분노하는 것이다. 업신여김(모멸/*oligōria*)은 '어떤 것을 무가치하다고 여기는 의견의 활성화된 상태'이다.[46] 한 사람이 말이나 행동으로 다른 한 사람을 하찮은 존재, 중요하지 않은 존재로 깔아뭉개고 깎아내리는 것을 뜻한다. 게다가 단지 의견/민음의 차원에 머물러 있는 것이 아니라 그것이 현실적으로 구현되었음(*energeia*)을 뜻한다.

업신여김은 다시금 세 가지로 세분된다. 첫째는 멸시(*kataphronēsis*)

이다. 멸시란 어떤 것을 무가치하다고 깔보는 것(믿음)이다.[47] 무가치하다는 것은 여기서 거들떠보지도 않는다, 있건 없건 별로 신경 쓰지 않는다, 무서워(또는 어려워)하지 않는다, 안중에도 없다, 하찮게 여기다, 얕잡아 보다 등을 뜻한다. 무가치해 보이는 것을 사람들은 흔히 멸시한다. 무가치한 것에 대해 사람들은 대체로 모멸에 찬 태도를 취한다.

업신여김의 두 번째 형태는 심통(부리기)(*epēreasmos*)이다. 심통(부리기)은 타인이 원하는 것(기원/*boulēseis*)을 가로막는 것이다. '그럼으로써 자신이 뭔가 얻는 게 있어서가 아니라 단지 심통이 나서 타인이 얻지 못하게 하는' 것이다.[48] 그러면 심통(을 부리는 것)이 어째서 업신여김인가. 설명의 단초는 '가해자'가 사익을 추구하지 않는다는 데 있다. 그러면 다시금 개인적으로 득 되는 것도 없으면서 상대방이 얻고자 하는 바를 얻지 못하도록 방해하는 까닭은 무엇인가. 뭔가 다른 이유가 있는 게 아니다. 단지 그를 공포의 대상으로도 우정의 대상으로도 생각하지 않기 때문일 뿐이다. 공포의 대상으로 본다는 것은 그가 자신에게 위해를 가할 수도 있다고 본다는 것이고 우정의 대상으로 본다는 것은 그와 친해지려고 한다는 것을 함축한다. 그러나 심통을 부린다는 것은 문제의 인물이 상대방과 친해질 생각이 없음을 표현하는 것이다. 왜 친해질 생각이 없는가. 상대방한테서 취할 이득이 없다고 (깔)보기 때문이다. 그뿐만이 아니다. 상대방을 자신에게 위해를 가할 위인도 못 된다고 얕잡아보는 것이다. 한마디로 말해서 '가해자'의 눈에 상대방은 긍정적으로든 부정적으로든 아무짝에도 쓸모가 없는 '무용지물'로 보이는 것이다. 그렇다고 해서 무심하게 내버려두느냐면 그렇지도 않다. 심보가 고약해서 상대방의 계획을 헤살 놓는다. 그러니 이것이 심통(을 부리는 것)이 아니면 무엇이란 말인가. 심통(을 부리는 것)이 업신여김의 한 갈래인 소이이다.

업신여김의 세 번째 형태는 거만함(hybris)이다. 거만함은 상대에게 수치심을 느끼게 하는 행태를 일컫는다. 왜 수치심을 느끼게 하는가. 그렇게 함으로써 자신에게 뭔가 득 되는 게 생기기 때문이 아니다. 뭔가 좋지 못한 일이 일어났기 때문에 그에 대한 응징으로 그러는 것도 아니다.[49] 그냥 쾌감을 느끼려고 그러는 것일 뿐이다.[50] 쾌감은 어디서 나오는가. 자신이 상대보다 '더 우월하다'고 생각하는 데서 나온다.[51] 상대보다 자신이 더 잘났다고 뻐기고 으스대고 거드럭거림으로써 쾌감을 맛보는 것이다. 그것 외에 달리 뭔가를 얻는 게 있어서가 아니다.[52] 아리스토텔레스가 말하는 분노를 유발하는 모멸적인 행태는 요컨대 뭔가 부당한 처사에 대한 응징의 성격을 띤 것도 아니고 '가해자'에게 뭔가 이득이 되는 성격의 것도 아니다. 순전히 자신이 더 잘났다고 뻐기고 거드럭거리는 데서 나오는 모멸적인 언사와 행태만이 분노를 촉발한다.[53]

분노의 유인과 지향대상의 일치 : 업신여김 ─ 모멸에 찬 태도 ─ 이 분노의 지향적 대상이다. 분노하는 사람이 분노하는 까닭은 자신이 받았다고 믿는 업신여김 때문이다. 업신여김은 분노가 지향하는 표적이기도 하지만 분노의 유발요인이기도 하다. 한편 분노는 특정 개인에 초점이 맞춰져 있다. 자신을 업신여긴 건 특정 개인의 소행이기 때문이다. 사정이 이렇다 보니 분노를 촉발한 유인을 알면 그 유인의 담지자 역시 어렵지 않게 특정할 수 있다. 분노하는 사람이 그를 상대로 분노의 감정을 품는 특정 개인은 분노의 유인─모멸에 찬 태도─의 담지자이자 그것을 구체적으로 예시하는 본보기인 것이다. 분노의 '유인'과 유인의 '담지자'는 개념적으로는 확연히 구별되지만 실질적으로는 많은 경우 중첩된다. 그래서 거꾸로 표적인물이 특정되면 그가 예시하는 감정의 유인 역시 드러나지 않을 수 없다.

분노의 개체 지향성 : 분노가 특정 개인을 지향한다는 점은 특히나 분노의 본질적 징표에 해당한다. 분노를 터뜨리기는 하되 특정인에게 그런 것이 아니라고 하는 것은 말이 안 되는 소리이다. 만일 그것이 사실이라면 그것은 분노가 아니라 적대감이나 혐오라고 해야 맞다. 아리스토텔레스의 경우 "분노는 항상 개인─예컨대 칼리아스나 소크라테스─과 관련되어 있지만 혐오감은 어떤 한 부류와도 관련을 맺고 있다."[54] 도둑과 밀고자는 특정되어 있지 않더라도 사람이라면 누구든 미워하기 때문이다.[55] 혐오는 나쁘거나 유해한 것 일반에 대한 반응이지 업신여김에만 초점을 맞춘 반응이 아니다. 그에 반하여 분노의 개념에는 개체가 그것이 지향하는 표적으로 포함되어 있다. 이 같은 개체 지향성은 다시금 분노가 단순한 느낌이나 막연한 감에 불과한 것이 아님을 시사한다. 분노의 개념에 지향적 대상이 포함되어 있다는 것은 결국 분노의 개념에 특정 개체에 관한 믿음─분노의 향방을 정해주는 인지─이 포함되어 있다고 생각하게 만든다.[56] 믿음―사고―이야말로 대상이 있는 것이기 때문이다.

2.3.3 특성 (3): 믿음에 기초하다

분노의 지향적 대상은 업신여김이다. 분노하는 사람이 분노하는 까닭은 자신이 부당하게 업신여김을 당했다고 믿기 때문이다. 업신여김은 여기서 자신이 업신여김을 당했다고 주장하는 사람―이른바 '피해자'―의 주관적 판단이다. 그는 상대방―'가해자'―이 취한 모종의 행태를 자신을 비하하는 것으로 '받아들이는' 것이다. 분노의 바탕에는 요컨대 모종의 믿음이 깔려 있다. 여기서 대상의 실재성―실로 업신여김을 당했는가 하는 사실성―여부는 중요하지 않다. 분노의 감정을 느끼는 사람 자신이 그렇다고 믿으면 그것으로 족할 따름이다. 객관적 사실 여부를 떠나서 문제의 인물이 대상의 실재성에 대해 최소한 주관적으로 확신하면 그만이다.

분노하는 사람이 분노하는 까닭은 자신이나 자신과 가까운 이들 중 누군가가 그럴 자격이 없는 특정 개인으로부터 부당하게 업신여김을 받기 때문이다. 그는 아픔을 느낀다. 모종의 언행을 눈으로 보고 귀로 듣고 머릿속으로 재고 따지고 가늠한다. 그리고 그것을 (부정적으로) 평가한다. 그것을 부당한 업신여김으로, 모멸로 간주하는 것이다. 이처럼 분노하는 사람은 항상 자신이 부당한 대우를 받는다고 생각―판단―한다.

고통과 쾌락은 우리가 지각할 수 있는 것이라고 하였다. 그러기에 업신여김이나 앙갚음도 지각―또는 감지―되는 성질을 띤다. 업신여김이 지각되는 것이 아니라면 그것은 고통을 낳지 못할 것이다. 아리스토텔레스의 경우 "고통스런 것은 어떤 것이든 지각될 수 있다."[57] 다만 용어상으로는 차이가 있다. 고통이나 쾌락을 '지각'하는 경우 아리스토텔레스는 'aisthēsis', 'aisthēta', 'aisthanesthai' 같은 감관지각을 의미하는 표현을 사용하나, 업신여김이나 그와 유사한 다른 감정의 대상을 '지각'하는 경우는 'phainesthai', 'phainētai', 'phantasia' 같은 현상―혹은 표상―을 의미하는 표현을 사용한다.[58] 후자는 곧 감정의 지향적 내용을 지시하는 표현들이다. 분노의 경우 그것은 모멸감이다. 분노의 모멸감은 곧 분노의 감정을 느끼는 사람에게 '지각된(느껴진)' 모멸감이다. 그의 눈에는 상대방의 언행이 모멸에 찬 태도로 '보이는' 혹은 '여겨지는'(phainomenē) 것이다.[59] 그는 상대방이 자신을 비하한다고 '이해하는' 것이다. 그가 욕구하는 복수도 마찬가지이다. 자신이 복수라고 '간주하는'(phainomenē) 것으로 상대방에게 되갚아주려는 것이다.[60] 분노하는 사람은 요컨대 자신이 생각하기에 부당해 '보이는' 업신여김을 받아서 고통스런 것이고 그래서 화가 치밀어 오르는 것이며 분풀이로 자신이 '보기에' 복수일 듯싶은 것을 강구하는 것이다. 이처럼 문제의 'phainomenos'(간주함)를 통해 부당한 것의 '지각'이 표현된다. 적어도 분노의 감정을 느끼는 사람은 자신이 업신여김을 당했다고 굳게 '믿고' 있는 것이다.

2.3.4 특성 (4): 가치평가

앞서 말하였듯이 분노하는 사람이 분노하는 까닭은 자신이 뭔가 언짢은 일을 당하였음을 '지각'하고 그것을 (부정적으로) '평가'하기 때문이다. 상대방한테서 받은 피해를 (부정적으로) 평가하는 것이다. 분노하는 사람은 문제의 감정을 매개로 상대방한테서 부당하게 피해를 입었다는 입장을 표명함으로써 자신의 분노를 설명하고 방어할 채비를 차리는 것이다. 부당한 피해나 부당한 해코지가 일어났다는 믿음이 없는 분노란 없다. 그 어떤 분노든 분노에는 부당한 작태에 대한 믿음이 포함되어 있다. 아리스토텔레스가 "자신이 부정(한 일)을 저질러 (그 대가로) 정당하게 처벌을 받을 때"는 분노하지 않는다고 하는 것도 같은 맥락의 언명이다.[61] 당해도 싸다고 생각할 때는 분노가 치밀어 오르지 않는다. 부당하게 당했다고 생각하지 않기 때문이다.[62] 그렇다면 분노의 요체는 ① 모종의 위해를 파악하고 ② 그것을 부정적으로 평가하는 데에, 즉 그것을 부당한 것으로 간주하는 데에 있다.[63]

이처럼 분노하는 사람은 항상 자신이 부당한 대우를 받았다고 생각한다. 그러면 분노하는 사람은 화만 낼 뿐, 두 손 놓고 아무 일도 안 하는가. 아니다. 그는 복수(의 방법)를 모색한다. 자신의 (부정적) 평가를 표출한다.[64]

2.3.5 개별화의 세 가지 지표

아리스토텔레스는 『수사학』 II권 1장에서 고통과 쾌락을 수반하는 것이 감정이라고 일반적으로 규정한 다음, 이어서 개별 감정의 정체를 확인하기 위한 세 가지 지표를 제시한다. 감정의 정신적 상태, 표적인물, 지향대상이 바로 그것이다. 분노의 경우, 사람들이 분노를 터뜨리는 것은 '어떤 정신적 상태에서'인가, 일반적으로 '어떤 사람을 상대로' 분노가 끓어오르는가, 그리고 '무슨 일로' 분노가 촉발되었는가를 물을 수 있다.[65]

분노의 정신적 상태 : 아리스토텔레스는 『수사학』 II권 2장에서 먼저 분노를 정의한 다음, 이어서 분노의 정체를 확인할 수 있는 세 가지 지표를 보다 구체적으로 논한다. 맨 먼저 다뤄지는 것은 분노의 정신적 상태이다. 그에 따르면 분노하는 혹은 분노하는 경향이 있는 사람이 놓인 정신적 상태는, 첫째로, 고통을 받고 있다는 것이다. 고통은 문제의 인물이 바라는 바 소원 혹은 욕구의 충족이 직간접적으로 방해받은 데서 기인한다.[66] 직접적인 방해는 이를테면 갈증이 나는데 마실 물이 없어 해갈을 하지 못할 때 받는 고통이고 간접적인 방해는 뭔가를 욕구하는 사람한테 누군가가 반대 행동을 하거나 협조하지 않거나 그 밖의 다른 방식으로 성가시게 구는 것이다. 예컨대 질병을 앓고 있는 사람이나 가난에 허덕이는 사람이 각자의 처지에서 벗어나기 위해 뭔가를 욕구하는데 그 욕구가 앞서 언급한 방식 중 어떤 한 가지 방식으로 저항에 부딪히는 경우, 문제의 인물은 분노한다. 그가 분노하는 까닭은 자신이 업신여김을 당했다고 믿기 때문이다. 그가 당했다고 믿는 업신여김은 다시금, 위에서 언급한 바에 따르면, 상대방이 심통을 부리는 바람에 자신의 기원이 방해를 받아 실현되지 못한 형태의 업신여김이다. 한편 이러한 분노의 정신적 상태에 대한 세부적 설명에는 문제의 분노가 무엇과 누구를 상대로 표출되는가 하는 점도 함축되어 있다. 분노의 지향적 대상은 곧 분노의 감정을 품고 있는 인물이 바라고 욕구하는 바가 상대방의 심통으로 인하여 좌절된 것이다. 그리고 분노의 표적인물은 일이 그렇게 되도록 심통을 부린 사람이다. 아리스토텔레스가 꼽는 또 한 가지 분노의 정신적 상태는 예상했던 것과 반대되는 결과가 현실로 나타나는 경우로서 그런 상황에서 느끼는 고통은 그 정도가 훨씬 더 크다.[67] 그러면 이러한 정신적 상태는 분노의 정의에서 어떻게 도출되는가. 우선 '적절한' 것과 '기대하는' 것을 구별할 필요가 있을 것이다. 보통의 경우라면 분수에 맞게 적정 수준의 대접을 받기를 기대한다. 그런데 그런 기대가 무너진다. 이를테면 그럴 자격이 없는 자가 업신여기는 행동을 하는 것이다. 이것은 적정 수준의 대접을 받지 못하는 대표적인 경우이다. 다른 한편 예상치 못했던 것의 경험은 고통을 배가한다. 고통의 정도는 훨씬 더 커진다. 비교적 더 큰 고통이 비교적 더 큰 분노를 산출하고 분노를 일으키는 경향이 비교적 더 높다고 할진대 위에서 말한 바와 같은 상태는 결과적으로 비교적 강도가 더 센 분노의 분출로 이어진다.[68]

분노의 표적인물 : 그러면 이제 우리가 누구를 상대로 분노의 감정을 표출하는지 살펴보자. 분노의 정의에 따르면 분노의 표적이 되는 인물의 공통점은 두 가지이다. 하나는 그들이 ('피해자'가 보았을 때) 업신여기는 행동을 하였다는 것이고, 다른 하나는 그런 행동을 취할 자격이 그들에게는 없다는 것이다.

맨 먼저 나오는 인물군은 ① 비웃는 사람, 조롱하는 사람, 놀리는 사람이다.[69] 그런 행동을 취하는 사람은 상대를 거만한 태도로 대하는 것이고, 상대를 거만한 태도로 대한다는 것은 위에서 논하였듯이 상대를 업신여긴다는 뜻이다. 또 상대가 보기에 업신여김으로 여겨지는 행동을 취한다는 것은 분노가 일어나기에 충분한 조건이다.

이 밖에도 열대여섯 가지 인물군이 표적인물로 열거되는데, 그중 눈에 띄는 두세 가지 인물군만 언급하면 다음과 같다. 하나는 ② 거만한 결과 타인에게 해악을 끼치는 사람이다.[70] 거만한 결과가 가하는 해악의 특징은 그것이 이른바 가해자에게 유익을 가져다주는 것도 아니고 또 그가 그 전에 입은 어떤 손상에 대한 응징으로 간주되는 것도 아니라는 점이다. 단지 상대를 업신여기기 때문에 그런 짓을 하는 것이다. 그러나 당하는 입장에서는 분노가 치밀 수밖에 없다.[71]

또 하나의 인물군은 ③ 분노하는 사람이 각별히 심혈을 기울여 정성을 쏟는 어떤 대상을 두고서 헐뜯거나 멸시하는 투로 깎아내리는 사람이다.[72] 멸시한다는 것 역시 업신여긴다는 것을 뜻하고 상대가 보기에 모멸에 찬 태도를 보인다는 것은 분노 폭발의 본질적

조건이기 때문이다.[73]

또 사람들은 ④ 친구가 아닌 사람보다 친구에게 더 크게 분노한다.[74] 사람들은 친구가 자기에게 잘 해주는 것이 당연하다고 생각하기 때문이다. 이것은 어떠할 때 친구에게 분노하는지 분명하게 해준다. 즉 사람들은 친구가 마음을 먹기만 한다면 충분히 해줄 수 있다고 생각하는 뭔가 좋은 것을 그에게서 받지 못할 때 분노한다. 위 ③의 경우 문제의 본질은 문제의 사안에 대해 어떤 '태도'—즉 문제의 사안을 아주 가치 있는 것으로 평가하는가 여부—를 취하느냐는 것인 데 비하여, 여기서 중요한 것은 분노하는 사람과 어떤 '관계'—친구관계인가 여부—에 놓여 있느냐이다.[75]

분노의 지향대상 : 아리스토텔레스는 『수사학』 II권 2장 서두에서 분노를 규정한 다음, 이어서 "이로써 분노하는 사람은 어떤 상태에 놓여 있는지, 또 어떤 사람에게 분노하는 것인지, 그리고 무슨 일로 분노하는 것인지가 분명해졌다"[76]고 말한다. 그러면서 고통을 느끼기 때문에 분노하는 것이라고 부연한다. 그 뒤를 이어서 위에서 살펴본 바와 같이 분노의 정신적 상태를 상론한다. 2장 끝에 가서도 아리스토텔레스는 한 번 더 "이로써, 어떤 사람에게 분노하는 것인지, 분노할 때는 어떤 상태에 놓여 있는 것인지, 또 무슨 일로 분노하는 것인지가 동시에 설명되었다"[77]는 말로 그때까지 논의한 내용을 요약한다. 그러나 그 사이 분노의 정신적 상태와 분노의 표적인물만 논의되었을 뿐, 분노의 유인에 대해서는 명시적인 논의가 없었다. 그럼에도 아리스토텔레스가 2장을 끝맺으면서 분노의 유

인도 언급하는 것을 보면, 분노의 표적인물을 논하는 대목을 두고서 그런 말을 하는 게 분명하다. 왜냐하면 2장 서두에 제시된 정의에 따르면 분노가 꽂혀 있는 대상은 일반적으로 업신여김이기 때문이다. 그 외에도 업신여김이 어떤 형태 ─ 멸시, 심통(부리기), 거만함 ─ 를 취하느냐는 것은 분노의 표적이 되는 인물군에 좌우된다. 분노의 유인이 분노의 표적인물과 연계해서 논의될 수밖에 없는 소이이다.

일례로 바로 위에서 다루었던 비웃는 사람, 조롱하는 사람, 놀리는 사람①의 경우, 분노의 표적인물과 분노의 유인 혹은 지향대상을 연결하는 매듭은 간단하게 풀 수 있다. 즉 문제의 인물군의 정체는 특정의 행태 ─ 비웃는다, 조롱한다, 놀린다 ─ 를 바탕으로 확인할 수 있다. 그러기에 만약 그런 유의 사람을 향해 누군가가 분노한다면, 그가 이러이러한 행태'에' 혹은 이러이러한 행태 '때문에' 분노하는 것이므로, 분노의 '지향대상' 역시 어렵지 않게 특정할 수 있다.[78]

이 밖에도 결론 부분에서 "이로써 (…) 동시에 설명되었다"고 하는 것으로 미루어 분노의 정신적 상태와 표적인물에 대한 논의 가운데 분노의 유인 문제도 병합되어 '함께' 논의되었다고 이해할 수 있다.

2.3.6 지향대상의 표상적 구성

이제까지 아리스토텔레스가 『수사학』 II권 2장에서 설명한 분노 개념을 분석하였다. 분석이 보여주듯이, 그의 분노 규정의 특징은 첫째, 모종의 대상을 지향하고 있다는 것이다. 분노의 지향적 대상은 다름 아닌 분노의 감정을 느끼는 사람이 받았다고 믿는 업신여김 — 모멸감 — 이다. 두 번째 특징은 분노의 바탕에 모종의 믿음이 깔려 있다는 것이다. 분노하는 사람이 받았다는 이른바 업신여김은 그가 그러하다고 내린 판단의 내용이다. 이러한 믿음은, 한 걸음 더 나아가, (가치)평가와 연결되어 있다. 분노하는 사람이 받았다고 믿는 업신여김의 이른바 '가해자'는 자신에게 그런 행동을 취할 자격이 없는 사람이라는 것이다. 다시 말해서 자신이 받았다고 믿는 업신여김은 부당하다는 것이다. 상대방의 행동을 부정적으로 평가하는 것이다. 첫 번째 특징이 분노의 지향성을 보여주는 것이라면, 두 번째 특징, 즉 믿음 위에 기초해 있다는 것과 가치평가가 병행된다는 점은 크게 보아 하나로서 분노의 표상성을 보여준다고 하겠다. 믿음(판단)과 평가 모두 지각과 표상에 터 잡힌 활동이기 때문이다. 우리가 흔히 말하는 감정의 인지성이란 바로 분노에서 볼 수 있는 것과 같은 지향성과 표상성을 포괄적으로 일컫는 개념이다.

2.4 감정의 '거소'는 어디인가

욕구에서 발원하는 감정 : 수동적으로 겪거나 감수(*paschein*)하는 것이 감정의 전유물은 아니다. 우리가 감각기관을 통해 지각(아이스테시스)하는 일은 모두가 다 외부의 자극에 의해 촉발되기 때문이다.[79] 우리가 사물을 지각할 수 있는 것은 우리에게 감각능력이 갖추어져 있기 때문이다. 감정의 경우는 어떤가. 우리가 감정을 느낄 수 있는 것은 어떤 능력 때문이냐는 얘기다. 우리 인간에게는 욕구능력(오렉시스)이 있다. 어떤 것을 손에 넣으려고 애쓰거나 그것에서 벗어나려고 노력하는 것 말이다. 어떤 것을 추구한다는 것은 그것을 쾌감을 주는 것으로 받아들인다는 뜻이고 회피한다는 것은 그것을 불쾌감을 주는, 고통스러운 것으로 받아들인다는 뜻이다. 쾌락과 고통을 매개로 욕구가 감정과 연결된다. 욕구가 감정 안으로 끌려 들어온다. 무엇을 추구하거나 회피하는 것 속에 감정의 표적[80]에 대한 긍정이나 부정의 입장이 표명되는 것이다.

논의를 더 진전시키기 전에 아리스토텔레스가 『영혼론』에서 영혼의 능력으로 세 가지를 구별한다는 점을 먼저 지적할 필요가 있다. 하나는 생명 유지를 위해 양분을 섭취하고 성장하고 번식하는 능력이다.[81] 이 능력은 동식물 가리지 않고 편재한다. 둘째는 식별능력이다. 이 능력은 지각, 표상, 사고로 세분된다.[82] 셋째는 욕구능력이다.[83] 이 능력은 욕망, 기개, 기원(=의지)으로 세분된다.[84] 우리의 관심 대상인 욕구능력이 『영혼론』과 『동물운동론』에서 도입되는 것은 장소이동의 맥락에서이다.

『니윤』과 『에윤』의 영혼능력의 구별은 『영혼론』, 『동물운동론』의 그것과 차이가 난다. 『니윤』과 『에윤』에서는 영혼이 이성적 부분과 몰이성적 부분으로 크게 양분된다.[85] 몰이성적 부분은 『영혼론』의 양분섭취능력과 욕구능력에 대응하는 부분이다. 『니윤』과 『에윤』에서도 욕구능력은 『영혼론』에서와 다르지 않게 욕망, 기개, 기원으로 세분된다.[86] 구별방식에서 차이가 나긴 하지만 영혼론에서 다뤄지는 영혼의 모든 능력이 윤리학에서도 고스란히 유지된다. 논의되는 물음의 성격상 어떤 능력에 초점이 맞춰져 있는가에서만 차이가 날 뿐 실질적으로는 차이가 나지 않는다. 윤리학의 주된 관심의 대상은 욕구와 이성(사려분별)이다. 그에 비하여 양분섭취능력과 지각은 배제된다. 인간의 덕행 내지 인간의 행동과 상관이 없기 때문이다.[87] 아리스토텔레스 윤리학을 견인하는 물음은 어떻게 하면 인간이 인간일 수 있는가이다. 그래서 윤리학의 아리스토텔레스는, 플라톤과 다르지 않게, 인간 영혼의 여러 능력을 고찰하는 데서 출발한다. 그러는 가운데 자연스럽게, 서로 불화할 수도 있고 일치할 수도 있는 능력, 이성(사려분별)과 욕구에 관심을 갖게 된다. 그러나 영혼론의 관심은 그런 데 있지 않다. 영혼론에서 아리스토텔레스의 주된 관심은 생명체의 활동을 순전히 현상론적으로 이해하는 데 있다. 어쩔 수 없이 여러 다양한 능력에 고루 눈길을 주지 않을 수 없다.

앞서 감정은 욕구능력에서 발원한다고 하였다. 이 같은 사정은 『니윤』과 『에윤』에서도 다르지 않다. 그 근거는 이것이다. 첫째, 『니윤』과 『에윤』에서 영혼이 크게 두 부분으로 나뉘는데, 감정은 그 둘 중 몰이성적 부분에 속한다. 둘째, 아리스토텔레스는 덕(아레테)을 유(類)적으로 규정하는 가운데 영혼에서 크게 세 가지 것을 구별한다.[88] ① 감정이 그 한 부분을 차지하는, 쾌락과 고통이 수반되는 (넓은 의미의) 파토스, ② 뒤나미스(능력), ③ 헥시스(확고하게 틀 잡힌 상태 혹은 성향)가 그것이다. 아리스토텔레스의 경우 덕은 헥시스이다. 덕 중에서도 '에토스(성격)와 관련된' 덕, 즉 '윤리적(ethical)' 덕은 영혼의

'욕구하는 부분'의 덕이다. 한편 외적 자극에 대해 쾌락과 고통을 매개로 반응을 보이는 것이 감정인 바, 그것 역시 능력의 면에서는 영혼의 '욕구하는 부분'에 기초하는 것일 수밖에 없다.

하지만 감정을 놓고서 외부 자극에 욕구능력이 보이는 반응이라고 규정한다고 해서 충분히 규정했다고 할 수 있냐면 그렇지 않다. 그 같은 규정은 욕망과 기원에도 똑같이 들어맞기 때문이다. 왜냐하면 아리스토텔레스가 말하는 욕구(오렉시스)는 욕망(에피튀미아)과 기개(튀모스)와 기원(불레시스)으로 세분되고[89] 우리가 말하는 감정은 기개(=불뚝불뚝 하는 성미)와 다르지 않은 것이기 때문이다(그림 참조). 우리가 무엇을 욕구한다는 것은 그 어떤 것이든, 그러니까 그것이 감정이든 욕망이든 기원이든, 욕구능력의 작동한 결과이고 우리의 욕구능력은 우리가 추구하는 어떤 대상을 머릿속에서 표상함으로써, 다시 말해서 외부로부터 자극을 받음으로써 발동한다.[90] 여기서 감정이라는 게 도대체 무엇인가를 개념적으로 규정하려는 우리로서는 그것이 욕망과는 어떻게 다르고 기원과는 또 어떻게 다른지 양자와의 개념적 경계를 명확하게 그어둘 필요가 있다.[91]

욕망과 감정의 동이 : 앞서 살폈던 아리스토텔레스의 여러 감정 규정에 따르면 다수의 감정이 명시적으로 고통의 느낌으로 분류된다. 공포심, 수치심, 연민, 의분, 질투심, 경쟁심의 경우가 그렇다. 여기서 먼저 떠오르는 의문은 이들 감정에 수반되는 고통과 욕망에 수반되는 고통 간의 차이는 무엇인가 하는 점이다. 욕망은 무엇보다도 허기, 갈증, 섹스와 관련이 있다. 굶어서 배가 고플 때, 목이 마를 때, 성욕을 느낄 때, 그러나 그런 증세 내지 욕구를 충족시키지 못할 때, 우리는 고통을 느낀다. 욕망에 수반되는 육체적 고통은 그 느낌에 종지부를 찍으려는 충동과 연계되어 있다. 이 같은 회피의 충동은 고통으로 분류되는 감정들에서도 예외는 아니다. 일례로 수치심은 좋은 평판이나 체면을 손상시키는 것으로 보이는 행동을 하지 않으려는 경향성이다.[92] 경쟁심과 질투심의 경우도 마찬가지이다. 각각 방식은 달라도 양자 모두 특정의 '좋은 것'과 관련하여 자기와 여러 가지 면에서 크게 다르지 않은 사람보다 뒤처진 상태에서 벗어나려는 경향성이다.[93] 회피의 충동이 일종의 욕구라고 할진대[94] 그 같은 경향을 보이는 저들 감정이 영혼의 '욕구 담당 부분'의 관할사항이라 하지 않을 수 없다.[95]

감정에 수반되는 고통이든 욕망에 수반되는 육체적 고통이든 욕구의 소산이라는 점에서는 차이가 없다. 하지만 양자 사이에는 차이가 엄존한다. 첫째, 욕망이 충족되지 않아 일어나는 회피의 충동은 고통스런 느낌 자체를 통해 야기된다. 그러나 감정에 수반되는 고통은 그런 육체적 고통과 달리 감각을 통해 받은 인상에서 촉발되지 않는다. 앞서 살펴본 『수사학』 II권 2장-11장의 여러 감정의

('변증법적') 정의에 명시되어 있듯이 감정에 수반되는 고통은 그것을 느끼는 당사자가 자신이 목도하는 사태를 모종의 방식으로 해석하는 데에 기인한다. 감정의 정의들에서는 당사자가 보기에 어떠어떠한 것 같이 보인다(*phainesthai*)는 식으로 표현된 바 있다. 문제의 사태가 사실인 것 같이 보인다는 것은, 감정을 촉발하는 판단의 확실성과 관련된 것으로서, 감정 유발의 필요충분조건이다.[96] 사실인 것 같이 보이는 문제의 사태가 객관적 사실이냐 아니면 단지 외관상 그렇게 보일 뿐이냐는, 감정의 경우, 중요하지 않다. 당사자가 그렇게 간주하면 그만일 뿐이다. 일례로 공포감의 경우를 보자. 그것은 사람이든 사건이든 상관없이 어떤 한 대상을 상대로 그것이 나에게 커다란 신체적 고통을 가할 수 있다고 받아들이거나 나를 파멸에 이르게 할 수 있다고 받아들일 때 느낀다.[97] 수치심은 어떤가. 하나의 행동과 관련하여 내가 그렇게 행동할 것 같으면 내가 여태껏 쌓아온 좋은 평판이나 체면이 깎일 수 있다고 받아들일 때 느낀다.[98] 동일한 사건, 동일한 행동이라도 그것이 달리 해석되면 문제의 사건 혹은 행동은 문제의 감정을 유발하지 않는다. 일례로 위험한 상황에 맞닥뜨렸을지라도 여러 번 용케 잘 넘겼다면 이번에도 별일 없겠지 하고 받아들 수 있다. 이렇게 되면 공포감은 생기지 않는다.[99] 나쁜 행동을 하게 되더라도 그렇다. 상대방 역시 못하면 못했지 더 나을 게 없는 위인이라면 그를 상대로 내가 평판을 잃는다거나 체면이 깎인다는 생각이 들지 않는다. 그 결과 수치심도 느끼지 않는다.[100] 겨 묻은 개가 똥 묻은 개 나무라는 격일 터이기 때문이다.

둘째, 육체적 고통의 경우는 모종의 물리적인, 그러니까 신체상의 조건만 충족되면 끝난다. 그러나 감정은 대부분의 경우 의식과 관련된 조건도 충족되어야 한다.[101] 우리가 어떤 사람에게 공포심을 느끼는 것은 이쪽이 상대보다 열등하다고 믿는 데서 비롯한다.[102] 열등감이 해소되지 않는 한 상대 인물에 대한 공포심은 가시지 않는다. 수치심의 경우도 마찬가지이다. 특정 부류의 사람들이 주시한다고 믿을 때 생긴다.[103] 그 같은 믿음이 불식되지 않는 한 수치심을 떨쳐내지 못한다.

셋째, 육체적 고통에서 우리는 감각을 통해 주어지는 인상에만 관계한다. 그러나 감정에는 다른 사람들과 맺고 있는 관계가 포함되어 있다.[104] 공포 같은 예외적인 경우가 없지 않으나 그 밖의 다른 감정의 경우에서는 항상 상대가 누구냐가 중요한 고려 요소이다.[105] 일례로 다른 사람들이 보는 앞에서 나쁜 짓을 할 때 수치심이 들고,[106] 다른 어떤 사람에게 부당하게 일이 잘 풀리는 것을 볼 때 의분을 느낀다.[107] 연민의 정도 마찬가지이다. 가까운 사람이 불운을 겪을 때 연민의 정을 느낀다.[108]

넷째, 일부 감정에 수반되는 고통에서 특징적인 것은 이성적 숙고(사려분별)가 방해를 받는다는 것이다. 그리고 그 결과 상황에 부응하지 않는 행동을 수행하기에 이른다는 것이다.[109] 공포심과 수치심이 그렇다. 양자 모두 '고통과 불안'으로 정의된다.[110] 불안이 정신적 무질서와 어쩔 줄 몰라 허둥지둥하는 것을 뜻하기 때문이다. 그러나 육체적 고통에서는 극단적일 때에만 불안을 말할 수 있다.

이제까지 감정과 욕망의 차이를 고통의 면에서 살폈다. 다음은 고통과 쾌락이 혼합된 분노의 감정과 욕망이 어떻게 구별되는가를 살필 차례이다. 양자는 모두 고통과 연결된 욕구라는 점에서 다르지 않다. 그러나 분노에 수반되는 고통과 욕망과 연결된 고통은 같지 않다. 후자의 고통은 '생리적으로 느끼는' 결핍감이다.[111] 그러나 분노에 수반되는 고통은, 위에서 살핀 감정들의 고통이 그러하듯, 하나의 사태를 가정하는 데에 기초한다. 부당하게 업신여김을 받았다는 믿음에 수반되는 고통이다.[112]

기원과 감정의 동이 : 이로써 고통을 매개로 감정과 욕망이 어떤 차이를 보이는지를 살폈다. 다음은 감정과 기원이 어떻게 다른지 살필 차례이다. 첫째로, 우리가 기원하는 것은 현재 사실로 주어지지 않은 것이다. 설사 불가능한 것이어도 상관없다.[113] 친구와 만나기로 한 내일, 날씨가 쾌청했으면, 하고 기원한다. 자기가 응원하는 특정 종목의 선수단이 경기에서 승리하기를 기원한다. 그뿐만이 아니다. 죽지 않고 영생하기를 기원하기도 한다. 감정은 어떤가. 감정은 시점과는 무관하게 어떠어떠하다고 믿는 것에 관계한다.[114] 그것이 과거의 일이냐 현재의 일이냐 미래의 일이냐는 문제가 되지 않는다. 문제가 되는 것은 한 가지, 감정을 느끼는 당사자가 그랬었다고, 그러하다고, 그러할 것이라고 믿는다는 것이다. 부당하게 업신여김을 당했다고 믿기 때문에 분노하는 것이고, 위험이 도사리고 있다고 믿기 때문에 공포감에 사로잡히는 것이고, 부당하게 일이 잘 풀린다고 믿기 때문에 의분을 느끼는 것이다. 기원과 달리, 어떤 일을 표상하더라도 불가능하다고 알려진 일이면 감정은 일어나지 않는다.

다음으로, 기원의 물음과 관련해서도 아리스토텔레스는 쾌락과 고통을 말한다. 어째서 기원에 쾌락과 고통이 따르는가 하면 우리가 좋은 것으로 간주하는 것을 추구하기 때문이다. 바꿔 말하면 우리가 무엇을 기원하는 것은 그것이 쾌감을 주는 것이기 때문이 아니다. 쾌감을 주는 것을 기원한다면 그것을 좋은 것으로 간주하기 때문이지 그것이 쾌감을 주는 것이어서가 아니다.[115] 기원하는 것이 쾌감을 주는 것은 좋음을 매개로 해서이다. 우리가 무엇을 기원하는데 그것이 사실로 성사된다면 그것은 쾌감을 주는 일이다. 아직 사실로 성사되지 않았을지라도 그렇게 되리라고 기대하는 것만으로도 쾌감을 느낀다.[116] 다른 시각으로 본다면 고통을 주는 것인데도 기원과 관련해서는 충분히 쾌감을 주는 것일 수도 있다. 일례로 고통스러울 게 분명한데도 수술을 받겠다고 나설 수 있다. 수술을 좋은 것으로 간주하기 때문이다. 수술이 성공적이라면 육체적으로 고통스럽지만 그래도 어떤 면에서는 기뻐할 일인 것이다.[117] 그 반대의 경우는 고통을 맛보게 될 것이고 실망에 빠진다. 우리가 기원하는 것이 불가능한 것으로 밝혀질 때, 원하는 시점에 이뤄지지 않을 때, 그리하여 결과적으로 불가능하게 될 때가 그렇다.[118] 우리가 기원하는 것이 아직 현실로 나타나지는 않았어도 여전히 가능성이 있는 것으로 보인다면 고통이나 실망을 말하기에는 이르다. 설사 불가능한 것으로 밝혀졌다고 하더라도 여전히 기원을 말할 수도 있다.[119] 어제 날씨가 어떠했는지 잘 알면서도 어제 날씨가 좋았더라면 얼마나 좋았을까 하고 기원할(=기대를 섞어 말할) 수도 있는 것이다. 기원과 관련하여 고통이나 실망을 표명하는 것(어제 날씨가 불순해서 아쉬웠다)은 하나의 불가능한 사태(불가능한 것으로 밝혀진 사태)를 기원한다(기대를 섞어 말한다)는 뜻이다.[120] 반면 사실을 사실로 받아들이고 불가능한 것을 기원하는 일을 단념하면 고통 — 실망/아쉬움 — 도 더 이상 화두가 되지 않는다. 뇌리에서 완전히 지워지기 때문이다.

위에서 지적했듯이 기원에 수반되는 쾌락과 고통은 좋은 것을 통해, 정확히 말하면 좋은 것으로 간주되는 어떤 것을 얻으려고 애쓰는 데서 파생된다. 하지만 감정의 경우는 그렇지 않다. 감정에 수반되는 쾌락과 고통은 좋은 것(으로 간주되는 어떤 것)을 추구함으로써 발생하는 것이 아니다. 감정에서 쾌락과 고통을 일으키는 것은 사태(자체)이다. 무엇을 추구하고 말고 하는 것과는 상관이 없다. 이런 점에서 감정은 육체적 쾌락과 통한다. 육체적 쾌락의 경우 쾌감을 주는 것 혹은 고통을 일으키는 것을 표상하기 전에는, 바꿔 말해서 쾌락과 고통을 느끼기 전에는, 무엇을 추구하고 말고 하는 일이 없기 때문이다. 쾌락과 고통을 느껴서야 비로소 욕구가 발동한다. 쾌적한 것으로 그려지는 감각인상이 욕구능력에 동인을 제공하는 것이다. 문제의 감각인상이 쾌적한 것으로 그려지는 이유도 다른 데 있지 않다. 그것이 욕구능력에 동인을 제공하기 때문이다. 감정의 경우도 다르지 않다. 쾌감을 주는 것 혹은 고통을 일으키는 것을 표상하기 전에는 무엇을 추구하고 말고 하는 일이 없다. 감정의 욕구란 무엇을 얻으려고 추구하거나 회피하는 것인 바, 쾌감을 주는 것이나 고통을 일으키는 것을 표상함으로써 비로소 느낀다. 그렇더라도 육체적 쾌락과 차이가 없지는 않다. 감정에서 욕구능력에

안토니오 카사노바(Antonio Casanova y Estorach), 「와인을 맛보는 수도사(Monk Testing Wine)」(1886)

동인을 제공하는 것이 (육체적 쾌락에서와는 달리) 촉각과 미각을 통해 받는 감각인상이 아니라 사태이기 때문이다. 어떤 사람이 부당하게 불운을 겪는다는 사실(연민), 다른 사람보다 내가 뒤처졌다는 사실(경쟁심), 우리들의 약점이 드러났다는 사실(수치심) 등이 바로 우리를 고통스럽게 하는 것이다. 감정에 수반되는 쾌락과 고통이 대관절 무엇인가 하는 것이 이제야 분명하게 드러난다. 감정에 수반되는 쾌락/고통이란, 육체적 쾌락/고통이 그러하듯, 어떤 것이 쾌감을 준다거나 어떤 것이 고통을 일으킨다는 것을 의미한다. 그리고 여기서 쾌감을 준다거나 고통을 일으킨다는 것은 표상이 추구 내지 회피의 충동을 유발한다는 것을 의미한다. 그러나 육체적 쾌락과는 달리, 감정에서 쾌감을 주거나 고통을 일으키는 것은 (감각)인상이 아니라 사태이다. 그러하기에 '감정에 쾌락과 고통이 수반된다'는 '하나의 사태가 표상을 매개로 욕구능력에 동인을 제공한다'로 바꿔 적을 수 있다. 감정에 수반되는 쾌락/고통은, 그러므로, 기원의 쾌락/고통처럼 좋은 것으로 간주되는 어떤 것을 얻으려고 적극적으로 욕구하는 데에, 바꿔 말해서 (아리스토텔레스적인 의미에서) 활성화된 욕구(=욕구의 능동성)에 기인하는 것이 아니다. 감정의 쾌락/고통은 욕구능력에 모종의 동인이 제공되는 데서, 그리하여 수동적으로 반응하는 데서 비롯한다.[121]

한편 무엇을 기원하는 데서 우리가 관계하는 것은 좋은 것이다. 아리스토텔레스에 따르면 우리가 좋은 것으로 간주하는 것만 우리는 기원할 수 있다.[122] 기원에서 나오는 쾌락과 고통은 각각 우리가 좋은 것으로 간주하는 것을 성취하였거나 혹은 그것을 얻는 데 실패하였음을 나타내는 징표이다. 한편 이상의 논의를 통해 감정의 물음에서 확인된 것은 감정을 느끼는 당사자가 특정의 사태를 상정하고 있다는 것이 함축되어 있다는 점뿐이다. 그러니까 감정에서 상정되는 사태를 특징짓는 것이 무엇인가는 아직 묻지 않았다. 이물음은 뒤에 다뤄질 주제이거니와 논의를 통해서 문제의 사태가 우리 인간과 관련하여 좋은 것 내지 나쁜 것을 드러내 보여주는 것이라는 점이 밝혀질 것이다. (그러기에 뒤에서야 확인하게 되겠지만) 이같이 좋은 것과 연결되어 있다는 점에서 기원 역시 감정과 통하는 데가 있다고 할 수 있다.

*

이제까지 감정과 욕망과 기원을 상호 비교하였다. 이를 바탕으로 우리의 주제인 감정과 관련하여 다음과 같은 개념적 특징을 확인할 수 있다.[123] (1) 감정은 어떤 것이 사실이라고 하는 믿음/의견에 기초해 있다. 사정이 그러하기에 그 같은 믿음을 형성할 수 있는 존재만 (엄밀한 의미에서) 감정을 느낄 수 있다.[124] 감정의 이 같은 특징은 욕망과 대비시켰을 때 특히 도드라지는데, 그런 감정에 비한다면 욕망을 일으키는 것은 감각인상이다. (2) 믿음/의견은 참일 수도 있고 거짓일 수도 있다. 믿음이라는 게 원래 그런 것이므로 그것의 발생의 근거를 믿음에 두고 있는 감정 역시 어떤 것이 사실인 것 같다는 한낱 주관적일 뿐인 믿음만으로도 분출된다. (3) 아리스토텔레스가 말하는 감정에 수반되는 쾌락이니 고통이니 하는 것은 하나의 사태가 쾌감을 준다거나 고통을 일으킨다는 의미이다. 여기서 사태가 쾌감을 준다는 것은 문제의 상태를 유지·보전하려고 욕구한다는 뜻이고, 사태가 고통을 일으킨다는 것은 문제의 상태를 변화시키려고 욕구한다는 뜻이다. (4) 감정에 수반되는 쾌락과 고통(을 우리가 느끼는 것)은 어떤 것이 사실이라고 하는 믿음(자체)에 기초해 있다. 감정에 수반되는 쾌락과 고통이 활성화된 욕구(=욕구의 능동성)에 기인하는 게 아니다. 그것은 욕구능력에서 나온다. 그런 의미에서 욕구능력이 감정의 '거소'이다.

제 3 장

판단 외적 요인

3

감정을 인지적인 것으로 이해하는 이론이 주장하는 바에 따르면 감정의 발생 초기 단계에 이미 수집된 정보를 처리하는 이른바 인지적 과정이 포함되어 있다. 그런 점에서 인지주의적 감정이론은 감정 표출을 외부 자극에 대한 직접적이고 반사적인 반응일 뿐이라고 이해하는 이른바 비인지적 감정이론과 대립각을 이룬다. 인지주의적 감정이론의 전형적인 형태는 감정을 판단과 동일시하는 것이다.[1] 그에 따르면 감정은 "우리 자신과 이 세계에서 우리가 차지하는 지위에 관한 근본적 판단"이다.[2] 여기서 말하는 판단이란 정신 능력의 일종이다. 그 능력에 힘입어 우리는 우리의 특수한 경험을 인정하고 이 세계가 특수한 상황에 놓여 있음을 인정할 수 있다.[3] 분노를 예로 들어보자. 솔로몬에 따르면 "분노를 구성하는 것은 내가 모욕을 당하였다고, (그리하여) 기분이 상하였다고 판단하는 것"이다.[4] 누스바움의 경우도 이와 크게 다르지 않다. 분노가 일단의 믿음으로 간주된다. 그러나 세부묘사는 더 정교하다. 누스바움에 따르면 분노하는 사람은 ① 자신에게, 자신에게 가까운 어떤 것 또는 어떤 사람에게 모종의 손상이 가해졌다고 믿는다. 그리고 ② 문제의 손상이 하찮은 것이 아니라 중요한 것이고 ③ 어떤 사람에 의해 고의적으로 행해졌다고, 그러하기에 ④ 가해자가 처벌을 받는 것이 옳다고 믿는다.[5]

3.1 감정의 인지성

아리스토텔레스의 경우도 사정이 다르지 않다. 그에 따르면 어떤 한 감정에 붙들려 있는 사람은 문제의 감정을 일으킨 모종의 대상 ─유발요인─과 어떤 식으론가 연결되어 있다. 문제의 대상에 관하여 모종의 표상을 갖고 있다. 이를 달리 표현하여 문제의 대상이 존립한다는 믿음을 갖고 있다, 문제의 대상을 머릿속에 그리고 있다, 고 말할 수도 있다. 이렇게 저렇게 다양하게 표현할 수 있지만 요는 감정에 붙들려 있는 사람이 문제의 대상을 어떤 식으론가 지각하고 있다는 것이다. 어떤 일─에피소드─인가를 놓고서 그것을 상대방이 나를 모욕하는 것으로 (내가) 받아들인다거나 그것을 나쁜 일로 (내가) 간주한다거나 그것을 일이 잘 풀리는 것으로 (내가) 여긴다고 할 때의 받아들인다, 간주한다, 여긴다가 모두 그 같은 사정을 드러내 보여준다. 문제의 대상이 사실적으로 존립하느냐는 중요하지 않다. 문제의 감정을 느끼는 당사자 자신이 관련 대상이나 사태가 주어져 있다고 간주하면 그만이다. 감정의 발생에서 중요한 것은 이처럼 감정을 느끼는 당사자가 그러한 감정을 느끼게 만든 모종의 대상─유인─을 주어진 것으로 간주하는 것이다. 실로 분노의 감정은 어떤 점으로 보나 그럴 수 없는 자가 자신의 지위를 망각한 채 나에게 모멸감을 주었다고 하는 (나의) 판단을 통해 규정되고,[6] 공포의 감정은 위험천만한 나쁜 일이 임박했다고 하는 (나의) 판단을 통해 규정되고,[7] 연민의 감정은 아무개가 부당하게, 그러니까 아무런 잘못도 저지르지 않았음에도 애꿎게 불운을 겪는다고 하는 (나의) 판단을 통해 규정된다.[8] 여기까지 놓고 보면 아리스토텔레스에게는 분명 감정의 발생을 인지적인 것으로 이해하는 측면이 있다. 그러나 그가 현대의 인지주의적 감정이론의 주창자들처럼 감정을 판단과 동일시하느냐면 그렇지 않다. 감정판단이론으로 규정하기에 아리스토텔레스의 입장은 훨씬 다층적이고 다면적이다.

감정을 인지적이라고 하는 것은 감정의 발생에 '사려분별'이라 칭하는 영혼의 '이성적 부분'이 개입하여 그 고유의 일을 수행한다고 이해하는 것이다. 그렇다면 아리스토텔레스는 감정의 발생에 문제의 이성적 부분―사려분별―의 작동이 필수적이라는 입장인가. 앞서 분노와 공포, 연민의 예에서 보았듯이 그가 논하는 감정을 보면 늘 일정한 가정 혹은 상정이 전제되어 있다. 영혼의 이성적 부분이 개입하여 일을 한다고 하지 않을 수 없다. 게다가 분노, 연민, 의분 같은 감정을 논하는 것을 보면 '부당하게' 모욕을 당했다(분노)거나 아무개가 '부당하게', 그러니까 잘못을 저지르지 않았음에도 억울하게 불행을 겪는다(연민)거나 받아 '마땅한' 불행을 겪는 것(의분)이라는 등의 평가적 요소가 언급된다. 그의 감정이 가치 개념과 연계되어 있다고 하지 않을 수 없다. 한편 아리스토텔레스는 인간의 가치 개념 형성을 인간이 동물 가운데서 유일하게 '로고스'를 갖고 있는 덕분이라고 설명한다.[9] 여기서 말하는 로고스란 언어 사용 능력과 이성 사용 능력을 아우르는 개념으로 이해할 수 있다. 언어를 사용하여 서로의 생각을 주고받는 한편, 이성의 능력을 발휘하여 사고함으로써 좋다/나쁘다, 옳다/그르다, 맞다/틀리다와 같은 가치 개념을 형성하는 것이다. 그러하기에 감정에도 그 같은 '로고스'의 작업이 묻어 들어와 기초를 이루고 있다고 할 수 있다. 그렇다면 감정의 발생에서도 로고스 혹은 이성이 차지하는 일정한 몫을 인정하고 전제하지 않을 수 없을 것 같다.

3.2 '함수관계'의 여집합

하지만 아리스토텔레스를 감정판단이론에 편입시키는 것은 몇 가지 점에서 볼 때 부적절하다.[10] 첫째(I), 판단이 감정의 개별화의 원리라고 말하려면, 위에서 누스바움이 분노의 감정을 세부적으로 기술하듯이, 해당 감정의 대상이 판단(명제)의 형식으로 비교적 자세하게 기술될 수 있어야 한다. 그러나 문제의 감정을 느끼는 사람이라고 해서 모두가 다 감정에 조응하는 판단을 실로 내리는 것은 아니다. 판단을 내린다는 것은 상대적으로 까다로운, 요구하는 바가 많은 지적 작업인데 그 같은 지적 작업을 누구나 수행하는 것은 아니다. 아리스토텔레스에 따르면 어린아이들 역시, 심지어 동물들조차 감정을 갖고 있는 것 같다. 그렇다고 저들이 저같이 요구하는 바가 많은 판단을 내릴 수 있느냐면 그렇지 않다. 성인의 경우만 놓고 보더라도 그렇다. 예기치 않은, 뜻밖의 돌발적인 상황에서는 뭐가 뭣인지 도무지 상황 파악이 안 되는 경우도 허다하다. 뭔가 일촉즉발의 위태로운 일이 벌어지고 있다고 판단할 겨를조차 없는 것이다. 그럼에도, 그러니까 판단이 제대로 서지 않은 상황에서도 우리는 공포를 느낀다. 많은 경우 추가적인 인지능력이 가동되지 않더라도 지각 혹은 표상(판타시아)만으로도 감정이 발생하는 것이다. 비교적 높은 수준의 인지작업 혹은 판단활동이 소요되지 않는 경우들이다. 아리스토텔레스의 감정론에 인지적 요소가 다분하지만 그를 감정판단이론의 틀 안에 붙들어두기에는 어려운 구석이 작지 않은 것이다.

둘째로(II), 아리스토텔레스의 경우 감정은 기본적으로 신체의 운동 혹은 변화인데 이런 면에서 보더라도 감정이 판단과 항상 일치하는 것은 아니다. 판단 외적 요인으로 인한 판단의 변화 가능성이 엄존하기 때문이다. (II-1) 이를테면 머리끝까지 차올랐던 분노의 감정이 어떤 한 사람을 상대로 분출되었다면 제2의 인물에게는 실은 그가 상대적으로 더 큰 분노의 단서를 제공했을지라도 앞서의 사람에게서와 똑같은 정도로 분노의 감정이 분출되지 않는다.[11] 제2의 인물에게서 느낀 모멸감의 무게가 더 무겁다고 판단을 하더라도 그렇다. 앞서의 사람을 상대로 김이 다 새버렸기 때문이다. 분노의 에너지가 방전된 것이다.

일반적으로 한 감정의 지향대상―유인―은 그 감정의 형상에 해당하는 것으로서 통상 한 감정의 정당화에 인용된다. 분노하는 사람은 자신의 감정의 정당화를 위해 자신이 그럴 자격이 없는 자로부터 부당하게 모욕을 당하였다는 점을 제시할 수 있다. 한 감정의 정당화는 본질적으로 문제의 지향대상에 조응하는 하나의 판단을 참된 것으로 간주하는 데 있다. 이런 의미에서 어떤 감정이든 정당화를 위해 감정을 야기한 판단이 소환될 수 있다.[12] 하지만 위에서 말한 것처럼 '정당화되지 않은' 채, 그러니까 밑도 끝도 없이 감정이 사그라지는 경우가 있다.[13]

> 다른 사람을 상대로 분노를 터뜨리고 나면 평온해지는 바, 에르고필로스의 사례에서도 그랬다. 칼리스테네스보다 그에게 화가 더 많이 나 있었지만 그는 방면되었다. 그 전날 칼리스테네스가 처형되었기 때문이다.[14]

트라키아 왕 코튀스와 싸워 패한 장군 에르고필로스에게 아테네 사람들은 화가 많이 나 있었다. 하지만 전날 칼리스테네스를 처형한 뒤여서 에르고필로스는 처벌을 면할 수 있었다. 에르고필로스를 향한 분노의 '크기'가 칼리스테네스를 향한 그것보다 더 컸음에도 그랬다. 아테네 사람들이 칼리스테네스를 상대로 분풀이를 다 해버렸기 때문이다.[15] 에르고필로스를 상대로 느끼는 평온함―분노의 반대감정―에는 그 어떤 판단도 대응하지 않는다. 그런 의미에서 에르고필로스를 상대로 느끼는 평온함은 감정판단이론대로라면 정당화되지 않은 것이다. 판단과 무관하기 때문이다. 에르고필로스를 상대로 느끼는 평온함에는 판단과 감정이 맞물려 돌아가는 이른바 '함수관계'가 존립하지 않는다.[16]

(II-2) 노인이 처한 사정도 비슷하다. 원래 내린 판단에 조응하는

분노의 감정을 느끼지 못하는 경우가 있다. 노인의 신체가 그의 판단을 받쳐주지 못하기 때문이다. 판단에 조응하는 수준의 분노를 분출하려면 적정 수준의 열기가 신체에 갖추어져 있어야 하는데 노인의 신체 사정이 생리적으로 그러하지 못하기 때문이다. 생리적 조건이라는 외적 변수가 판단과 감정 간의 함수관계에 교란을 일으키는 일례이다.

(II-3) 반대의 경우도 있다. 신체가 이미 모종의 감정상태에, 일례로 분노의 상태에 놓여 있다고 하자. 그럴 경우 평소 같으면 아무런 문제도 되지 않을 것도 분노 폭발의 기폭제가 될 수 있다. 바짝 마른 덤불에 작은 불씨 하나가 던져진 것과 흡사하다. 신체상태가 감정 분출의 불쏘시개 혹은 방아쇠 역할을 하는 것이다. 판단과 감정이 맞물려 돌아가는 모종의 함수관계에 혼선이 빚어지는 사례이다.

끝으로(III) 판단과 감정 간의 불균형은 우리의 성격과 관련해서도 나타난다. 일단 사태가 이러이러하다고 판단을 내릴 것이냐 말 것이냐가 우리의 처분에 달린 문제라고 해두자. 외적 요인과 무관하게 내가 그렇다고 판단하고 싶으면 그렇게 하고 그렇지 않다고 판단하고 싶으면 그렇게 하지 않을 수 있다고 해두자는 얘기다. 문제는 감정이다. 판단은 우리가 좌지우지할 수 있는 것인 반면 감정은 그렇지가 않다. 아리스토텔레스에 따르면 우리가 눈앞에서 벌어지고 있는 상황을 놓고서 부당하다거나 충분히 그럴 만하다거나 위험천만하다고 판단을 내리더라도 경우에 따라서는 그러한 판단에 조응하는 감정을 느끼지 못할 수 있다. 판단에 상응하는 감정을 느낄 수 있도록 '성격적으로' 틀이 잡혀 있지 않은 경우이다. 모종의 방식으로 성격이 확고하게 틀이 잡혀 있지 않은 경우 판단과 감정은 겉돈다. 아리스토텔레스는 『수사학』 II권 9장에서 연민의 반대 감정을 논하는 가운데 이제까지 언급된 적이 없는 점 하나를 구별한다. 유덕한 사람과 악덕한 사람의 구별이 그것이다.

> 왜냐하면 일이 부당하게 꼬이는 사람을 보면서 고통을 느끼는 사람이 반대의 방식으로(=인과응보로) 일이 꼬이는 사람을 보면서 희희낙락하거나 적어도 고통을 느끼지 않기 때문이다. 이를테면, 덕 있는 사람이라면 아버지를 살해한 자가, 또 잔악무도한 살인자가 처벌을 받더라도 고통을 느끼지 않듯이 말이다.[17]

연민과 그 반대의 감정─무명감정1, 즉 화사(禍事)를 보며 고소해하다─에서만이 아니다. 경쟁심과 질투를 대비시킬 때도 마찬가지이다.

> 경쟁심은 자신도 얻을 수 있는, (사람들이) 높이 떠받드는 좋은 것이, 본성상 비슷한 사람들에게 현전한다고 여겨지는 것을 보면서 느끼는 고통이거니와, 다른 사람이 그것을 갖고 있기 때문이 아니라 (문제의 좋은 것을) 자신 역시 갖고 있지 못하기 때문에 그런 것이다. 그러기 때문에 경쟁심은 유덕한 것이고 유덕한 사람의 감정이지만 질투는 악덕이고 악덕한 사람의 감정이다. 한 사람(전자)은 경쟁심을 매개로 좋은 것을 성취하려고 각오를 다지지만 다른 한 사람(후자)은 질투로 인하여 타인이 그것을 손에 넣지 못하기를 바란다.[18]

다니엘레 크리스피(Daniele Crespi), 「아벨을 죽이려는 악의에 찬 카인(Cain Killing Abel)」(1618)

경쟁심과 질투의 경우는 판단이 감정을 규정하지 않는 대표적인 경우이다. 동일한 판단이더라도 어떤 사람이냐에 따라 다른 감정이 생긴다. 지향대상 ─ 자신도 얼마든지 얻을 수 있는, 사람들이 높이 떠받드는 좋은 것 ─ 이 동일함에도 한 사람에게서는 경쟁심이 생기지만 다른 한 사람에게서는 질투심이 인다. 이런 차이는 어디서 오는가. 성격에서 온다. 문제의 인물이 덕 있는 사람인가 악덕한 사람인가에 따라 경쟁심이냐 질투심이냐가 정해진다. 감정이 오로지 판단을 통해서만 설명되는 것이 아님을 다시 한 번 확인하게 된다.

아리스토텔레스의 『수사학』에서는 특정의 판단과 그에 조응하는 감정 간에 엄격한 의미의 함수관계가 존립한다. 일례로 『수사학』에서 감정의 한 예로 꼽히는 평온함의 경우를 보자. 평온함의 감정은 분노의 감정으로 가득 찬 사람이 자신이 받았다고 굳게 믿는 모욕이 실은 모욕이 아니었다는 사실을 인지하게 될 때 찾아든다. 분노의 감정은 봄눈 녹듯 사라지고 그 자리에 평온함이 대신 놓이는 것이다. 여기서 보듯 판단과 감정 간에 모종의 함수관계가 성립한다. 이를 근거로 아리스토텔레스의 입장을 감정판단이론으로 분류하더라도 일견 설득력이 없지 않아 보인다. 감정의 인지주의적 상이 이처럼 『수사학』에서 비교적 확실하게 드러난다. 수사학의 특수 사정 때문인지도 모른다. 공적연설의 장에서 청중을 설득할 때 연설가가 동원하는 설득수단 중 하나가 청중의 감정을 환기하는 일인 바, 청중의 감정 환기는 연설가의 연설을 통해서만 이뤄져야 하거니와, 연설을 통해 감정에 영향을 미치려면 판단에 호소하는 길 외에 다른 길이 없기 때문이다. 연설가가 연설을 통해

① 청중의 생리적 조건에 영향을 미칠 수 없거니와 ② 청중의 성격 또한 연설 현장에서 어떻게 해볼 수 있는 문제가 아니기 때문이다. 성격이란 본질적으로 하루아침에 형성되는 것이 아니기 때문이다.

『수사학』에서 감정의 인지주의적 상이 비교적 분명하게 드러난다고 하더라도 그것은 이처럼 수사학의 학적 특수성에 기인하는 것일 뿐, 그 저변에 감정판단이론 같은 것이 깔려 있기 때문이 아니다. 인지주의적 감정이론과 가장 잘 통할 것 같은 『수사학』의 사정이 이렇다고 할진대 다른 저술들이야 두말할 나위가 없을 것이다. 위에서도 말하였듯이 아리스토텔레스의 감정론에는 인지주의적 요소가 다분하나 그의 감정론을 감정판단이론으로 못 박을 수는 없다. 인지성의 여집합이 넓게 자리를 차지하고 있기 때문이다.

이상의 논의는 감정의 발생에서 판단 혹은 명제적 요소가 중요한 역할을 하지만 그것이 유일한 요소는 아니라는 점을 여지없이 드러내 보여준다. 그것 외에도 유의해야 할 것이 있으니 생리적 조건과 성격이 그것이다. 특히 성격과 관련하여 강조할 것은 자(기)존(중)감이다. 위에서 보았듯이, 연민, 의분, 질투심, 경쟁심(과 그 반대감정들)의 발생에서는, 다른 감정에서와 달리, 어떤 성격이냐ー유덕한 성격인가 악덕한 성격인가ー가 방향타 역할을 한다. 공포심, 분노, 사랑 같은 감정의 발생은, 저들 감정과 달리, 성격에 기초하지는 않지만 그것들의 발생에도 성격 혹은 성격적 태도가 전제되어 있다.[19] 분노, 우정, 수치심, 사의 같은 감정에서는 자기 자신을 스스로 존중하고 자신의 가치를 스스로 평가하는 자존감이 큰 비중을 차지한다. 사회적 관계를 맺어가는 가운데 자신의 입지를 확인하고 사회적 관계가 가로막히는 것을 회피하려는 욕구가 사회적 피드백을 받아 형성된 결과물이 바로 자존감이다. 자기 자신을 긍정하는 방향으로 형성된 성격인 것이다. 그러기에 모욕을 당하는 일이 있더라도 자존감이 형성되어 있지 않으면 모욕감을 느끼지 못하고 따라서 분노할 줄도 모른다. 그런 의미에서 고대 아테네의 일반 '시민들'이 법정에서 송사로 다툼을 벌이고 민회에 출석하여 폴리스의 운영에 관한 '정사'를 놓고 공방을 벌인 것은 그들 각자가 자신의 사회적 역할에 상응하는 수준의 자존감을 갖추고 있었음을 방증한다. 자존감이 갖춰지지 않은, 그러니까 '노예' 근성에 젖어 있는 경우라면 있을 수 없는 일이다. 노예근성에 젖어 있으면 분노하는 게 마땅한 경우라도 분노하지 않는다. 자기 자신을 무가치한 존재로 치부하기 때문이다.[20] 그런 경우 자신이 마땅히 차지해야 할 것을 빼앗기거나 문제의 사물에 접근하는 것이 방해를 받더라도 문제의 인물은 아무런 느낌도 받지 못한다. 슬픔도 기쁨도, 쾌락도 고통도 느끼지 못하는 것이다.[21]

3.3 성격의 물음은 욕구의 물음으로 이어진다

위에서 살펴본 감정의 여러 예는 감정의 발생이 성격에 기초한 것임을 보여준다. 그러면 성격은 어떤가. 성격은 욕구능력과 직결되어 있다. 특정 방향으로 확고하게 틀 잡힌 욕구(오렉시스)가 성격(헥시시스)이다. 성격의 형식으로 굳어진 특정 방향의 대상이 곧 우리가 욕구하는 대상(표적)인 것이다. 우리가 좋은 것, 덕 있는 것을 선택하느냐 나쁜 것, (사)악한 것, 악덕한 것을 선택하느냐는 우리의 성격이 어느 방향으로 틀이 잡혔느냐에 달렸다. 성격은 이처럼 욕구능력이 어느 쪽인가 특정 방향으로 길들여져 몸에 밴 상태(헥시스)이다. 그것은 우리가 우리의 감정으로 일정하게 반응을 보이는 태도(헥시스)이기도 한 것이다. 그런 점에서 감정은 욕구능력이 어떻게 틀지어졌느냐에 좌우된다. 감정의 발생에서 '성격적' 요인을 빼놓을 수 없는 이유가 여기에 있다.[22]

감정은 본질적으로 욕구능력의 작동이다. 그리고 우리가 각 감정에 특수한 사태를 어떤 방식으론가 상정 혹은 표상하는 것은 우리의 지각능력을 매개로 해서다. 욕구능력은 틀지어진 대로 움직인다. 성격에 따라 욕구능력의 작동 양상이 다르다. 분노의 경우를 예로 들어보자. 분노를 느낀다는 것은 문제의 인물이 고통을 느낀다는 뜻이다. 그는 자신이 당한 모욕을 회피하려고 욕구하는 바, 문제의 욕구가 고통으로 느껴지는 것이다. 그는 자신이 당한 모욕을 고통스럽게 느끼는 것이다.

한편 욕구에는 신체적 변화가 수반된다. 욕구가 실로 타오르느냐 아니면 흐지부지 꺼지느냐, 또 타오른다고 할 때 얼마나 세게 타오르느냐는 해당 신체가 문제의 변화를 일으킬 수 있는 능력이 있느냐에 달렸다. 이와 관련하여 『동물운동론』의 한 대목이 시사하는 바가 크다.

우리가 동일한 것을 숙고하는 경우라고 하더라도, 이성적 숙고를 거스르는 운동(변화)이 신체부분에 나타나는 때가 있는가 하면 그렇지 않은 때도 있는 바, 그것은 영향(=숙고)을 수용하는 질료가 양과 질에서 (변화를 일으키는 데) 충분할 정도로 문제의 신체부분에 현전하는 때도 있지만 그렇지 않은 때도 있기 때문이다.[23]

이성적으로 판단을 내렸다고 해서 그것만으로 일―우리의 경우 감정―이 성사되는 것은 아니다. 욕구능력이 표상에 의해 촉발되어야 비로소 쾌락과 고통을 느낀다. 그리고 그를 통해 모종의 감정을 느낀다. 이때 촉발되는 욕구능력은 날것 형태의 욕구능력이 아니다. 그것은 특정 방식으로 틀이 잡힌 욕구능력인 바, 성격이 그것이다. 사정이 이러할진대 성격에 어울리게 감정을 느끼는 것이지 아무렇게나 감정을 느끼는 것이 아니다.

우리가 무엇을 욕구할 때 거기에는 신체적 변화가 수반되거니와, 신체적 변화는 다시금 해당 신체가 문제의 변화를 산출할 수 있는 상태에 있느냐에 달렸다. 숙고(판단), 욕구(오렉시스), 쾌락과 고통, 감정, 성격(헥시스), 신체(의 변화)가 유기적으로 긴밀하게 연결되어 있다. 아리스토텔레스에 따르면 (이성적) 사고는, 욕구(능력)의 조력을 받지 못하는 한, 혼자서는 티끌 하나도 움직이지 못한다.[24]

위에서 감정이 성격에 종속적이고 성격은 욕구능력과 직결되어 있다고 했다. 게다가 아리스토텔레스는 분노를 복수를 향한 욕구라고 규정한 바 있다. 이로써 드러나듯이 감정은 욕구와 끈끈하게 연계되어 있다. 그러나 이것은 감정에 행동을 일으키는 자극이 직접적으로 갖추어져 있기라도 한 것처럼 이해되어서는 안 된다. 왜냐하면 감정이라고 해서 모두가 다 그런 식의 직접적인 행동자극과 결합되어 있지는 않기 때문이다. 또 그런 유의 행동자극이 있는 감정들－무엇보다도 욕망과 분노－에서도 그것이 문제의 감정이 일으키는 유일한 작동방식도 아니다. 그 밖에도 감정은 우리의 판단에 영향을 미치거니와, 판단이라는 우회로를 돌아 간접적으로 충분히 고려된 행동에 영향을 미치기도 한다. 감정은 근본적으로 고통이나 쾌락과 관련되어 있다고 했다. 우리에게는 고통을 회피하거나 고통에 종지부를 찍으려는, 그리고 쾌락을 유지하고 보전하려는 욕구가 있는 것이다. 그러나 욕구의 영향이 그 같은 일에만 한정되어 있지는 않다. 우리의 욕구능력은 성격으로 확고하게 틀 잡혀 있다. 그리하여 우리의 욕구능력은 특정 방향으로 발현되도록 형성되어 있다. 그 결과 우리는 특정의 사물을 신체적이지 않은 의미로 고통스런 것이나 쾌감을 주는 것으로 경험한다. 분노를 예로 들어 말하면, 욕구가 하는 역할은 복수를 하도록 행동을 유발하는 것이 아니다. 우리가 모욕을 당하였을 때 그 사실을 우리들 자신과 정면 대립시키고, 또 그럼으로써 그렇게 모욕을 당한 것을 고통스런 것으로 느끼게 한다. 이는 바로 우리의 욕구능력이 성격적으로 틀 잡혀 있기 때문이다. 우리의 욕구능력은 다른 것들에 비해 상대적으로 더 항상적이다. 특정 방향으로 발현되도록 형성되었기 때문이다. 감정을 두고서 평가라고 말하기도 하고 평가를 표현한다고 말하기도 한다. 무슨 뜻인가. 신중하게 저울질하여 도달한 가치판단이라는 의미가 아니다. 감정을 평가라고 하는 것은 욕구능력을 매개로 내려진 평가라는 의미로 하는 말이다.[25] 욕구능력이 특정 방향으로 확고하게 틀이 잡혔다는 특성이 감정에 실려 표현된다는 말이다. 다른 때와 같은 종류의 행동 옵션임에도 문제의 욕구능력의 방향성 혹은 경향성이 발동하여 행동자극으로 나타나는 것인 바, 그것을 일러 사람들이 감정이라고 하는 것이다.[26]

제 4 장

감정의
층위

4

앞장에서 우리는 아리스토텔레스의 경우 감정의 발생에서 판단이
유일한 작동원리는 아니라는 점을 살폈다. 감정의 인지적 측면을
부각한다고 해서 감정의 전모가 다 드러나는 건 아니라는 얘기다.
감정에 따라 정도의 차이가 없지는 않지만 감정의 발생에서 인지적
요소 외에 생리적 요소와 성격적 요소도 중요한 역할을 한다.

　이제까지 우리는 달리 제한을 가하지 않은 가운데 수식 없이 그
냥 감정이라고 하였지만 성인의 감정이 그 주된 대상이었다. 그러
나 아리스토텔레스는 어린아이와 동물에게도 감정을 귀속시킨다.
그뿐만이 아니다. 욕망(에피튀미아)도 감정으로 간주된다. 점입가경
이다. 왜인가. 제2장에서 우리는 감정이 근본적으로 인지적이라고
하였고, 이것은 곧 영혼의 '이성적 부분'이 그 고유의 기능을 발휘할
것을 요구하는 것으로 이해하였다. 그러나 저같이 식욕, 갈증해소,
성욕 같은 욕망도 감정으로 치부하고 어린아이와 동물에게도 감정
을 귀속시키면 문제의 '이성적 부분'의 역할을 무효화하는 것으로서
감정의 인지성의 근간이 흔들리기 때문이다. 먼저 욕망 역시 감정
이라고 하면 감정의 인지적 요건을 충족시키기 위해서는 욕망을 그

보다 고차적인 지적 작업과 연결시키지 않을 수 없는데, 아리스토텔레스의 영혼 분할 모델을 고려할 때, 그렇게 연결시키는 작업이 여의치 않아 보이기 때문이다. 또 아리스토텔레스의 경우 어린아이에게는 완전히 개발된 형태의 이성능력이 갖춰져 있지 않고 동물에게는 이성적 요소가 전무하다. 이런 형편에서 어린아이와 동물에게도 감정이 있다면, 그렇지 않다면 모를까 감정이 인지적인 것이라고 할진대, 사태를 어떻게 설명해야 할지 난감해진다. 뜻밖의 복병을 만난 셈이다.

감정을 근본적으로 인지적인 것이라고 이해하는 한편, 다른 한편으로는 욕망을 감정으로 간주하는 데다, 미숙한 형태의 이성능력을 갖추고 있을 뿐인 어린아이와 이성능력이라곤 조금도 찾아볼 수 없는 동물에게도 감정을 귀속시킨다면, 이성능력의 고유한 기능 발휘가 감정의 발생에 과연 필수적인지 되묻지 않을 수 없다. 특히 동물의 경우 이성능력이 전무함에도 감정을 느낄 수 있다면 그것은 어떤 의미에서 그런 것인지도 따져 묻지 않을 수 없다. 이를테면 인간이 느끼는 감정과 동일한 의미의 감정인가 하는 것이다. 감정의 인지적 측면을 근본적으로 재검토하지 않을 수 없다.

이에 아래에서는 감정의 발생에서 이성이 수행하는 일이, 욕망까지 감정으로 간주되는 데다 어린아이와 동물에게도 감정이 귀속됨으로써, 그 방식과 정도에서 어떤 식으로 유보되거나 제한이 가해지는지를 살피고자 한다. 물음은 크게 둘이다. 하나는 감정과 욕망을 가를 수 있는 기준은 무엇인가이고[1] 다른 하나는 어린아이와 동물도 느낀다는 감정은 대체 어떤 유의 것인가이다. 이들 물음을

다루기에 앞서 먼저 확실히 해둘 것은 이성과 감정―넓게는 욕구
―이 어떤 관계를 맺고 있는가 하는 것이다. 요는 아리스토텔레스
가 영혼을 어떻게 이해하는가 하는 점이다. 이전에도 필요한 대목
에서 부분적으로 언급하긴 했지만, 기억을 되살릴 겸, 전체적으로
한 번 더 개관하려는 것이다. 인지성을 논하기 위한 기초를, 이제까
지와는 다른 측면에서, 다진다는 취지이다.

4.1 이성과 감정의 관계는 일방통행이 아니다

아리스토텔레스가 말하는 영혼은, 우리가 통상적으로 말하는 그것
과 달리, 생명을 가진 것들로 하여금 그러한 것들이게 하는 어떤
무엇을 뜻한다.[2] 생명을 가진 것이 살아 있는 까닭은 그것에 이른
바 영혼이 깃들어 있기 때문이다. 영혼이 깃들어 있음으로써 살아
있는 것이다. 살아 있는 것과 그렇지 않은 것을 가르는 척도가 영혼
이다.[3] 살아 있다는 것은 생명을 유지하는 데 필요한 기능과 능력
이 구비되어 있다는 뜻이다. 양분섭취능력, 소화능력이 그것이다.
모든 동식물에 필수적인 능력이다. 감각하고 지각하는 능력도 있
다. 동물에게 필수적이다. 감관을 통해 지각할 수 있어야 생명을
위태롭게 하는 위험에 처했을 때 몸을 피할 수 있기 때문이다. 동물
가운데는 감각인상을 그대로 간직해두었다가 필요할 때 그것을 다
시 꺼내 쓸 수 있는 기억하는 능력과 장소이동능력을 추가적으로
갖고 있는 동물도 있다. 그 밖에도 이모저모 따지고 셈하고 계획하

는 이른바 사고하고 이해하는 능력이 있는데 그것은 인간이라는 동물에게만 특유하다. 이 모두가 다 영혼이 깃든 생물을 특징짓는 능력과 기능이다.[4] 이런 능력/기능을 가지고 있기에 영혼이 깃들어 있다, 다시 말해서 살아 있다고 말하는 것이다.

한편 영혼은 신체에 깃들어 있다. 신체에 깃들어 그 신체를 생물(체)이게 만드는 것이 바로 영혼이다. 장인이 연장을 사용하듯 신체를 부림으로써 저들 능력/기능이 발휘되는 것이다. 영혼의 논의에 신체가 언급되지 않을 수 없는 소이이다. 그런 의미에서 영혼은 신체라는 질료에 깃든 형상이다.[5]

『영혼론』의 아리스토텔레스는 영혼의 능력과 기능을 위에서 본 바와 같이 세 가지―양분섭취능력, 식별능력, 욕구능력―로 나눈다. 그에 비하여 『니윤』과 『에윤』에서는 그것이 (1) 이성적 부분과 (2) 몰이성적 부분으로 크게 양분된다.[6] 후자는 다시금 (2a) 이성과 아무런 관계도 없는, 본질적으로 양분섭취기능만 하는 부분과 (2b) 이성의 말을 청종하는 한에서 이성에 줄이 닿아 있는 부분으로 세분된다.[7] 그렇다고 해서 윤리학의 양분과 영혼론의 삼분이 서로 별개의 것이냐면 그렇지는 않다. 왜냐하면 아리스토텔레스가 욕망을 명확하게 이성을 청종하는 부분(2b)에 속하는 것으로 정리하기 때문이고[8] 『수사학』에 따르면 영혼의 몰이성적 부분에서 행해지는 것과 유사한 구분―(2a)와 (2b)의 구분―이 욕망의 영역 내에서도 행해지기 때문이다.[9] 구별방식에서 차이가 없지는 않지만 영혼론에서 다뤄지는 영혼의 모든 능력이 윤리학에서도 고스란히 유지된다. 논의되는 물음의 성격상 어떤 능력에 중점을 두는가에서 차이가 날 뿐 실질적으로는 아무런 차이도 없다. 윤리학의 학적 성격상 그 주된 관심의 대상은 욕구ー감정은 이것의 부분집합이다ー와 이성이다. 자연히 양분섭취능력과 지각은 상대적으로 뒷전으로 밀려난다. 인간의 덕행과의 관련성이 상대적으로 떨어지기 때문이다. 어떻게 하면 인간이 인간인 한에서 잘 살 수 있는가가 윤리학의 주된 관심 사이기 때문이다. 그래서 윤리학의 아리스토텔레스는 인간 영혼의 여러 능력/기능을 고찰하는 데서 출발한다. 영혼이 인간 몸에 깃든 형상이고 그 안에 인간을, 그가 인간인 한에서, 규정하는 무엇인가가 들어 있을 것이기 때문이다. 그러는 가운데 자연스럽게, 서로 불화할 수도 있고 일치할 수도 있는 능력, 이성과 욕구ー감정을 포함한ー에 관심이 쏠리게 된다. 그와 달리 영혼론의 학적 관심은 생명체의 활동을 순전히 현상론적으로 규명하는 데 있다. 그러니 여러 다양한 능력에 고루 눈길이 갈 수밖에 없다.

아리스토텔레스의 영혼 양분 모델에 따르면 욕망을 포함하여 감정을 관할하는 몰이성적인 부분은 이성적인 부분과 상호 소통하는 것과 같은 관계를 유지한다.[10] 감정관할부분은 이성적인 부분의 말귀를 알아들을 수 있고 그것에 청종할 수 있다.[11] 바르게 숙고하는 이성적인 부분(사려분별)에 마치 설득되기라도 한 것처럼 말이다. 하지만 영혼의 감정관할부분이 보이는 반응은, 본질적으로, 이성적인 부분의 평가에 직접적으로 의존하는 식의 반응이 아니다. 아리스토텔레스가 말하는 식으로 잘 양육된 한 인물을 예로 들어 말하면, 그의 영혼의 몰이성적인 감정관할부분이 보이는 반응은 그의 영혼의 이성적인 부분이 어떤 한 사태에 처하였을 때 바르다고 할, 그러니까 이렇게 하는 것이 바른 반응이야(!), 라고 할, 그런 어떤 반응과 조응한다는 의미이다. 그러니까 몰이성적인 부분이 보이는 문제의 반응은 어디까지나 몰이성적인 부분이 독자적으로 취하는 자율적인 반응인 것이다. 그렇게 독자적으로 취한 반응인데 '마침' 이성적인 부분이 보이는 반응과 우연치 않게 일치한 것일 뿐이다. 그래서 겉으로 보면 전자가 후자에 마치 복종하기라도 하는 것 같이 보인다. 하지만 그것은 전자가 알아서 취한 독자적인 반응이다. 아리스토텔레스 윤리학에서 한 가지 중요한 구별은 '자제력이 있을 뿐인' 사람(enkratēs)과 '실로 명실상부하게 덕 있는' 사람의 구별이다. 겉으로만 보면 양자 간에 아무런 차이가 없다. 왜냐하면 양자 모두 선택도 바르고 행동거지도 바르기 때문이다. 그러나 따지고 보면 큰 차이가 있다. 전자는 애써 자제력을 발휘하여 용케 충동을 억제하였을 따름이지 속에서는 늘 합리적 선택과 욕구 사이에서 갈등한다. 그렇게 선택하고 행동하는 것이 마땅하기 때문에 마지못해 그러는 것일 따름이지 내부적으로는 늘 부글부글 끓는다. 도덕적으로 미성숙해서 그렇다. 그에 반해 후자는 확고하게 틀이 잡혀 있기에 애를 쓰지 않고서도, 바꿔 말해서 내적 갈등을 겪는 일 없이, 아주 자연스럽게 바른 선택을 하고 하는 행동도 바르다. 도덕적으로 성숙해서 그렇다. 위에서 말한 몰이성적 부분이 보이는 예의 감정적 반응이 영혼의 이성적인 부분의 판단에 기인하는 작용일 뿐, 몰이성적 부분의 자율성 내지 독자성이라곤 찾아볼 수 없는 그런 어떤 것이라면 어떻게 될까. 위에서 말한 '그저 자제력을 발휘했을 뿐인 사람'과 '덕 있는 사람'의 구별은 있을 수 없었을 것이다.

이성적 부분과 감정관할부분의 관계는 일방이 명령을 내리고 타방이 복종하는 식의 일방통행이 아니다. 양자의 관계는 서로 의견을 주고받는 것과 흡사하다. 다시 윤리학에 속하는 예를 들어 역방향으로, 그러니까 감정—넓게는 욕구—쪽에서 이성 쪽으로 영향력이 행사되는 경우를 보자. 윤리적 덕이란 이른바 중용—일단 좋은 것이라고 해두자—을 선택하도록 장기간에 걸쳐 확고하게 굳어진 성격적 상태(헥시스)이다. 그러기에 윤리적 덕의 제일가는 특장은 안정성이다.[12] 웬만해서는 흔들리지 않는다. 오죽하면 제2의 본성이라는 별칭까지 붙여졌겠는가. 한편 이성적 숙고(사려분별)는 합리적일지는 몰라도 비유하자면 혼자 놔둬서는 늘 위태위태하다. 우리는 대체로 우리가 받아들이는 전제에서 출발하여 하나의 결론에 도달한다. 그리고 특별한 사정이 없는 한 그렇게 내려진 결론과 어긋나지 않게 행동하고 판단한다. 그러나 그것은 원칙적으로 그런 것이지 실천(삶)의 현장에서는 자신이 내린 결론에 부합하는 방식으로 행동하고 판단하지 못할 가능성이 상존한다. 변수가 무수히 많기 때문이다. 최선의 판단을 내리고서도 상반된 충동 사이에서 갈피를 잡지 못하고 우왕좌왕하다가 아무 일도 못하거나 예상치 못한 엉뚱한 행동을 하는 것이다. 의지가 박약해서 그럴 수도 있고 충동에 넘어가서 그럴 수도 있다. 의지가 약한, 그래서 우유부단한, 강단이 없는 전자의 경우, 자신이 내린 결론을 고수하지 못한다. 그에 반하여 충동적인 인물은 일껏 결론을 내리고서도 정작 행동하는 걸 보면 딴판이다. 결론과 행동이 각각 따로 논다. "이성적 사고 혼자서는 티끌 하나도 못 움직인다."[13] 이런 안정적이지 못한 이성적 숙고가 자신을 관철할 수 있도록 든든한 버팀목 역할을 해주는 것이 바로 장기간에 걸쳐 형성된 성격적 덕(ēthikē aretē)이다. 이성적으로 숙고하였을 뿐이어서 판단이 불확실하고 선택이 불안정한 경우에도 성격으로 확고하게 틀이 잡힌 감정적 반응은 흔들림이 없기에 해당 인물의 태도와 자세에 안정성을 부여할 수 있는 것이다. 이와 같이 아리스토텔레스의 경우 이성(적인 부분)과 감정(관할부분)은 딱히 대칭적이지는 않을지라도 흡사 의사소통을 하는 것과 같은 관계를 맺고 있다.

4.2 감정과 욕망은 가를 수 있기나 한 것인가

감정을 인지적이라고 할 경우, 맨 먼저 대두되는 물음은, 그러면 욕망은 어떻게 되는가, 하는 것이다. 『에윤』에서는 욕망이 감정의 한 예로 명시적으로 거명된다.[14] 반면 감정을 비교적 상세하게 논하는 『수사학』 II권 2장-11장에서는 욕망이 다뤄지지 않는다. 어째서 이런 일이 생기는 것일까. 욕망은 감정이 아닌가. 감정이라면 왜 그렇고 아니라면 또 왜 그런가. 욕망이란 무엇인가. 굶주림(의 해소), 목마름(의 해소), 성욕 등이 우리의 주된 욕망이다. 그러나 이런 충동 내지 자극은 우리 인간만이 아니라 하등동물에게서도 찾아볼 수 있다. 그러기에 우리가 감정을 인지적으로 비교적 상위에 놓이는 작업으로 간주할 요량이라면 욕망과 감정을 가르는 명확한 기준이 있어야 한다. 아리스토텔레스의 경우는 어떤가. 양자 간에 차이가 없지는 않지만 그렇다고 확고부동한 명확한 구별기준이 있지도 않다.

혼란의 일차적 원인은 위에서 살폈듯이 영혼 분할 모델이 일관적이지 않은 데 있다. 일관적이지 않다보니 욕망을 합리적인 것으로 보아야 할지 여부가 불분명한 것이다. 그러나 이보다 더 고약한 것은 욕망이 감정의 리스트에 명시적으로 들어가 있는 때도 있고(『니윤』, 『영혼론』) 그렇지 않은 때도 있는 것이다(『수사학』). 설득의 주요 수단 중 하나로 청자의 감정을 환기하는 일을 주제적으로 논하는 『수사학』 II권(2장–11장)에서는 왜 욕망이 거론되지 않는지 그 이유를 가늠하기란 어렵지 않다. 저들 장의 관심사가 수사학적으로 감정을 유발하는 일이기 때문이다. 청자의 감정을 수사학적으로 환기하는 데서는 청자 자신이 아니라 청자의 감정의 표적이 되는 제3자와 그의 행동방식이 주제화되기 때문이다.[15] 주제로 서 있는 사안의 성격상 굶주림이니 목마름이니 성욕이니 하는 욕망이 비집고 들어설 여지가 없는 것이다. 그러니 수사학적 감정의 목록에 오를 이유가 없을 수밖에. 그렇다고 욕망이 『수사학』에서 일언반구도 언급되지 않느냐면 그렇지도 않다. I권에서 부정(한 일)을 행하는 사람으로 하여금 그런 일을 행하게 하는 동인 중 한 가지로 욕망이 거론된다. 그뿐만 아니라 I권에서 아리스토텔레스는 욕망을 명확히 감정이라고 칭한다.[16] 『수사학』이라고 해서 욕망이 전혀 언급되지 않는 것은 아니다. 설득수단을 논하는 II권 2장–11장에서 언급되지 않을 따름인 것이다.

혹자는 아리스토텔레스가 넓은 의미의 파토스와 본래적인 의미의 파토스를 나누어 보는 게 아니냐고 추단할 수도 있다.[17] 넓은 의미의 파토스를 말할 때는 욕망을 포함시키지만 본래적인 의미의 파토스, 즉 감정을 말할 때는 포함시키지 않는다고 말이다. 그런 개연성이 전혀 없는 것은 아니지만 더 중요한 것은 윤리학에서 욕구와 감정이 대체로 비슷하게 다뤄진다는 점이다. 이를테면 용기라는 덕이 공포심이라는 감정과 관련해서 성립하는 덕이듯이, 절제라는 덕은 신체적 욕망과 관련해서 성립하기 때문이다. 아리스토텔레스가 구획을 짓는 것은 욕망과 감정 사이가 아니다. 그가 짓는 구획은 욕망을 관통하는 구획이다. 그에 따르면 영혼의 몰이성적 부분은 다시금 ① 도대체 로고스(이성)의 말이라곤 듣지 않는, 다만 양분 섭취에만 종사할 뿐인 부분과 ② 로고스의 말을 듣고 따를 수 있는 여지가 있는 부분으로 세분된다. 굶주림이나 배고픔의 경우를 보자. 그런 것은 생리적 욕망으로서 영혼의 식물적인 부분의 관할사항이다. 아리스토텔레스의 말마따나 그런 것은 설득의 대상에 속하지 않는다.[18] 배고파하지 말래거나 목말라 하지 말라고 한대서 허기나 갈증이 경감되거나 가시는 문제가 아니기 때문이다. 그러나 굶주림과 배고픔이 우리 인간 욕망의 전부냐면 그렇지 않다. 이성의 말을 듣고 따르는 욕망도 있다.[19] 목숨을 부지하는 데 필수 불가결한 정도를 넘어서는 욕망, 생리현상의 해결에 소용되는 욕망의 범위를 넘어서는 욕망이 그런 욕망이다. 목숨을 부지하는 데 필수 불가결한 욕망, 생리현상의 해결에 소용되는 욕망이 '신체 때문에'(dia tou sōmatos) 생기는 욕망이라면, 그것을 능가하는 욕망은 '설득된'(ek tou peisthēnai) 욕망이다. 설득이 먹혀들 수 있는 것이기에 그것이 보이는 양태에 따라 칭찬을 받을 수도 있고 비난을 받을 수도 있다. 그렇다면 욕망이라고 해서 감정과 다를 게 뭐가 있는가. 욕망의 영역을 경계선을 그어 특정하기란 쉬운 일이 아니다. 욕망이라고 해서 도매금으로 이성의 설득이 원천적으로 차단되어 있다고 잘라 말할 수 있는 게 아니다. 욕망과 관련해서도 감정과 다르지 않은 구석이 보이는 것이다. 감정과 다르지 않게 욕망 역시 사고, 표상, 지각을 통해 촉발될 수도 있고 반대로 진정될 수도 있는 것이다. 감정과 욕망을 가르는 경계선은 그런 의미에서 없다.[20]

＊

감정의 발생에서 이성이 '어떤' 일을 '얼마나' 하는가의 물음 앞에 놓인 뜻밖의 복병은 동물과 어린아이도 감정을 느낀다는 것이다. 왜냐하면 동물 가운데서 인간이 유일하게 이성능력(*logos*)을 갖추고 있다[21]고 함으로써 간접적으로 동물에게 무엇을 숙고하거나 이성적으로 사고하는 능력이 전무하다는 점을 표명하는가 하면, 어린아이에게서는 그 같은 능력(*logismos, nous*)이 차츰 성장하면서 나타난다[22]고 함으로써 현재의 상태에서는 그 같은 능력을 미처 갖추고 있지 못하다는 점을 분명하게 하고 있기 때문이다. 어린아이의 경우부터 보면 어린아이와 관련하여 얘기되는 이성의 개념이 일의적이지 않다. 우선 어린아이도 감정을 느낀다고 인정하는 것은 감정이 이성능력이 완전한 형태로 개발되기 이전의 미성숙한 형태의 이성능력을 근거로 해서도 발생할 수 있다는 가능성을 열어 놓는다. 바꿔 말하면 미숙한 상태의 이성능력도 감정의 발생에서 역할을 할 수 있다는 얘기다. 그런 반면 아리스토텔레스는 말한다. 청소년은 이성을 따르기보다는 감정을 따른다고.[23] 바꿔 말하면 어린아이와 청소년 시절에는 이성능력이 별로 역할을 하지 않는다는 얘기다. 종합하면 어린아이와 관련하여 이성능력이 역할을 한다는 것인지 또하면 어떤 식으로 한다는 것인지 종잡을 수가 없다. 그렇다보니 동물의 경우에 한정해서 문제를 살피는 것이 전거를 확보하는 데서 상대적으로 낫다. 동물의 경우 이성, 숙고, 사고, 의견형성 등 온갖 지성적 능력을 결하고 있다는 데에 이론의 여지가 없기 때문이다.[24] 생물학에서 아리스토텔레스가 선호하는 설명방식은 갑작스런 질적 비약보다는 정도가 조금씩 높아지는 '점진적인' 것이다. 이른바 '점진론'이다.[25] 그러나 그런 아리스토텔레스조차 동물을 뛰어넘어 인간으로 진입하는 대목에서는 이성능력의 유무로 접근하는 불연속적인 행보를 취한다.[26] 과연 동물이 이성능력을 결하고 있음에도 감정을 느낄 수 있다는 게 입증된다면 감정의 발생에 수반되는 인지적이고 지각적인 작업이 일반적으로 어떤 유의 것인가의 물음에 대해 분명한 기준을 확보하게 될 것이다.

4.3 지각능력만 있는 동물도 느끼는 감정

아리스토텔레스는 여러 대목에서 동물이 느끼는 감정을 언급한다. 자주 언급되는 감정은 공포이다.[27] 어떻든 여러 정황으로 미루어 볼 때 동물에게도 감정이 귀속될 수 있다.[28] 그렇긴 하지만 아무리 그렇더라도 인간이 느끼는 온갖 유형의 감정이 고스란히 동물에게 도 귀속될 수 있다는 얘기는 아니다. 그뿐만 아니라 동물이 느낀다 는 감정이 인간에게서와 동일한 방식으로 동물에게 나타난다는 얘 기도 아니다. 여기서 말하는 것은 감정의 발생을 일반화하여 인지 적 요인에 기인하는 것으로 환원하는 설명방식은 그 어떤 것이든 동물의 경우까지 포괄적으로 설명할 수 있는 틀이 못 된다는 취지 로 이해되어야 할 것이다.[29] 요컨대 인지적 설명방식은 감정을 설 명하는 일반적인 틀로서는 한계가 있다는 것이다.

위에서 동물은 이성, 숙고, 사고, 의견형성 등 온갖 지성적 능력 을 결하고 있다고 하였다. 그 대신 동물에게는 지각능력이 구비되 어 있다. 비록 일부이긴 하지만 기억능력을 갖추고 있는 동물도 있 다. 기억을 할 수 있는 동물은 그 정도가 보잘것없는 수준이긴 하 지만 경험에도 관계한다.[30] 또 일부 동물에게는 표상능력도 있다. 물론 그 수준은 동물에 따라 차이가 있다. 아리스토텔레스에 따르 면 개미, 벌, 지렁이에게는 표상능력이 없는 게 확실하다.[31] 촉각만 갖추고 있는 동물도 마찬가지다. 그러면 동물은 이들 본질적으로 지각적인 능력을 어떻게 꾸려 가는가. 일찍이 플라톤은 『테아이테 토스』에서, 청각에는 소리의 높낮이를, 시각에는 색깔을 하는 식으 로, 각종 지각에 해당 지각 특유의 대상을 귀속시킨 바 있다. 반면 존재함, 존재하지 않음, 동일함, 상이함, 유사함 등 저들 지각대상 에 공통적인 것은 모두 지각의 대상에서 배제하였다.[32] 그런 플라 톤과 달리 아리스토텔레스는 지각에 비교적 많은 과제를 부과한다. 그렇게 하지 않으면 이성적 동물인 인간의 경우 이성과 오성에 맡기면 그만일 일을 동물의 경우는 이성과 오성이 구비되어 있지 않기 때문에 지각을 통해서가 아니면 달리 설명할 길이 없기 때문이다. 플라톤의 경우 각종 감각기관에는 해당 기관 고유의(idion) 지각 대상이 있다. 이들 고유의 대상―소리의 높낮이, 색깔 등―을 지각하는 일(기능1) 말고는 지각능력이 추가로 하는 일이 없다. 반면 아리스토텔레스의 경우는 그같이 고유의 대상을 지각하는 일(기능1) 외에도 지각능력이 하는 일이 더 있다. 그같이 고유의 대상을 지각하는 일(기능1)은 지각의 세 단계 중 한 단계에 속하는 일일 따름이다. 상이한 감각기관의 지각대상들에 공통적인(koina) 형질―단일성, 수효, 운동, (운동의) 멈춤, 크기, 형태, 시간 등―을 지각하는 일이 지각능력이 행하는 또 하나의 일(기능2)이다.[33] 이를테면 단맛을 내는 이 대상과 하얀 색깔의 저 대상이 서로 '다른' 사물이라거나, 빨강색의 저 사물이 '움직인다'거나 '멈춰 섰다'는 사실을 지각하는 것이 그런 사례이다. 나머지 또 하나는 '전형적인 지각'의 후속지각(기능3)으로서 아리스토텔레스는 그것을 '부대적'(kata symbebēkos) 지각이라고 칭한다.[34] '저기 저 하얀 사물은 철수이다'가 그런 지각의 예이다.[35] 두 번째 부류의 공통성 지각(기능2)과 세 번째 부류의 부대성 지각(기능3)에 특징적인 점은 명제적 내용을 갖는다는 점이다. 명제적 내용을 갖는다는 것은 곧 어떤 것에 대해 어떤 것을 서술하는 것, 즉 어떤 한 주체에 대해 그것이 어떠하다고 단언하는 것을 의미한다.[36] 이를테면 사냥개가 산토끼의 냄새를 맡고서 '기뻐한다'고 하자. 산토끼 냄새를 맡고서 '녀석이 근처에 있다'는 낌새를 알아차렸기 때문이다. 황소가 내지르는 소리를 듣고 사자가 '기뼈하는' 것도 마찬가지다. 황소가 내지르는 소리를 매개로 '녀석이 가까이 있다'는 것을 지각하였기 때문이다.[37] 사냥개든 사자든 먹을거리가 생겼다는 '사실'의 확인 – 지각 – 을 통해 기뻐하는 감정(희희낙락)이 발동한 것이다. 명제적 내용은 감관지각과는 다른 것이다. 하지만 영혼의 '지각하는 부분'이 하는 일로 분류될 수 있는 표상(phantasia)과 심상(phantasmata)에도 명제적 내용이 들어 있다. 자주 인용되는 '태양의 지름은 1피트이다'가 표상의 대표적인 사례이다.[38]

위의 첫 번째 부류의 고유성 지각(기능1)은 항상 참이거나 항상 그렇다고 할 정도로 참이다. 그에 반해 명제적 내용을 갖는 두 번째 부류의 공통성 지각(기능2)과 세 번째 부류의 부대성 지각(기능3) 그리고 표상은 거짓일 수도 있다. 문제는 지각의 거짓 가능성을 어떻게 설명할 것이냐는 것이다. 명제를 잘못 구성하였다, 주어와 술어자리에 놓이는 지각(내용)을 잘못 연결(혹은 결합)하였다, 고 처리하면 간단히 해결될 문제이지만 동물의 경우는 명제를 구성할 수 있는 인지능력 – 이성, 오성 등 지성적 능력 – 을 결하고 있기 때문이다. 아쉽지만 여기서 이 물음에 더 깊이 들어갈 수는 없다. (인간의) 감정의 물음을 논하는 우리로서는 ① 지각능력만 갖추고 있을 뿐인 동물도 감정을 느낄 수 있는 바, ② 저들의 지각은 명제적 내용을 갖는 것이거니와, ③ 문제의 지각은 거짓일 수 있는 가능성이 상존한다는 점을 확인하는 것으로 족하다.

의견은 참일 수도 있고 거짓일 수도 있다. 의견의 참과 거짓은 요소가 되는 것들이 어떻게 연결 혹은 결합(symplokē [noēmatōn])되느냐에 달렸다. 그러나 동물에게는 지각능력만 있을 뿐 그 같은 의견형성 능력이 없다. 그럼에도 동물은 지각능력만 갖고서도 명제적 내용을 조달한다. 명제적 내용이 이성의 전유물이 아닌 것이다. 동물이 느끼는 감정은 지각능력이 조달하는 명제적 내용에 근거한다. 지각능력이 조달하는 명제적 내용이 동물에게는 감정의 유인이 되는 것이다. 이성이 있어야만 명제적 내용을 갖는 게 아니다. 이성이 있어야만 감정을 느끼는 게 아니다.[39]

지각능력만 갖고 있는 동물도 감정을 느낄 수 있다. 그렇다고 해서 인간이 느끼는 것과 같은 정도로 다양한 감정을 동물이 느낀다거나 인간이 감정을 느끼는 것과 동일한 방식으로 동물 역시 감정을 느낀다는 의미는 아니다. 여기서 인간의 감정에 주안점을 두고 있는 우리로서는 의견과 판단을 형성할 수 있는 인지능력은 없이 지각능력만 갖추고 있을 뿐인 동물에게도 감정의 발생이 가능하다는 사실을 통해 감정의 인지적 요소가 적절히 제한되어야 마땅하다는 점을 재확인한다. 인간의 감정의 발생에서 인지적 요소가 큰 비중을 차지하는 것은 사실이지만 그것이 감정을 설명하는 유일한 인자는 아닌 것이다.

쾌락과 고통:
생명보전과 그 너머의 좋음

보.1 신체적 쾌락과 생명보전

아리스토텔레스에 따르면 감정에는 쾌락과 고통이 수반된다. 그가 말하는 쾌락은 일차적으로 현재 어떤 상태에 있다는 의미의 활성태 (에네르게이아)이다. 그리고 그것은 감관을 통한 지각(활동)(아이스테시스)이다.[1] 감관을 통한 지각을 매개로 느끼는 쾌락은 신체적 쾌락의 개념 아래 묶인다.[2] 신체적 쾌락은 모든 동물이 공통으로 느끼는 것과 인간만이 느끼는 것으로 양분된다. 색, 형태, 그림을 보면서 느끼는 쾌락, 음악을 들으며 느끼는 쾌락, 꽃향기를 맡을 때 느끼는 쾌락이 후자에 속한다.[3] 동물의 경우 오직 촉각과 미각만이 쾌락/고통과 연결되어 있다.[4] 그 밖의 다른 감관지각은 촉각과 미각과 연계된 한에서만 쾌락을 느낄 수 있다.[5] 동물(일반)의 감관지각과 관련하여 우리의 물음에 유익한 통찰을 제공하는 텍스트 중 하나는 다음이다.

동물에게는, 그것이 동물인 한에서, 감관지각이 속할 수밖에 없다. 왜냐하면 그것의 유무로 동물인가 여부가 구별되기 때문이다. 개개의 감각을 보자. 촉각과 미각은 모든 동물에 편재한다. 필연적이다. 촉각은 『영혼론』에 언급된 이유 때문이고 미각은 양분섭취 때문이다. 미각 덕분에 먹이를 앞에 놓고서 쾌감을 주는 (=입맛 당기는) 것과 불쾌감을 주는(=입맛 떨어지게 하는) 것을 식별할 수 있거니와 그 결과 후자는 피하고 전자는 추구한다. 일반으로 맛은 양분을 담고 있는 물질의 성질이다. 외적 매개물을 통해 지각하는 감각, 그러니까 후각, 청각, 시각은 장소이동능력이 있는 모든 동물에 편재한다. 그런 감각을 가진 모든 동물에게 저들 감각은 그들의 생명보전(sōtēria)을 위한 수단인 바, 선행하는 지각의 인도 아래 그들은 먹이를 (제대로) 찾아내고 나쁜 것, 파괴적인 것을 피한다. 지적통찰능력(phronēsis)까지 갖추고 있는 동물도 있는 바, 그에게 문제의 능력은 좋음(to eu)(의 달성)을 위한 것이다. 왜냐하면 그것은 많은 차이를 명시하는 바, 그런 차이를 토대로 이론적 통찰과 실천적 통찰이 생겨나기 때문이다.[6]

모든 동물이 촉각을 갖추고 있는 것은 『영혼론』에서 말한 생명보전의 이유 때문이다. 『영혼론』 III권 12장의 논변에 따르면 동물이란 '영혼이 깃든 신체'이다.[7] 신체인 한에서 동물은 다른 신체와 접촉한다. 그 같은 접촉에서 불가피하게 이로운 것은 추구하고 해로운 것은 피한다. 감관지각이 동원될 수밖에 없다. 달리 생명을 보전할 방도는 없다. 위의 인용문에 따르면 동물이 행하는 모든 지각활동은 결국 생명보전이라는 하나의 목표로 수렴된다. 생명보전과 관련하여 특히 중요한 것은 촉각과 미각이다. 여타의 감각은 보

히에로니무스 보스(Hieronymus Bosch), 『세속적인 쾌락의 동산(The Garden of Earthly Delights)』(1490~1500)

조적인 역할만 한다. 동물－인간을 포함한 넓은 의미의－이 촉각과 미각에서 쾌락을 느끼는 것은 생명보전과 직결된 문제이다. 신체적 쾌락의 물음이 감관지각을 매개로 동물의 가장 원초적인 조건인 생명보전의 물음과 연계된다.

보.2 개체성의 보전과 종의 보전

아리스토텔레스의 경우 생명체가 자립적으로 존속한다는 것은 하나의 분석명제이다.[8] 그것이 사람이든 동물이든 아니면 길섶의 풀포기이든 하나의 물체(신체)를 두고서 생명체이다, 라고 하는 것은 그것이 살아 있다는 것이다. 살아 있다는 것은 생명이 붙어 있다는 것이다. 생명이 붙어 있지 않으면 그 물체는 더 이상 생명체가 아니다. 그런 의미에서 생명체(생물)가 제 스스로 생명을 꾸려간다는 것은 추가적인 설명을 필요로 하지 않는 '선험적'(*a priori*) 언명이다. 아리스토텔레스의 경우 하나의 물체(신체)는 거기에 생명(*psychē*)이 깃들 때 비로소 생명체(*sōma empsychon*)가 된다.[9]

생명체가 제 스스로 생명을 꾸려나간다는 의미의 생명보전은 활성태의 일종이다. 하나의 생명체가 시간적으로 지속성을 유지해나가는 것이다. 생명보전은 동시에 그 같은 활동의 결과이기도 하다. 생명체가 지속적으로 존속한다는 것은, 나아가, 문제의 개체가 ① (질료와 형상의) 합성체로 그리고 ② (수적으로) 단일의 것으로 존속한다는 의미이다.[10] 살아 있는 하나의 개체가 자신의 개체성을 제 스스로 지탱해나가는 것이다.

하지만 개체가 자신의 개체성을 지탱하는 활성태(의 상태)가 무한정 지속될 수는 없다. 합성체이기 때문이다. 지상에 존립하는 합성된 존재물은 그 어떤 것이든 필멸한다. 합성된 것이기에 해체되는 운명을 맞는 것이다. 그럼에도 생명체는 영원히 존속하기를 욕구한다.[11] 이러한 목표를 생명체는 자신의 종(種)이 계속 이어지게 함으로써 달성하려고 한다. 그래서 자신과 같은 종의 개체를 증식한다. 개체의 무한증식을 통해 종의 명맥이 단절되지 않게 하는 것이다.[12]

생명체가 자신의 개체성을 보전하고 자신이 속한 종을 보전하는 목적은 무엇인가. 어째서 개체의 무한증식을 통해 종의 명맥을 유지하려는 것인가. 위에서 말했듯이 영원히 존속하기를 욕구하기 때문이다. 그러면 다시금 어째서 영원히 존속하기를 욕구하는가. 아리스토텔레스의 목적론적 설명에 따르면 '자신은 움직이지 않으면서 여타의 모든 것을 움직이는 자'의 완전함을 닮기 위해서다. 모든 생명체의 생명을 보전하려는 욕구는 신적인 '부동의 원동자'의 영원한 활성태를 모방하려는 데에 기인한다. 다른 이유가 없다. 부동의 원동자의 영원한 현재 진행형 활성태가 '최종 목표에 도달한' 완전무결한 활성태이기 때문이다. 현재(is/are)(의 상태)가 끊임없이 지속되는 것이 곧 그것이다. 그러면 생명체가 부동의 원동자를 모방하기 위해 행하는 현재 진행형 활성태란 어떤 활동을 가리키는가. (인간은 예외로 치고서 말한다면) 모든 생명체의 현재 진행형 활동은 위에서 말한 자신의 개체성의 현상 유지보전과 종의 지속적 유지보전을 일

컨는다.[13] 그것 외에 다른 것은 없다. 개체성의 현상 유지보전은 문제의 활동의 '주체'의 유지보전이고 종의 유지보전은 문제의 활동 '자체'의 유지보전이다.[14] 생명체의 현재 진행형 활동은 요컨대 생명체의 지속적 존립을 위한 활동이다.

하나의 사물을 하나의 사물로 규정하는 것은 그 사물의 현재 진행형 활성태이다. 생명체의 경우 현재 진행형 활성태는 생명체의 지속적 존립이다. 생명체를 생명체로 규정하는 것은 그러므로 그것이 생명체로 지속적으로 존립하는 것이다. 『니윤』 I권 7장에 따르면 '활성태의 삶'이 생명체 고유의 일(ergon)이고 또 거기에 생명체의 좋음, 즉 제모습이 드러난다.[15]

보.3 동물의 장소이동과 욕구

아리스토텔레스의 경우 개체의 유지보전과 종의 유지보전은 영혼의 '양분섭취부분'이 현재 진행형으로 하는 일이다. 영혼의 '양분섭취부분'이 하는 일은 세 가지이다. 양분섭취와 성장과 번식이 그것이다.[16] 하지만 이 같은 활동은 식물 차원의 생명보전활동이다. 동물의 경우는 그 같은 활동만으로는 충분치 않다. 식물이야 ① 자신을 구성하는 것과 동종의 원소를 자양분으로 삼고[17] 또 ② 암수가 나뉘지 않은 채 한 몸을 이루고 있으므로[18] 그 같은 수준의 활동만으로도 생명보전이 충분하지만 동물의 경우는 그렇지 않다. 동물 영혼의 '양분섭취부분'이 하는 일 ― 양분섭취, 성장, 번식 ― 은 장소이동(활동)이 병행되지 않으면 완수될 수 없다.[19] 개체보전에 필수적인 먹이와 종 번식에 필수적인 교미상대를 찾아 움직이지 않으면 안 되기 때문이다. 개체를 보전하려면 자양분을 섭취해야 하고 종을 번식하려면 교미상대가 있어야 한다. 한곳에 머물러서는 안 된다. 원하는 것을 확보하기 위해서기도 하지만 자신이 상대의 먹이가 되지 않기 위해서라도 이동을 할 수 있어야 한다. 동물의 장소이동에는 그러므로 그것이 강요되지 않은 것인 한 문제의 동물이 무엇인가를 얻으려고 하는 욕구가 전제되어 있다.[20] 실로 동물은 생명보전을 위해 끊임없이 먹이를 찾고 교미상대를 물색한다.

보.4 동물을 규정하는 활성태는 지각

장소이동에 욕구가 전제된다면 욕구에는 표상이 전제된다.[21] 인간의 경우 자신이 무엇을 욕구하는지를 안다. 자신의 욕구의 최종 목표에 대한 앎을 토대로 인간은 목표를 달성하려면 자신이 지금 이 자리에서 무엇을 어떻게 해야 하는지 저울질한다. 반면 동물에게는 최종 목표의 개념이 없다. 목표 달성에 필요한 수단을 강구할 줄도 모른다. 일례로 먹이를 조달한다고 하자. 인간은 오랜 경험과 기술을 바탕으로 다양한 식재료의 장단점을 알고 있다. 그에 비해 동물의 경우는 경험이나 기술로 통하는 길이 막혀 있으므로 먹이와 관련하여 축적된 정보가 없다. 이 같은 맹점을 벌충하는 데 투입되는 것이 쾌락이다.[22] 쾌감을 주는 것이 동물의 유일한 욕구 대상이다. 욕구라고 하지만 정확히 말하면 욕망이다. 욕망이란 아리스토텔레스의 경우 '쾌감을 주는 것'의 욕구이기 때문이다.[23] 동물의 욕망은 이처럼 쾌감을 주는 것을 향해 있다. 요약하면 이렇다.

> (1) 동물은 생명보전을 욕구한다.[24] 그러기에 동물은 '생명보전에 이로운 것'을 욕구할 수밖에 없다.
> (2) 동물은 '쾌감을 주는 것'만 욕구한다.

그러면 '생명보전에 이로운 것'과 '쾌감을 주는 것'은 서로 어떤 관계를 맺고 있는가. 아리스토텔레스의 경우 생명보전에 직접적으로 도움이 되는 것으로는 촉각과 미각이 있다. 촉각에 각별히 중요한 것은 온기, 냉기, 건기, 습기이다. 그리고 미각에 중요한 것은 단맛, 짠맛, 쓴맛이다. 이러한 여러 성질 중 생명보전에 '이로운' 성질의 지각은 그것이 촉각인가 미각인가와 상관없이 쾌감을 준다. 그에 반해 생명보전에 '해로운' 성질의 지각은 불쾌감(고통)을 준다. 쾌감을 주기에 전자는 얻으려고 애쓴다. 그에 반해 후자는 고통스럽기에 피한다. 그러기에 동물은 생명보전에 이로운 것인가에 대한 앎이 없더라도 생명보전의 일을 해낸다. 생명보전에 이로운 성질을 지각하는 것이 '유쾌한' 일이고 동물이 욕구하는 것이 다름 아닌 '유쾌한' 것이기 때문이다.

위에서 말하였듯이 아리스토텔레스의 경우 하나의 사물을 하나의 사물로 규정하는 것은 그 사물의 현재 진행형 활성태이다. 생명체의 경우 현재 진행형 활성태는 그 생명체의 지속적 존립이다. 그것이 그 생명체의 일(에르곤)이고 또 거기에 생명체의 좋음이 드러난다. 동물의 경우 활성태는 동물로 지속적으로 존립하는 것, 그리고 종이 멸종되지 않도록 지속적으로 보전하는 것이다. 그것이 그(동물)를 그이게 만드는 길이고 그의 좋음이다. 한편 동물은 지각활동을 하는 생명체이다. 그런 한에서 동물은 '생명보전에 도움이 되는 것'의 '지각'을 통하여 생명보전의 일(에르곤)을 한다. 결과적으로 생명보전에 도움이 되는 것을 '지각'하는 일이 그(동물)를 그이게 만드는 길이고 그의 좋음이 된다.

보.5 쾌락은 지각의 문제

위에서 언급하였듯이 생명보전에 이로운 성질의 지각은 쾌감을 준다. 그에 반해 생명보전에 해로운 성질의 지각은 불쾌감을 준다. 쾌감을 주는 전자는 추구의 대상이 되지만 고통스런 후자는 회피의 대상이 된다. 그러기에 동물은 어떤 것이 생명보전에 이로운 것인지 '아는' 바가 없어도 생명보전의 일을 해낸다. 생명보전에 이로운 성질을 지각하는 것이 '유쾌한' 일이고 동물이 욕구하는 것이 다름 아닌 '유쾌한' 것이기 때문이다. 그러면 생명보전에 이로운 지각만 유쾌한 것인가. 생명보전에 이롭지만 유쾌하지 않은, 고통스런 지각은 없는가. 또 생명보전에 해롭지만 쾌감을 주는 지각은 어떤가. 한걸음 더 나아가 동물의 생명보전에 이로운 지각만 유쾌한 것이라면 유쾌한 것만 동물의 좋음이 되거니와, 이렇게 되면 '좋다'와 '유쾌하다'가 개념상 동일한 것을 의미하게 된다. 과연 그런가.

먼저 유쾌하다는 것이 무엇을 의미하는지부터 살펴보자. 〈보론〉의 서두에서 말하였듯이 아리스토텔레스의 경우 쾌락은 현재 진행형 활성태이다. 그리고 그것은 독립적이지 않다. 하나의 활성태와 하나의 욕구가 조응할 때 생기는 것이 쾌락이다. 요컨대 감관을 통한 지각활동이 쾌락이다. 이런 시각으로 보면 유쾌하다는 것도 어렵지 않게 이해할 수 있다. 쾌감을 느끼는 것이기 때문이다. 쾌감을 느낀다는 것은 곧 지각한다는 것이고 그 지각이 유쾌하다, 쾌감을 준다는 것이다. 문제는 지각이지 쾌감을 주는 어떤 사물이나 성질이 따로 있는 것이 아니다. 어떤 사물이나 성질을 지각하는 우리가 그 지각에서 쾌감을 느끼는 것이다. 예를 들어 말하면 우리에게 쾌감을 주는 온도나 맛이 따로 있는 것이 아니다. 특정의 온도와 특정의 맛을 지각하는 우리의 촉(지)각과 미(지)각이 쾌감에 젖어들 뿐이다. 특정의 온도와 특정의 맛은 그것이 온도이고 맛인 한에서 쾌감을 주는 것도 아니고 고통스런 것도 아니다. 쾌감을 준다거나 고통스럽다는 것은 문제의 온도와 맛을 우리가 그렇게 지각하는 것일 뿐이다. 특정의 (감관)지각을 유쾌하다고 분류하는 것일 뿐이다. 아리스토텔레스에 따르면 동물의 '영적(프쉬케상의)' 능력은 양분섭취능력을 제외하면 식별능력과 장소이동능력이 전부다.[25] 동물이 지각하고 표상하는 것은 그의 식별능력 덕분이거니와[26] 쾌감은 이 같은 지각에 수반되는 것이다.

보.6 쾌감의 지각에 결정적인 요인은 욕망

위에서 말하였듯이 욕망은 쾌감을 주는 것을 추구한다. 욕망을 부추기는 것은 표상이다. 표상을 매개로 동물은 특정의 사물을 지각하고 그것을 쾌감을 주는 것으로 분류한다. 그러면 (붙)쾌감은 어디서 기인하는가. 왜냐하면 지각, 표상, 욕망은 각각 지각, 표상, 욕망인 한에서, 쾌락적인 것도 고통스런 것도 아니기 때문이다. 『영혼론』 III권 10장에 따르면 동물의 몰이성적 욕구가 움직이는 데는 오로지 감각적 표상만 필요하다.[27] 쾌감을 주는 표상이 필요한 것이 아니다. 쾌감을 주는 것을 대상으로 삼는 별도의 감각이 있는 것이 아니기 때문이다. 욕망 혹은 몰이성적인 욕구가 움직이는 것은 쾌감을 주는 것을 표상하기 때문이 아니다. 하나의 사태의 표상은 그저 사태의 표상일 뿐이다. 일례로 당나귀의 감각에 포착된 건초는 (아직) 건초일 뿐 (벌써) 쾌감을 주는 것은 아니다.[28] 탐욕스런 자가 금덩어리든 부동산이든 마구 사들이는 것도 그것이 금덩어리이고 부동산이기 때문이지 (이미) 그것이 쾌감을 주는 것이어서가 아니다. '하나의 표상이 유쾌하다'—한국어 어법에 맞게 표현하면 '하나의 표상이 (표상하는 자를) 유쾌하게 만든다, (표상하는 자에게) 쾌감을 준다'는 것은 '그것이 (표상하는 자의) 욕망 혹은 몰이성적 욕구를 움직이게 하다'를 달리 표현한 것에 지나지 않는다. (표상하는 자의) '욕망' 혹은 '몰이성적 욕구'를 움직이게 하는 성질이 그 표상에 들어 있는 것이다. 그러면 다른 표상이 아니라 바로 이(!) 표상이 욕구를 움직이는 이유, 바꿔 말해서 다른 표상이 아니라 바로 이(!) 표상이 쾌감을 주는 이유는 무엇인가. 그(!) 욕구능력 때문이다. 욕구능력이란 하나의 표상에 의해 발동이 걸리는 능력, 바꿔 말해서 외부 자극을 수용하는 능력을 말한다. 하나의 능력(뒤나미스)인 한에서 욕구능력은 표상을 매개로 정의되는 바, 표상을 통해 욕구능력은 어떤 것을 경험한다. 바로 이 대목에 유쾌하다, 쾌감을 준다가 모습을 드러낸다. 욕구능력이 표상을 통해 어떤 것을 수용하면서 특정의 표상을 유쾌한 것으로, 쾌감을 주는 것으로 받아들이는 것이다. 어떤 표상을 유쾌한 것으로 받아들이느냐는 욕구능력(의 상태)에 달린 문제다. 다시 당나귀의 예를 든다면 건초의 냄새가 쾌감을 주는 까닭은 건초의 냄새 자체에 있지 않다. 고기가 주식인 육식동물은 두말할 것도 없지만 포만감에 젖은 당나귀는 건초 곁을 지나더라도 거들떠보지도 않는다. 당나귀가 건초 냄새를 맡고 움직이는 것은 첫째는 그가 건초를 먹고 사는 초식동물이기 때문이고 둘째는 마침 지금 먹이를 욕구하기 때문이다. 한마디로 말해서 지금 배가 고프기 때문이다. 탐욕적이지 않은 사람에게 아파트는 주택이지 재테크수단이 아니다. 부동산투기 광풍이 몰아쳐도 탐욕적이지 않은 사람은 욕망 혹은 몰이성적 욕구가 발동하지 않는다. 부동산의 표상이 욕구능력을 움직이는 이유, 그러니까 부동산의 표상이 쾌감을 주는 이유는 어디에 있는가. 탐욕스런 자의 욕구능력(의 상태)에 있다. 그의 욕구능력이 문제의 표상을 쾌감을 주는 것으로 받아들이기 때문이다. 탐욕(*pleonexia*)이란 다른 게 아니다. 끊임없이 '더 많이' 움켜쥐려는 (비뚤어진) 욕망의 다른 이름이다.

보.7 욕구의 층위

욕구는 표상에 의해 유발되는 하나의 '영적' 활동인 바, 그것은 다시금 해당 동물을 한 지점에서 다른 지점으로 이동하게 만든다. 쾌감의 지각에서 결정적인 것은 이 같은 욕구이다. 유쾌하다거나 불쾌하다는 것은 그렇게 지각한다, 느낀다는 것으로서 그 같은 지각, 느낌이 해당 동물로 하여금 몸을 움직여 이동하게 하는 것이다. 지각능력이 있는 생명체의 경우만 쾌감이니 불쾌감이니 하는 것이 있을 수 있고 욕구가 있을 수 있는 까닭이 여기에 있다.[29] 욕구에는 (넓은 의미의) 표상이 전제되기에 표상능력이 있는 생명체만 욕구할 것이고 표상이란 지각에 기인하는 것이기 때문이다.

그러면 이상과 같은 의미의 욕구, 그러니까 동물이 표상을 매개로 모종의 지각을 유쾌한(또는 불쾌한) 것으로 수용함으로써 문제의 대상을 얻으려고(또는 피하려고) 애쓴다는 의미의 욕구가 위에서 언급했던 내용과 어떻게 연결되는가. 위에서 논한 바에 따르면 모든 생명체의, 생명을 보전하려는 욕구는 '부동의 원동자'의 영원한 활성태를 모방하려는 데서 기인한다. 부동의 원동자의 영원한 활성태가 완전무결한 것이기 때문이다. 생명체가 부동의 원동자를 모방하기 위해 행하는 활성적 활동은 자신의 개체성의 유지보전과 종의 지속적 유지보전이다. 한편 한 사물의 활성태가 그 사물을 규정하는 것이기에, 생명체의 활성태, 곧 생명체의 지속적 존립이 생명체를 규정하는 것이 된다. 아울러 '활성태의 삶'이 생명체 고유의 일(에르곤)이고 또 거기에 생명체의 '좋음'이 드러나는 바, 지각활동을 하는 생명체인 동물은 '생명보전에 도움이 되는 것'의 지각을 통하여 생명보전의 일(에르곤)을 행한다. 그러기에 생명보전에 도움이 되는 것을 지각하는 일이 그(동물)를 그이게 만드는 길이고 그의 '좋음'이 된다. 그렇다면 여기서, 동물이 '신적인 것'의 영원한 활성태에 참여(모방)하기를 욕구한다거나 (그 말이 그 말이지만) 동물이 자신의 종의 영원한 존속을 욕구한다[30]고 할 때의 욕구하다는 동물이 '쾌감을 주는 것'을 욕구한다고 할 때의 욕구하다와 같은 의미인가 하는 물음이 제기된다. 동일한 의미가 아니라는 것은 식물 역시 종의 영원한 존속을 욕구한다는 사실을 통해 여실히 드러난다.[31] 식물의 욕구는 『영혼론』 III권 10장에서 말하는 것과 같은 욕구일 수 없기 때문이다. 식물에게는 지각능력도 없고 장소이동능력도 없기 때문이다. 동물의 경우도 사정은 마찬가지다. 동물 역시 『영혼론』 III권 10장에서 말하는 것과 같은 의미로 신적인 것에 참여하기를 욕구하거나 종의 영원한 존속을 욕구할 수 없다. 『영혼론』 III권 10장에서 말하는 것과 같은 식으로 욕구가 진행되려면 욕구의 대상에 대해 표상을 할 수 있어야 한다. 그러나 동물은 신적인 것에 참여한다거나 종의 영원한 존속 같은 것을 표상할 수 없다.

아리스토텔레스가 『영혼론』 II권 4장에서 논하는 바에 따르면 모든 생명체는 신적인 것의 영원함에 참여하기를 욕구한다. 신적인 것의 영원함에의 참여는 생명체가 자신의 본성에 걸맞게 행하는 온갖 활동의 목표(hou heneka)이다. 그러나 목표란 욕구의 대상이라고도 할 수 있고 좋음이라고도 할 수 있는 것으로서 생명체가 자신의 본성에 어울리게 행하는 활동에 의해 제약을 받는다. 요컨대 생명체는 저들의 목표 혹은 좋음과 다양한 방식으로 관련을 맺는다. 식물은 저들이 식물로서 고유하게 행하는 활동과 어떤 관계도 맺고 있지 않다. 그에 비하여 동물은 그가 동물로서 행하는 활동―이것은 동물의 목표이기도 하고 좋음이기도 하다―과 모종의 관계를 맺는다. 쾌락과 고통을 통해서다. 인간의 경우는 어떤가. 좋음과 관계를 맺되, 그것이 좋음인 한에서 관계를 맺는 유일한 존재이다. 동물에서처럼 그것이 쾌락이어서도 아니고 무엇에 유익이 되어서도 아니다. 단지 좋음이라는 이유로 그것을 욕구하는 것이다. 모종의 목표를 위한 수단이 아닌 것, 자기 자신이 목표인 그런 것을 욕구하는 것이다. 어떤 목표―좋음―를 욕구한다고 하더라도 이처럼 식물, 동물, 인간의 경우 그 의미가 각각 다르다. 욕구에도 이처럼 층위가 있다.

보.8 쾌감을 주는 것은 좋아 보이는 것일 뿐이다

인간에게서만 좋음이 좋음으로서 욕구된다.[32] 그러면 동물에 의해 욕구되는 좋음은 어떤 유의 좋음인가. 동물에게 '쾌감을 주는' 것과 '좋은' 것은 어떤 관계를 맺고 있는가. 양분섭취의 예를 통해 양자의 관계를 살펴보자.[33] 아리스토텔레스에 따르면 건기와 습기가 적절한 비율로 혼합된, 먹이로 적합한 것은 단맛이 나지만 먹이로 적합하지 않거나 해로운 것은 쓴맛이 난다. 하지만 이 같은 사태가 필연적이냐면 그렇지 않다. 달다거나 쓰다는 것은 맛을 지칭하거니와

대 브뤼헐(Jan Brueghel de Oude)과 루벤스(Peter Paul Rubens),
「맛의 감각(Taste)」(1618)

그것은 곧 미각능력이 외부 자극을 그런 식으로 받아들인다―경험한다―는 뜻이다.[34] 그러나 미각능력이 어떤 대상을 이런 식으로 받아들이는 것은 문제의 대상―먹이―으로 인해 제약되기도 하지만 받아들이는 주체의 미각능력으로 인해 제약되기도 한다.[35] 맛을 느끼는 미각이 미각능력과 무관하지 않기 때문이다.[36] 미각능력(의 상태 여하)에 따라 자양분이 많은 먹이라도 단맛이 아닌 다른 맛으로 느껴질 수도 있고 몸에 해로운 먹이라도 쓴맛이 아닌 다른 맛으로 느껴질 수도 있다. 쾌락/고통과 관련해서도 마찬가지다. 단맛은 쾌감을 주고 쓴맛은 고통스럽다. 하지만 이 같은 사태 역시 필연적이지 않다. 욕구능력(의 상태 여하)에 따라 쾌감을 주는 미각과 고통스런 미각이 달라질 수 있다. 쾌감을 주는 것이라고 해서 모두가 다 필연적으로 존속―양분섭취―에 이로운 것이 아니고 존속에 이로운 것이라고 해서 모두가 다 쾌감을 주는 것이 아니다. 미각능력(의 상태 여하)에 따라 양분섭취에 이롭지 않은 것이라도 얼마든지 단맛 나는 것으로, 그리하여 쾌감을 주는 것으로 지각될 수 있다. 반대로 양분섭취에 이로운 것이라도 사정에 따라 쓴맛으로, 그리하여 고통스럽게 지각될 수 있다. 그뿐만이 아니다. 욕구능력(의 상태 여하)에 따라 단맛이 나는 것임에도 고통스럽게 지각될 수 있고 쓴맛이 나는 것임에도 쾌감을 주는 것으로 지각될 수도 있다.

그렇다고 '쾌감을 주는 것'과 생명체―동물―의 존립 간의 관계가 우연적이기만 하냐면 그렇지 않다. 동물의 먹이가 되는 것은 '대체로' 단맛이 나고[37] 단맛은 '대체로' 쾌감을 주는 것으로 지각된다.[38] 그렇기에 쾌감을 주는 쪽으로 움직이면 '십중팔구' 몸에 이로운 먹이를 얻을 수 있다. 그러나 자연의 세계일지라도 항상 그렇지는 않다. 특수한 사정이라는 돌발변수를 배제할 수 없기 때문이다.[39] 여기서 아리스토텔레스는 특히 질병에 주목하는 바, 질병은 미각능력과 욕구능력이 자연스럽게 행하는 활동을 방해한다.[40] 질병을 앓는 동물은 단맛이 아니라 쓴맛에서 쾌락을 느낄 수 있고 그러다가 종국에는 목숨을 잃을 수도 있다. 질병을 앓을 때만 그런 것이 아니다. 건강한 동물이라고 하더라도 외적 변수로 인하여 존속에 도움이 되지 않는 식으로 일이 빗나갈 수 있다. 이에 아리스토텔레스는 '쾌감을 주는 것'이란 '좋아 보이는 것'(to phainomenon agathon)일 뿐이라는 말로 사태를 정리한다.[41]

'쾌감을 주다'란 '좋은 것 같이 보이다'를 의미한다. 지각능력만 있는 동물이 좋음과 맺고 있는 관계는 쾌감을 매개로 이루어지는 관계이다. 동물이 욕구하는 것은 쾌감을 주는 것뿐이다. 그러기에 동물이 좋음을 욕구할 수 있다면 그것은 좋음이 그에게 쾌감을 주는 것으로 나타나는 한에서이다. 그렇다고 해서 좋음 자체가 자신(좋음)의 진상(정체)을 드러낸다는 식으로 이해되어서는 안 된다. 진상이 아닌 어떤 것이 마치 진상인 것 같이 보인다는 의미로 좋은 것 같이 보인다는 것이다.[42] 쾌감을 주는 것이 얼마든지 명실상부한 좋음일 수도 있지만 그것이 단지 좋음의 가상일 가능성 또한 배제할 수 없다. 그럴 경우 마치 진짜 좋음이 현전해 있는 것 같은 착각을 불러일으킨다. 동물과 좋음 사이에 쾌감이라는 관문이 가로놓여 있기 때문이다. 양자 사이에 가상이 비집고 들어와 있는 것이다. 가상이 사이에 버티고 서 있다고 하더라도 인간의 경우는 이성

덕분에 그것이 가상이라는 것을 인식할 수 있다. 그러나 동물의 경우는 그럴 가능성이 원천적으로 차단되어 있다.

보.9 사리판단능력이 있는 인간에게는
그저 존속하는 것만 중요한 게 아니다

인간은, 존속과 관련하여, 쾌락의 매개를 통할 필요가 없다. 인간은 존속의 물음을 단적으로 묻거니와 존속의 목표를 달성하기 위해 어떤 수단이 강구되어야 하는지 그 방안을 인식할 수 있다. 인간은 경험 덕분에 단맛이 일반적으로 존속에 이롭다는 점을 확실하게 알고 있다.[43] 그뿐만 아니라 왜 그런지 그 이유까지 알고 있다.[44] 그러기에 인간은 개별적인 경우에서도 단맛이 나는 구체적인 어떤 것이 실로 존속에 이로운지를 확인할 수 있고 쾌감을 주는 것이 가상에 불과한 것인지 여부도 확인할 수 있다. 이처럼 인간은 존속을 단적으로, 무매개적으로 욕구한다. 그러기에 인간은 그것이 음식이든 약제든 간에 '쾌감을 주지 않는' 것이라고 할지라도 섭취할 수 있다. 또 인간에게는 시간의 요소도 중요하다. 인간은 '지금' 여기서 쾌감을 주는 것이 '장래에' 어떤 영향을 미치는지와 관련해서도 묻거니와, '지금' 여기서 쾌감을 주는 것이더라도 '장차' 도래할 고통스런 귀결 때문에 단념할 수도 있다.[45]

인간 역시, 동물인 한에서, 동물과 마찬가지로 육체적 쾌락과 고통을 매개로 인간의 인간됨(의 형상 혹은 규정성)과 관계를 맺는다. 그것은 이미 인간이 감정의 동물이라는 데서 분명하다. 왜냐하면 감정에는 본질적으로 쾌락과 고통이 수반되기 때문이다. 그러나 동물이 동물임에 관계하는 방식과 인간이 인간됨에 관계하는 방식은 다르다. 위에서 지적했듯이 동물의 경우는 쾌락과 고통을 매개로 해서만 동물됨 곧 동물의 존속－개체의 보전과 종의 보전－에 관계한다. 인간의 경우도 그렇다. 육체적 쾌락을 매개로 관계하는 인간됨은 인간이 하나의 동물인 한에서의 인간됨이다. 동물인 한에서의 인간됨이란 곧 개체와 종의 존속이라는 의미의 활성태를 의미한다. 그러나 인간은 그런 의미의 존속에만 관계하지 않는다. 인간은 인간인 한에서의 존속에도 관계한다. 인간은 생물학적 의미의 동물이다. 하지만 그와 동시에 이성적이고 '정치적인' 동물이기도 하다. 일례로 공포와 연민의 감정에서 인간에게 일차적으로 중요한 것은 생명보전이라는 의미의 활성태 혹은 활동이다. 그러나 인간에게 중요한 것은 그것만이 아니다. 이성적이고 '정치적인' 동물인 한에서 인간에게는 한 사회에서 그를 그이게 하는 인간됨 역시 그것 못지않게 중요하다. 명성(*doxa*)이 그것이다. 한 인간의 인간됨의 의식과 자기현시가 그것을 통해 드러나기 때문이다. 그 같은 면이 여실히 드러나는 감정이 수치심이다. 『수사학』 II권 6장의 정의에 따르면 수치심은 그것이 현재의 것이든 과거의 것이든 아니면 미래의 것이든 명성 혹은 체면을 손상시킬 것 같은 '나쁜 일'과 관련해서 느끼는 고통이자 불안이다.[46] 여기서 말하는 '나쁜 일'이란 윤리적 사악함－악덕－이 겉으로 노출됨으로써 받는 명성의 손상 혹은 위신의 실추를 의미한다. 체면이 깎이기 때문에 수치심을 느끼는 것이다. 뒤집어 말하면 수치심의 '좋음'은 그것이 윤리적 명성(체면)을 지키게 해주는 데 있다.[47] 수치심을 통해서는 그러니까 윤리적 덕을 좇아 사는 삶이 활성적으로 자신의 정체를 드러내고 있는 것이다. 이렇게 본다면 명성 혹은 위신(timē)은 윤리적 덕의 표출이고 덕을 갖추고 있기에 그 대가로 받는 사회적 보상이라고 할 수 있다. 제대로 된 의미의 명성을 누릴 수 있는 권한은 그러기에 오직 좋은 사람, 덕 있는 사람에게만 주어진다.[48] 인간의 경우 '명성'과 '덕을 좇아 사는 삶' 사이에는 이처럼 불가분의 관계가 형성되어 있다. 명성에는 인간의 인간됨의 정체가 실려 있거니와 인간됨이 널리 인정받고 있기에 명성을 누리는 것이다. 이를 뒤집어 말하면 '덕을 좇아 사는 삶'에 기초하지 않은 명성, 그러니까 인간의 인간됨에 기초하지 않은 명성은 인간됨의 정체가 실려 있지 않은 명성으로서 가상에 불과한 명성, 껍데기만의 명성이다.

위에서 말했듯이 쾌감을 주는 것이란 좋아 보이는 것일 뿐이다. 그러니까 쾌감을 주는 것이 얼마든지 명실상부한 좋음일 수도 있지만 그것이 단지 좋음의 가상일 가능성 또한 상존한다. 인간의 경우는 어떤가.[49] 인간의 감정은 하나의 사태—이것은 좋은 것을 보여주는 것일 수도 있고 나쁜 것을 보여주는 것일 수도 있다—와 관련한 모종의 표상에 반응을 보이는 것인 바, 문제의 표상은 참일 수도 있고 거짓일 수도 있다. 참일 경우, 그러니까 표상이 객관적 사태와 합치하는 것일 경우는 문제될 것이 없지만 그렇지 않을 경우, 그러니까 거짓일 경우, 인간은 감정에 수반되는 쾌락과 고통을 매개로 좋음 혹은 나쁨의 가상에 휘말리게 된다. 그럴 경우 인간 역시 그의

프란체스코 하예즈(Francesco Hayez), 「아리스토텔레스(Aristoteles)」(1811)

좋음을 달성할 수 없게 된다. 이에 어떻게 하면 감정에 수반되는 쾌락과 고통이 인간을 움직여 오류에 빠지는 일이 없이 그의 목표 −좋음−를 적중하게 할 수 있는가의 물음이 제기된다. 윤리적 덕 (아레테)에 대한 논구가 필요한 이유이다.

제2부

윤리학적 감정

제 5 장

무엇이
왜 좋은가

5

〈보론〉에서 『니윤』I권 7장을 인용하면서 '활성태의 삶'이 생명체 고유의 일(*ergon*)이고 또 거기에 생명체의 '좋음'이 드러난다고 하였다. 좋음이란 무엇인가. 또 왜 좋은가. 좋음과 관련된 여러 물음을 묻지 않을 수 없다. 우선 '좋다'(*agathon*)는 영어의 'being'에 해당하는 그리스어 단어 '*on*'이 그러하듯 다양하게 쓰인다.[1] 이를테면 'X *is* F' 형식의 영어 문장에서 술어 'F' 자리에 주어 'X'를 서술하는 여러 술어가 올 수 있다. 예컨대 '게으르다', '(키가) 크다', '(개똥이) 아들이다', '(공터에서) 공놀이하고 있다' 등이 그 자리에 놓일 수 있다. 이에 아리스토텔레스는 '*on*'(예문의 '*is*')을 가리켜 다의적이라고 말한다. 왜냐하면 그것('*is*')이 '게으르다'처럼 'X'의 성질을 지칭하기도 하고 '(키가) 크다'처럼 분량을, '(개똥이) 아들이다'처럼 (개똥이와의) 관계를, '(공터에서) 공놀이하고 있다'처럼 'X'의 상태를 지칭하는 등 다양하게 쓰이기 때문이다. 그러나 종잡을 수 없이 다양하지는 않다. 아리스토텔레스에 따르면 다양한 쓰임새는 마치 방사상(放射狀) 도로처럼 하나의 중심―예의 경우 'X'―으로 통한다. 말하자면 그것들은 향일적(向一的, *pros hen*)이다.[2] '좋다'의 경우도 마찬가지다.[3] 그렇지 않다면, 그러니까 향일적이지 않고 종잡을 수 없이 다의적이라면 좋음에 대한 학적 논구는 성립하지 않을 것이다.

'좋다'의 쓰임새로는 크게 세 가지가 있다. 첫째는 (추상)명사형 '좋음'이다. 형용사에 정관사를 붙인 영어 표현 'the good'에 상당하는 유일무이한 어떤 것의 표현이다. '인간의 좋음', '기술자(목수)의 좋음', '신체기관(눈)의 좋음', '도구(톱)의 좋음'이 그 예이다. 어떤 사물(인간)에 고유한 좋음으로서 아리스토텔레스 식으로 말하면 해당 사물(인간)의 목표(텔로스)를 가리킨다. 그러니까 여기에는 해당 사물(인간)에 그것이 겨냥하고 있는 모종의 목표ー과녁ー가 주어져 있다는 게 전제되고 있다. 둘째는 명사 앞에 놓여 수식어로 쓰이는 '좋은'이다. '좋은 사람', '좋은 도구(톱)'가 그 예이다. 해당 사물(사람)의 빼어남(아레테), 즉 '덕'을 나타내거니와, 이런 용법의 '좋다'는 부사ー'좋게' 혹은 '잘'ー로도 쓰인다.[4] '좋은' 사람이란 '덕 있는' 사람을 가리키는 것으로서 문제의 인물이 '잘' 산다ー혹은 삶을 '잘' 영위한다ー거나 그가 행동을 '잘(바르게)' 한다는 뜻이다. '좋은 칼'의 경우도 마찬가지다. 칼이 '잘' 든다는 것으로서 칼의 성능(질)이 좋다, 양질이라는 뜻이다. 끝으로 세 번째는 첫 번째의 '좋음'과 같은 것이로되 유일무이한 것이 아니라 여러 부류의 '좋음'이다. 형용사에 부정관사를 붙인 영어 표현 'a good'(복수형: 'goods')에 조응하는 표현이다. 사람에 따라 다르겠지만 명예, 부, 건강 등이 각각 그런 유의 '좋음'이다.[5]

5.1 하나뿐인 '그' 좋음

첫 번째 의미의 좋음부터 보자. '좋다'라는 말은 보통 언제 쓰는가. 어떤 일을 행할 때이다. 어떤 사람이 모종의 일을 행하는 것을 보면서 우리는 '잘 했어!'라거나 '잘 하는군!'이라고 말한다. 이것은 좋음이 인간의 활동과 관련해서 다뤄지는 물음이라는 점을 드러내 보여준다. 여기서 말하는 인간의 활동이란 이른바 이론적인 것, 실천적인 것, 제작적인 것을 망라한다. 아리스토텔레스의 『니윤』을 펼쳤을 때 만나는 첫 문장은 이렇다.

> 일반적으로 상정되는 바에 따르면 모든 기술(*technē*)과 모든 (학적)논구(*methodos*)는, 모든 행동(*praxis*)과 모든 결단(*prohairesis*)이 그러하듯이, 하나의 좋음(*agathon ti*)을 얻으려고 애쓴다. 그렇기 때문에 좋음(*agathon*)은 모든 것이 얻으려고 애쓰는 어떤 것(=목표)이다, 는 맞는 말이다.[6]

인용문에 기술, (학적)논구, 행동, 결단이 열거되는데 이것은 인간이 행하는 활동의 전 범위를 아우른다. 특히 '(학적)논구'(메토도스)는 아리스토텔레스가 보통 '(과)학'(에피스테메)이라고 부르는 것의 다른 표현이다. 이것은 『니윤』의 서두에서 다뤄지는 이른바 좋음의 물음이 '성격의 좋음'이라는 좁은 의미의 좋음만이 아니라는 점을 웅변으로 대변한다.

그러면 '그' 좋음이란 무엇인가. 모든 욕구의 대상(이 되는 것)이다, 가 답이다.[7] 우리가 얻으려고 애쓰는 욕구(활동)의 대상이 좋음이다.

프락시스

'기술'로 번역되는 테크네는 결과물을 제작하는 실천적 능력으로서 일정한 법칙성을 띠는 앎이 그 기초를 이룬다. 같은 앎이라도 '순수한' 앎인 에피스테메와는 달리 테크네(기술지)에는 실천적이라는 점에서 프락시스와 유사한 구석이 있다. 그러나 테크네와 프락시스의 결정적 차이는 전자는 결과물을 산출하지만 후자는 그 자체 안에 목표가 내재한다는 점이다. 예컨대 집 짓는 테크네(=건축술)는 결과물로 건축물을 산출한다. 그에 비하여 플루트 연주 같은 프락시스는 연주 자체가 그것의 목표이다. 윤리적 행동 역시 그러하다. 일례로 용기 있는 행동이 용기를 낳는 것이냐면 그렇지 않다. 어떤 한 행동을 가리켜 용기 있는 행동이라고 하는 것은 그 행동 자체에 말하자면 용기가 박혀 있기 때문이다. 프락시스란 이처럼 자체 안에 목표를 지니고 있는, 인간만이 할 수 있는 활동이다. '실천', '행동'이라는 말로 옮길 수 있다. 윤리적 행동인 한에서 프락시스, 즉 실천에는 선택의 계기가 들어 있다. 이것이 전문용어로서의 실천의 의미이다. 그러나 넓게는 위에서 시사되었듯이 테크네의 행위까지 포괄하여 프락시스라 칭한다.

그렇다면 좋음이란 우리가 달성하고 도달하려는 욕구활동의 목표(텔로스)인 셈이다.[8] 하지만 문제의 목표가 활동(에네르게이아) 자체냐 아니면 활동의 결과물(에르곤)이냐의 시각에서 보면 목표들 간에 차이가 있다. 한편 인간의 활동이 다양하므로 목표가 되는 좋음 역시 다양하다. 목표가 하나만 있는 것이 아니기 때문이다. 다수의 목표, 다수의 좋음은 하나로 수렴된다.[9] 목표라고 해서 모든 목표가 다 등가가 아니기 때문이다. 목표들 사이에도 위계질서가 있다. 위계질서가 있다는 것은 정점이 있음을 시사한다. 아리스토텔레스에 따르면 인간의 모든 욕구에는 그것에 도달하기 위해 욕구가 발동되는 모종의 최종적인 목표가 전제되어 있다. 이러한 최종 목표를 그는 '인간의 좋음'(to anthrōpinon agathon)이라고 칭한다. 인간에게 제격인 좋음이라는 의미이다.[10] 최종적인 것이기에 그것은 '가장 좋은', '최고의' 좋음이다. 이를 위해 아리스토텔레스는 행복(에우다이모니아)이라는 전래의 개념을 차용한다. 전통의 흐름에 편승하는 것이다. 그의 경우 하나뿐인 '그' 좋음, 최종 목표, 최고의 좋음, 인간의 좋음은 각기 표현은 달라도 그것들로 지칭되는 대상은 동일하다. 그것이 달성되기만 하면 우리의 욕구가 충족되는 어떤 것이 바로 그것이다.[11]

　에우다이모니아는 보통 영어 표현('happiness')을 좇아 '행복'으로 번역된다. 그러나 에우다이모니아는 복권에 당첨된 것 같은 식의 '운수대통'을 의미하지 않는다.[12] 가슴이 벅차오름을 느끼는 식의 감정(행복감)을 지칭하지도 않는다. 그러면 에우다이모니아란 무엇을 두고서 하는 말인가. 그것은 소크라테스에게 그 지적소유권이 있어 보이는 물음, '인간은 어떻게 살아야 하는가', '어떻게 사는 것이 잘 사는 길인가'와 다르지 않은 물음이다.[13] 아리스토텔레스의 에우다이모니아 역시 같은 문제의식의 소산이다. 과연 무엇이 에우다이모니아인가. 간단하다. 목숨이나 부지해가며 마지못해 사는 것이 아니라 '최고로', '가장' 잘 사는 것이다. 상대적으로 더 좋은 삶이 아니라 비교상대가 없을 정도로 좋은 삶이 에우다이모니아이다. 이 대목에서 아리스토텔레스는 자신의 입장을 도드라지게 할 요량으로 플라톤을 비판적으로 언급한다. 플라톤의 경우 가장 좋은 것, 이른바 '최고선'은 좋음의 이데아(원본)이다. 경험적 현실세계 너머에 있는 유일무이한 것이다. 플라톤이 보기에는 그러한 이데아만이 완전하고 지속적으로 좋다. 여타의 모든 '좋음'은 문제의 이데아를 '나누어 가진(分有)' 것으로서 좋음의 근사치에 불과하다. 좋음의 이름을 달고는 있지만 저 이데아의 모사(사본)일 뿐이다. 그러나 아리스토텔레스는 그 같은 유의 최고선에 부정적이다. 우리가 몸담고 있는 경험적 세계에서 벗어나 있기 때문이다. 그뿐만이 아니다. 그런 유의 좋음은 우리 삶을 통해 구현될 수도 없다. 아무리 좋은 것이라고 하더라도 우리의 구체적 삶을 통해 실현될 수 없는 것이라면 무슨 소용이 있겠느냐는 게 아리스토텔레스의 반문이다.[14] 그림의 떡은 그림일 뿐 떡이 아니기 때문이다. 아리스토텔레스의 관심은 철두철미 실천적이다. 그가 말하는 좋음이란 우리들 인간이 행동을 통해 구체적으로 '실천' 가능한 좋음(*prakton agathon*)이지 삶의 현장에서 유리된 별세계의 좋음이 아니다.[15] 실천적으로 좋다는 것은 다른 게 아니다. '인간에게' 좋다(*anthrōpinon agathon*)는 것이다. 초인간적인 신에게 좋다는 것도 아니고 인간 이하의 동물에게 좋다는 것도 아니다. 철두철미 인간(중심)적이다. 실천이야말로 인간인 한에서의 인간의 진면목을 보여준다는 것이 아리스토텔레스의 지론이다.

5.2 '인간의 좋음'의 목표적중성과 자족성

'인간의 좋음' 혹은 '인간에게 제격인 좋음', 즉 인간이 구현할 수 있는 가장 좋은 삶의 특징은 무엇인가. 첫째는 텔레이온(*teleion*)하다는 것이다.[16] 텔레이온은 흔히 '최종 목표', '성취/완성', '완전/완벽'

등으로 번역되나 텔로스(telos), 즉 '목표'가 그 어근임을 감안한다면 '목표(과녁)에 적중하다'가 더 적확한 번역이다. 텔레이온에서 중요한 것은 무엇보다도 비교가 가능하다는 점이다. A보다 B가 '더' 텔레이온하고 B보다 C가 '더' 텔레이온하다고 말할 수 있다. 과녁을 맞히는 정도에서 차이가 나기 때문이다. 인간적 삶의 과녁이 될 수 있는 것으로는 한 가지만 있는 게 아니라 부, 건강, 자식, 사회적 지위 등 여러 가지가 있다. 그러나 이런 것들은 모두 '다른 어떤 것을 위해'(di' heteron) 추구되는 수단적인 것들이다. 그래서 이것들은 아리스토텔레스에 따르면 엄밀한 의미에서 텔레이온하지 않다. 물론 저러한 것들도 그것들 나름으로 텔레이온하다. 그러나 그것들은 최종 목표에 이르기까지 그 사이의 중간목표를 맞히는 것들일 따름이다. 아리스토텔레스가 에우다이모니아의 요건으로 내세우는 텔레이온은 그런 의미의 텔레이온이 아니라 텔레이온의 최상급 텔레이오타톤(teleiotaton)을 뜻한다.[17] 자기 자신 외의 다른 것의 표적이 되지 않는, 그것 자체를 위해(kath' hauto) 추구되는, 단적인 의미의 목표에 적중하는 것이다. 목표를 맞히는 데서 다른 것들과 질적으로 차이가 난다. 아리스토텔레스가 말하는 '인간의 좋음', 에우다이모니아는 요컨대 이런 성질의 좋음이다.

에우다이모니아의 또 하나의 특징은 자족적(autarkes)이라는 점이다.[18] 이것은 이미 그것이 '텔레이온하다'는 데에, 즉 그것의 목표적중성에 함축되어 있다. 자족적이란 그것 자체만으로도 우리의 삶을 살 가치가 있게 만드는 어떤 것, 필수적인 것이 충족되어 있어 더 채워져야 할 구석이 없는 어떤 것을 지칭하기 때문이다. 그렇다고 아리스토텔레스가 말하는 자족성이 우리가 생각할 수 있는 온갖 좋은 것이 어느 것 하나 빠진 것 없이 양적으로 총망라된 상태를 지칭하는 것이냐면 그렇지는 않다. 아리스토텔레스가 『에윤』의 한 대목에서 말하듯이 그것은 그것에 도달하면 우리의 욕구가 충족되는 어떤 경지를 일컫는다.[19] 거기에 도달함으로써 욕구가 충족된다고 할 때 아리스토텔레스가 염두에 두고 있는 것은 무엇인가. 그가 머릿속에 무엇을 그리고 있는지 엿볼 수 있는 단서가 될 만한 것이 있다. 그는 이런 식으로 저울질한다. 즉 이 세상에 태어나기 전 나쁜 것과 좋은 것을 놓고서 우리가 태어날지 말지를 결정할 수 있다고 해보자. 이를테면 질병 같이 나쁜 것만 기다린다고 해보자. 우리는 어떻게 할 것인가. 평생 병으로 고생고생하며 사는 길을 굳이 선택하지는 않을 것이다. 좋은 것이 기다리는 경우는 어떤가. 좋은 것이라고 하더라도 그것 자체를 위해 바라는 것이 아니라면 그 역시 앞서와 사정이 다르지 않다. 어린아이 수준에 머무는 삶이나 목숨이 붙어 있긴 하되 평생 수면모드로 일관하는 경우도 마찬가지다. 그래도 난 살 테야(!), 라고 할 사람은 없을 것이다. 끝으로 감각적 욕망만 충족시킬 수 있는 삶이라면 어떨까. 그런 식의 삶을 선택할 사람이 있을까. 한두 시간, 하루이틀이라면 모를까 일평생 그러고 산다는 것도 고역일 것이다. 개/돼지의 삶과 다르지 않을 터이기 때문이다. 그렇다면, 왜 군이 삶을 선택하는 것일까. 일단 앞서 말한 것과 같지 않기 때문이다. 아니, 같지 않은 정도가 아니다. 아리스토텔레스가 보기에 인간이 추구하는 삶은 보통 수준의 좋은 삶이 아니다. 인간은 최상의, 더할 나위 없이 좋은 삶을 추구한다. 인간이 추구하는 최선의 삶, 즉 에우다이모니아는 어떤 삶인가. '그것 자체로 선택할 만한'(텔레이오타톤) 삶이고 채워져야 할 구석이 조금도 없는 '그것 자체로 충분히 꾸려나갈 수 있는'(자족적인) 삶이다. 어느 한 부분이 아니라 삶 전체를 통틀어 지속적으로 바랄 만한 삶, 무엇인가를 얻으려고 애쓰는 우리의 추구가 비로소 종지부를 찍게 되는, 더 이상 바랄 게 없는 삶이 바로 그것이다.

5.3 인간의 에르곤

이상에서 우리는 '인간의 좋음', 즉 인간이 실로 구현할 수 있는 가장 좋은 삶(에우다이모니아)이 어떤 삶인지 살폈다. 그러나 아직도 뜬 구름 잡는 얘기 같다는 인상을 지울 길이 없다. 어떤 삶이 그런 삶인지 확 와닿지 않기 때문이다. 이에 아리스토텔레스는 다음 수순으로 인간의 에르곤을 묻는다. 인간의 에르곤에서 인간의 좋음을 찾을 수 있다고 보기 때문이다.[20]

아리스토텔레스가 『니윤』 I권 7장에서 수행하는 작업은 일종의 유비추론이다. 그는 손으로 일하는 수공기술자의 좋음, 도구의 좋음, 신체기관의 좋음을 예로 든다. 그에 따르면 수공기술자, 도구, 기관의 좋음은 각각의 '에르곤'을 보면 알 수 있다. 인간의 경우도 마찬가지다. 인간의, 인간에게 제격인 좋음 역시 인간 고유의 '에르곤'에서 찾을 수 있다. 그러나 문제의 사태가 겉보기와 달리 그렇게 간단하지 않다. '에르곤'이 '기능', '일거리', '과제', '결과물' 등 여러 의미로 사용되기 때문이다. 일례로 제화기술자의 기량을 체크하려면 그가 제작한 결과물(에르곤)―구두―을 보면 안다. 칼이 잘 드는지 보려면 물건을 잘라보면 안다. 물건을 써는(베는/깎는) 일이 칼의 기능(에르곤)이기 때문이다. 눈(眼)이 좋은지 여부는 시력을, 그러니까 그 기능(에르곤)을 측정해보면 안다. 수공기술자, 도구, 기관의 경우 좋음이 무엇인지 알려면 에르곤(결과물, 일, 기능)을 체크하면 된다. 그러면 인간의 경우는 어떤가. 무엇이 인간의 에르곤인가. 인간의 일거리(에르곤)는 무엇인가. 무슨 일을 하기 위해 태어났는가. 그런 게 있기나 한가. 인간의 기능(에르곤)은 무엇인가. 입에는 입의 기능이 있고 귀에는 귀의 기능이 있다. 인간의 '용도'는 무엇인가. 인간이 만들어내는 '결과물'(에르곤)은 무엇인가. 말문이 막힌다. 난감하다. 인간의 좋음의 요체가 인간의 '에르곤'에 있다니 도대체 무슨 말인가.

인간인 한에서 인간의 에르곤은 무엇인가. 아리스토텔레스의 경우 인간의 에르곤을 묻는 물음은 인간을 정의하는 일과 직결되어 있다. 그에 따르면 인간은 유(類)적으로 생명체이다. 영혼(프쉬케)이 깃들어 있는 신체라는 뜻이다. 인간의 에르곤을 묻는 물음은, 그러기에, 인간 '영혼'의 에르곤을 묻는 물음으로 이어진다.

그러면 다시 인간 영혼이 하는 일(에르곤)은 무엇인가. 이것은 인간은 어떤 생명체, 어떤 생물이냐는 물음과 다르지 않다. 다른 생물(생명체)과 어떤 차이가 있느냐는 것이다. 전형적인 인간적 활동(일)이 무엇이냐고 바꿔 물을 수 있다. 아리스토텔레스의 경우 인간 영혼은 크게 두 부분으로 나뉜다. 몰이성적인 부분이 하나이고 이성

존 W. 워터하우스(John William Waterhouse), 「프쉬케(Psyche)」(1904)

능력을 갖춘 부분이 다른 하나이다.[21] 여기서 불가피하게 부분이라는 표현을 사용하지만 그것이 물리적으로 나눌 수 있는 부분을 뜻하지는 않는다. 그것은 생명체에 깃든 '생명의 원리'(프쉬케)의 여러 측면 혹은 능력을 가리킨다. 개념적으로 구분된다는 의미에서 그런 표현을 사용하는 것이다.

영혼의 몰이성적 부분은 인간이 식물과 공유하는 부분이다. 그런 점에서 식물 수준의 영혼이라고 할 수 있다. 우리로 하여금 양분을 섭취(신진대사)하고 성장하고 번식하게 해주는 능력이다. 영혼의 이 부분은 우리가 잠자는 동안에도 일한다.[22] 의식이 전제되지 않는다. 생물이라면 동물이건 식물이건 모든 생물에게서 찾아볼 수 있는 현상이다. 인간에게만 고유한 것이 아니다.

종(種)적으로 인간을 특징짓는 것은 '이성능력을 갖춘 부분'이다. 그 부분 덕분에 인간이 사고하고 추론할 수 있다. 한편 앞서 말한, 인간이 식물과 공유하는 영혼의 부분은 이성에 전혀 반응을 하지 않는다. 다시 말해서 이성 부분과 무관하게 돌아간다. 일례로 어린아이의 몸이 쑥쑥 자라는 것은 양분을 섭취하는 '식물적' 영혼이 관장하는 일로서 어린아이가 추론을 통해 어떤 결과를 내놓든 그것은 그의 성장에 어떤 영향도 미치지 않는다.[23] 몸의 성장 같은 것은 이성에 좌우되는 문제가 아니다. 양자의 관계는 비유컨대 소 닭 보듯 하는 서로 '무심한' 관계이다.

인간 영혼이 하는 일에는 이처럼 (1) 추론의 활동이 있는가 하면 (2) 이성과 무관하게 진행되는 '식물적' 과정도 있다. 그러나 이것이 전부가 아니다. 저 둘과 구별되는 제3의 활동이 있다.[24] 그것은 기본적으로 물리적 과정이다. 하지만 이성과 무관하지 않다. 이성적 추론을 통해 도출된 결론에 반응을 보일 수도 있고 이성적 반성작업에 기초하여 '마음을 고쳐먹을' 수도 있다. 이를 아리스토텔레스는 이성(의 말)을 청종한다고 표현한다. 이성의 말을 듣는다거나 청종한다는데는, 그러나, 그러기를 거부할 수도 있다는 게 함축되어 있다. 이성의 말을 듣지 않고 제 뜻대로 밀고 나갈 수도 있다는 얘기다. 이런 유의 영혼의 활동은 우리의 욕구능력과 장소이동능력을 두고서 하는 말이다. 거기에 온갖 욕구, 그러니까 욕망, 기원, 감정이 죄다 포함된다. 인간의 경우 이러한 능력은 하나의 특수한 형태를 띤다. 그것 자체로 놓고 보면 그것은 몰이성적이다. 바꿔 말해서 영혼의 몰이성적 부분에 속한다. 그러나 '식물적' 영혼과 달리 이성을 좇아서 일을 할 수 있다. 양쪽에 다리를 걸치고 있는 것이다. 이처럼 특수하기에 그것은 한편으로는 몰이성적 부분에 속하는 것으로 분류되기도 하지만 다른 한편으로는 이성능력의 한 부분으로 분류되기도 한다.[25] 어쨌거나 이것은 처음에 말한 두 가지 부분과 분명하게 구별되지만 그와 동시에 양자와 결코 무관하다고 할 수 없는 독특한 부분이다.

아리스토텔레스는 문제의 욕구능력과 관련하여 ① 자제력이 있는 사람과 ② 자제력이 없는 사람의 예를 들어 설명한다. 전자는 썩 내키지는 않지만 그렇게 하는 게 마땅한 처사이기에 마지못해서 그렇게 한다. 그에 반해 자제력이 없는 사람은 욕구와 감정이 이성의 말을 듣지 않고 대립한다. 그러면 어떤 게 좋은가. 둘 다 아니다. '욕구와 감정'이 '이성'과 조화를 이루는 게 바람직하다. 그것도 확고하게 틀이 잡힌 상태로, 그러니까 '헥시스'에 기초하여 그러는 것

말이다. ①의 경우처럼 내부에서 갈등을 겪어가며 마지못해 그러는 것이 아니다. 여기서 아리스토텔레스가 묘사하는 상이한 두 부분(욕구/감정 vs. 이성)이 다투는 갈등상황은 인간이 처한 본질적으로 특수한, 신적 존재와도 다르고 동물과도 다른 삶의 상황을 극명하게 보여준다.

이렇게 놓고 보면 (가) 이성능력을 갖춘 부분이 하는 일(이론적 활동)과 (나) 제3의 활동(기본적으로는 몰이성적인 부분에 속하나 이성의 말을 청종하는 부분이 하는 일, 즉 실천적 활동)이 인간 특유의 활동이라는 사실이 드러난다. 이것이 인간의 에르곤이다. '인간의 좋음'은, 따라서, 이 같은 활동(일)을 잘 수행하는 데 있다.

5.4 아레테의 의미에서 '좋다'

인간의 에르곤이 무엇인지 알면 '인간의 좋음'을 알 수 있다고 해서 이제까지 인간의 에르곤이 무엇인지 살폈다. 인간의 에르곤은 인간 영혼의 에르곤을 묻는 물음과 다르지 않았다. 그리고 인간 영혼의 에르곤, 인간에게만 고유한 영혼의 일은 전체적인 관점에서 볼 때, 그것을 통해 인간이 다른 동물과 구별되는 이성의 능력을 발휘하는 데 있음이 드러났다.[26] 그러면 이제 '인간의 좋음'이 무엇인지 살필 차례다.

여태까지 논의한 바에 따르면 '인간의 좋음'의 요체는 이성능력을 발휘하는 데 있다. 그러나 『니윤』I권 7장에 따르면 인간의 좋음은 이성능력이 '그저 그렇고 그런 식으로' 발휘되는 데 있지 않고 (같은 의미의 말이지만) '잘', '좋게', '훌륭하게' 발휘되는 데 있다. 이를 아리스토텔레스는 '아레테가 드러나게'(*kata tēn aretēn*)라고 바꿔 표현 하기도 한다.[27] 도대체 이성능력이 '그냥' 발휘되는 것과 '잘/좋게' 발휘되는 것에는 어떤 차이가 있는가. 그것이 사물이든 인간이든 무릇 어떤 것의 '좋음'이란 그것(어떤 것)을 그것(어떤 것)이게 만드는 '어떤 무엇'('어떤 것'의 '어떤 것임')이다. '인간의 좋음' 역시 '인간을 인간 으로 만들어주는 어떤 무엇'(인간성 혹은 인간됨)이다. 그렇다면 '인간의 좋음'이 이성능력이 '잘/좋게' 발휘되는 데 있다고 할진대 '인간을 인간으로 만들어주는 어떤 무엇'(인간성)에서도 '좋음', 즉 인간을 '좋 게' 만들어주는 어떤 무엇(좋은 인간성)을 말할 수 있는가. 아레테의 의미에서 '좋다'가 무엇을 의미하는지 명료하게 드러낼 필요가 있 다. 아리스토텔레스가 즐겨 그리하듯이 우리가 일상에서 자주 사용 하는 도구를 예로 들어 그것이 하는 일(에르곤), 좋음, 아레테가 어떻 게 서로 얽혀 있는지부터 따져보자.[28]

과연 ① '좋은' 활동(능력의 발휘)과 ② 그렇지 않은(좋지 않은, '니맛도 내맛도 없는') 활동이 있는가. 또 있다면 양자는 어떻게 구별되는가. 우선 '활동(일)을 잘하다'라는 말이 언제 유의미한지 보자. 칼의 경우 를 예로 들어 보자. 칼이 좋다느니 안 좋다느니 하는 품평은 칼이 하는 '일'(물건을 썰거나 베거나 깎는 일)을 두고서 하는 말이다. 그런 일을 깔끔하게 잘 해내는 칼은 좋은 칼이지만 그런 일을 제대로 해내지 못하는 무딘 칼은 안 좋은 칼이다. 칼의 기능을 제대로 발휘하지 못하는 것이다. 칼의 일 자체가 좋고 나쁜 것이 아니다. 칼의 일 자체는 좋지도 나쁘지도 않다. 좋거나 나쁠 수 있는 것은 특정의 칼(의 성능)이다. 칼은 왜 만들어졌는가. 물건을 써는(베는/깎는) 데 사용하기 위해서다. 잘 썰기(베기/깎기) 위해 만들어진 게 아니다. '칼'의 용도로 칼이 제작된 것이지 '좋은 칼'의 용도로 칼이 제작된 것이 아니다.[29] 특정의 칼을 놓고서 좋다느니 안 좋다느니 하는 품평은, 그렇다면, 문제의 칼이 소기의 칼의 목표를 달성하느냐 여부에 대한 언명이라고 할 수 있다. 한 자루의 칼은 칼의 목표에 '적중'하는 한에서 '좋다.' 이것은 이치상 자명한 언명이다. 물건을 베고 썰고 깎는 일이 칼의 목표이기 때문이다. 칼이 행하는 일(베거나 썰거나 깎는 일)을 평가할 수 있는 기준은 베거나 썰거나 깎는다(란 무엇인가)의 개념을 분석하면 얻을 수 있다.[30] 벤다는 것은 물건을 끊거나 자르거나 가르는 것이고 썬다는 것은 토막을 낸다는 것이고 깎는다는 것은 물건의 겉을 싸고 있는 표피를 얇게 벗겨내는 것이다. 특정의 칼이 얼마나 '잘' 드느냐는 그 칼이 소정의 기준에 어느 정도 부합하느냐에 따라 정해진다. 정해진 기준을 충족시키는 정도가 높으면 높을수록 칼의 '좋음'의 정도가 높아지고 거꾸로 문제의 기준을 충족시키는 정도가 낮으면 낮을수록 '좋음'의 정도도 낮아진다. 문제의 기준을 어느 정도 충족시키느냐는 칼 고유의 활동, 즉 베거나 썰거나 깎는 일에 어느 정도 적합하냐와 다르지 않다. 이제야 일(에르곤), 좋음, 아레테의 상호 연관성과 관련한 궁금증이 풀린다.[31] 아레테의 의미로 쓰이는 '좋다'란 결국 '목표에 적중하다'의 다른 표현이고 '목표에 적중하다'란 문제의 도구가 그 특유의 일―칼의 경우 베거나 썰거나 깎는 일―을 하는 데 얼마나 적합한가, 얼마나 잘 벼려졌는가의 문제이다. 어떤 한 도구(칼)에 아레테가 얼마나 갖추어져 있는가(의 정도)에 따라 그 도구 특유의 일을 행하는 데에 그 도구가 얼마나 적합한지(의 정도)가 정해진다. 아레테가 갖추어져 있는 만큼 그 도구는 그 고유의 기능(에르곤)을 수행할 수 있다. 도구의 성능이 곧 도구의 좋음이다. 결국 하나의 도구는 그것에 아레테가 갖추어져 있는 정도만큼 그것의 좋음을 달성한다. 도구의 아레테(의 정도), 그것은 도구의 성능(의 정도)의 별칭이다.

이상에서 우리는 하나뿐인 '그' 좋음과 명사 앞에 놓여 그것을 수식하는 '좋은'이 어떻게 관련되어 있는지 살폈다. 이상의 논의에

개념정리 04 **아레테**

그동안 '덕'이라고 번역해 쓴 그리스어 명사 아레테는 전쟁의 신 아레스의 이름과 어원이 같다. 아리스토텔레스 이전 수 세기 동안 그것은 전사의 남자다움, 용맹스러움을 지칭하는 데 사용되었다. 그러던 것이 기원전 5세기와 4세기에 들어오면서 그 내포와 외연이 확장되었다.

플라톤의 『메논』에서는 공무를 담당하는 남자의 덕뿐만 아니라 가사를 관리·감독하는 여성의 덕을 비롯하여 어린아이의 덕, 노인의 덕, 노예의 덕이 언급된다(71e). 한편 인간의 대표적인 덕으로 '용기'만이 아니라 '정의'와 '절제' 같은 덕도 인용된다. 여자든 남자든 어떤 한 사람이 '좋다'는 소리를 듣는 것은 그가 '덕 있는' 사람이기 때문이다(72a-73c).

플라톤의 『국가』 I권에서는 아레테의 외연이 인간을 넘어 동물과 인조물과 신체기관에 이르기까지 확장된다(352d-353d). 용기에 한정되거나 인간의 도덕적인 영역에 한정된 개념이 아님을 유념할 필요가 있다. 어떤 일이든 무엇(인간, 동물, 인조물, 신체기관 등)이 하는 일이든 특정의 일을 탁월하게 잘 해내도록 일정한 방식으로 틀이 잡혀 있음을 뜻한다. 그러나 우리의 논의는 앞으로 윤리적 아레테를 중심으로 진행된다.

따르면 '어떤 것이 좋다(X is good)'는 식의 문장에는 문제의 대상이 그것의 '좋음'을 얼마나 성취할 수 있는지 그 정도가 함축되어 있다. 특정의 대상은, 자신의 '좋음'을 성취할 수 있는 만큼, 바꿔 말해서 자신의 '좋음'을 구현할 수 있는 만큼, '좋다.' 여기서 문제의 대상이 '좋음을 성취할 수 있다'거나 '좋음을 구현할 수 있다'고 하는 것은 그 대상의 일회적이고 우연적인, 따라서 안정적이지 않은 어떤 특성을 말하는 게 아니다. 문제의 대상이 그런 식으로 틀 잡혀 있음을 의미하는 것으로서 그것의 안정적·지속적 아레테(성능)에 대한 언명이다. 그러기에 다음의 언명 (1)은 언명 (2)와 다르지 않다.

(1) X는 자신의 좋음을 성취할 수 있는 만큼 혹은 자신의 '좋음'을 구현할 수 있는 만큼 좋다.
(2) X는 자신의 아레테(의 정도)만큼 좋다.

이것은 어떤 한 대상의 아레테(성능)에 대한 언명을 이해하려면 그 대상의 '좋음'에 대한 언명을 먼저 이해하고 있어야 함을 의미한다. 한 대상의 '좋음'에 대한 이해는 그 대상의 아레테(성능)의 이해에 결정적이다. 그러나 그것은 어디까지나 개념상으로 그런 것이지 현실적으로는 아레테(성능)의 정도로만 좋다. 이상의 논의를 도시하면 아래와 같다.

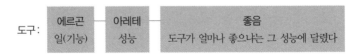

도구: 에르곤 일(기능) — 아레테 성능 — 좋음 도구가 얼마나 좋으냐는 그 성능에 달렸다

5.5 인간의 좋음은 덕성에 달렸다

위에서 우리는 도구의 에르곤(일), 좋음, 아레테(성능)의 상호 연관성을 살폈다. 그러면 이제 인간과 관련하여 아레테의 물음을 살펴보자. 비록 달성해야 할 목표는 없지만, 그리기에 목표적중성 같은 것은 없지만 그 대신 인간에게는 그 특유의 에르곤(일)이 있다. 이성의 능력을 발휘하는 일이다. 그것이 인간의 '그' 좋음이다.[32] 그러면 인간은 그의 좋음을 '얼마나' 성취 혹은 구현할 수 있는가. 그가 '할 수 있는 만큼' 성취하고 구현할 수 있다. 그가 그렇게 '할 수 있으려면', 그것도 일시적으로가 아니라 장기적으로, 일관되게, 안정적으로 그럴 수 있으려면 그럴 수 있도록 '틀이 잡혀 있어야' 한다. '틀이 잡혀 있다'란 일반적으로 헥시스라 칭하거니와 아레테는 헥시스의 일종이다. 특히 인간의 아레테는 인간의 좋음과 관련된 헥시스(성격)이다.[33] 인간은 결국 그의 아레테(의 정도)만큼 '좋다.' 그렇다면 이성 능력을 발휘하는 일과 관련하여 어떻게 '정도'를 가늠할 수 있는가. 상대적으로 더 이성적이라거나 상대적으로 덜 이성적이라고 어떻게 말할 수 있는가.

그동안 개괄하여 이성능력이라고 통칭하였으나 위에서 논하였듯이 그것은 ① 자체적으로 이성적인 것과 ② 이성과 소통이 가능하다는 의미에서 이성적인 것으로 크게 양분된다. 여기서 이성(로고스)과 소통이 가능하다는 것은 이성(의 말)을 청종할 수 있다는 것이다. 그러나 경우에 따라서는 이성에 부응하지 않을 수도 있다.[34] 인간이 이성의 능력을 발휘하여 실로 행하는 활동의 이성적인 정도, 그러니까 그것이 이성에 얼마나 부응하는지는 어떤 식으론가 가늠을 할 수 있다. 인간은 이성의 능력을 실로 발휘하는 만큼 '좋다.' 인간의 경우도, 도구와 다르지 않게, '좋은' 정도를 말할 수 있다.

인간의 '좋음'의 정도는 그의 아레테(의 정도)에 달렸다. 그러나 인간의 아레테는 도구와는 달리 '성능'이 아니다. 인간이 이성의 능력을 발휘하는 상대는 욕망과 감정이다. 그런 의미에서 인간의 아레테(가 무엇인가)의 물음은 욕망과 감정을 상대로 이성의 능력을 얼마나 잘 발휘하느냐의 물음으로 이어진다.[35] 욕망과 감정을 상대로 이성의 능력을 발휘한다는 것은 양자─욕망과 감정 vs. 이성─가 얼마나 잘 소통하느냐, 얼마나 잘 조화를 이루느냐의 물음과 다르지 않다. 여기서 말하는 욕망과 감정은 위에서 말한 영혼의 몰이성적 부분 가운데서 이성(로고스)(의 말)에 청종할 수 있는 부분을 가리킨다. 양자가 얼마나 잘 소통하고 조화를 이루느냐의 물음은 욕망과 감정이 마지못해서 이성에 청종하는 것이 아니라 양자가 마치 입 안의 혀처럼 손발이 척척 맞아 돌아가는 것을 의미한다.[36] 혼연일체가 되어 2인3각 경기하듯 움직인다는 뜻이다. 이것은 하루아침에 되는 일이 아니다. 장기간의 트레이닝을 거쳐 몸에 배야 한다. 습관화(ethismos)의 과정을 거쳐 성격(ēthos)으로 굳어져야 한다.[37] 성격은 이런 식으로 형성된다. 성격이 형성되었다는 말은 덕을 함양하였다고 바꿔 표현할 수 있다. 인격이 성숙하여 고매해졌다는 뜻이다. 인간의 아레테는 이런 과정을 거쳐 형성된다. 인간의 아레테는, 따라서, 성격(ēthos)이 형성되었다는 의미에서 '성격 관련의'(ēthikē) 아레테라 불린다. 우리가 '윤리적' 아레테(ēthikē aretē)라 부

성격(*ēthos*)과 습관(*ethos*)

우리가 '성격'과 '습관'이라고 번역하는 그리스어 표현은 각각 '*ēthos*'와 '*ethos*'이다. 첫 모음의 길고 짧음에서만 차이가 날 뿐 음차하여 쓰면 '에토스'로서 구별이 안 된다.

성격은 습관을 통해 굳어진 영혼의 상태를 가리킨다. 일정한 방향으로 고착된 것이어서 '성향'이라고 칭하기도 한다. (미)덕(아레테)은 좋은 방향으로 굳어진 성격이고 악(덕)(카키아)은 나쁜 방향으로 굳어진 성격이다.

르는 것이 그것이다. 그러므로 인간의 아레테란 성격의 성숙한 정도(성숙도), 덕이 함양된 정도(덕성)를 가리킨다. 특정의 인간이 '어느 정도의' 인간인가, 얼마나 성숙한 인간인가는 그의 아레테(의 정도)를 보면 알 수 있다.[38]

한편 욕망/감정과 소통하는 이성(로고스)은 엄밀히 말하면 이론적 활동을 관장하는 오성(디아노이아)이 아니라 실천(프락시스)를 관장하는 프로네시스('사려분별')이다. 덕성의 함양에서 중추적 역할을 하는 이성, 그것은 사려분별이다. 인간의 아레테, 즉 인간의 덕성은 인간됨의 지표이다. 그리고 인간됨(의 정도)은 덕성(의 정도)을 반영한다. 인간은 덕 있는 만큼 인간이다. 이상의 논의를 도시하면 아래와 같다.

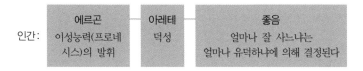

인간:

에르곤	아레테	좋음
이성능력(프로네시스)의 발휘	덕성	얼마나 잘 사느냐는 얼마나 유덕하냐에 의해 결정된다

한 인간의 덕성은 그의 인간됨을 반영한다. 한 인간이 얼마나 정의로운가, 얼마나 용기 있는가, 얼마나 절제 있는가가 곧 그의 인간됨을 말해준다. 한편 덕은 감정과 관련된 성격적 성향이다. 결국 개개의 덕은 특정 감정과 관련된 인간됨(의 정도)을 보여준다. 용기의 덕은 공포/담력과 관련된 인간됨이고 절제는 욕망과 관련된 인간됨이고 하는 식으로 말이다.

5.6 이성의 아레테, 순도

욕구능력 중 이성과 소통이 가능한 경우를 살폈다. 그러면 나머지 자체적으로 이성적인 경우는 어떤가. 자체적으로 이성능력을 갖추고 있는 부분의 경우도 정도의 차이를 말할 수 있는가. 문제의 이성능력은 디아노이아이다. 그리고 그 특유의 일―이론적 활동―은 진리를 인식하는 일이다.[39] 진리를 인식하는 일 역시 인간이 하는 일이다. 인간적인 한계가 없을 수 없다. 실족하여 그르칠 수 있다. 전적으로 그르칠 수도 있고 부분적으로 그르칠 수도 있다. 소기의 목표를 달성할 수 있을 정도로 일을 '잘' 그리고 안정적으로 해낼 수 있으려면 그 역시 아레테에 기반을 두어야 한다.[40] 아리스토텔레스가 말하는 디아노에티케 아레테(*dianoētikē aretē*)가 그것이다.[41] 오성적 추론(*dianoēsis*) 관련의 아레테로서 이때의 아레테는 '덕성'이라기보다는 오성적 추론의 순정(純正)의 정도라는 의미에서 '순정도', 줄여서 '순도'라고 부르는 편이 낫다. 이 역시 트레이닝의 과정을 거쳐 형성된다. 아레테의 형성에는 그것이 '성격 관련의'(에티케) 것이든 '오성적 추론 관련의'(디아노에티케) 것이든 트레이닝의 과정이 필수적이다. 확고하게 틀(헥시스)이 잡혀야 하기 때문이다. 오성적 아레테의 경우 학교 교실에서 행해지는 교수학습이 대표적인 트레이닝 과정이다. 그 같은 배움의 과정을 거쳐 경험적 인식에서 출발하여 선험적 인식에 이르는 길이 닦인다.

인식은 대상의 인식으로서 인식의 '순도'는 대상의 '순도'에 종속적이다. 아리스토텔레스의 경우 최고의, 최선의 인식은 신적 대상의 인식이다.[42] 그러기에 그런 인식을 가능케 만드는 확고하게 틀 잡힌 상태가 최선의 아레테이다.[43] 오성적 인식에서도 도구의 성능(아레테)과 다르지 않게 인식의 순정도, 인식의 스케일이 문제가 된다.[44]

5.7 '그' 좋음의 부대적 구성원소

서두에서 구별했던 세 번째 의미의 '좋음'은 형용사에 부정관사를 붙인 영어 표현 'a good'에 조응하는 좋음이다. 이것은 첫 번째 의미의 인간의 '그' 좋음에 전제되는 것으로 여겨지기도 하고 그것의 구성원소로 여겨지기도 한다.[45] 명예, 부, 건강 등 이른바 외재적 좋음이 그것이다.[46]

이 장의 서두에 인용했듯이 아리스토텔레스에 따르면 인간의 모든 활동은 좋음을 얻으려고 욕구한다. 욕구의 물음과 직결되어 있는 것이 좋음의 물음이다. 또 인간은 쾌감을 주는 것을 욕구하기에 욕구를 매개로 좋음과 쾌락이 연결된다. 쾌감을 주는 것은 다시금 인간의 생명보전 및 인간됨(의 정도)과 불가분의 관계를 맺고 있다. 한편 인간은 덕 있는 만큼 인간이고 덕 있는 만큼 좋다. 인간의 욕구, 쾌락, 좋음, 인간됨, 덕성이 고구마 줄기처럼 연결되어 있다. 그러면 우리의 관심사인 감정은 어디에 있는가. 그것의 발원지는 욕구이다. 이제 감정이 덕성의 형성에서 무슨 일을 어떻게 하는지 살펴볼 차례다. 그를 통해 결국 좋은 삶(을 영위하는 데)에 감정이 어떤 기여를 하는지가 드러날 것이다.

제 6 장

덕성과
감정

6

행복은 덕행에 기초하고 덕행은 덕성에 기초한다. 그리고 덕성의 기초는 감정(욕망을 포함한)과 사려분별(프로네시스)이다. 앞서 〈보론〉에서 논한 바에 따르면 쾌감을 주는 것이란 좋아 보이는 것일 뿐이다. 명실상부한 좋음일 수도 있지만 단지 좋음의 가상일 가능성 또한 배제할 수 없다. 한편 인간의 감정은 하나의 사태와 관련하여 모종의 표상에 반응하는 것이거니와 문제의 표상은 참일 수도 있고 거짓일 수도 있다. 참일 경우 문제될 것이 없지만 그렇지 않을 경우 인간은 감정에 수반되는 쾌락과 고통을 매개로 좋음 혹은 나쁨의 가상에 휘말리게 된다. 그럴 경우 인간은 그의 좋음을 달성할 수 없게 된다. 감정에 수반되는 쾌락과 고통 탓에 오류에 빠지는 일 없이 목표에 도달할 수 있는 안전한 길의 확보가 필요하다.

인간은 그의 좋음을 그가 할 수 있는 만큼 성취하고 구현할 수 있다. 그가 그렇게 할 수 있으려면, 그것도 일시적으로가 아니라 장기적으로, 일관되게, 안정적으로 그럴 수 있으려면 그럴 수 있도록 틀이 잡혀 있어야 한다. 틀이 잡혔다는 것은 덕성을 갖췄다는 것이고 덕성을 갖췄다는 것은 안정적으로 사려분별과 소통할 수

조르조 바자리(Giorgio Vasari), 「인내의 알레고리(Allegory of Patience)」(1552)

있다는 것이다. 인간의 좋음의 정도는 그의 덕성의 정도를 반영한다. 특정의 인간이 '어느 정도' 인간인가, '얼마나' 성숙한 인간인가는 그의 덕성에 비례한다. 덕성 곧 '덕 있는' 정도는 인간인 정도의 바로미터이다. 덕 있는 만큼만 인간인 것이다.

이제 물어야 할 물음은 욕망과 감정이 이성, 즉 사려분별과 소통하여 조화를 이룬다는 것은 무엇을 뜻하는가이다. 덕성의 요체는 무엇이냐는 것이다. 성격이 어떻게 형성되는지 들여다볼 차례다. 사려분별과의 소통의 물음은 결국 성격의 형성의 물음으로 귀착된다. 성격 형성의 물음은 다시금 감정을 함양하는 물음으로 이어진다.

6.1 덕의 세 후보: 감정, 능력, 성향

윤리적 덕(에티케 아레테)은 감정인가, 능력인가, 아니면 성향인가. 아리스토텔레스가 『니윤』 II권 5장에서 묻는 물음이다.[1] 윤리적 덕의 유(개념)를 묻는 물음이다. 그가 꼽는 후보는 셋이다. 세 후보는 검토의 과정을 거쳐 하나씩 차례로 탈락된다. 일종의 배제논변이다. 검토의 장에 맨 먼저 불려나오는 후보는 감정이다. 우선 감정(파토스)은 인간이 태어날 때부터 갖추고 있는 '자연적 장비' 중 하나이다. 인간이라면 누구든 느낄 수 있는 것으로서 천부적으로 주어진 것이 감정이다. 그러기에 그것은 좋은 것도 아니고 나쁜 것도 아니다.[2] 우리가 어떤 한 사람을 두고서 칭찬하거나 비난하는 것은 그가 특정의 감정을 느끼기 때문이 아니다. 일례로 분노의 감정이 인다고 해서 그것 자체를 탓할 일은 아니다. 그럴 만한 사정이 있을 터이기 때문이다. 분노의 감정이 비난의 대상이 되는 것은 문제의 사태에 직면하여 바람직하지 않은 방향으로 분노가 표출될 때이다.[3] (윤리적) 덕은 어떤가. 덕이든 악덕(카키아)이든 그것은 습관화의 결과로 형성된 것이지 '자연적 장비'가 아니다. 그것이 칭찬이나 비난의 유발요인으로 간주되는 것도 그런 이유 때문이다. 일례로 비난을 받는 경우라면 덕을 함양하지 못해 행동거지가 그 모양이라고 질책을 받는 것이다. 결국 감정은 덕의 유의 후보에서 탈락된다.

그러면 능력(뒤나미스)의 경우는 어떤가. 감정의 경우와 별반 다르지 않다. 능력이란 이를테면 감정을 느낄 수 있는 소질 혹은 자질이 있음을 뜻한다. 사람치고 희로애락애오욕의 감정을 느낄 능력이 없는 사람은 없다. 능력 역시 타고난 것으로서 갈고 닦은 트레이닝의 결과물이 아니다. 그뿐만이 아니다. 좋다/나쁘다, 옳다/그르다고 평가하거나 칭찬이나 비난을 하는 일은 단지 감정을 느낄 수 있는 능력이 잠재되어 있어서가 아니라 능력이 실로 발휘되어 모종의 방식으로 현실화되었기 때문이다.[4] 평가란 구체적인 결과물이 있어야 가능한 것이다. 능력인 한에서의 능력 역시 덕의 후보에서 탈락될 수밖에 없다.

감정과 감정을 느낄 수 있는 능력은 그것 자체만 놓고 보면 몰가치적이다. 그에 반해 덕은 칭찬의 대상이다.[5] 덕은 감정도 능력도 아닌 제3의 유에 속한다. 유일하게 남은 후보는 성향(헥시스)이다. 덕(과 악덕)은 성향의 일종이다. 성향이란 영혼의 해당 '부분'이 일정한 방식으로 확고하게 틀이 잡혀 성격으로 굳어진 상태를 일컫는다. 사람들이 특정 상황에 직면하여 감정과 행동으로 보이는 반응을 틀지어 주는 것이 다름 아닌 성격적 성향이다. 어떤 한 사람에게 습관을 통해 굳어진, 그리하여 그가 특정의 상황에 처하여 감정과 행동을 통해 반응을 보일 때 마치 그의 본성이라도 되는 듯 자연스럽게 취하는 태도 혹은 자세로서, 그로 인하여 사람들은 (덕 있는 경우) 칭찬을 받기도 하고 (사악한 경우) 비난을 받기도 한다. 칭찬을 받는 것은 문제의 인물이 취하는 태도 혹은 자세(헥시스)가 바르기 때문이고 비난을 받는 것은 문제의 태도 혹은 자세가 바르지 못하기 때문이다.[6] 덕이 바르게 틀 잡힌 태도이고 악덕은 그 반대의 태도이다.

6.2 덕은 '행동의 덕'과 '감정의 덕'의 합

덕은 영혼의 해당 부분이 일정한 방식으로 틀이 잡혀 성격으로 확고하게 굳어진 상태를 일컫기에 성격이라는 말로 바꿔 부르기도 한다. 덕 혹은 성격(혹은 성격적 덕)은 중용을 택하도록 확고하게 굳어진 성향(hexis prohairetikē)이다.[7] 덕과 성격은 아리스토텔레스가 말하는 '좋은 삶'(에우다이모니아)을 논하는 데서 핵심적인 개념이다. 그는 도덕적인 삶, 좋은 삶의 물음을 어떤 식으로 행동을 해야 하는가의 물음으로 이해하지 않는다. 모종의 방식으로 행동하도록 확고하게 틀이 잡힌 부류의 인간이 되려면 어떻게 해야 하는가를 물음으로써 그는 좋은 삶의 물음에 접근한다. 그가 염두에 두고 있는 사람은 성격에 기초하여 마치 자로 잰 듯 딱 들어맞는 행동을 자연스럽게 행하는 사람이다. 이런 유의 사람이 되려면 어떻게 해야 하느냐가 그의 주된 관심사이다.

아리스토텔레스가 염두에 두고 있는 것은 두말할 것도 없이 활성 태의 삶이다. 그것은 유력인사가 잠재적으로 영위할 수도 있을 법한 식의 삶이 아니다. 활성태의 삶이란 성격으로 확고하게 굳어진 도덕 적 성향이 삶의 현장에서 구체적으로 발현되는 것을 의미한다. 삶의 현장에서 현실적으로 구현되지 않는 것이라면 그것이 아무리 나무 랄 데 없이 바람직한 것이라고 할지라도 아리스토텔레스가 보기에 그것은 아무짝에도 쓸모가 없다.[8] 그가 말하는 '좋은' 사람, '잘' 사는 사람, '덕 있는' 사람이란 그저 행동만 특정의 방식으로 하는 사람이 아니다. 그가 말하는 좋은 사람, 행복한 사람, 덕 있는 사람은 특정 의 성격에서 우러나와 바르게 행동하는 사람을 지칭한다.

위에서 말했듯이 아리스토텔레스가 말하는 덕이란 숙고의 과정 을 거쳐 선택한, 삶의 현장에 딱 들어맞는 행동을 하도록 확고하게 자리가 잡힌 흔들리지 않는 성향이다. 그렇다면 아리스토텔레스는 덕을 행동의 면에서만 고려하는 것인가. 그의 도덕이론에서 중심적 역할을 하는 것이 행동(프락시스)임은 부정할 수 없는 사실이다. 그의 도덕이론에서 그 못지않게 핵심적 역할을 하는 책임, 선택, 실천적 추론 등 여러 개념 역시 행동과 불가분의 관계를 맺고 있다. 그만큼 중심적인 것이 행동이다. 그러나 그것은 그의 도덕이론의 절반만 말하는 것이다. 아리스토텔레스의 견해에 따르면 덕은 행동의 이런 저런 양태와 관련된 성향이기만 한 것이 아니다. 그가 덕을 논하면서 반복해서 강조하는 바에 따르면 덕이란 활동의 성향으로서 문제의 활동은 크게 두 부류, 행동과 감정으로 나뉜다. 그가 말하는 덕의 관련항은 요컨대 행동만이 아니다. 덕은 감정과도 관련을 맺고 있다. 『니윤』 II권의 덕론에서 행동 한 가지만 가지고 논의가 진행되는 경우는 드물다. 바늘 가는 데 실 가듯 행동과 감정이 다반사로 병치된다(praxeis kai pathē). 심지어 얼마 안 있어 덕과 동일시될 성향의 개념을 규정하는 대목에서는 오로지 감정 연계성만 언급한다.[9] 아리스토텔레스에 따르면 성향이란 우리로 하여금 '감정에'(pros ka pathē) 잘 대처하거나 잘못 대처하게 만드는 성격적 기본 틀이다. 성향의(그러기에 덕의) 감정 연계성을 지적한 다음 그는 이어서 다음과 같이 예를 들어 부연한다.

> 예컨대 분노하는 경우 우리는 지나칠 정도로 광포하게 그러기도 하고 지나칠 정도로 태연자약하기도 하는 바, 성향이 나쁜 경우이다. 성향이 좋은 경우는 딱 들어맞게 그리한다.[10]

하지만 성향이, 그러기에 덕이 행동과 무관하다고 속단해서는 안된다. 왜냐하면 감정은 우리를 움직이게 하는 어떤 것이기 때문이다.[11] 덕이란 요컨대 행동과 같은 정도로 감정과도 연계되어 있다.

덕의 감정 연계성을 이와 같이 강조하는 것은 행동과 감정이 인간의 행태와 관련된 여러 양태 중 특별할 것 없는 그저 두 가지 것에 불과한 것이 아니기 때문이다. 아리스토텔레스에 따르면 덕의 물음에서 무엇을 행하는 것과 모종의 감정을 느끼는 것은 결코 분리될 수가 없다. 그 점은 아리스토텔레스가 사용하는 '프락시스'와

'파토스'를 곱씹어 보면 여실히 드러난다.[12] 전자는 능동적으로 행하는 것이고 후자는 수동적으로 외부의 영향을 받는 것이다. 이 관계를 덕에 원용하면 덕은 무엇인가를 능동적으로 행하고 모종의 감정을 매개로 수동적으로 대처하는 성격적 형성체가 되는 바, 그러한 성격의 소유자가 다름 아닌 덕 있는 사람이다. 덕 있는 사람은 무엇을 능동적으로 행하는 주체이기도 하고 외부의 영향을 수동적으로 받는 주체이기도 하다. 능동(행동)과 수동(감정)이 개념적으로는 별개의 것이지만 활성태상으로는 한 몸을 이룰 수밖에 없다. 아리스토텔레스가 보기에 행동과 감정은 서로 불가분의 관계에 놓여 있는, 인간의 근본적 존재양태이다.[13]

이처럼 넓은 의미로 이해된 인간의 '활동'에 '행동'(프락시스)만이 아니라 '감동받음'(파토스)까지 포함된다면 그리고 '감동받음'이 우리가 보통 '감정'이라고 말하는 것의 다른 표현이라면 아리스토텔레스의 도덕이론은 어떻게 행동해야 하는가의 이론일 뿐만 아니라 어떻게 감정을 느껴야 하는가의 이론이기도 하다. 아리스토텔레스가 말하는 덕이란 사람들로 하여금 행동을 딱 들어맞게 행하도록 하는 성향임과 동시에 감정을 딱 들어맞게 표출하도록 하는 성향이기 때문이다. 아리스토텔레스가 말하는 잘 산다, 에우다이몬하게 산다는 것에는 결국 행동을 잘 하는 것뿐만 아니라 감정을 잘 표출하는 일도 포함된다.

그렇다면 도덕철학은 감정의 물음을 중요하게 다루지 않을 수 없다. 아리스토텔레스가 말하는 덕이란 행동 '및' 감정(*praxeis kai pathē*)과 관련된 성향이기 때문이다. 그렇다면 다시금 어떻게 하면

티치아노(Titian), 「사려분별의 알레고리(An Allegory of Prudence)」(1550~1565)

감정을 딱 들어맞게 표출할 수 있는가를 묻지 않을 수 없고, 종국적
으로는 감정을 어떻게 적절히 계발하고 함양할 것인지가 우리의 도
덕적 관심사가 되지 않을 수 없다. 과연 우리는 우리의 감정에 어떤
식으로 개입하여 성격적으로 좋은 성향이 형성되도록 할 수 있는

가. 아리스토텔레스에 따르면 프로니모스, 즉 '사려분별(프로네시스)이 있는 사람'이 되면 된다. 같은 상황에서 사려분별이 있는 사람이 내렸음 직한 결단을 내리도록 하라는 것이다. 문제는 감정이 우리가 어떻게 해볼 수 있는 영역에 속한 것이 아니라는 데 있다. 그래도 다행인 것은 그것이 이성, 즉 사려분별의 말귀를 알아들을 수 있다는 점이다. 맹목적이지 않다는 것이다. 아리스토텔레스가 덕의 형성과 관련하여 경험과 시간을 말하는 것은 그런 맥락에서다. 습관화의 과정을 거쳐 몸에 배게 해야 하기 때문이다. 길들여짐으로써(ex' ethous) 확고하게 틀이 잡히는 것이다. 되풀이함으로써 습득된 능력은 거의 자연적인 것—제2의 자연—이 된다. 습관화되어 몸에 밴 것은 서툴지 않고 자연스럽기 때문이다. 실로 습관화라는 절차 탁마의 과정을 통해 형성된 성격은 자연을 방불케 하는 것, 제2의 자연(본성)이 된다.[14] "세 살 적 버릇이 여든까지 간다."

6.3 덕은 중용을 선택하는 성격

위에서 논하였듯이 덕(아레테)은 성향이라는 유에 속한다. 성격(에토스)으로 확고하게 굳어진 성향이다. 그러면 이제 물어야 할 물음은 (윤리적) 덕(에티케 아레테)은 어떤 성향, 그러니까 어떤 쪽으로 확고하게 굳어진 성향이냐는 것이다. 그 유명한 중용론이 아리스토텔레스의 대답이다. 『니윤』의 중용론은 크게 두 부분으로 나뉜다. 하나는 그가 자연학 관련의 저작에서 궁구한 연속(체)이론을 인용하는

부분이고[15] 다른 하나는 그 같은 구상을 윤리적 덕에 원용하는 부분이다.[16]

아리스토텔레스에 따르면 하나의 연속체는 부분으로 분할할 수 있다. 나누었을 때 상대적으로 더 큰 부분과 더 작은 부분이 있을 수 있고 분할된 부분의 크기가 똑같을 수도 있다. 여기서 크기가 똑같다는 것은 두 가지 의미로 이해할 수 있다. 하나는 산술적인 것이고 다른 하나는 비례적인 것이다. 일례로 6을 2와 10의 중간이라고 할 때가 산술적 중간이다. 그에 반해 모종의 기준치와 관련하여 중간을 말한다면 그것은 비례적인 것이다. 음식물을 예로 들어 말하면 이런 정도의 양을 먹으면 과식하는 게 되고 저런 정도의 양을 먹으면 '간에 기별도 안 간' 게 된다. 적정량은 누구에게나 예외 없이 적용되는 산술평균값이 아니다. 사람마다 처한 제반 조건이 다르기 때문이다. 운동선수에게는 사무직(?) 종사자보다 상대적으로 더 많은 양의 칼로리가 필요하다. 운동선수의 적정량은 극대에 가까운 반면 사무직 종사자의 적정량은 반대편 끝 극소에 더 가깝다. 여기서 적정량이라는 의미의 중간은 산술평균값이 아니라 비례중항이라는 의미의 중간이다. 이 같은 의미의 중간(적정량)을 정하는 데서 주된 고려 요소는 관련된 인물이 처한 상황 내지는 조건이다.

어떤 한 가지 일(에르곤)을 잘 수행한다는 것은 딱 들어맞는 중간 혹은 중용을 맞힌다는 뜻이다. 기술을 예로 들어 건축가가 집을 짓는다고 해보자. 일정량의 건축자재를 일정한 방식으로 배치하고 짜맞춰야 한다. 어떤 자재를 얼마나 투입해야 소기의 목표를 달성할 수 있는가. 이런 경우 바르다거나 옳다는 것은 자재량의 많고적음의 문제가 아니다. '좋은' 집을 짓는다는 것은 산술평균의 문제가 아니다. 자재를 바르게 배치하고 바르게 짜 맞춘다는 것은 사람이 들어가 살 집의 모든 면에 딱 들어맞게 일을 한다는 것이다. 가능한 한 좋은 집이라는 에르곤(결과물)에 초점이 맞춰져 있다. 가능한 한 좋은 집은 어떤 집인가. 집의 에르곤(기능)을 가능한 한 최대치로 충족시키는 집이다. 적정량 혹은 적정 수준이라는 의미의 중간(의 선택)은, 그러므로, 일(기능, 과제, 에르곤)을 잘 하는 것과 상관적이다. 한편 일 혹은 기능을 잘 행한다는 것은 성향(헥시스)으로서의 (건축가의) 덕(아레테)이 현실적으로 발현되는 것인 바, 그런 한에서 덕의 목표는 지나치게 많음(과다)과 지나지게 적음(과소) 사이의 중간값, 즉 딱 들어맞는다는 의미의 중간값이다.

그러면 이제, 딱 들어맞는다는 의미의 일반적 중용론이 윤리적 덕에 어떤 식으로 전용되는지 살펴보자. 위에서, 윤리적 덕이 포섭되는 유를 논하는 대목에서 논하였듯이, 인간에게는 감정을 느끼는 능력이 자연적으로 고르게 주어져 있다. 누구는 느끼고 누구는 느끼지 못하고 하는 게 아니다. 그같이 공평하게 주어진 자질(뒤나미스)이 일정한 방향성을 띤 성향(헥시스)으로 변용되는 것은 전적으로 해당 인물에게 달린 문제이다. 문제의 자질이 어떤 습관화의 과정을 거치느냐에 따라 덕(아레테)이라는 좋은 성향이 되기도 하고 악덕(카키아)이라는 나쁜 성향이 되기도 하는 것이다.

덕으로 통하는 습관화는 어떤 식으로 진행되는가. 쾌감을 주는 상황이든 고통스런 상황이든 각 상황에 딱 들어맞게 쾌감이나 고통

파올로 베로네세(Paolo Veronese),
「악덕에 대한 미덕의 승리(The Triumph of Virtue over Vice)」(1554/1556)

을 표출하도록 길을 들이는 것이다. 감정만 그러는 것이 아니다. 행동의 경우도 마찬가지다. 유사한 상황에 놓일 때마다 감정과 행동의 면에서 이런 식의 반응을 반복함으로써 종국에 가서는 태도(헥시스)로 굳어져 마치 태어날 때부터 그랬던 것처럼 자연스럽게 된다. 어떤 상황에 처하든 그 상황에 딱 들어맞게 처신하게 된다. 이렇게, 습관화의 과정을 거쳐 형성되는 것이 덕(아레테)이다.[17] 이 같은 습관화의 과정에서 중요한 것은 어떻게 하는 것이 딱 들어맞게 처신하는 것인가(의 앎)이다. 한편 딱 들어맞게 처신하는 이유는 다른 데 있지 않다. 그렇게 하지 않고 적정 수준을 벗어나거나 적정 수준에 못 미치게 되고, 또 그로 인하여 주어진 일(에르곤)을 하는 데 지장을 받기 때문이다. 이를 설명하기 위해 아리스토텔레스는 절제와 용기의 덕을 인용한다.[18]

먼저 감각에 기초한 쾌락의 경우를 보자. 식탐이 그 한 예인 바, 지속적으로 쾌락을 추구하고 쾌락이란 쾌락은 어느 것이든 만끽해야 직성이 풀린다면 그런 삶은 고삐 풀린 망아지 같은 것(사람이 아니다!)이어서 어떻게 손을 쓸 수가 없다. 그에 반하여 무엇에서든 쾌락을 추구하지 않는다면 그것은 무신경하다. 목석과 다르지 않다(이 역시 사람이 아니다!). 제멋대로여서 걷잡을 수 없는 식으로 굳어진 성향은 적정 수준을 초과한다는 의미에서 지나친 경우이고 목석같이 무신경한 성향은 적정 수준에 미달한다는 의미에서 지나친 경우이다. 양자 모두 양 극단의 한쪽을 각각 차지하고 있다. 망아지 같은 짓이거나 생명이 없는 목석같은 것이거나 어찌됐든 사람이 할 짓은 아닌 것이다. 그런 의미에서 나쁘다(*kakos*). 달리 악덕(*kakia*)

이 아니다. 그러면 쾌락을 느끼는 데서 잘 하는, 좋은 혹은 바람직한 태도는 어떤 것인가. 저 두 가지 형식의 나쁨 혹은 악덕을 피하는 것이다. 상황에 딱 들어맞게 쾌락을 만끽하는 것이다. 감각적 쾌락에 '사려 깊게' 접근하는 절제의 덕이 그런 식으로 굳어진 성향이다.

공포심을 느끼는 데서도 사정은 마찬가지다. 매사를 위험한 눈으로 보고 매번 도망을 일삼는 식으로 길이 들었다면 그는 어떤 일에서든 겁부터 집어 먹는다. 겁부터 내고 보는 성향이 확고하게 자리를 잡는다. 그 반대는 어떤 일이든 두려워하지 않는 것이다. 겁없이 덤비는 것이다. 뒷걸음질 치는 일이 없이 매사 일단 저지르고 본다. 무모하고 저돌적이다. 공포심을 느끼는 데서의 덕은 용기이거니와, 용기의 자리는 앞뒤 가리지 않고 무조건 덤비고 보는 '무모한' 성향과 겁에 질려 내빼기 일쑤인 '겁 많은' 성향 사이의 어느 한 지점으로 사람과 상황에 따라 다를 수 있다.

이로써 분명하거니와, 윤리적 덕은 딱 들어맞음, 즉 중용(*mesotēs*)을 선택하는 성향이다. 대체로 여기까지는 크게 문제될 것이 별로 없어 보인다. 중요한 것은 덕이 중용을 선택하는 성향이라는 게 대관절 무엇을 뜻하느냐이다. 우선 중용이라는 게 일정하게 정해져 있는 평균값 같은 것이 아니다. 실천적 바름이라는 의미의 기준도 아니다. 아리스토텔레스가 말하는 중용은 윤리적 덕이 무엇인지를 설명해주고 또 윤리적 덕의 기초 위에서 수행되는 행동이 어떤 것인지를 설명해준다. 그에 따르면 윤리적 덕은 종(種)과 유(類)를 들어 정의하면 중간 수준을 선택하는 성향이다. 그러나 가치의 면에서 보면 윤리적 덕은 어떤 의미에서 극단이라고 할 수도 있는 정점의 자리를 차지하는 것으로서[19] 통상 말하는 중간 수준과는 거리가 멀다. 이 같은 외관상의 혼란은 문제의 중용론에 다양한 면이 혼재되어 있기에 불가피한 현상이다. 아리스토텔레스가 말하는 중용을 선택하도록 성격적으로 굳어졌다는 것이 무엇을 의미하는지 좀 더 구체적으로 살펴보자.

6.4 사이비덕의 일례: 사이비용기

이 섹션에서는 아리스토텔레스가 말하는 사이비용기의 여러 형태를 살핌으로써 (진짜)용기의 덕의 필요조건이 무엇인지를 간접적으로 드러내 보이고자 한다. 비록 용기라는 특수한 덕의 경우지만 덕 일반에 적용하더라도 무리가 없는 제반 조건을 확인할 수 있을 것이다.[20]

6.4.1 사이비용기 (1): 무지한 용기

무지한 용기는 (진짜)용기에서 가장 멀리 떨어진 형태의 사이비용기이다. 행동하는 사람이 자신이 처한 상황의 특수한 사정을 잘못 파악한 데서 비롯한다. 아리스토텔레스에 따르면,

> (위험이 임박했음을) 알지 못하는 사람(*agnoontes*) 역시 용감하다. 그런 사람은 낙관적인 기질의 소유자와 크게 다르지 않다. 다만 낙

관적인 사람과 달리 무지한 사람은 긍지(*axiōma*)가 없다는 점에서 (상대적으로) 아랫길이다. 그러기에 낙관적인 사람은 자기에게 맡겨진 포스트를 얼마간이라도 고수한다. 그러나 사실과 관련하여 속은(=그리하여 아무것도 모르는 무지한) 사람은 자신이 생각했던 것과 다르다는 걸 (뒤늦게) 알게 되거나 어렴풋이 느끼게 되면 냅다 줄행랑을 친다. (옛날) 아르고스 사람들이 스파르타 사람들을 맞닥뜨렸을 때 그들을 시퀴온 사람들로 오인하고서 그랬던 것처럼 말이다.[21]

인용문에는 무지한 용기 상황에 특징적인 점 세 가지가 언급되어 있다. 그에 따르면 '무지해서 용기 있는' 행동에는 앎, 위엄, 안정성이 없다. 이런 조건이 갖춰져 있지 않기에 결과적으로 자발적이지 않은 행동, 우연적으로만 용기 있을 뿐인 행동을 한다.

첫째로, 앎과 관련해서 보면, 문제의 행동을 하는 사람은 무엇보다도 전후 사정에 무지하다. 그런 유의 사람이 초기 단계에서 거칠 것 없이 자신만만한 것은 자신의 주변 정황을 오판한 때문이다. 일례로 아리스토텔레스는 코린토스 전투(기원전 392년)를 든다. 아르고스 사람들은 스파르타 사람들을 시퀴온 사람들로 오인한다. 그들이 시퀴온 사람들의 방패를 들고 있기 때문이었다.[22] 아리스토텔레스가 말하는 무지는 행동하는 사람 자신이 놓여 있는 상황과 관련되어 있다. 예의 아르고스 사람들은 적의 전력평가에서만 오판하는 게 아니다. 자신들이 지금 누구와 싸우고 있는지조차 알고 있지 못하다. 『니윤』Ⅲ권 1장의 용어로 말하면 그들은 지금 자신들이 무슨 일을 누구를 상대로 하고 있는지 알고 있지 못하다.[23] 잘

못된 상황판단에 힘입어 잠시 과도한 자신감을 보인다. 그래서 용기 있게 보인다. 그러나 실상을 알게 되면 안개가 걷히듯 자신감이 사라진다. 이내 두려움이 몰려든다. 정신이 번쩍 든다. 진지에 머물러 대항하는 것은 역부족이라고 생각한다. 전열에서 즉시 이탈한다.

아리스토텔레스가 지적하는 두 번째 포인트는 긍지(악시오마)가 없다는 점이다. 긍지란 자신의 능력을 신뢰함으로써 갖는 자신에 대한 떳떳하고 자랑스러운 마음가짐이다. 어떤 의미에서는 사회적 평판, 관록이라고 할 수도 있다. 긍지가 없다고 함으로써 아리스토텔레스는 '무지해서 용기 있는' 사람이 위험에 직면하여 일시적으로 자신감을 보이지만 그에게는 자신감을 정당화하거나 뒷받침해줄 자긍심이나 긍지가 없다는 점을 지적한다. 그러기에 그는 위험천만한 상황에 처했다는 것을 뒤늦게 깨닫자 자신의 자리를 박차고 나간다. 초기 단계에서 보였던 그의 자신감은 상황의 오판에서 나온 가짜 자신감이었던 것이다. 판단이 바로 잡히자 그를 전투에 붙들어둘 그 어떤 힘도 남아 있지 않은 것이다. 본디 자긍심이나 긍지가 없던 데다 상황판단이 제대로 되면서 초기 단계에 가졌던 자신감마저 흔적도 없이 사라진 것이다.

긍지 없음은 결과적으로 행동거지의 안정성과 신뢰성 결여로 이어진다. '무지해서 용감한' 사람이 용감한 행동을 하는 것은 그의 거짓된 표상 때문이다. 그는 지금 자신이 (약한) 시퀴온 사람들과 싸우고 있는 줄로 착각하고 있다. 실제 상황, 그러니까 (강한) 스파르타 사람들과 싸우고 있다는 걸 알아차리는 순간 그는 겁에 질려 냅다 줄행랑을 놓는다. 무지한 탓에 용기 있는 행동을 하는 사람의 '용기 있는' 행동은 그가 자신이 처한 상황이 끔찍하다는 점에 '무지한' 동안만 지속된다.

자신이 처한 상황의 특수한 사정에 무지한 한에서 '무지한 탓에 용기 있는 사람'의 행동은 자발적이라고 할 수 없다. 물론 그의 행동이 강요된 것은 아니지만 앎과 관련지어 볼 때 자발적 행동의 필요조건을 충족시키지 못한다. 그의 이른바 용기 있는 행동은 단지 우연적으로만 용기 있을 따름이다. 겉만 놓고 보면 용기 있는 사람이 하는 행동과 조금도 다르지 않다. 그러나 앎이 없고 긍지가 없고 신뢰를 주지 못한다는 점에서 진짜 용기 있는 행동이 아니다.

6.4.2 사이비용기 (2): 낙관 기반형 용기

두 번째 사이비용기는 막연히 낙관하는 사람 혹은 희망에 부푼 사람의 용기이다. 그런 인물은 왕년에 종종 성공한 적이 있어 그것을 밑천으로 자신감('근자감')이 하늘을 찌른다. 그러나 위험에 딱 들어맞게 대처할 준비는 실질적으로 되어 있지 않다. 이런 용기를 아리스토텔레스는 다음과 같이 기술한다.

> (막연히) 낙관적인 사람 역시 용감하지 않다. 왜냐하면 그가 위험에 처하여 자신만만한 것은 그가 (왕년에) 종종 다수의 적을 물리친 적이 있기 때문일 뿐이다. 그렇지만 그는 용기 있는 사람과 닮은 구석이 많다. 둘 다 자신만만하기 때문이다. 그러나 (정말로)

용기 있는 사람이 자신만만한 것은 앞서[24] 언급한 이유 때문이지만, (막연히) 낙관적인 사람이 자신만만한 것은 자신이 아주 힘이 세다고, 그리하여 어떤 (고통스런) 일도 겪지 않을 수 있다고 생각하기 때문이다. (그런 것은 술 취한 사람이 취하는 태도이기도 하다. 술 취하면 낙관적이게 된다.) 하지만 그(낙관적인 사람)의 모험이 성공하지 못하면 그는 도주한다. 그러나 인간에게 (실로) 무시무시한 일이나 그렇게 보이는 일에 맞닥뜨리더라도 (피하지 않고) 정면 대결하는 것은 (실로) 용기 있는 사람의 징표인 바, 그가 그러는 까닭은 그렇게 하는 것이 고상(kalon)하고 그렇게 하지 않는 것은 수치(aischron)이기 때문이다.[25]

막연히 낙관적인 사람은 실은 그렇지 않음에도 자신이 성격적으로 용감한 줄 안다. 착각이다. 아리스토텔레스가 『니윤』 IV권 3장에서 사용하는 용어를 빌려 말하면 예의 '낙관적인' 사람은 ('자부심이 강하다'에 반대되는 의미로) '미련하다.' 실제로는 '별 볼일 없는데도 큰일을 할 만하'고 과대평가하기 때문이다.[26] 이러한 과대망상은 문제의 인물로 하여금 역량을 뛰어넘는, 그러기에 역부족인, 위험천만한 일을 감행하게 한다.

예의 낙관적인 사람이 자신의 그릇을 크게 평가하는 것은 오로지 왕년에 거두었던 몇 차례의 성공 사례 때문이다. 그것이 전부다. 그는 자신이 용기 있다고, 그러니까 위험한 일을 만나더라도 적절히 대처할 수 있다고 믿는다. 그러나 그것은 한갓된 믿음일 뿐 그에게는 그를 진짜로 용기 있게 만들어줄 제반 조건이 갖춰져 있지 않다. 그렇긴 하지만 앞서의 '무식해서 용감한' 경우보다는 상대적으로 낫다.[27] 왜냐하면 비록 부풀려진 형태의 것이긴 하지만 그의 자아상이 그를 부추겨 그 자신이 설정한 목표를 향해 나아가도록 추동하기 때문이다.

개념정리 06 **고상함**

고상하다(*kalon*)는 다의적이다. 아리스토텔레스가 『토피카』에서 사용하는 표현을 빌려 말하면 동명이의적이다. 고상하다가 다의적임은 그것의 반대말을 보면 쉽게 알 수 있다. 그는 그림과 가정을 예로 든다. 그림을 가리켜 칼론하다고 말한다면 그것은 그림이 아름답다는 뜻이고 그 반대는 추하다는 것이다. 가정(살림)을 두고서 칼론하다면 그것은 윤택하다는 뜻이고 그 반대는 비참하다, 가련하다는 뜻이다(106a20-22). 고상하다는 또 여러 범주에 걸쳐서 쓰인다. 분량의 범주에서 그것은 질서, 대칭, 한계를 의미하고 관계의 범주에서 그것은 적정을 의미한다. 구약성서 『창세기』에도 칼론이라는 말이 나온다. 히브리어로 기록된 『창세기』를 그리스어로 옮긴 〈70인 역〉을 보면 하나님이 세상을 지은 다음 칼론하다는 소감을 피력한다(1: 10, 18, 21, 25). 한국어로는 '보시기에 좋더라'라고 번역되어 있다. 자신이 창조한 세상을 둘러보니 아름답더라는 이야기이다.

그렇다면 이처럼 다의적인 칼론의 통일성의 요체는 무엇인가. '좋다'의 한 형식이다. 그러면 칼론의 좋음과 다른 형식의 좋음 간의 차이는 무엇인가. 좋은 것에는 개체 상대적으로 좋은 것도 있고 그렇지 않게 좋은 것도 있다. '개체 상대적이지 않게' 좋은 것에서는 다시금 수단으로서 선택할 만한 것도 있고 (다른 것에 이르는 수단으로서가 아니라) 그것 자체 때문에 선택할 만한 것도 있다. 칼론은 후자의 의미로 좋은 것이다. 그것은 목표가 되는 것인 바, 그 목표는 자연(본성)이 도달하려고 추구하는 목표이고 종(種)이 도달하려고 추구하는 목표이고 기술(테크네)이 달성하려고 추구하는 목표이다. 윤리학에서는 이 같은 칼론의 개념에 제한이 가해진다. 단적인 의미에서 칼론한 것과 그 밖의 다른 의미에서 '좋은 것들'(위신, 건강 등)이 구별된다. 단적인 의미에서 좋은 것은 그것 자체 때문에 추구할 가치가 있는 것이고 또 그런 한에서 찬양을 받을 만한 가치가 있는 것이다. 덕(아레테)이 그런 것에 속한다. 『수사학』 I권 9장의 규정이 칼론의 그 같은 점을 잘 보여준다. 그에 따르면 칼론한 것은 그것 자체 때문에 추구될 만한 가치가 있는 것이고 찬양을 받을 만한 가치가 있는 것이다(1366a33-36). 그것은 좋은 것이다. 그리고 좋은 것이기에 쾌감을 준다. 덕은 성향(헥시스)으로서 활동이 그 목표이다. 이런 의미에서 칼론이 덕의 목표이다(1115b13-14). "덕 있는 행동은 고상하고 고상함 때문에 있다"(1120a23-24).

한편 그것 자체 때문에 선택할 만한 '좋은 것'이라고 해서 모든 것이 다 칼론하기까지 한 것은 아니다. 오직 어떤 상황에서든 그것 자체 때문에 선택될 수 있는 것, 그런 것인 한에서 찬양받을 만한 가치가 있는 '좋은 것'만 칼론하다. 바꿔 말하면 뭔가 필요한 것을 채우기 위해 행해지는 것이라면 그것은 칼론한 것이 아니다. 자신의 유익을 위해 행해지는 것도 칼론한 것이 아니다. 필요한 것을 채우기 위해 행해지는 것이 아니라는 점은 아리스토텔레스가 폴리스의 존립 근거를 말할 때 잘 드러난다. 그에 따르면 폴리스는 뭔가 필수적인 것 때문이 아니라 칼론한 것 때문에 존립하는 것이다(1291a17-18). 칼론한 것이 무엇인가 그리고 일신상의 유익에 정면 배치되는 것이 무엇인가를 보여주는 대표적인 사례로 아리스토텔레스는 전우 파트로클로스를 위해 목숨까지 흔쾌히 내놓았던 아킬레우스를 꼽는다. 그가 목숨을 부지할 수 있느냐 여부는 그 자신의 선택에 달린 문제였다. 그러나 그는 칼론한 것을 선택한다. 그가 두고두고 찬양을 받는 이유가 여기에 있다. 일신상의 유익을 생각한다면 목숨을 부지하는 것이 몇 배 남는 장사였지만 그에게는 그런 식으로 죽는 것이 더 값진 것이었다(1359a3-6). 칼론한 것은 요컨대 좋은 것, 아름다운 것, 멋진 것, 생명을 내주어도 아깝지 않은 어떤 것이다. 어째서 그것이 선택할 만한 '좋은' 것인가. 이성(사려분별)과 부합하기(1115b12) 때문이고 바른 것이기(1020a24) 때문이다.

낙관적인 사람은 자신이 '아주 힘이 세다'고, 그러기에 '그 어떤 고통스런 일도 겪지 않을 수 있다'고 믿는다. 이러한 믿음은 그에게 자신감을 준다. 그래서 전투에 나선다. 자신이 가치 있는 사람이라는 믿음이 있기에 그러한 가치를 구현하려는 욕구가 생기는 것이다. 철저하게 무지한 사람에 비하면 낙관적인 사람은 용기 있는 사람과 닮은 구석이 많다. 양자 모두 용기의 원천이 그들 자신의 자기평가에 있기 때문이다. 그렇더라도 양자는 엄연히 다르다. 낙관적인 사람의 자기평가는 근거가 없고 착오에 기인한다. 그의 자신감은 도를 넘은 것이다. 그에 반하여 진짜 용기 있는 사람의 자신감은 그의 성격에서 발원하는 자신감이다. 낙관적인 사람의 자신감은 '사실무근'으로서 실체가 없지만 용기 있는 사람의 자신감은 확고하게 자리 잡은 성격에 기초를 두고 있다. 용기 있는 사람이 용기 있는 사람일 수 있는 것은 바로 그의 성격 덕분이다. 위험이 닥치더라도 그가 진지를 고수할 수 있는 것도 그의 성격 덕분이다. 앎과 동기 유발과 안정성을 담보하는 것이 다름 아닌 성격이다.

무지한 사람에 비하면 낙관적인 사람은 그래도 왕년에 일을 바르게 행한 적이 있다. 자신이 무슨 일을 행하는지도 알고 있다. 과장되고 근거가 없긴 하지만 자신이 가치 있는 사람이라는 믿음도 있다. 그래서 자신감도 있다. 그러기에 낙관적인 사람은, 무지한 사람과 달리, '자기에게 맡겨진 자리를 얼마간은 고수한다.' 설사 위험이 임박했다는 것을 알아차린다고 할지라도, 자신이 성공했던 적이 있어 자신의 역량을 믿기에, 최소한 초기 단계에서는 자신의 자리를 뜨지 않는다. 그러나 그의 믿음의 근거가 되는 왕년의 성공

개빈 해밀턴(Gavin Hamilton),
「파트로클로스의 죽음을 애도하는 아킬레우스(Achilles Lamenting the Death of Patroclus)」(1760/1763)

이 성격이라는 확고한 기초 위에서 거둔 것이 아니기에 사상누각이나 진배없다. 그래서 성공할 공산이 크지 않다 싶으면 그는 줄행랑을 친다. 무식해서 용감한 사람에 비하면 신뢰도가 상대적으로 높은 편이지만 낙관적인 사람의 신뢰도 역시 믿을 만한 수준은 못 된다.

낙관적인 사람이 위험에 대항하는 이유는 '그렇게 하는 것이 고상하고 그렇게 하지 않는 것은 수치이기 때문'이 아니다. 고상하다거나 수치스럽다거나 하는 것과는 상관이 없다. 위험이 힘에 부칠 것 같아 보이면 낙관적인 사람은 수치고 뭐고 일단 도망치고 본다. 뒤에 보겠지만 그에게는 수치스런 일을 행하는 것보다 죽음이 더 두렵기 때문이다. 죽음만 피할 수 있다면 수치스런 일도 너끈히 해 낼 위인이다.

낙관적인 사람에게 가장 특징적인 점은 자신에 대한 과대평가이다. 그것은 그 자신을 용기 있는 사람으로 착각하게 만드는 원천이다. 그러기에 그는 위험한 상황을 위험한 상황으로 파악한 상태에서 그와 대결한다. 위험하더라도 진지를 고수하는 것이다. 그러나 그것을 진짜 용기 있는 기질의 발로라고 하기는 어렵다. 그의 태도가 충분히 신뢰할 정도로 안정적이지 않기 때문이다. 그의 행동에 근거가 있는 듯싶지만 그 근거라는 것이 이내 사라져버릴 피상적인 것이기 때문이다.

낙관적인 사람은, 무지한 사람과 달리, 그의 행동과 관련된 상황의 제반 특수 조건을 '알고' 있다. 그러기에 위험한 상황에서 그의 진지를 고수하는 그의 행동은 '자발적인' 것으로 간주된다. 하지만 그 같은 행동을 용기 있는 것으로 간주하는 것은 무리이다. 그의 용기의 개념은 '힘이 세다'는 수준에 불과하다. 진짜 용기 있는 행동을 특징짓는 고상함과는 거리가 멀다. 그런 의미에서 낙관적인 사람의 행동은 오직 우연적으로만 용기 있다. 낙관적인 사람은 '겁 없이 덤비는 겁쟁이'에 지나지 않는다. 겁 없이 덤비기 때문에 일견 용기 있어 보이나 실은 겁쟁이인 것이다.

6.4.3 사이비용기 (3): 돌진형 용기

다음은 튀모스(기개, *thymos*)에 기초를 두고 있는, 일단 돌진하고 보는 용기이다. 우선 아리스토텔레스의 설명부터 들어보자.

> 튀모스 역시 이따금 용기로 간주된다. 튀모스에 의해 촉발되어 행동하는 사람은, 자신에게 상처를 입힌 자를 향해 돌진하는 야생동물처럼, 용감하다고 생각된다. 용기 있는 사람 역시 격정적이기 때문이다. 왜냐하면 무엇보다도 튀모스가 위험에 돌진하려는 (기질의) 것이기 때문이다. 호메로스가 '그의 튀모스에 힘이 실렸다', '그들의 전의와 튀모스가 자극되었다', '그는 숨을 거칠게 몰아쉬며 헐떡거렸다', '그의 피가 끓어올랐다'라고 했던 것도 그런 맥락에서 나온 말이었다. 그 같은 표현들 모두가 튀모스를 움직이고 발동케 하는 것을 가리키는 것 같기 때문이다. 한편 용기 있는 사람은 고상함 때문에(*dia to kalon*) 행동하고 튀모스는 그(의 행동)를 거든다. 그에 반해 야생동물은 (그가 받는) 고통 때문에(*dia lypēn*) 행동한다. 상처를 입었거나 두려움을 느끼기에 공격하는

것이다. 그들이 숲속에 (쉬고) 있다면 그들은 그 누구에게도 가까이 다가가지 않기 때문이다. 그러기에 야생동물은 용감한 게 아니다. 고통과 튀모스에 추동된 채, (맞닥뜨릴) 위험은 내다보지도 않고 위험을 향해 돌진하기 때문이다. 그런 식이라면 굶주린 당나귀라도 용기 있다고 할 터이기 때문이다. 매질조차 녀석들을 먹이에서 떼어놓지 못하기 때문이다. 색욕도 마찬가지여서 바람둥이로 하여금 (앞뒤 가리지 않고) 대담무쌍한 짓을 감행하게 한다. [그러므로 고통이나 튀모스에 추동되어 위험에 돌진하는 저들은 용기 있는 게 아니다.] 튀모스에 기인하는 '용기'가 가장 자연스런 것 같다. (튀모스에 기인하는 '용기'가) (진짜)용기가 될 때는 선택(*prohairesis*)과 목표(*to hou heneka*)가 덧붙여질 때인 것 같다. 사람이든 동물이든 화가 나면 고통스럽고 분풀이를 하고 나면 기쁘다. 하지만 이런 이유로 싸우는 사람이 있다면 그는 투지에 불타는 사람일지언정 용기 있는 사람은 아니다. 고상함 때문에(*dia to kalon*) (고상한 것을 위해) 행하는 것도 아니고 규칙(*logos*)이 명해서 행하는 것도 아니요 격정 때문에(*dia pathos*) 행하기 때문이다. 하지만 그(위와 같은 이유 때문에 싸우는 사람)에게도 용기와 닮은 구석이 얼마간 있다.[28]

아리스토텔레스가 인용문의 결론 대목에서 주장하는 바에 따르면 튀모스 용기 혹은 돌진형 용기의 소유자는 진짜 용기의 소유자가 아니다. 그럼에도 그에게는 진짜 용기(의 소유자)와 닮은 구석이 얼마간 있다. 위의 인용문에 따르면 양자 간의 주된 유사성은 크게 두 가지이다. 하나는 위험과 대결할 각오가 되어 있다는 점이고 다른 하나는 양자 모두 저들의 활동에서 쾌락을 느낀다는 점이다.

하지만 양자 간의 차이 또한 분명하다. 크게 세 가지를 들 수 있다. 첫째, 진짜 용기 있는 사람이 용기 있는 행동을 하는 까닭은 고상함 때문이다. 고상함에서 그의 행동이 나온다. 그리고 그는 이성이 구현된 규칙이 명하는 대로 행한다. 그에 비해 돌진형 용기의 소유자는 고통 혹은 격정 때문에 행한다. 세차게 몰려오는 고통과 격정에 압도되어 행동한다. 둘째, 돌진형 용기의 소유자는 앞에 어떤 위험에 도사리고 있는지 헤아려보는 일이라곤 눈곱만큼도 없이 저돌적으로 달려든다. 그에 반하여 진짜 용기 있는 사람은 자신의 앞길에 위험이 버티고 서 있다는 것을 뻔히 알면서도 그것을 향해 뚜벅뚜벅 나아간다. 셋째, 돌진형 용기에는 선택과 목표가 들어 있지 않다.

셋 중 첫 번째는 행동유발요인의 차이이고 이성과의 관계 유무의 차이이다. 아리스토텔레스에 따르면 용기 있는 사람의 행동을 유발하는 것은 고상함이다. 그러나 튀모스에 발동이 걸려 행동하는 사람의 경우는 그렇지 않다. 이 주장을 뒷받침하기 위해 그가 인용하는 예는 야생동물의 튀모스와 바람둥이의 튀모스이다. 전자가 발동되는 것은 고통으로 인함이고 후자가 발동되는 것은 휘몰아치는 격정으로 인함이다. 이들 사례가 시사하는 것은 튀모스를 좇아 행동하는 사람은 고상함에는 조금도 관심이 없다는 것이다. 그 밖에도 위의 사례를 통해, 용기 있는 사람은 이성을 좇아 행동하는 데 비해 튀모스를 좇아 행동하는 사람은 이성이 명하는 대로 행동하지 않는다는 점이 분명하게 드러난다. 설사 이성(의 말)을 듣는다고 해도, 성미 급한 하인이 그러하듯, 제대로 새겨듣지 않는다.[29] 이성이

명하는 대로 행하지 않거나 듣더라도 귓등으로 흘려듣는 유의 돌진형 충동은 위험한 상황에 무반성적으로 반응하는 결과를 낳는다. 어떤 행동을 했을 때 그 행동이 초래할 결과 같은 것은 조금도 고려하지 않은 채 반격을 가하거나 보복을 감행하는 것이 대표적인 반응이다. 아리스토텔레스의 말마따나 '맞닥뜨릴 위험은 내다보지도 않은 채' 물불 가리지 않고 덤비기만 한다.

하지만 아리스토텔레스에 따르면 돌진형 행태와 덕 있는 활동이 대척적이기만 한 것은 아니다. 용기 있는 사람에게는 격정적인 (*thymoeideis*) 구석도 있기 때문이다. 돌진형 용기를 보여주는 활동이 있다고 치자. 그것 자체만 놓고 본다면 그것이 용기의 덕으로 발전하지는 않는다. 그렇긴 하지만 돌진형 충동이 습득된 용기의 덕을 옆에서 거드는 조력자 노릇은 할 수 있다. 용기 있는 행동을 수행하는 데 모종의 방식으로 보탬이 되는 것이다. 아리스토텔레스는 말한다. "용기 있는 사람은 고상함 때문에 행동한다"고. 그리고 "튀모스는 그의 행동을 거든다"고. 저 같은 사정을 염두에 두고서 하는 말이다. 튀모스가 하는 일은 용감하게 행동하는 사람의 든든한 뒷배 역할이다. 그럼으로써 용기 있는 행동을 촉진하고 진척시킨다.

6.4.4 사이비용기 (4): 경험 기반형 용기

경험에 기반을 둔 용기 역시 아리스토텔레스는 사이비용기의 일종으로 분류한다. 그가 덕의 형성과 관련하여 대체로 경험에 대해 긍정적인 점을 감안한다면 뜻밖이다. 위(6.2)에서 살폈듯이 덕의 형성은 습관화의 결과이고 습관으로 굳어지기 위해서는 경험과 시간이 필요하기 때문이다. 덕을 연마하는 학습자에게 삶과 관련된 사실적 앎이 경험을 통해 매개되기 때문이다.[30] 그러나 용기의 덕을 논하는 아리스토텔레스에 따르면 (현장)경험이 많은 유경험자 특유의 용기는 그저 겉보기만의 용기일 뿐이다. 그의 사이비용기론에 따르면 경험이 있다는 사실만 믿고 (진짜)용기 있는 행동을 하겠거니 기대했다가는 큰 코 다친다. 일례로 전투경험이 없음에도 '시민군'은 극단적인 상황에 처하더라도 용기 있는 행태를 보일 수 있다. 반면 군사적인 트레이닝도 마쳤고 전투경험도 풍부하지만 '직업군인'은 외려 극단적인 상황에 처하면 도망친다. 그래서 아리스토텔레스는 이런 유의 경험, 그러니까 직업군인의 경험 같은 것은 우리가 용기 있게 되는 데 필요하지 않다고 본다. 그의 분석은 이렇다.

> 특수한 사실과 관련하여 쌓은 경험 역시 용기로 간주된다. 그러기에 소크라테스가 용기를 앎이라고 간주했던 것이다. 여타의 사람들은 그 같은 성질(=경험 기반형 용기)을 제각기 다른 위험한 상황에서 드러내 보이고 직업군인은 전쟁의 위험에서 그러한 성질을 드러내 보인다. 전장에서는 경보 발령에 그칠 뿐 실제 (전투)상황으로까지 발전하지 않는 경우가 많아 보이는 바, 그런 데에 직업군인은 닳고 닳도록 아주 많은 경험을 쌓았기 때문이다. 그러기에 그들은 용감해 보인다. 여타의 사람들은 그 같은 사실의 실상을 알지 못하(는데 저들은 세세한 점까지 훤히 꿰고 있)기 때문이다. 그들의 경험은 또 그들로 하여금 공격과 방어를 아주 잘 해낼 수

있게 해준다. 공수에 최적화된 무구를 갖추고 있고 또 그것을 사용할 수 있기 때문이다. 그래서 그들이 싸우는 양상은 무장한 자가 무장하지 않은 자를 상대로 싸우는 것 같고 트레이닝을 받은 운동선수가 아마추어 운동선수를 상대로 싸우는 것 같다. 왜냐하면 그 같은 (운동)경기에서도 가장 잘 싸우는 사람은 가장 용감한 사람이 아니라 힘이 가장 세고 가장 좋은 신체조건을 갖추고 있는 사람이기 때문이다. 하지만 직업군인은 겁쟁이로 돌변한다. 위험부담이 감당하지 못할 정도로 크고 머릿수와 장비 면에서 열세일 때이다. 시민군이 저들에게 맡겨진 자리를 고수하다가 죽는 데 반하여 직업군인은 제일 먼저 탈주한다. 실로 헤르메스 신전에서 벌어졌던 것(전투에서)처럼 말이다. 시민군의 경우 탈주는 수치이고 그 같은 조건에서 목숨을 부지하기보다는 죽는 편이 더 낫다. 반면 직업군인은 초기 단계에는 저들의 힘이 더 센 줄 알고 위험과 대결한다. 그러다가 실상을 알게 되면 이내 도망친다. 수치를 당하는 것보다 죽는 것이 더 두렵기 때문이다. 그러나 용기 있는 사람이란 그런 유의 위인이 아니다.[31]

직업군인에게서 찾아볼 수 있는 (사이비)용기의 조건은 특수한 사실 관련의 경험(지)이다. 그들이 쌓은 경험(지)이란 어떻게 행동해야 하는지와 관련된 일종의 앎인 바, 그런 앎에 기초한 행동은 보통 특수한 상황에서 용기 있는 것으로 간주된다. 그들은 자신들이 경험을 통해 습득한 앎을 실제 행동에 사용하는 법을 알고 있다. 그러기에 그들의 행동은 겉으로 보면 실로 용기 있는 사람의 행동과 구별되지 않을 때도 적지 않다. 구체적으로, 위험한 상황에 빠졌던 경험이 있는 직업군인은 특정 상황이 위험하다는 것을 알아차릴 수 있고 그것이 자신들에게 실로 어느 정도의 크기로 다가올지를 가늠할 수 있다. 그러기에 다른 사람이라면 무서워할 만한 상황에서도 저들에게 맡겨진 자리를 고수할 수 있다.

하지만 이들 직업군인이 항상 그런 것은 아니다. 그들에게는 한계가 있다. 아리스토텔레스는 세 가지를 지적한다. 첫째는 그들의 앎과 관련되어 있고 둘째는 그들의 행동을 유발하는 동인과, 그리고 셋째는 그들의 신뢰성과 관련되어 있다. 먼저 그들이 갖고 있는 앎의 종류다. 그들이 갖고 있는 앎은 위험을 미연에 방지하기 위해 내리는 경보 발령과 실전 수준의 위험을 구분하는 데는 부족함이 없다. 그러나 목숨을 걸고라도 싸울 만한 가치가 있는 전투상황인가를 판별하기에는 충분치 않다. 일례로 전투 관련의 경험이 많은 전투기술자의 눈으로 볼 때 전투가 아주 위험하게 돌아간다 싶으면 저들은 사투를 벌여야 할 다른 고려사항이 있는지 따지지 않는다. 일단 싸움터에서 벗어나고 본다. 모든 위험한 상황에서 저들이 바르게 행하는 것이 아니다. 바르게 행하되 오직 제한적인 경우에만 그럴 따름이다. 노련한 꾼인 것이다.

경험이 풍부한 군인이 일을 용기 있게 하는 까닭은 저들이 성공할 수 있다는 상황판단이 섰기 때문이다. 문제의 상황이 실은 위험하지 않다는 점을 간파한 때문이다. 하지만 위험이 실제 상황임을 깨닫게 되면 노련한 저들은 더 이상 용기 있게 행동하지 않는다. 지체 없이 비겁하게 행동한다.

저들의 대표적인 결함은 저들의 신뢰성이 아주 제한적이라는 점이다. 저들 노련한 전투기술자들을 항상 신뢰할 수는 없다. 오직 그들이 위험을 느끼지 않을 정도로 충분히 상황을 장악하고 있을 때, 수많은 고초를 겪더라도 그들이 힘의 면에서 자신감을 느낄 수 있는 한에서만 그들은 용기 있게 행동한다. 그렇지 않고 전투가 그들 자신의 목숨을 위태롭게 한다면 '그들은 겁쟁이로 돌변한다.'

이러한 신뢰성의 결함은 무엇에 기인하는가. 아리스토텔레스는 직업군인과 시민군 간의 차이에서 단서를 찾는다. 그가 보기에 노련한 직업군인은 위험하다 싶으면 탈주한다. "수치를 당하는 것보다 죽는 것이 더 두렵기 때문이다." 시민군은 어떤가. 모종의 방식으로 행동을 하는 것이 '고상하다'거나 '좋다'는 믿음이 있으면 그는 최악의 위험—죽음—에 놓이는 한이 있더라도 정해진 자리를 고수한다.

노련한 직업군인에게는 경험을 통해 습득한 앎도 있고 자신의 힘에 대한 자신감도 있다. 그러나 그 모두 (진짜)용기 있는 행동을 수행하기에는 불충분하다. 그들을 충분히 신뢰할 수 없는 이유이다. 그들의 행동에는 안정성이 없다. 용기 있는 듯싶다가도 금세 겁쟁이로 돌변한다. 아리스토텔레스는 덕의 습득을 설명하면서 덕과 기술 간의 유비관계를 인용한다.[32] 그에 따르면 성격적 덕의 학습과 기술의 학습에는 유사한 점이 있다. 기술의 경우 학습자가 해당 기술 고유의 활동을 꾸준히 수련함으로써 그 기술의 전문가가 된다. 덕의 학습도 다르지 않다. 덕 있는 행동을 반복해서 행함으로써 덕 있게 된다. 그러나 양자 간에는 차이가 있다. 아리스토텔레스에 따르면 기술의 습득에서 주된 요소는 앎(*to eidenai*)이다.[33] 그러기에 충분한 정도의 유관한 앎을 갖추고 있으면 그것이 집짓는 일이든 구두 만드는 일이든지 간에 해당 제작 관련의 행동을 제대로 해낼 수 있다. 그러나 덕의 경우는 그렇지 않다. "앎에는 힘이 거의 없거나 아예 없다."[34] 덕(용기의 덕)과 기술적 전문성(직업군인의 사이비 용기) 간의 차이이다. 앎만으로는 딱 들어맞는 행동을 딱 들어맞게 행하는 데까지 이를 수 없다.[35]

6.4.5 사이비용기 (5): 처벌 면피성 용기

이하에서 살피고자 하는 사이비용기는 '정치 공동체와 관련된' (*politikē*, 이하: '시민적') 용기이다. 이것은 아리스토텔레스가 사이비용기를 논하면서 가장 먼저 꼽는 사례이고 (진짜)용기와 가장 많이 닮은 사이비용기이다. 이것은 다시 둘로 나뉜다. 하나는 처벌의 공포 때문에 행하는 용기이고 다른 하나는 수치를 당하는 걸 피하려는 목적으로 행하는 용기이다. 두 가지 모두 문제의 행동이 법률이 명하는 바를 따른다는 특징을 띤다. 차이는 문제의 행동이 무엇에 의해 유발되느냐에 있다. 염치(*aidōs*)가 있는 시민이 전투에서 자신의 포스트를 고수하는 이유는 명예를 지키기 위함이지만 위법행위를 행함으로써 받게 될 처벌이 두려운 시민은 처벌의 공포 때문에 바르게 행동한다.

먼저 처벌의 공포 때문에 어쩔 수 없이 바르게 행동하는 경우부터 보자. 처벌 면피성 용기의 논의는 간결하다. 시민적 용기를 논하는 대목을 마무리하는 부분에 나오기 때문이다.

통치자에 의해 강요를 받은 사람들 역시 동일한 부류에 편입시킬 수 있을 것이다. 그러나 그들은 (상대적으로) 아랫길이다. 무엇을 행하되 염치의 발로로 행하는 것이 아니라 공포심의 발로로(*dia phobon*) 행하는 것인 한에서, 그리고 무엇을 피하되 수치(*to aischron*)를 피하는 것이 아니라 고통(*to lypēron*)을 피하는 것인 한에서 그렇다. 저들의 상관이 억지로 시키기 때문이다. 헥토르가 그러하듯이 말이다.

누가 되었든 비겁하게 전선에서 뒤꽁무니를 빼는 자가 내 눈에 띄기만 하면 그런 자는 개떼의 습격을 면치 못할 것이다.

저들더러 저들의 포스트를 배정하고 저들이 뒷걸음질 치면 매질을 하는 이들 역시 다르지 않다. (후퇴하지 못하도록 파놓은) 구덩이 앞에 저들을 세워놓거나 저들 뒤에 그런 종류의 뭔가를 설치하는 이들 역시 마찬가지다. 이런 것 모두가 다 강압적인 것이다. 그러나 (모름지기) 사람은 용감해야 하되 강요를 받아서가(*di' anankēn*) 아니라 그렇게 하는 것이 고상한 것이기에(*hoti kalon*) 그래야 한다.[36]

인용문에 따르면 처벌의 공포에 기인하는 사이비용기와 진짜 용기 간의 결정적인 차이는 행동을 유발하는 동인에 있다. 비록 처벌받는 것이 두려워 법률의 명령을 따르긴 하지만 어쨌거나 나타난 현상으로만 보면 바른 행동이다. 다만 그 행동을 유발한 동인이 유덕하지 않을 따름이다. 그렇게 행하는 것이 '고상하기 때문이어서'가 아니기 때문이다. 그같이 행동하도록 유발하는 동인은 처벌의 공포이다. 그리고 그 같은 행동이 지향하는 목표는 고통(처벌)의 면피이다. 그러기에 아리스토텔레스는 그 같은 행동을 '강요를 받은' 것으로 간주한다. 그런 행동에는 충분한 의미에서 고의성이 없기 때문이다. 요컨대 이 같은 유의 사이비용기의 결함은 크게 두 가지이다. 하나는 처벌을 피할 목적 하에 행해진 것이기에 고상함이 없다는 것이고 다른 하나는 강요를 받아 행해진 것이기에 고의성이 없다는 것이다. 처벌을 피할 목적 하에 행해지긴 했어도 법률의 명령을 따른다. 그러기에 사이비용기일지언정 겉으로 보면 (진짜)용기 있는 행동과 다르지 않다. 그러나 지향하는 목표와 고의성의 유무에서 양자는 갈린다.

6.4.6 사이비용기 (6): 수치 면피성 용기

『니윤』 III권 8장 첫머리에서 아리스토텔레스는 시민군에게서 볼 수 있는, 사이비용기이기는 하되, 가장 나은 형태의 사이비용기를 논한다. 그것의 특징으로는 크게 세 가지가 있다. 첫째는 염치 때문에 행해진다는 것이고 둘째는 명예를 고려하는 쪽으로 방향이 잡혀 있다는 것이고 셋째는 법률로 정해진 칭찬과 비난이라는 사회적 장치를 통해 성립하고 유지된다는 것이다. 아리스토텔레스가 보기에 사이비용기이긴 하지만 그렇더라도 염치에서 비롯하는 것이기에 가장 윗길이다. 그리고 (진짜)용기에 가장 근접한 형태의 사이비용기이다.[37]

아리스토텔레스는 문제의 사이비용기(이하: 수치 면피성 용기)가 '덕으로 인한' 것이라고 말하기까지 한다.[38] 그는 이렇게 말한다.

이런 종류의 용기는 우리가 앞서 기술했던 것(=진짜 용기)과 가장 많이 닮았다. 왜냐하면 그것이 덕에 기인하기(*di' aretēn*) 때문이다. 그것이 염치에(*di' aidō*), 고상한 것(즉 명예)의 욕구에(*dia kalou orexin (timēs gar)*), 그리고 망신을 당하지 않으려는 데에(*phygēn oneidous*) 기인하기 때문인 바, 망신을 당하는 것은 수치인 까닭이다.[39]

인용문에 따르면 '수치 면피성 용기'의 사람에게는 '고상한 것'을 향한 욕구가 있거니와, 고상한 것이란 곧 명예를 가리킨다. 몇 행 아래에서도 아리스토텔레스는 말한다. 시민군이 용감한 것은 강요를 받아서가 아니라 그렇게 하는 것이 고상한 것이기에 용감한 것이라고.[40] 시민군은 그래야만 한다면 저들의 임지에서 죽을 각오가 되어 있다. 그들에게 탈주란 수치이기 때문이고 목숨을 부지하기보다는 죽는 편이 더 낫기 때문이다.[41] 염치를 차리는 사람들의 숙고에서 중심적인 것은 고상함(*to kalon*)과 수치(*to aischron*)이다. 염치가 있는 사람들이 고상한 행동을 하는 것은, 덕 있는 사람들이 그러하듯, 다른 어떤 것 때문이 아니라 저들의 고상함으로 인함이다.

한편 아리스토텔레스는 수치 면피성 용기를 '시민적'(혹은 '정치적', *politikē*)이라고 칭하는 바, 그것이 법률의 영향 아래 놓여 있기 때문이다. 법률은 어떤 행동, 어떤 사람이 명예를 받을 만한지, 또 어떤 행동, 어떤 사람이 망신 혹은 창피(*oneidos*)를 당해도 싼지를 규정한다. 시민적 용기의 습득과 유지의 근간을 이루는 것이 이 같은 법률이다.

시민군은 위험에 맞서되, 법률에 명시된 제재와 준수하지 않으면 받는 망신 때문에([dia] ta oneidē), 그리고 그 같은 조치를 이행함으로써 얻는 명예 때문에(dia tas timas) 그러는 것 같다.[42]

염치가 있는 시민군은 용감한 행동을 하고 비겁한 행동을 피한다. 법에 의거하여 용기 있는 행동에 명예가 수여되기 때문이고 법에 의거하여 비겁한 행동에 질책이 가해짐으로써 망신을 당하기 때문이다. 요는 법률(의 명령) 때문에 그렇게 움직이는 것이다. 가장 나은 형태의 용기이고 (진짜)용기에 가장 근접한 형태이긴 하지만 수치 면피성 용기가 사이비용기로 간주되는 까닭이 여기에 있다. 어떤 의미에서는 강요를 받고 있다고, 그러기에 충분히 자발적이지 않다고 볼 수 있기 때문이다.

6.4.7 덕의 세 가지 조건

이상의 분석은 사이비용기의 사례들이 어째서 유덕하지 않은지를 보여준다. 뭔가 결격사유가 있기 때문이다. 결격사유는 크게 세 가지이다. 첫째는 앎이 없다는 것이고 둘째는 자발적 선택의 계기가 없다는 것이고 셋째는 안정적이지 않아 신뢰성이 없다는 것이다. 이는 덕이 있다거나 유덕하다는 소리를 들으려면 어떠해야 하는지를 부정적으로 보여준다.[43]

아리스토텔레스는 덕성의 기준에 단지 '어긋나지 않을' 뿐인 행동과 '덕에서 우러나와' 명실상부하게 덕 있는 행동을 구별한다.

둘 다 덕 있는 행동이지만 전자가 '겨우' 덕성의 기준에 턱걸이 하는 수준이라면 후자는 그것을 뛰어넘는 무애(無碍)의 수준을 일컫는다. 아리스토텔레스가 『니윤』 II권 1장에서 덕의 습득의 물음과 관련하여 주장하는 바에 따르면 우리는 행함으로써 배운다. 집을 지음으로써 집 짓는 기술자가 되고 바이올린을 연주함으로써 바이올리니스트가 되듯이 정의롭게 행동함으로써 정의롭게 되고 절제 있게 행동함으로써 절제 있게 되고 용기 있게 행동함으로써 용기 있게 된다.[44] 현장체험을 통해 몸에 배게 만든다는 점에서 기술과 다르지 않다. 기술과 덕의 습득과정에 유사한 측면이 있는 것이다.

그러나 양자가 유사하기만 한 것은 아니다. 『니윤』 II권 4장에서 아리스토텔레스는 양자의 비유사성을 이렇게 지적한다.

> 한편 기술과 덕은 비슷하지 않다. 기술로 생겨나는 것(결과물)들의 경우 그것들 자체 안에 좋음이 들어 있어, 그것들에 모종의 성격이 들어 있으면 그것으로 족하기 때문이다. 그러나 덕과 어긋나지 않은 것들(ta de kata tas aretas)의 경우, 그것들에 모종의 성격이 들어 있다고 하더라도 그것들이 정의롭게 행해졌다거나 절제 있게 행해졌다(dikaiōs ē sōphronōs prattetai)는 결론이 나오지 않는다. 그런 행동을 할 때 행동하는 사람이 모종의 상태에 놓여 있어야 하는 바, 첫째로 그에게는 앎이 있어야 하고, 둘째로 그것들이 그가 선택하는 것이어야 하고 그것들이 그것들 자체를 위해 선택되는 것이어야 한다. 그리고 셋째로 그의 행동은 확고하게 자리 잡힌, 불변적인 성격에서 나오는 것이어야 한다. 그러나 그

저 안다는 것을 제외한다면 저것들은 기술을 갖고 있다는 것의 조건으로 간주되지는 않는다.[45]

　기술의 경우는 현장에서 몸소 행함으로써 익힌 양질의 기량을 발휘하면 그것으로 족하다. 제작과정을 거쳐 산출된 결과물에 문제의 기량이 반영되기 때문이다. 기술의 경우는 기술자(건축가)와 결과물(건축물)이 서로 독립적이다. 덕성의 경우는 그렇지 않다. 덕성에 어긋나지 않을 뿐인 행동과 실로 유덕하게 행해진 행동은 다르다. 전자가 덕성의 최소한의 필요조건을 겨우 충족시키는 수준의 것이라면 후자는 그 같은 조건을 너끈히 혹은 유감없이 충족시킨다. 충분한 의미에서 유덕한 것은 두말할 것도 없이 후자이다. 덕의 경우 어째서 이런 일이 벌어지는가. 실천적 행동(정의로운 행동, 절제 있는 행동, 용기 있는 행동 등)은 기술적 결과물(건축물, 구두 등속)과 달리 그 행동을 수행하는 인물과 분리할 수 없기 때문이다. 이것이 실천적 행동의 특성이다. 덕 있는 행동이 유덕하게 행해지려면 다음 세 가지 요소가 필수적이다. 첫째는 전후사정을 잘 알고 행하는 것이다. 둘째는 외부의 강요를 받아서가 아니라 행동하는 사람이 자발적으로 자신의 결단 하에 행하는 것이다. 그리고 여기에는 다른 무엇 때문이 아니라 그것 자체를 위해 행한다는 점이 포함되어 있거니와 그것 자체를 위해 행한다는 고상함을 위해 행한다는 말로 바꿔 표현할 수 있다. 끝으로 셋째는 일회성으로 끝난다거나 그렇지 않을 때도 있는 것이어서는 안 된다는 점이다. 지속성이 유지됨으로써 신뢰감을 줄 수 있어야 한다.

6.5 용기란 무엇인가

6.5.1 용기의 대상

아리스토텔레스가 『니윤』 III권 6장에서 논하는 바에 따르면 용기란 덕기에 중용인 바, 문제의 중용은 공포와 담력 사이 어딘가에 자리 잡고 있는, 상황에 딱 들어맞는 중간이다. 그러나 정작 그게 어디쯤인지를 정할 때는 주로 공포를 중심으로 논의가 진행된다. 공포의 감정이 들면서 하나의 의견이 형성되는 바, '나쁜'(kakon) 일이 일어난다는 게 그것이다. 반응이 뒤따르기 마련이다. 아리스토텔레스는 나쁜 일의 사례로 망신을 당하는 것, 가난에 처하는 것, 병을 앓는 것, 친구를 잃는 것, 죽음 등을 꼽는다. 그러나 그에 따르면 용기가 온갖 종류의 나쁜 일에 관계하는 것은 아니다. 일례로 망신을 당하는 경우를 보자. 이 같은 나쁜 일은 나쁜 행동을 하였기에 당하는 것이다. 그러나 망신을 당하고 체면을 구기고 싶어 할 사람은 없다. 그러기에 망신을 당하면 어쩌나 하는 두려움이 나쁜 행동을 하지 못하게 하는 데 일조한다. 하지만 그렇다고 용기 있다고 하지 않는다. 병을 앓거나 가난에 처하는 일 등의 경우는 어떤가. 이런 일을 당해서도 성숙한 태도를 취하는 경우가 있다. 그러나 그같이 나쁜 일은 사람의 힘으로 어떻게 해볼 수 있는 것이 아니다. 그렇기에 적정 수준의 태도를 두고서 성숙하다고 할진 몰라도 용기 있다고 하지는 않는다. 용기 있다는 말을 쓴다면 그것은 전용된 의미에서일 뿐이다.

아리스토텔레스가 말하는 용기는 죽음처럼 아주 큰 규모의 나쁜 일과 관련되어 있다. 죽음은 모든 것이 완전히 끝나는 것으로서 가장 큰 두려움의 대상이다. 그러나 여기서도 제한을 두어야 한다. 병을 앓다 죽거나 사고로 바닷물에 빠져 죽는 일 등은 용기와 무관하다. 용기에서 문제되는 죽음은 (폴리스를 위해) 전투를 수행하다 죽는 것 같은 고상한(kalon) 죽음이다. 줄여 말하면 용기의 대상은 ① 아주 큰 규모의 나쁜 일로서 막아내든 도망을 치든 ② 원칙적으로 우리가 어떻게 해볼 수 있는 성질의 것이다.

6.5.2 중용의 성격

앞서(6.3) 말했듯이 윤리적 덕은 종(種)과 유(類)를 들어 정의하면 중간 수준을 선택하는 성향이다. 그러나 그것은 통상 말하는 중간 수준과는 거리가 멀다. 어떤 의미에서는 극단이라고 할 정도의 것이 중용인 경우도 있다. 일례로 생사가 걸린 위험한 상황에서는 공포를 강렬하게 느끼는 것이 중용(을 맞히는 것)이다. 그러나 공포처럼 부정적인 감정을 강렬하게 느끼는 것은 고통스런 일이다. 삶에 걸림돌로 작용한다. 그 결과 (좋은) 삶의 질(에우다이모니아)을 떨어뜨린다. 경우에 따라서는 공포가 전선에서의 탈주를 부추기기도 하는바, 공포감을 느끼는 것이 중용(을 맞히는 것)인 경우, 이 같은 전선에서의 탈주의 욕구 역시 중용(을 맞히는 것)일 수밖에 없을 것이다. 그러나 다른 한편 용기라고 할 때 거기서 요구되는 것은 탈주가 아니라 맡겨진 자리를 끝까지 고수하는 것이다. 과연 용기의 덕을 말할 때 이야기되는 중용이란 무엇인지 아리송하다. 크게 두 가지 방식으로 이해할 수 있을 것이다.

'감정 초탈'은 해결책이 아니다 : 아리스토텔레스가 용기를 하나의 감정이 아니라 두 가지 감정, 즉 공포와 담력(=자신만만함)을 가지고 작업을 한다는 점에서 다른 덕의 경우와 다르다. 그러기에 중간은 '지나치게 많은 공포'와 '지나치게 적은 공포' 사이가 아니라 '나쁜 일에 대한 공포'와 '생환에 대한 (무모함에 가까운) 자신만만함' 사이에 있을 수 있다. 이럴 경우 용기 있는 사람이라면 그는 큰 규모의 위험에 처하더라도 공포를 느끼지 않을 것이고 (무모함에 가까운) 자신만만함을 느끼지도 않을 것이다. 문제는 자신만만함(담력)이다. 물론 고통을 느끼는 것은 아니지만 어쨌든 '자신만만함을 느끼지 못한다'는 것은 자신이 일을 하는 데서 '기쁨(희락)을 느끼지 못한다'는 것을 의미한다. 이 같은 이해의 결정판이 나중에 에피쿠로스(학파)가 추구하는 온갖 감정에서 벗어나는 것(*apatheia*)이다. 에피쿠로스(학파)에 따르면 고통으로 인하여 발생하는 정신적 혼란을 피하려면 아예 감정을 느끼지 않도록 길을 들여야 한다. 고통의 근원인 감정을 '발본색원' 함으로써 정신적 불안정의 요인을 원천적으로 차단한다는 발상이다. 아리스토텔레스 역시 '감정 초탈'의 물음을 놓고 『에윤』에서 저울질한다.[46] 용기 있는 사람은 공포를 깡그리 느끼지 않는 것일까 아니면 공포라고 하더라도 느낄 만한 것이면 느끼는 것인가.[47] 아리스토텔레스는 '감정 초탈'의 진공(상태)을 수용하지 않는다. 그렇게 하면 고통만 사라지는 게 아니라 기쁨(희락)을

파올로 베로네세(Paolo Veronese), 「지혜와 용기의 알레고리(Allegory of Wisdom and Strength)」(1565)

느낄 가능성조차 박탈되기 때문이다. 그래, 용기 있는 사람이 공포도 느끼지 않고 담력도 느끼지 않는다고 해보자. 그것은 자신이 생명을 잃든 말든 자신은 상관이 없다, 개의치 않는다는 것과 조금도 다르지 않다.

용기의 중용을 위와 같은 식으로 이해하면 용기 있게 행하는 것이 좋은 삶(에우다이모니아)이 구현된 형식이라고 말하기 어렵다. 그뿐만이 아니다. 아리스토텔레스의 중용론에 따르면 감정이 중용을 맞히는 것은 감정이 문제의 사태에 딱 들어맞을 때이다. 아주 큰 규모의 나쁜 일 가운데는 인간이 견뎌내기가 버거운 정도의, 인간의 한계를 넘어서는 나쁜 일이 있이 있는가 하면, 큰 규모의 나쁜 일이라고 하더라도 인간이 견뎌내지 못할 정도가 아닌 나쁜 일도 있다.[48] 그런 유의 나쁜 일을 견뎌내는 이가 용기 있는 사람이다. 그렇더라도 그가 두려움을 느끼지 않는 것은 아니다. 달리 용기 있다고 하는 게 아니다. 두려움을 느끼면서도 견뎌내기에 용기 있다고 하는 것이다. 죽음(전사)이라든가 외상(부상)을 당하는 것이 그런 유의 나쁜 일이다. 그런 일은 본질적으로 고통스런 일이고 내키지 않는 일이다.[49] 이렇게 본다면, 위의 이해방식과는 달리, 용기라고 해서 거기에 공포가 수반되지 않는 것이 아니다.

고상함의 목표 지향성 : 위에서 말했듯이 전사한다거나 부상을 당하는 것은 본질적으로 고통스런 일이다. 그 누구도 그런 일을 자청할 사람은 없다. 대개는 피하려고 한다. 그럼에도 용기 있는 사람은 그런 나쁜 일을 피하지 않는다. 그렇다고 그가 공포를 느끼지 않는 것도 아니다. 문제는 그가 공포를 느끼는 방식이다. 공포를 느끼되 그는 바른 행동, 이성적인 행동에 개방되어 있다. 이런 의미의 용기는 자신의 목숨을 포기하는 것과 물불 가리지 않고 목숨을 지키는 데 매달리는 것 사이의 중용이라고 할 수 있다. 아리스토텔레스는 『니윤』 III권 7장에서 이렇게 말한다. 용감한 사람은 공포감을 갖게 하는 것을 만나면 누구나 그렇듯이 공포를 느낀다. 그러나 그가 느끼는 공포는 ① 딱 들어맞는 식으로 느끼는 공포이고 ② 이성(의 명령)에 어긋나지 않는 식으로 느끼는 공포이다. 그리고 그는 공포감을 자아내는 것을 ③ 고상함 덕분에 견뎌낸다. 고상함이 덕의 목표이다.[50] 고상함은 여기서 고통을 느끼게 하는, 삶의 원활한 진행을 방해하는 공포의 감정을, 비록 그것이 적정 수준의 것이라고 할지라도, 어쨌든 뒷전으로 밀어낸다. 고상함(의 실현)이 최종 목표이기 때문이다. 덕이 형성된 사람(용기 있는 사람)의 경우, 감정(공포)에 '제2수준의 쾌락'이 끼어들어 간섭하는 바, 고상함이 그 동인이다.[51]

6.6 '이성 혼자서는 티끌 하나도 못 움직인다'

개별적인 덕에 초점을 맞추고 있는 플라톤의 대화편들에서 소크라테스가 취하는 입장에 따르면 덕의 요체는 이성적 부분이 기량을 잘 발휘하는 데 있다. 덕이 무엇인지 '아는' 것이 중요하다. 경건이 무엇인지, 용기가 무엇인지, 절제가 무엇인지 아는 데서 행동이 나온다. 아리스토텔레스의 경우도 다르지 않다. 그 역시 좋은 인간이라고 할 때 그 좋다는 것이 특정의 물음과 관련하여 사고를 잘 하는 데 있다고 본다. 그런 점에서 소크라테스와 궤를 같이 한다. 아리스토텔레스 역시 인간의 이성적 부분(사려분별)이 기량을 잘 발휘하는 데서 인간의 좋음을 발견하기 때문이다. 그러나 아리스토텔레스가 말하는 덕은 그 기초에서부터 소크라테스와 다르다. 소크라테스의 경우 덕에서 앎을 빼면 아무것도 남지 않는다. 그러나 아리스토텔레스의 경우는 그렇지 않다. 출발점부터가 이성(사려분별)이 아니다. 그는 욕망과 감정에서 출발한다. 그런 바탕 위에서 사려분별이 요청될 따름이다.

아리스토텔레스가 강조하는 바에 따르면 앎을 얻었다고 하더라도 그것만으로는 행동에 이르지 못한다. 이런 노선의 사고는 그의 『영혼론』 III권 9장에 잘 표현되어 있다. 그에 따르면 우리가 의학을 배워 지식을 가지고 있다고 할지라도 그 지식 단독으로는 치료하는 일을 해내지 못한다. 치료와 직결된 의학지식이라고 할지라도 그것만으로는 치료행위로 이어지지 않는다는 뜻이다.[52] 그러면 그 같은 앎이 행동으로 이어지려면 앎에 무엇이 덧붙여져야 하는가. 아리스토텔레스에 따르면 앎의 담지자에게 욕구가 따라 붙어야 한다. 문제의 앎을 좋게 쓰든 나쁘게 쓰든 그것을 사용하려는 욕구 말이다.

> 운동을 일으키는 것은 단일의 것이다. 욕구하는 것(*to orektikon*)이 그것이다. (…) 사고(*nous*)는 욕구가 없으면 도대체 움직이지 않는 것 같다.[53]

아리스토텔레스가 여기서 염두에 두고 있는 앎은 의학의 예를 통해 드러나듯이 기술(지)이다. 그에 따르면 우리로 하여금 우리를 움직여 무엇을 행하도록 하는 것은 욕구—감정은 이것의 부분집합이다—이다. 욕구는 빠진 채 앎만 마련되어 있다면 그것은 우리를 움직일 수 없다. 앎이 욕구를 발동케 하는 것이 아니다.

욕구와 차단된 사고의 무력함은 『니윤』에서도 얘기된다. 그에 따르면 사고(디아노이아) 혼자서는 그 어떤 것도 움직이지 못한다. 어떤 것을 맞히려고 겨냥하는 사고, 실천적 사고라야 운동을 유발할 수 있다.[54] 욕구만으로도 불충분하다. 행동으로 이어지는 것은 한 몸을 이루어 일하는 욕구와 사고이다. 여기서 아리스토텔레스가 염두에 두고 있는 행동은 그렇게 하는 것으로 결단이 내려진 행동이다. 숙고의 기초 위에서, 특정의 상황에서 행해져야 할 것으로 선택된 행동이다. 그런 측면에서 우리가 어떤 한 사람을 놓고서 덕이 있다고 말한다면 그것은 그의 행동양상만 얘기하는 것이 아니다. 물론 그의 행동양상을 말하지 않는 것은 아니지만 그와 더불어 문제의 행동의 기저에 가로놓여 있는 것을 말하는 것이기도 한 것이다. 문제의 인물에게 덕(성)을 귀속시킨다는 것은 문제의 인물을 일련의 상황에서 결단을 잘 내리는 사람이라고 특징짓는 것이다. 일례로 정의로운 사람이 있다고 하자. 그를 두고서 정의롭다고 하는 것은 그가 어떤 일을 행하였는데 그 행동이 마침 정의롭기 때문이다. 그러나 그것이 전부가 아니다. 정의로운 행동이 요구되는 상황에 처하여 어떻게 대처해야 하는가의 물음에 직면하는 바, 그 물음에 그가 훌륭하게 단안을 내렸기 때문이기도 한 것이다. 여기서 말하는 결단(프로하이레시스)은 그 내용을 가리키는 것이 아니라 문제의 내용을 향해 문제의 인물이 취하는 태도를 가리킨다. 그러한 결단의 본질적 구성요소는 욕구이다. 좀 더 정확히 말하면 '숙고의 과정을 거친 욕구'(*orexis bouleutikē*)이다.[55] 이것은 결국 결단에는 욕구(감정)와 숙고(사려분별)의 두 요소가 필수적임을 의미한다. 어떤 한 사람을 가리켜 우리가 좋은 사람이라고 말하는 것은 결단의 저 두 축이 저들의 역할을 잘 수행한다는 의미에서다. 한편으로는 욕구가 바르게 틀 잡혀 있어야 하고 다른 한편으로는 사려분별의 능력에 힘입어 추론이 바르게 이뤄져야 한다.[56]

제3부

수사학적 감정

제 7 장

설득의 논증적 요소와
논증 외적 요소

7

윤리적 덕(性)의 물음에서 문제가 되는 감정은 장기간에 걸쳐 몸에 밴 습관과 태도의 문제로서 그것은 우리가 양육되는 과정을 거치면서 습득하게 되고 관련 상황과 행동에 노출됨으로써 구체적 형태를 띤다. 윤리적 덕이란 일정한 방향으로 반응하도록 확고하게 틀이 잡힌 성향으로서 감정은 그 양대 기둥 중 한 축을 형성한다.[1] 우리가 어떤 한 사람을 두고서 덕이 있다고 하는 까닭은 그가 상황에 딱 들어맞게 행동할 뿐만 아니라 그때 그가 내보이는 감정적 반응 역시 상황과 잘 맞아떨어지기 때문이다. 단순히 상황과 맞아떨어지는 게 아니라 그렇게 행동을 하도록 부추기기까지 한다. 판에 박힌 대로 말하자면 행동과 감정이 중용을 유지하기 때문에 문제의 인물을 일컬어 유덕하다고 하는 것이다. 이처럼 윤리적 덕의 면에서 다뤄지는 감정은 날것 그대로의 감정이 아니라 절차탁마의 과정을 거쳐 함양된 감정이다. 덕 있는 행동을 하는 데서 감정은 제구실을 톡톡히 한다.

공적연설

아리스토텔레스는 『수사학』 I권 3장에서 연설의 세 가지 계기를 구별하는 바, 그에 따라 연설의 세 가지 유형이 나뉜다. 첫 번째 유형은 법정연설이다. 법정연설은 우리가 배심원들 앞에 원고와 피고의 자격으로 서서 상대의 죄상을 들어 그의 책임을 묻거나 자신을 변호할 때 행하는 연설이다. 법정연설의 판단기준은 정의와 부정(의)이다. 그리고 법정연설에서 이슈가 되는 것은 과거사, 즉 지난날에 행해진 범죄행위이다.

두 번째 유형의 공식 명칭은 평의연설인데 정치연설이라고 부르기도 한다. 대표적인 예는 민회(의회)에서 행해지는 연설이다. 그것의 척도는 폴리스(국가)에 이로운 것과 해로운 것, 폴리스에 좋은 것과 나쁜 것이다. 문제의 사안을 어떻게 처리하는 것이 폴리스에 유익이 되고 좋은 것이냐를 놓고 공방을 벌이는 것이다. 평의연설에서 내려지는 결단과 판단은 장차 도래할 폴리스의 유익(국익)을 보장할 조치이다. 그러기에 평의연설은 미래 시점에 초점이 맞춰진다.

연설가가 연설을 통해 수행하는 행동은 무엇인가. 법정연설의 경우 연설가는 자신이 원고일 경우 상대의 죄상을 낱낱이 들추어내어 처벌을 요구하고 피고일 경우 자신의 행동을 옹호(혹은 정당화)한다. 평의연설의 경우는 모종의 조치를 취하는 것이 국익에 부합하는 길이니 해당 안건에 찬성(또는 반대)하라고 권유(또는 만류)하는 것이다.

아리스토텔레스가 『수사학』에서 작업하는 것을 보면 그의 관심이 온통 법정연설과 평의연설에만 쏠려 있는 것 같다. 그러나 제3의 유형도 있다. 과시연설이 그것이다. 이것은 찬양연설, 축제연설, 예식연설로도 불린다. 과시연설에서 중요한 것은 누군가가 칭찬을 받거나 비난을 받는 것이다. 아리스토텔레스의 경우 진정한 의미에서 칭찬의 대상이 되는 것은 아름답고 고상한(kalon) 것인데, 바로 그렇기 때문에 그것과 반대되는 것, 즉 흉한 것, 추한 것, 비루한 것 역시 과시연설의 대상이 된다. 연설의 각 유형에 특징적인 시점의 체계에 어울리게 아리스토텔레스는 이 세 번째 유형의 연설에 '계속 머물러 있는 시점', 즉 현재를 귀속시킨다.

한편 아리스토텔레스는 공적연설의 장에서도 청중의 감정에 영향을 미치는 일이 가능하다는 입장이다. 이제까지와 결이 사뭇 다르다. 왜냐하면 위에서 말한 것처럼 덕 있는 행동에서 역할을 하는 감정은 장기간의 트레이닝을 통해 길들여진 감정인데 반해 공적연설의 제반 조건은 그 같은 감정이 작동하기에 부적절하기 때문이다. 무엇보다도 연설가가 청중과 대면하는 시간이 한정되어 있어 장기간에 걸쳐 형성된 개인의 태도가 힘을 발휘할 수 없다. 연설가가 개개인의 호불호와 태도에 말을 걸 수도 없다. 그뿐만이 아니다. 제1장(1.4)에서 논했듯이 아리스토텔레스가 말하는 감정은 생리적 조건과도 밀접하게 연결되어 있다. 그러나 공적대중의 생리적 조건은 연설가가 어떻게 손을 쓸 수 있는 성질의 것이 아니다. 여기서 크게 두 가지 물음이 제기된다. 공적연설의 청중의 감정은 어떻게 유발될 수 있는가와 공적연설의 장에서 감정 유발이 가능하다고 할 때 요구되고 전제되는 감정 이해는 어떤 유의 것인가가 그것이다. 전자는 공적연설의 장에서 감정을 유발하는 기술의 물음이고 후자는 수사학적 감정 이해의 골간을 묻는 물음이다.

7.1 설득은 증명이다

아리스토텔레스가 말하는 수사학은 변증법의 '맞상대'이다.[2] 아리스토텔레스가 말하는 변증법이 무엇인가는 그의 『토피카』를 통해 알 수 있다. 그의 『토피카』의 목표는 하나의 방법을 개발하는 것이

필립 폴츠(Philipp Foltz), 「페리클레스의 연설(Pericles' Funeral Oration)」(1877)

다. 어떤 논제든 주어진 논제와 관련하여 그것을 발판 삼아 옹호의 논변을 펼 수도 있고 반론을 펼 수도 있는 기술, 아리스토텔레스의 변증법이 그것이다. 수사학이 변증법의 맞상대라는 규정은, 그러므로, 수사학 역시 변증법과 다르지 않다는 점을 천명한다. 『토피카』의 목표가 논변전개방법을 개발하는 것이듯 『수사학』의 과제는 어떤 사안이든 주어진 사안에서 설득력 있는 요소를 찾아내는 것이다.[3] 한편 『토피카』의 주된 관심사는 전제에서 출발하여 결론에 도달하는 이른바 연역적 추론(쉴로기스모스)이다. 반면 『수사학』의 학적 관심은 설득에 있다. 설득은 『토피카』의 '전제-결론' 형 연역에 상응하는 수사학적 연역이다. 『토피카』의 연역이든 『수사학』의 설득이든 그 핵심은 증명이다. 증명의 요소가 변증법의 '전제-결론' 형 연역과 수사학적 설득을 이어주는 통로인 셈이다.

설득이란 믿음 혹은 확신을 심어주는 일이다. 청중을 설득한다는 것은 청중으로 하여금 어떤 한 사안과 관련하여 믿게, 확신을 갖게 만드는 것을 일컫는다. 청중이 설득되거나 확신을 갖게 되는 것은, 아리스토텔레스에 따르면, 문제의 사안이 증명될 때다.[4] 설득은 증명(혹은 논증)인 것이다. 아리스토텔레스가 『수사학』의 많은 부분에서 논증에 기반을 둔 설득의 물음에 매달리는 이유가 여기에 있다.

한편 증명은 연역(추론)이다. 그러기에 설득은 연역의 과정을 밟는다. 일례로 청중에게 명제 B를 확신시키려고 한다고 하자. 변증법적 트레이닝을 받은 연설가는 청중에 의해 인정받고 있는 명제 A를 집어 든다. 도달하고자 하는 명제 B가 그로부터 도출된다.[5] 모종의 부차적인 조건이 주어지는 경우라고 하더라도 명제 A를 확신하고 있는 사람이라면 누구든 그것과 명제 B가 '전제-결론'의 관계로 연결된다는 점을 알고 있다면 명제 B도 확신하게 된다. 수사학이 변증법의 영역에 편입되는 것은 바로 이 같은 설득(과정)의 분석을 토대로 해서다. 아리스토텔레스가 수사학을 일컬어 '변증법의 부분'이니 '변증법과 비슷한 것'[6]이니 하는 이유가 여기에 있다. 한편 아리스토텔레스는 일반적 의미의 증명(apodeixis)과 구별하여 수사학적 증명에 엔튀메마라는 별칭을 붙인다. 엔튀메마란 그 본성에서 공적연설의 여러 특수 조건에 최적화된 논변 혹은 증명이다.

아리스토텔레스가 이처럼 수사학적 '설득'을 변증법적 '논증'의 기초 위에 세우는 이유는 크게 두 가지다. 그중 하나는 이전의 수사학적 전통 때문이다. 아리스토텔레스에 따르면 이전의 수사학은 수사학이라는 이름을 달고는 있지만 실상은 학(學)이라기에 민망한 수준의 것이었다. 틀에 박힌 대로 움직이는 습관적·기계적 상황 대처 매뉴얼이었기 때문이다. 이전 수사학 교사들의 주된 관심의 대상은 법정연설이었다. 농간을 부리기가 수월했기 때문이다. 문제로 서 있는 사안을 놓고 시시비비를 따져가며 설득하는 것이 수사(레토리케)의 본령이거늘 그 같은 일은 안중에 없고 싸구려 인정에 호소하거나 사안과 동떨어진 주변부 일을 꼬투리 잡아 인신공격을 하거나 판정을 내리는 사람의 비위나 맞추는 등 헛발질만 일삼았다는 것이 아리스토텔레스의 진단이다. 그에 따르면 이전 수사학 교사들은 설득의 몸통에 해당하는 수사 연역(엔튀메마)에 대해서는 일언반구도 없이 음식으로 치면 양념이나 조미료에 해당하는 가십성 일화만 주저리주저리 늘어놓았다.[7] 이처럼 '사안 외적인 것'에 치중했던 이전 수사학 교사들과 달리 아리스토텔레스의 관심은 사안을 벗어나지 않는다. 사안에 초점을 맞춘다는 것은, 그의 경우, 사태의 진상을 누가 보더라도 수긍하게끔 깔끔하게 증명하는 것이다. 그가 공적연설의 장에서 문제가 되는 논제와 관련하여 논변을 펴는 것을 연설가의 주된 과제라고 하는 이유이다. 습관적·기계적 상황 대처 매뉴얼의 차원에 머물던 수사학을 학의 반열에 올려놓으려는 시도이다.

아리스토텔레스로 하여금 '논증기반 수사학'의 수립에 심혈을 기울이게 만든 또 하나의 동인은 플라톤의 도발이다. 플라톤의 이해에 따르면 수사학은 (진짜)학이 아니라 사이비기술이다. 기술(학)의 외양을 띠기는 하나 따지고 보면 기술(학)이 아니라는 평가다. 플라톤의 분신이라고 할 수 있는 『고르기아스』의 소크라테스에 따르면 몸과 영혼에는 각각 양자의 복원(원상복구)에 종사하는 기술이 있다. 상한 몸을 치료하여 건강을 되찾게 하는 의학(기술)과 무너진 정의를 다시 일으켜 세우는 사법(司法)(기술)이 그것이다. 이것들 말고도, 소크라테스에 따르면, 겉으로는 기술과 다를 게 없어 보여도 뜯어보면 기술이 아닌, 저들에 조응하는 사이비기술이 있다. 요리기술과 수사기술이 그것이다. 의학기술이 무너진 몸의 건강을 회복시키는 것이라면 요리기술은 그 흉내만 낸다. 혀끝을 자극하여 미각을 돋우는 데만 신경을 쓸 뿐 건강 같은 것에는 관심도 없고 그럴 능력도 없다. 수사학이 영혼과 관련해서 딱 그 짝이라는 게 소크라테스의 진단이다. 그가 말하는 사법(dikaiosynē)은 무너진 정의(dikaiosynē)를 다시 일으켜 세워 흐트러진 영혼의 질서를 복원하는 기술이다. 그에 반해 수사학은 그런 시늉만 할 뿐 실상은 딴판이다. 시비곡직을 가리고 파사현정을 추구하기는커녕 듣기 좋은 소리로 세인의 환심을 사 사익을 챙기는 데만 혈안이 되어 있대서다. 소크라테스(와 플라톤)의 눈에 비친 수사학은 한낱 '요리기술의 맞상대'에 불과하다.[8] 몸쪽에 요리기술이라는 사이비기술이 있다면 영혼 쪽의 그것은 수사학이다. 한 마디로 줄여 말하면 수사학은 기술(학)이 아니다. 이와 같이 선대에서 기술이 아니라고 못 박아

놓은 상황에서 아리스토텔레스는 보란 듯이 수사학을 들고 나온다. 뭔가 자기변명을 내놓지 않으면 안 된다. 자기를 정당화하는 일 없이 사이비기술로 낙인찍힌 수사학을 들먹인다면 그 역시 무늬만의 철학자로 전락하고 말 것이기 때문이다. 그에게 수사학의 학적 정초는 피할 수 없는 선결과제이다. '변증법의 맞상대'라는 수사학 규정이 나온 배경이다. 아리스토텔레스가 수사학을 규정하면서 많고 많은 표현 중에서 '맞상대'라는 표현을 콕 집어든 것은 '요리기술의 맞상대'라는 『고르기아스』의 수사학 규정을 내심 꼬집고 싶었기 때문이다. 소크라테스가 부정적 의미로 사용했던 동일한 표현을 180도 뒤집어 긍정적으로 사용한 것이다.

이와 같이 아리스토텔레스는, 한편으로는 기술의 요건을 갖추지 못했던 이전의 수사학 전통과 대결하고, 다른 한편으로는 겉으로는 기술 같이 보이나 실상은 청중을 상대로 알랑거리는 '비위 맞추기'에 불과하다는 플라톤의 수사학에 대한 비판적 시각에 도전하여, 논증에 기초한 수사학을 수립함으로써 수사학을 명실상부하게 기술의 반열에 올려놓는다.

7.2 기술적 설득수단

양질의 엔튀메마, 양질의 수사학적 연역을 얻으려면 기본적으로 여타의 모든 연역, 즉 쉴로기스모스에 대해 요구되는 공통적인 요소를 갖추지 않으면 안 된다. 이것이 일차 관문이다. 그러나 문제의 연역이 수사학적인 것이 되려면 그것―일반적 의미의 연역―만으로는 충분하지 않다. 수사학의 특수성 때문이다. 일반적 의미의 연역과 수사학적 연역 간의 차이에 기인하는 여러 문제를 제대로 관리할 수 있는 역량이 추가적으로 요구된다. 변증법 전문가가 수사가가 되려면 명심해야 할 요소로 아리스토텔레스는 크게 두 가지를 꼽는다. 하나는 공적연설에서 일반적으로 다뤄지는 주제의 성격이고 다른 하나는 공적연설의 청중이라는 변수이다.

먼저 공적연설에서 일반적으로 다뤄지는 주제를 보자. 그것이 어떤 성격의 것인가는 이론철학의 주제와 대비시킬 때 잘 드러난다. 이론철학의 대표적인 주제는 자연현상이다. 자연현상은 늘 똑같은 식으로 벌어진다. 그리고 필연적이다. 그러기에 법칙으로 개념화할 수 있다. 공적연설의 대상은 그렇지 않다. 인간사(*ta anthrōpina*)가 그 주된 대상인 바, 인간들 사이에서 벌어지는 일에는 온갖 변수가 난무한다. 늘 똑같은 식으로 전개되지 않는다. 아리스토텔레스의 표현을 빌려 말하면 '다른 식으로도 얼마든지 있을 수 있(다).'(*endechetai kai allōs echein*)⁹ 그렇다고 무질서하냐면 그렇지도 않다. 항상, 예외 없이, 동일한 양태를 취하지 않는 것일 뿐 '대체로' 혹은 '십중팔구'(*hōs epi to poly*) 일정한 경향성을 보인다. 인간의 삶은 본질적으로 실천(프락시스)의 장이다. 실천을 규정하는 것은 개연성과 가변성과 유한성이다. 불가피하게 이해 당사자끼리 머리를 맞대고 해결책을 강구―숙고―하고 가능한 여러 옵션 가운데서 어느 하나를 선택할 수밖에 없다.

청중의 경우는 어떤가. 공적연설에 나서는 연설가, 잘 훈련된 변증법 전문가와는 달리 공적연설의 청중은 지성의 면에서 불충분하다. 교실의 학생들과 달리 지적으로 들쭉날쭉 고르지 않다. 무엇보다도 법정의 배심원이나 민회의 구성원은 길게 이어지는 일련의 추론을 따라오는 데 길들여지지 않은 보통 사람들이다.[10] 그러기에 그 같은 청중에게 제시되는 수사학적 연역은 학적 증명과 같은 정도로 정밀할 필요가 없다. 아니, 그래서도 안 된다. 그것은 통상적 의미의 변증법적 논변보다 길이가 짧아야 한다. 청중의 지적 정도를 고려한 고육지책이다. 수사학에서 다뤄지는 이슈와 청자의 특수성을 고려한 기술적 최적화이다. 논증의 기초이론이 공적연설의 주제의 특수성과 청중의 지적 역량에 최적화된 결과물이다.

수사학을 기술(학)로 정초하려는 의도에서 설득의 논증기반을 강조하는 아리스토텔레스지만 공적연설의 특수한 조건 또한 명확하게 직시한다. 수사학적 증명은 근본적으로 청중에 의해 현실적으로 받아들여지는 전제에서 출발하지 않으면 안 된다. 그래야 알아듣기 때문이다. 그뿐만이 아니다. 수사학적 논변이 도달하고자 하는 결론은, 선뜻 이해할 수 있는 방식으로, 즉 청중이 갖고 있는 믿음에 기초하여 도출되어야 한다. 그러려면 청중이 받아들이는 통념을 토대로 논증을 전개해야 한다.[11] 도출하는 과정에서도 꼬리에 꼬리를 물고 기다랗게 이어지는 일련의 추론을 요구해서는 안 된다. 수사학적 증명에서 고려해야 할 사항들이다.

수사학적 증명과 별개의 문제도 아니고 증명상의 문제도 아니지만 그 못지않게 중요한 고려사항이 있다. 청자와 화자의 변수이다. 아무리 잘 짜인 수사학적 증명일지라도 청중의 눈에 비친 화자, 즉 연설가가 신뢰감을 주지 못한다면, 또는 연설 현장의 청중의 감정 상태가 연설가가 도달하고자 하는 소기의 결론에 적대적이라면 문제의 수사학적 증명의 설득력은 제대로 발휘될 수 없다. 청자의 감정상태와 화자의 신뢰성이라는 변수가 수사학적 증명에 방해 요소로 작용할 수 있다. 잠재적 걸림돌을 미연에 제거할 필요가 있다. 일례로 연설가가 청자가 싫어하는 부류의 사람이거나 청자가 볼 때 덕이 없어 보이는 사람이라면 청자가 연설에 대해 호의적인 판단을 내리기가 어려울 수 있다. 뒤집어 말하면 청자의 감정적 태도가 연설가의 논변이 제시하는 바와 조화를 이룬다면 연설가가 제시하는 결론을 받아들이기가 비교적 용이할 수 있다. 이것은 감정을 체계적으로 다루는 일이 얼마나 중요한지를 유감없이 보여준다.

『수사학』 I권 1장 서두에서 아리스토텔레스는 그동안 수사학의 이름 아래 행해진 관행을 돌아보면서 기존의 행태를 비판한다. 그의 비판의 주안점은 감정 자극이다. 요지는 몰기술적이다, 바꿔 말해서 방법에 입각해 있지 않다는 것이다. 그 근거로 그는 종래의 감정 자극이 사안과 무관하게 행해졌음을 지적한다. 그에 따르면 종래의 수사학 교사들은 '중상모략과 연민과 분노 및 여타의 감정'은 자극하라고 권하면서 사안과 직결된 설득의 핵심 요소인 수사학적 증명은 소홀히 하였다.[12] 일례로 재판관을 분노나 연민에 빠지도록 유도하여 관심을 딴 데로 돌려놓고 혼란을 일으켰다.[13] 그러나 이것은 판단을 흐리게 만드는 처사로서 바른 자세가 아니다.[14] 비유하자면 측량에 사용할 잣대를 사전에 꺾어놓는 것과 다르지 않은 행태다.[15] 이처럼 아리스토텔레스는 공적연설에서 행해졌던 감정 자극의 관행을 신랄하게 비판한다. 그러나 이 같은 비판의 취지는 감정을 자극하는 일 자체를 부정하려는 것이 아니다. 그의 비판의 초점은 사안과 무관하게 오로지 감정에만 매달렸던 재래의 관행에 맞춰져 있다.[16] 문제의 관행이 몰기술적이었기 때문이다. 수사학을 학으로 정초하고자 하는 아리스토텔레스로서는 정당한 비판이다. 어떤 조처든 기술적이라야, 다시 말해서 수사학이라는 기술(학)에 기초한 것이라야 그것을 익힌 사람이면 누구든 문제의 조처를 현장에 적용할 수 있을 것이기 때문이다. 배운 수사기술대로만 하면 누가 언제 어떤 계기에 사용하든 현장에서 재현 혹은 구현 가능한 것이 기술이기 때문이다.

아리스토텔레스는 감정이 설득작업에 주효하다는 점을 오해의 여지없이 인정한다. 감정에 대한 아리스토텔레스의 수사학적 관심은 공적연설의 장에서 감정을 효과적으로 유발하는 방법의 모색에 있다. 중요한 점은, 여기서, 감정을 유발하되 그것이 사안과 무관하게 진행되지 않는다는 점이다. 아리스토텔레스의 수사학적 감정 자극은 철저히 기술적이고 시종일관 사안 중심적이다.

청자의 감정을 유발한다는 것은 연설을 통해 청자로 하여금 모종의 감정을 느끼게 만드는 것이다. 그것을 아리스토텔레스는 청자를 통해 설득이 이루어졌다는 말로 표현한다. 청자로 하여금 특정의 감정을 느끼도록 유도하는 이유는 무엇인가. "우리가 슬플 때 내리는 판단과 기쁠 때 내리는 판단이 같지 않고 사랑할 때 내리는 판단과 미워할 때 내리는 판단이 같지 않기 때문이다."[17] 연설가가 목표로 삼는 것은 청중의 판단이다. 민회(의회)에서는 안건과 관련하여 가결과 부결의 형식으로 판단이 내려지고 법정에서는 선고의 형식으로 판단이 내려지기 때문이다.[18] 청중―평의연설에서는 민회의원, 법정연설에서는 배심원―으로 하여금 사태를 제대로 판단하게 만드는 일이 중요하다. 판단을 그르치지 않게 함으로써 투표권이 제대로 행사되게 하려는 것이다. 판단 형성에서 주도적 역할을 하는 것은 논증(로고스)이다. 그러나 그것이 판단 형성에 효과적인 유일한 요소는 아니다. 연설가가 청자의 눈에 신뢰할 만한 사람으로 보이는 것(에토스)도 중요하고 연설가가 연설을 통해 제시하는 논증에 거부감을 갖지 않도록 분위기 조성작업(파토스)도 필요하다.[19] 이 세 가지를 아리스토텔레스는 기술적 설득수단이라고 부른다.

아리스토텔레스의 경우 어떤 사안을 놓고 청자를 설득한다는 것은 문제의 사태를 증명하는 일이다. 그러나 공적연설의 공간에서는 사안과 청자의 특수성으로 인하여 논증하는 일에 제약이 따른다. 이러한 제약은 연설가(의 신뢰성)와 청자(의 감정상태)의 변수를 적절히 활용하면 상당한 정도로 극복이 가능하다. 이 같은 공적연설의 특수 조건이 반영된 것이 아리스토텔레스가 말하는 수사학의 세 가지 설득수단―(연설에 담긴) 논변, (연설가의) 성격, (청자의) 감정상태―이다.

> 연설을 통해 마련되는 설득수단으로는 세 가지가 있다. 말하는 사람의 성격(*ēthos*)에 있는 경우도 있고, 청자를 모종의 상태에 놓이게(*ton akroatēn diatheinai pōs*) 하는 데에도 있고, 논변(*logos*) 자체

에 있는 경우도 있다. 그리고 논변을 통해서는 어떠어떠하다는 점이 드러나거나 드러나는 것 같이 보인다.[20]

인용문에 따르면 세 가지 설득수단 모두 '연설을 통해' 작동한다. 연설을 통해 작동한다는 것은 감정 자극의 경우 연설에서 다뤄지는 사안과 무관하게 진행되는 것이 아니라는 뜻이고 성격 표출의 경우 기왕에 형성된 것이 아니라는 뜻이다. 연설가의 성격 혹은 사람됨이라고 하더라도 그것이 현장의 연설을 통해 묻어나는 것이어야지 연설과 무관하게 이미 형성된 세간의 인물평에 의존하는 것이어서는 안 된다.

설득수단으로는 위의 세 가지가 전부다. 그 밖에 다른 설득수단은 생각할 수 없다는 것이 아리스토텔레스의 학적 자부심이다. 그리고 에토스와 파토스가 설득에 투입된다고 해서 로고스의 위상에 어떤 변화가 생기거나 하는 건 아니다. 로고스는 어디까지나 로고스다. 아리스토텔레스가 로고스'뿐만 아니라' 에토스와 파토스도 필요하다는 취지로 말하는 것을 보더라도 논변의 사용이 여전히 기본적 옵션임을 어렵지 않게 읽을 수 있다.[21]

성격 표출과 감정 자극은 '비논증적' 설득수단이다. 논증적 성격의 설득수단이 아니라는 뜻이다. 논증과 구별되는 별개의 설득수단이라는 것이지 비합리적이라는 의미는 아니다. 비논증적이라는 것과 비합리적이라는 것이 동일한 것이 아니기 때문이다. 하지만 위에서 보았듯이 두 가지 비논증적 설득수단과 논증적 설득수단이 각기 따로 노는 것은 아니다. 논변이 전개되는 것과 동일한 설득과정에 투입된다. 논증의 과정을 통한 설득력의 전달과정에 성격 표출과 감정 자극 역시 동참하여 함께 작동한다. 양자 모두 합리성의 요구 조건을 충족시키는 설득수단이다.

7.3 멀쩡하던 로고스도 맥을 못 출 때가 있다

수사학적 논증은 공적연설의 여러 특수 조건이 반영된 논증이다. 특히 그것은 통념에서 나온 명제를 전제로 삼는다. 공적연설에서는 청중 친화적으로 갈 수밖에 없기 때문이다. 그렇더라도 논증인 한에서는 그 밖의 다른 형식의 논증들─과학적 논증, 변증법적 논증 등─과 조금도 다르지 않다. '전제─결론' 형식을 유지하기 때문이다. 이것은 신빙성 혹은 입증능력이라고 불러도 무방한 설득력이 추론과정을 통해 일관되게 이어지고 있음을 시사한다. 이 같은 일관성을 통해 설득력이 매개되거니와, 일관성이 형성되면 설득은 이루어지기 마련이다.[22] 위(7.1)에서 들었던 예를 다시 소환한다면 명제 A는 일반적으로 널리 받아들여지는 명제이다. 널리 받아들여진다는 것은 곧 청중에 의해 사태가 그러그러하다고 인정을 받는다는 뜻이다. 바로 그런 명제 A로부터 명제 B가 결론으로 도출된다. 이로써 결론에는 명제 A를 통해 청중의 믿음이 매개된다. 명제 B를 결론으로 받아들임으로써 설득력이 일관되게 유지되는 것이다. 이와 같은 일관성의 유지야말로 합리성의 핵심적 요소이다.[23] 추론의 일관성이 유지됨으로써 최소한 합리성의 필수조건 한 가지가 확보된다. 이것이 아리스토텔레스가 말하는 논증기반의 설득 모델이다.

기록은 경신되기 마련이다. 어떤 의미에서 기록은 깨지기 위해 있다. 법은 준수하라고 제정되어 있건만 법이 그어놓은 경계를 넘는 일은 인간사에서 다반사다. 충족되어야 할 요구 조건의 경우도 마찬가지다. 요구 조건이 충족되면 소기의 결과가 산출된다. 그러나 요구 조건이 충족되지 않을 가능성은 최소한 이론상으로 상존한다. 우리가 문제 삼고 있는 합리성의 경우도 그렇다. 모든 사람이 다 흔쾌히 합리성의 요구 조건을 고분고분 따르기만 하는 것은 아니다. 설사 흔쾌히 합리성의 요구 조건을 따른다고 하더라도 항상 성공적이기만 한 것도 아니다. 최선의 판단을 내리고서도 엉뚱한 행동을 하는 아크라시아가 그 단적인 예다. 최선의 판단을 내리고서도 두 가지 서로 상반된 충동 사이에서 갈피를 잡지 못하고 이럴까 저럴까 우왕좌왕하다가 아무 일도 못하거나 예상치 못한 엉뚱한 일을 벌이기도 한다. 우리는 대체로 우리가 받아들이는 전제에서 출발하여 하나의 결론에 도달한다. 그리고 특별한 사정이 없는 한 그렇게 내려진 결론과 어긋나지 않게 행동하고 판단한다. 그러나 그것은 원칙적으로 그렇다는 것이지 실천의 현장에서는, 우리가 아무리 합리적이고 또 이성을 좇아 행동하고 판단할 능력이 있다손 치더라도, 그에 부합하는 적절한 방식으로 행동하고 판단하지 못할 가능성이 상존한다.[24] 능력의 면에서도 천차만별이다. 주어진 이성의 능력이 똑같다고 하더라도 이성이 말하는 바를 알아듣는 정도와 그것을 행동으로 옮기는 정도는 사람마다 다르다. 행동에서만 그런 것이 아니라 판단을 형성하는 데서도 그렇다. 그뿐만이 아니다. 행동을 수행하고 판단을 형성하는 역량과 관련해서도 개발 내지 함양된 정도와 단련된 정도에서 사람마다 편차가 있다. 역량 자체의 문제라기보다는 역량을 발휘하는 인간의 문제이다.

세상만사 원칙적으로 돌아가기만 하는 것도 아니고 인간의 역량에서도 정도의 차이가 없을 수 없다. 그러면 이 같은 우리의 삶의 현장, 실천현장의 사정이 수사학적 설득에 대해 갖는 함의는 무엇인가. 청자로 하여금 널리 받아들여지는 전제에서 출발하여 논리정연하게 추론을 전개하도록 하는 한편, 그 같은 과정에 어긋나지 않게 판단을 내리도록 하는 일이 결코 만만치 않은 작업이라는 점이다. 테크네에 기반을 둔 수사학자가 할 일은 그 같은 과정이 안정적으로 진행되게 하는 방안을 강구하는 것이다. 주어진 특정 논변의 논리적 진로를 따라 무사히 종착점에 이르러 판단을 내릴 수 있는, 누구든 그 길을 밟으면 동일한 판단을 내릴 수 있는 길을 닦는 것이다.

아리스토텔레스가 말하는 테크네 기반 수사학의 진면목이 여실히 드러나는 것은 바로 이 대목에서다. 그는 『수사학』 II권 1장에서 기술적 설득수단을 소개하면서 이렇게 말한다.[25] 연설가는 ① '논변을 살피되 그것이 논증적임과 확신을 심어주는 것임을 살펴야 한다고. 이어서 그는 다음과 같이 덧붙인다. 아울러 ② '자기 자신을 특정 부류의 인물로 드러내는' 일과 ③ '판단을 내릴 사람을 준비시키는' 일 역시 필수적이라고.[26] 여기서 맨 처음 언급한 것(①)은 로고스를 가리키고 그 다음에 언급한 두 가지(②, ③)는 각각 에토스와 파토스를 가리킨다. 그에 따르면 연설가는 첫째로, 논변을 잘 살펴야 한다. 그것이 논증능력을 담지하고 있는지, 확신을 심어줄 수 있는 요소를 지니고 있는지 찬찬히 뜯어볼 필요가 있다는 뜻이다. 그러나 그것만으로는 충분치 않다. 거기에 추가되어야 할 것이 있다. 한편으로는, 연설가 자신이 믿을 수 있는 사람이라는 점을, 물론 연설을 통해서, 청자에게 각인시킬 필요가 있고, 다른 한편으로는, 청중이 연설을 통해 전달되는 논변을 무리 없이 받아들일 수 있도록 그들의 감정상태를 현장 상황에 맞게 조성할 필요가 있다. 이른바 연설가의 성격을 표출하는 일(②)과 청자의 감정을 유발하는 일(③)이 그것이다. 논변의 설득력이 원활하게 기능하여 청자의 판단 형성에 이르기까지 안전한 길을 확보하기 위해서다. 설득의 논증적 요소가, 비유하자면, 예상치 못한 암초에 부딪혀 좌초하지 않고 전 과정을 무난히 통과하여 판단이라는 최종 목표지점에 안착하게끔 비논증적 요소 에토스와 파토스를 동원하는 것이다. 같은 사태를 바꿔 표현한다면 에토스와 파토스가 설득에 투입되는 것은 제대로 된 의미의 판단 형성이 논변의 작용만으로는 충분하지 않기 때문이다. 논변의 작용만으로 본래적인 의미의 판단 형성이 충분하다면 굳이 에토스와 파토스를 동원할 필요까지 없을지도 모른다. 그러나 현실적으로 그렇지 못하기에 궁여지책으로 두 가지 비논증적 설득수단이 투입되는 것이다. 한마디로 줄여 말하면 로고스의 한계 탓이다.

7.4 사람이 듬직해 보이면 말에도 힘이 실린다

아리스토텔레스는 『수사학』 II권 1장에서 논변의 증명력만으로는 청자의 판단 형성이 충분치 않다는 점을 지적한 다음, 설득이 성공적이려면 논변 외에 성격 표출과 감정 자극의 요소가 덧붙여져야 함을 강조한다. 성격 표출이란 연설가가 연설을 통해 자신이 믿을 수 있는 사람임을 드러내 보이는 것이다. 연설가가 믿어도 되는 사람이라는 점이 묻어나도록 연설을 한다는 뜻이다. 간혹 오래 누려 온 사회적 평판 때문에 믿음직스럽게 보이는 경우도 있다. 실로 그같이 사회적으로 호평을 받는 것이 공론의 장에서 두각을 나타내고자 하는 사람에게 유리한 조건일 수 있다. 그러나 『수사학』의 아리스토텔레스는 그렇게 생각하지 않는다. 그의 경우 수사학적 설득의 일차적 관심은 논증이다. 철두철미 논증 중심적이다. 청자의 눈에 연설가가 믿음직스러워 보이는 것도 연설을 들으니 연설에 통찰력이 있어서지 그가 여태까지 살아온 인생 역정 때문이 아니다. 물론 연설가의 인생 경험이 연설에 녹아들어 설득력을 높이는 경우도 있을 수 있다. 그렇더라도 중점은 여전히 연설―논변―에 놓여 있다. 기존에 형성된 사회적 평판 같은 것은 수사학적 설득에 결단코 직접적으로 작용하는 요소가 아니다. 청자의 연설가에 대한 신뢰는 오로지 연설을 통해 현장에서 형성되어야 한다.

그러면 연설가는 자신을 청자의 눈에 신뢰할 만한 사람으로 비치게 하려면 어떻게 해야 하는가. 여기 아리스토텔레스의 처방이 있다.

루이 르뷔랑(Louis J. Lebrun), 「소크라테스 말하다(Socrates' Address)」(1867)

그것을 통해 연설가가 자신을 믿을 만한 사람으로 모습을 드러내는 요인으로는 세 가지가 있다. 우리가 어떤 것을 무슨 근거로 믿는지를 증명하는 일 외에 그만한 수의 근거들이 있기 때문이다. 사려분별(*phronēsis*)과 덕성(*aretē*)과 자비심(*eunoia*)이 그것이다. 연설가가 무엇을 말하거나 권유할 때 실수하는 것을 보면 저들 모든 요소로 인하여서거나 아니면 그것들 중 어느 하나로 인하여 실수하는 것이기 때문이다. 미련한 탓에 바른 의견을 형성하지 못하는 경우가 있다. 바른 의견을 형성했더라도 악한 탓에 바른 것으로 여겨지는 것을 말하지 못하는 경우도 있다. 그런가 하면 사려분별도 있고 덕성도 갖추고 있지만 자비심이 없는 경우도 있거니와, 그런 탓에 무엇이 최선인지 알고 있음에도 그것을 권하지 못하는 일이 있을 수 있다. 이런 것들 외에 다른 가능성은 없다. 이들 모두를 갖추고 있는 것 같이 보이는 사람이 청자에게 설득력이 있을 수밖에 없다.[27]

아리스토텔레스는 여기서 연설가를 불신할 이유를 하나씩 차례로 지워나간다. 청자가 보기에 연설가의 판단력이 시원찮아 보인다. 그를 믿지 못할 빌미가 된다. 판단력은 좋아 보이나 사람이 돼먹지 않은 것 같이 보인다. 그런 사람 역시 믿음이 가지 않는다. 판단력이 좋아 사태 파악도 잘하는 것 같고 사람 됨됨이도 좋아 보인다. 그러나 자비심에 흠이 있어 보인다. 이런 사람 역시 아웃을 면치 못한다. 신뢰가 가지 않기 때문이다. 그렇다면 연설가가 권하는 것을 합리적으로 의심할 여지가 조금도 없는 경우는 어느 경우인가. 판단력도 좋고 덕과 자비심도 있어 보이는 경우다. 위에서 아리스토텔레스는 연설가가 불신을 받는 경우를 죽 열거하였다. 판단력에 하자가 있어 사태 파악이 제대로 되지 않을 때, 사람 됨됨이가 기본적으로 뒤틀려 있을 때, 그리고 자비심이 없을 때가 바로 그런 경우다. 이에 아리스토텔레스는 그렇게 될 유인을 원천적으로 차단하면 신뢰를 받을 수 있지 않겠느냐는 계산이다. 그래서 저 세 가지 요소를 꼽는 것이다. 그가 보기에 사려분별과 덕성과 자비심, 이 세 가지 요소는 연설가가 자신을 믿을 만한 사람으로 내보이기 위해 갖춰야 할 필수조건이다.

성격 표출이 하는 역할은 성공적인 설득을 위해 연설가를 향한 청중의 충분히 있을 수 있는 의구심을 누그러뜨리는 일이다. 그렇다고 해서 그것이 꼭 청중이 의심을 품는 경우에만 투입되는 것은 아니다. 일반적으로 그것은 설득이 끊기는 일 없이 일관성을 유지하면서 진행될 수 있도록 윤활유 역할을 한다. 그로써 연설가가 신뢰감을 주는 사람으로 비쳐지고 그 결과 설득이 가장 높은 정도로 혹은 가장 쉬이 이뤄지는 길이 열린다.[28] 성격 표출은 비논증적 설득수단으로서 논증기반의 설득과정이 안정적으로 진행될 수 있도록 돌발변수가 생기지 않게 적절히 개입한다. 성격 표출은, 작게는 연설가에 대한 청중의 불신을 희석시키는 일에서부터, 크게는 논변의 신빙성을 높여주는 일까지 한다.

7.5 판단 형성의 안정화에 일조하는 감정

살아 있는 생물의 체내에서는 생명을 유지하기 위해 화학반응이 끊임없이 일어난다. 생물체 내에서 일어나는 이 같은 화학반응을 일컬어 물질대사라고 한다. 대사는 크게 동화작용과 이화작용으로 양분된다. 저분자 물질을 고분자 물질로 합성하는 작용이 동화작용이고 고분자 물질을 저분자 물질로 분해하는 작용이 이화작용이다. 동화작용과 이화작용은 생물체 내에서 여러 방법으로 끊임없이 일어나며 이러한 작용이 정상적으로 진행될 때 생물은 생명을 유지하며 원하는 활동을 할 수 있다. 이 같은 물질대사에서 중요한 것은 효소의 작용이다. 효소의 촉매작용으로 인하여 대사가 일어나기 때문이다. 효소가 결핍되면 대사가 원활하게 진행되지 않는다. 효소가 중요할 수밖에 없다. 판단 형성에서 감정이 하는 역할이 물질대사에서 효소가 하는 그것과 유사하다.

감정은 감화력이 있어 사람들에게 어떤 식으론가 영향을 미친다. 누선을 자극하는 상황을 연출하거나 동정심을 유발하여 소기의 목적을 달성하려는 시도를 우리는 종종 목도한다. 어린아이를 동반한 채 길거리에 나앉아 구걸하는 걸인을 비롯하여, TV 예능 프로그램에 출연하여 쇼윈도 부부애를 과시하는 연예인 부부[29], 피골이 상접한, 눈을 뜨는 것조차 힘겨워 보이는, 생기 없는, 검은 피부의 어린아이를 내세운 세계적인 구호단체들의 이른바 공익광고, 탈세, 횡령, 배임 등 비리 백화점을 방불케 하지만 수사기관이나 법정에 출두할 때면 으레 초췌한 몰골로 링거병 매달린 휠체어 신세를 지는 지체 높은 양반들에 이르기까지 구체적인 사례는 우리 주변에 지천으로 널려 있다. 저들을 보면서 우리는 동정심, 연민, 분노, 질투심, 경쟁심, 증오심, 수치심 같은 것을 느낀다. 그들의 노림수다. 그러나 그것이 다가 아니다. 그 같은 외양 뒤에는 저들의 검은 목표가 감춰져 있다. 금전적 수익, 기부금품 답지, 인기 상승(혹은 유지)과 그로 인한 배역(혹은 CF모델) 선정, 무죄 석방(혹은 형량 감경) 등이 그것이다. 아닌 게 아니라 저런 유의 광경을 보면 목석이 아닌 이상 가슴속에 잔잔한 파문이 인다. 심금을 울리기 때문이다.

위와 같은 일은 어제오늘의 일만이 아니다. 기원전 5세기 소크라테스가 살던 아테네의 법정 풍경 역시 오늘과 크게 다르지 않았다. 동정심을 유발하여 자신에게 유리한 판결이 내려지도록 할 요량으로 처자식을 동원하는 일이 다반사였다.[30] 상대방을 근거 없이 헐뜯고 청자―배심원―를 상대로 자신을 향해서는 동정심을 유발하고 자신의 적수를 향해서는 분노와 증오심을 품게 만들었다. 그러나 우리의 아리스토텔레스는 그런 관행에 비판적이다. 그런 식의 감정 자극은 진정한 의미의 판단을 지체케 하거나 방해하기 때문이다.[31] 실로 아리스토텔레스 이전의 수사학 교사들은 오로지 감정을 통해 상대방을 흥분시킴으로써 소기의 목표를 달성하는 일에만 관심을 쏟았다. 설득에서 정작 중요한 것은 증명하고 논변을 펴는 일임에도 그런 것에는 조금도 관심을 기울이지 않았다. 이전 수사학 교사들은, 그의 표현대로 말하면, 사안에는 관심이 없고 사안 외적인 것만 파고들었다.[32] 본말이 전도되었던 것이다.

아리스토텔레스가 경계한 것은 감정을 자극하는 일 자체가 아니라 감정의 힘을 빌려 관심을 딴 데로 돌려놓음으로써 정작 중요한 사안 관련의 논의가 제대로 이뤄지지 않은 채 흐지부지 끝나게 유도하는 야바위였다. 감정 사용 자체에 그는 부정적이지 않다. 그에게 중요한 것은 문제가 되고 있는 사안이다. 그렇기에 사안을 다루는 데 도움이 된다면 감정을 자극하는 일을 반대할 이유가 없다. 오히려 그 반대다. 감정의 힘을 사안을 규명하는 데 적극적으로 활용하려는 입장이다. 실로 아리스토텔레스가 말하는 수사기술과 부합되게 행해지는 감정 자극은 그를 통해 감화된 청자의 판단에 변화를 일으킨다.

기술(학)로서의 수사학의 체계를 구축하는 것이 목표인 아리스토텔레스에게 중요한 것은 설득기술의 개발이다. 설득기술의 개발에서 중요한 것은 각 사안에서 설득력 있는 요소를 찾아내는 일이다. 그러기에 설득기술을 개발하려는 그로서는 설득력의 요소가 묻혀 있는 사안에 초점을 맞출 수밖에 없다. 어떤 작업이든 이슈가 되는 사안을 떠나서는 문제의 작업에 착수할 수 없기 때문이다. 그러면 증명 혹은 논변만으로 작업을 하면 되지 않는가. 그러면 얼마나 좋으랴만 공적연설이라는 조건이 문제다. 그런 조건 하에서는 연설의 이슈와 연설의 수신자, 청자를 계산에 넣지 않을 수 없다.[33] 로고스 외에 에토스와 파토스가 설득수단으로 동원되는 이유이다.

특히 감정 자극에 관심을 갖지 않을 수 없는 것은 우리가 슬플 때와 기쁠 때, 상대방에 대해 호의적일 때와 적대적일 때, 똑같은 판단을 내리지 않기 때문이다. 우리가 어떤 감정상태에 놓여 있느냐에 따라 판단에 차이가 생기기 때문이다. 아리스토텔레스는 우리가 감정의 영향을 받으면 동일한 사물이라도 우리들 눈에 똑같은 것으로 보이지 않는다는 점을 지적한다.

> 동일한 사물이라도 사랑하는 사람 눈에 비치는 것과 미워하는 사람 눈에 비치는 것은 같지 않다. 분노한 사람(의 눈에 비치는 것)과 평온한 사람(의 눈에 비치는 것)도 그렇다. (동일한 사물이) 전적으로 다른 것으로 보이거나 중요한 정도에서 차이가 나는 것으로 보이기 때문이다. (일례로) 사랑하는 사람 눈에는 자신이 판단을 내릴 대상인물이 잘못한 게 없어 보이거나 (설사 잘못한 게 있다손 치더라도) 대수롭지 않은 정도의 잘못으로 보이지만 미워하는 사람 눈에는 그 반대이다.[34]

인용문에 따르면 특정의 감정상태가 진행되는 동안 우리는 사물을 우리가 감정을 느끼지 못할 때와 똑같은 방식으로 지각하거나 판단하지 않는다.

그러면 전래의 몰기술적 감정 자극과 아리스토텔레스가 말하는 기술적 감정 자극의 차이는 무엇인가. 아리스토텔레스가 말하는 기술적 감정 자극은 청중이 판단을 형성하는 데서 마음을 고쳐먹도록 유도하는 작업이다. 그에 반해 몰기술적 감정 자극은 우리가 판단을 제대로 할 수 없도록 선동하는 것이다. 아리스토텔레스가 염두에 두고 있는 취지를 살려 말하면 단순한 감정 자극, 즉 선동은 청자로 하여금 사안은 거들떠보지도 않은 채 자신의 구미에 맞게 입장을 취하도록 하는 것이다. 사안을 거들떠보지도 않는다는 것은 곧 관련이 있는 사실이나 증거를 고려하지 않는다는 뜻이고 자신의 구미에 맞게 처신한다는 것은 다시금 특정인을 치켜세우거나 특정인에게 손해를 입히는 것을 뜻한다.[35] 이 같은 행태는 아리스토텔레스가 말하는 사안(본안 혹은 현안)을 놓고서 판단하는 일이라고 할 수 없다. 진정한 의미의 판단이 아니기 때문이다. 문제의 인물이 실로 어떤 일을 했는지는 고려하지 않은 채, 자신이 좋아하는 인물에 대해서는 찬성표를 던지고 자신이 싫어하는 인물에 대해서는 반대표를 던진다면 그것은 진정한 의미의 판단, 즉 사안 중심의 판단이 아니다. 기술적 감정 자극과 몰기술적 감정 자극 간의 차이와 관련하여 지적할 수 있는 한 가지 분명한 점은 다음이다. 몰기술적 감정 자극은 사태를 제대로 파악하지 못하도록, 그리하여 판단을 제대로 내리지 못하도록 관심을 가능한 한 사안에서 멀리 떼어놓는

데 동원된다. 그런 의미에서 그것은 선동의 다른 이름이다. 그에 반해 기술적 감정 자극은 판단 형성을 지체케 하거나 훼방을 놓는 식으로 영향력을 행사하지 않는다. 오히려 그 반대다. 연설(에 담긴 논변)을 통해 문제의 논변을 지지하는 특정의 감정이 유발되도록 함으로써 문제의 논변이 설득력을 발휘하는 데 원군 역할을 한다.

『수사학』에서는 찾기 어려운, 양자의 차이를 짐작케 하는 언급이 『꿈에 관하여』에 나온다. 그에 따르면 강렬한 감정은 지각적 망상을 야기하기 쉽다. 그리고 특정 감정상태에 놓여 있는 사람은, 특정 감정을 일으키는 전형적인 대상과 조금만 닮은 다른 어떤 사물을 보고서도, 마치 문제의 전형적인 대상이 나타나기라도 한 것 같은 반응을 보인다.[36] 자라 보고 놀란 가슴 솥뚜껑 보고 놀라는 격이다. 『영혼론』 I권 1장에도 유사한 언급이 나온다. 우리의 몸이 이미 모종의 상태, 이를테면 분노의 상태에 놓여 있다면, 아무리 약한 것일지라도, 일단 문제의 상태와 유사한 인상이나 느낌을 받게 되면, 또 하나의 분노상태가 일어나기에 충분한 조건이 형성된다.[37] 이 같은 언급이 우리가 문제 삼고 있는 수사학적 판단 형성의 물음과 관련하여 직접적으로 해명하는 바는 없다. 그렇긴 하지만 다음과 같은 점은 위에서 인용한 『수사학』의 대목과 유사한 면을 보여준다. 즉 감정은 우리가 주의를 기울이고 주목하는 것의 방향과 초점을 바꿔놓는 경향이 있다. 일례로 조마조마해 하며 마음을 졸이는 사람이 있다고 치자. 그에게는 주어진 상황의 여러 특징 중 유독 위협적인 요소만 눈에 들어올 것이다.[38] 그 결과 공포심을 유발하는 전형적인 대상과 조금만 닮은 것을 보더라도 마치 진짜 위협적인 대상이 나타나기라도 한 것 같은 반응을 보인다.

『수사학』에서 인용한 위의 대목에 기술되어 있는 사태도 그와 유사하다. 서로 다른 감정상태에 놓여 있거나 상반된 감정상태에 놓여 있는 사람들이 있다고 하자. 동일한 사물이라도 그들에게는 똑같이 보이지 않는다. 예컨대 하나의 동일한 행동이라고 하더라도 문제의 에이전트에게 적대감을 품고 있는 관찰자의 눈에는 그것이 범죄행위로 보일 테지만 문제의 에이전트에게 호감을 품고 있는 관찰자의 눈에는 그것이 범죄행위로 보이지 않거나 설사 범죄행위라고 하더라도 눈감아줄 수 있는 정도의 것으로 보인다. 이를 위와 같은 식으로 표현하면 다음과 같이 될 것이다. 호감을 갖고 있는 관찰자의 눈에는 문제의 상황을 둘러싼 특징 중 특정의 것만 들어올 것인 바, 특정의 특징이란 곧 문제의 혐의자에게 유리한 것이거나 심지어 혐의를 벗게 해줄 수 있는 성질의 것이다. 그에 반하여 적대감에 사로잡힌 재판관의 눈에는 똑같은 상황일지라도 그 반대의 측면만 부각되어 나타난다.

원칙적으로 사람들은 일련의 의견에 부합되게 판단을 형성할 수 있다.[39] 청중으로 하여금 특정의 결론에 도달케 하고 싶은 연설가가 있다고 하자. 그는 청중에게 자신이 의도하는 결론에 전제로 쓸 수 있는 의견을 언급하고 싶어 할 것이다. 한편 감정은 우리에게 무엇에 주의를 기울일 것인지, 혹은 무엇에 중점을 둘 것인지의 면에서 우리를 바꿔놓을 수 있다. 그렇기에 청중이 특정의 감정상태에 빠지게 하는 것은 저들 전제에서 청중의 주의를 딴 데로 돌려놓을 수 있다.[40] 거꾸로 청중이 그렇게 특정의 감정상태에 놓이는 것은 연설가가 특정의 전제를 부각시키고 청중으로 하여금 문제의 전제에 주의를 기울이도록 하는 데서 지탱하는 힘이 되어줄 수도 있다. 일례로 연설가(검사)가 피고의 유죄를 입증하는 논변과 증명을 내놓았다고 하자. 그리고 피고를 상대로 우호적이지 않은 감정이 재판관에게 형성되어 있다고 하자. 그의 눈에는 피고의 유죄를 입증하는 논변과 사실만 눈에 띌 것이다. 또 한 예로 이웃나라를 침공하는 것은 위험천만한 일이라는 것을 청중에게 설득하려는 연설가가 있다고 하자. 그리고 청중들에게는 공포심과 전전긍긍하는 마음이 조성되었다고 하자. 청중에게는 그 같은 침공 시도가 갖는 고도의 위험을 내비치는 전제와 논변만 눈에 들어올 것이다. 이런 의미에서 감정에는 판단 형성과정을 지탱해주는 혹은 공고하게 해주는 힘이 있다고 할 수 있다.

종래의 몰기술적 감정 자극은 제대로 된 판단을 내리는 걸 방해한다. 불필요한 감정에 휩싸이게 만듦으로써 관심을 딴 데로 돌려놓거나 혼란을 일으키고 그럼으로써 결과적으로 판단을 흐리게 만든다. 이에 반해 아리스토텔레스의 기술적 감정 자극은 청중의 판단에 변화를 일으키고[41] 그럼으로써 설득작업에 기여한다. 논증기반의 설득작업과 기술적 감정 자극이 종래의 수사관행과는 달리 물과 기름처럼 따로 놀지 않고 설득이라는 한 가지 목표를 향해 공동보조를 취한다. 아리스토텔레스가 구상하는 기술적 감정 자극은 그것이 기술적인 한에서 철저히 사고(디아노이아)의 영역에 속한다.[42] 그가 그것을 기술적 설득수단이라고 하는 이유이다.

제 8 장

설득과
감정

8

앞장에서는 수사학적 설득에서 파토스가 문제되게 된 저간의 사정을 살폈다. 설득에서 논증적 요소가 미처 해낼 수 없는 구석이 있고 그 일을 수행하는 데는 감정이 적임이다. 이 장에서는 설득과 관련하여 어떻게 하면 감정을 기술적으로 유발할 수 있는지와 그렇게 기술적으로 유발된 감정이 판단(형성)에 어떤 파급효과를 미치는지를 살핀다. 종국에 가서는 그와 같은 논의를 통해 드러난 감정에 대한 아리스토텔레스의 일반적 이해를 개관한다. 부분적으로 제2장(감정, 근본적으로 인지적인)과 제3장(판단 외적 요소)의 내용을 재확인하는 기회가 될 것이다.

8.1 예비적 고찰

아리스토텔레스가 역설하는 바에 따르면 공적연설에서 감정은 청중의 판단에 영향을 미친다. 그러나 막상 개개의 감정이 어떤 식으로 영향력을 행사하는지 그 방식과 관련한 언급은 거의 없다시피

하다. 마치 그것에 대해서는 더 이상의 설명이 필요치 않다는 식이다. 청중이 정상 궤도를 이탈하여 구도에 맞지 않게 반응하는 것을 수습하고 나아가 청중으로 하여금 자신이 디자인한 대로 반응하게 하고 판단에 효과적으로 작용하게 함으로써 소기의 목표를 달성하는 것이 정석대로 일을 처리하는 연설가다. 그런데 그 같은 구체적인 방안 제시에 이토록 소극적인 처사는 이례적이다. 기대에 부응하기는 역부족일 테지만 아래에서는 감정의 파급효과에 대한 이런저런 단편적 언급을 짜맞춤으로써 그 같은 감정의 파급효과가 아리스토텔레스의 수사학의 틀에 얼마나 그리고 어떤 식으로 들어맞는지 살피고자 한다.[1]

윤리학의 맥락에서 자주 등장하는 감정은 행동을 일으키는 자극으로 기능하는 감정이다. 욕망과 분노가 대표적인 예이다. 일껏 심사숙고를 거쳐 결단을 내리고서도 사람들은 욕망이나 분노로 인하여 결단에 역행하는 행동에 자주 내몰린다. 이처럼 '감정을 좇아서', 그러니까 '감정적으로' 사는 사람은 감정이 제시하는 것만 눈에 들어온다. 장기적인 안목에서 보았을 때 무엇을 어떻게 하는 것이 자신에게 좋고 유익한지 재고 따지기를 소홀히 한다. 어떤 형식의 것이든 사려 깊은 삶을 영위하려면 먼저 저같이 행동으로 마구 내모는 직접적인 자극을 잘 버텨내는 법부터 배워야 한다. 그같이 행동으로 내모는 직접적인 자극으로 기능하는 대표적인 감정이 속에 보복욕을 품고 있는 분노와 식욕, 성욕, 수면욕, 갈증 해소욕구 등의 각종 욕망이다.

수사학의 맥락에서는 어떤가. 『수사학』 II권 2장–11장에 인용

된 감정은 대부분 그런 식의 직접적인 행동자극으로 기능하지 않는
다. 일단 그렇게 직접적으로 행동자극을 일으키는 것이 수사학에서
말하는 감정의 작용방식은 아니라고 말할 수 있다. 다음과 같은 사
정 역시 그 같은 점을 재확인해준다. 일례로 공적연설의 수신자인
재판관 혹은 배심원의 경우를 보면 그는 자신의 욕구를 직접적인
행동을 통해 충족시킬 수 있는 위치에 있지 않다. 문제가 되고 있는
사건에 직접적인 행동을 통해 영향력을 행사할 수 있지 않기 때문
이다. 설사 피고의 죄상을 보고 화가 머리끝까지 치밀어 올랐다고
하더라도 재판관이 피고에게 직접 응징하는 식으로 반응할 수는 없
는 일이다. 백보 양보해서 재판관 체면에 그렇게 할 수는 없어 직접
적으로 응징하는 대신에 판결을 응징수단으로 이용했다고 하자. 겉
으로 보면 흠잡을 데 없어 보이나 그 같은 처사는 수사학적으로 유
의미한 감정의 작용을 위한 일반적인 모델이라고 할 수는 없다. 분
노 외의 다른 감정의 경우 그런 식의 직접적인 행동이 가능하지 않
기 때문이다.

그러면 감정이 간접적으로 행동과 관련을 맺는 것은 수사학적
으로 유의미한 감정의 작용인가. 인간의 행동은 일반적으로 쾌락/
고통과 긴밀히 연결되어 있다. 그런 점에서 인간의 행동에는 직접
적인 행동자극 외에 간접적인 행동자극도 포함되어 있다. 쾌감을
주는 것은 추구하고 고통스런 것은 피하려는 게 인지상정이기 때
문이다.[2] 그뿐인가. 쾌락 때문에 나쁜 짓을 하고 고통 때문에 고상
한 것을 놓치기도 한다.[3] 쾌락과 고통이 있는 곳이면 어디든 이처
럼 쾌락은 추구하거나 계속 유지하고 고통은 피하거나 벗어나려는

행동경향이 있다. 재판관이라고 해서 다르지 않다. 특정의 감정상태에 놓인 그의 판단이 저 같은 경향의 영향을 받지 말란 법이 없다. 일례로 그가 피의자로 재판을 받는 사람을 좋아한다고, 그리하여 그가 잘 되기를 바란다고 해보자. 피고에게 무죄판결이 내려진다면 다행이겠으나 유죄판결의 형태로 피고에게 나쁜 일이 일어난다면 그를 좋아하는 문제의 재판관은 고통을 느끼게 될 것이다. 부연하면 이렇다. 재판관은 피고석에 앉아 있는 사람이 잘 되기를, 그에게 좋은 일이 일어나기를 바란다. 그가 문제의 인물을 좋아하기 때문이다. 재판관이 문제의 인물에게 일어나기를 바라는 좋은 일은 그 자신에게도 쾌감을 준다. 반면 유죄판결은 나쁜 일이고 불쾌감을 준다. 여기서 재판관을 사로잡고 있는 감정－피고를 향한 사랑의 감정－은 어떻게 작동하는가. 간접적인 행동자극으로 발동하여 재판관으로 하여금 무죄판결을 내리게 할 수 있다. 그럼으로써 자기 자신에게 고통을 주는 결과를 면할 수 있기 때문이다. 여기서 문제가 되는 것은 무엇인가. 문제의 재판관은 나름대로 판단을 내렸고 선고를 하였다. 그러나 정작 판결의 대상으로 서 있는 문제의 사건을 판결한 것이 아니다. 그가 좋아하는, 피고석에 앉은 특정 인물에게 나쁜 일이 일어나지 않기를 바라는 자신의 기원(의지)이 관철되었을지 몰라도 판단의 대상으로 서 있는 문제의 사안은 뒷전으로 밀려났기 때문이다. 이것은 본래적인 의미의 판결이 아니다.[4] 개인적인 유불리를 좇은 결과이기 때문이다. 재판관에게 주어진 권리 행사를 자의적으로 남용한 것이다. 사안에 입각한 참된 의미의 판결이 아닌 걸 넘어 본래적인 의미의 판결을 방해한 결과를 낳는다. 판결의 외양을 취하긴 했어도 피의자 신분의 특정인에 대한 호의적인 감정에 눈이 어두워진 나머지 사안을 보지 못한 것이다. 사건에 대한 법리적 판단은 제쳐둔 채 사안과 관련이 없는 개인적인 이해득실의 맥락에서 행동자극에 넘어간 것이다. 아리스토텔레스가 『수사학』 I권 첫머리에서 비판했던 전래의 '몰기술적 감정 자극' 방식과 조금도 다르지 않다. 아리스토텔레스가 말하는 수사학적으로 유의미한 감정은 그런 식으로 작용하는 행동자극이 아니다.

8.2 기술적 감정 자극

아리스토텔레스가 말하는 수사학적으로 유의미한 감정 자극은 어떤 것인가. 『수사학』 II권 1장에서 그는 이렇게 말한다.

> 동일한 사물이라도 사랑하는 사람 눈에 비치는 것과 미워하는 사람 눈에 비치는 것은 같지 않다. 분노한 사람(의 눈에 비치는 것)과 평온한 사람(의 눈에 비치는 것)도 그렇다. (동일한 사물이) 전적으로 다른 것으로 보이거나 중요한 정도에서 차이가 나는 것으로 보이기 때문이다. (일례로) 사랑하는 사람 눈에는 자신이 판단을 내릴 대상인물이 잘못한 게 없어 보이거나 (설사 잘못한 게 있다손 치더라도) 대수롭지 않은 정도의 잘못으로 보이지만 미워하는 사람 눈에는 그 반대이다. 그리고 뭔가를 욕망하고 강한 기대감에 부풀어 있는 사람 눈에는, 장차 도래할 그 어떤 것이 쾌감을 주

장-레옹 제롬(Jean-Léon Gérôme),
「재판정의 피레네(Phryne before the Areopagus)」(1861)

는 것일 경우, 그것이 정말로 실현될 것으로 보이지만, (동일한 사물이) 좋은 것으로 보이더라도 이리되든 저리되든 개의치 않거나 침울한 사람 눈에는 그와 반대로 보인다.[5]

인용문에 나오는 판단하는 사람을 보면 특정의 감정상태에 놓여 있다. 그런 점에서 보면 앞서 다루었던 직접적 행동자극으로서의 감정의 경우와 다르지 않다. 그러나 문제로 서 있는 사안을 판단하느냐 여부에서 차이가 난다. 위의 인용문에 기술된 판단하는 사람은 감정에 휩싸여 있긴 하지만 그가 판단하는 대상은 어디까지나 문제가 되는 사안이다. 그가 특정의 감정상태에 놓여 있기 때문에 그렇지 않은 사람과 다른 식의 판단을 내릴 따름이다.

앞서 논했던 직접적 행동자극으로 작동하는 감정의 경우 부정행위가 저질러졌느냐 아니냐는 재판관에게 중요하지 않았다. 그렇든 말든 아랑곳하지 않고 오로지 행동자극만 따랐다. 반면 인용문에 기술된 판단하는 사람의 경우 감정은 그가 대상사물을 판단하는 방식에 영향을 끼친다. 말하자면 판단에 '색깔을 입히는' 것이다.[6] 그 결과 판단이 도드라져 보인다. 판단이 생기를 띤다. 직접적 행동자극과 연계된 감정의 작용방식과 본질적으로 다르다. 분노를 예로 들어 설명하면 이렇다. 분노의 감정은 그러한 감정상태의 재판관에게 그의 행동자극을 따르도록 작용한다. 분노한 재판관에게 행동자극이란 잘못을 저지른 피고를 응징하는 것이다. 그 결과 그는 한층 더 강력한 처벌을 내린다. 그것으로 그치지 않는다. 문제의 행동자극은 다른 사람 눈에는 띄지 않는 상대적으로 경미한 수준의 동인까지도 문제가 되는 업신여김과 무관치 않은 것으로 드러나게 한다. 그 결과 판단의 근거가 더욱 보강되고 혹시 있을지 모를 반작용에 맞서 판단이 안정적으로 유지되게 한다. 아리스토텔레스가 구상하는, 감정이 판단에 영향을 끼치는 방식이다.

아리스토텔레스의 경우 수사학이 목표로 삼는 것은 청중—예의 재판관—의 판단(형성)이지 행동이 아니다. 수사학에서 감정이 중요하게 다뤄지는 이유도 다른 데 있지 않다. 감정이 수정하고 가감하고 조절하고 수식하는 등의 형식을 통해 판단에 변화를 주기 때문이다. 위의 인용문에 예시되어 있듯이 사랑의 감정을 느끼는 사람의 눈에는 부정행위조차 부정행위로 보이지 않는다. 이것은 비교적 강력한 경우지만 어쨌거나 동일한 사물이라고 하더라도 특정의 감정상태에서 판단하는 사람의 눈에 비치는 것과 그렇지 않은 상태에서 판단하는 사람의 눈에 비치는 것이 같지 않다는 원칙을 명시하는 대표적인 예이다.[7]

요약해서 말하면 수사학에서 감정에 관심을 기울이는 이유는 그것이 직접적 행동자극으로 기능하기 때문이 아니라 청자의 판단에 영향을 끼치기 때문이다. 감정을 매개로 판단의 근거가 한층 더 보강되는 것이다. 그뿐만이 아니다. 감정은 혹시 있을지 모를, 문제의 판단을 뒤집을 수도 있을 영향력에 맞서 판단을 안정적으로 유지시킨다. 아리스토텔레스가 구상하는 수사학에서 감정이 판단에 작용하는 방식이다.

8.2.1 판단의 감정적 기반 조성

아리스토텔레스는 『수사학』 II권 1장 서두에서 연설가가 논변을 전개할 때 가급적 탄탄한 증명을 제시하는 것이 무엇보다 중요하다는 점을 역설한다.[8] 그러나 그것만으로는 충분치 않다. 아리스토텔레스는 덧붙여 말한다. 연설가는 판단하는 사람을 '대비시키는' 일도 해야 한다고.[9] 연설가가 제시하는 논변을 힘들이지 않고 받아들일 수 있도록 판단하는 사람—청자—의 감정을, 비유컨대, 옥토로 일군다는 뜻이다. 연설을 통해 논변을 펴는 일이 사리판단의 요소를 관리하는 작업이라면 판단의 감정적 기반 조성작업은 청자 요인을 관리하는 작업이다.

　장애요소의 차단과 제거 : 법정연설의 경우 판단하는 위치에 있는 재판관은 목석이 아닌 이상 감정이 없다고 할 수 없다. 특정의 감정에 선점되어 있다고 봐야 한다. 상대편 소송관계인 역시 자기에게 유리한 쪽으로 감정을 불러일으키려고 시도할 게 뻔하다. 이런 상황에서 필요한 조치는 화자가 의도하는 판단에 걸림돌로 작용할 감정의 뇌관을 사전에 제거하는 것이다. 이를 아리스토텔레스는 판단형성을 목표로 '준비한다'(*kataskeuazein*)는 말로 표현한다. 이런 경우 반대감정을 동원하는 게 상책이다. 일례로 분노에 맞서서는 평온의 감정을 동원하고 공포에 맞서서는 담력을 느끼도록 조치를 취하는 것이다. 그럼으로써 결과적으로 판단에 부정적으로 작용할 분노와 공포의 발호를 사전에 차단하는 효과를 얻는다.

논증의 비용 절감 : 감정이 판단에 긍정적으로 작용하는 경우도 없지 않다. 위에서 말한 것은 판단하는 사람의 감정이 화자가 의도하는 판단에 걸림돌로 작용하는 경우지만 그 반대의 경우도 있을 수 있다. 판단하는 사람의 감정적 지향이 화자가 의도하는 판단과 다르지 않은 것이다. 판단하는 사람의 감정이 화자가 목표로 삼는 판단 쪽으로 기울여져 있다. 이런 경우 상황에 잘 들어맞는 감정을 적절히 활용하면 논변을 전개하는 데 상대적으로 적은 노력을 쏟고도 소기의 목표를 어렵지 않게 달성할 수 있다. 판단 형성으로 통하는 논증작업의 비용을 절감하는 효과를 거둔다. 이 역시 판단의 기반 조성작업이다.

감정 친화적 성향 편승 : 재판관들 가운데는 이성적 판단에 귀를 잘 기울이고 이성이 하라는 대로 잘 따르는 이가 있는가 하면 그렇게 하는 데에 길들여지지 않은 경우도 있다. 이성적 근거를 따르기보다는 오히려 감정에 더 기울어져 있는 것이다. 이럴 때는 화자도 굳이 정면으로 맞설 필요가 없다. 주어진 현실적 조건을 적극 활용하여 화자의 목표 달성에 유리하게 작동하도록 만드는 것이다. 청자의 감정 친화적 성향을 긍정적으로 활용하는 것이다. 감정이 적절하게 투입되면 결과적으로 논증을 통한 설득의 노력이 탄력을 받게 되고 또 그럼으로써 판단 형성이 상대적으로 더 신속 정확하게 이뤄질 수 있다.[10]

그러면 어떤 감정이 어떤 경우에 잘 들어맞고 어떤 감정이 어떤 경우에 잘 들어맞지 않는가. 아리스토텔레스가 이에 대해 달리 내놓은 대답은 없다. 다만 감정의 정의를 토대로 감정의 적합성 여부를 저울질할 수 있을 뿐이다. 일례로 평의연설의 공간에서 청자(민회의원)로 하여금 위험한 일에 찬성표를 던지게 할 요량이라면 공포 같은 감정을 환기하는 건 피하는 게 좋다. 담력의 경우는 모종의 시도를 하지 말라고 만류할 때 부적절하다. 그 밖에 우정, 사의, 연민 같은 감정은 동정적인 판단과 잘 어울리고 분노, 증오, 질투, 의분 같은 감정은 그 반대의 판단에 잘 들어맞는다.

8.2.2 판단에 유의미한 비논증적 요소

일례로 민회—국회—에서 국경을 맞대고 있는 이웃나라와 전쟁을 할 것인지를 놓고 가부간에 의결을 해야 한다고 하자. 민회의원은 이런저런 관련사항을 고려해야 하고 여러 요소를 저울질해가며 신중하게 검토하지 않으면 안 된다. 단기적으로 어떤 유익이 있을까, 지역 정세에는 장기적으로 어떤 영향을 미칠까, 전쟁에 수반되는 위험요인은 무엇인가, 장기적으로 보았을 때 전쟁을 감행함으로써 감수해야 할 위험요인은 무엇인가 등이 고려사항일 것이다. 사안 중심적인 민회의원은 그 같은 유의 요소를 의제로 삼을 것이고 그런 물음을 놓고 평의를 진행하다 보면 의견이 갈린다. 자연스럽게 서로 상반된 측면이 검토된다. 의제와 관련하여 고려되는 측면이 다양하면 다양할수록 문제의 판단의 기초는 그만큼 더 단단해진다.

　일례로 위험요인의 경우를 보자. 그것은 결단을 앞두고 있는 민회의원의 판단 형성에 특정의 결말에 대한 공포로 받아들여질 수 있다. 그렇다고 그 공포가 민회의원을 즉각적으로 덮치는 것은 아니다. 공포에 대응하는 어떤 결단을 내리라고 밀어붙이지도 않는다. 평의에서 위험요인으로 기능하는 공포는 말하자면 아리스토텔레스의 윤리학에서 다뤄지는, 덕 있는 사람의 결단에서와 같은 식으로 작동한다. 경우에 따라 덕 있는 사람은 공포의 여지가 없지 않음에도 공포의 대상이 되는 옵션을 선택한다. 공포가 여러 측면 중 하나의 측면이라도 되는 듯이 최종적인 판단 형성에서 고려되는 단적인 예이다.

공포의 예에서 보듯이 감정을 통한 수사학적 설득 노력은 마치 하나의 추가적인 논변의 지원을 받기라도 하듯 탄력을 받는다. 감정을 통해 수사학적 설득 노력이 차별화되는 것이다. 공포감을 심어주는 것은 이처럼 논증에서 어떤 한 의제의 객관적 위험을 대신할 수 있다. 공포감을 느끼게 함으로써 위험의 측면에 무게를 실어주는 것이다.[11]

8.2.3 반대감정의 차단

감정들 가운데는 서로 배척하는 것들도 있다.

> 그러기에 (청자가, 그러니까 재판관이) 그 같은 상태(예컨대, 질투)에 놓이게 되면, 반면 자신들이 연민의 대상이라거나 어떤 은전을 받아 마땅하다고 내세우는 이들(=소송당사자들)이 앞에서 말한 것과 같은 식의(=질투를 받는) 사람들이라면, 이들은 분명코 결정권을 쥐고 있는 자들(=재판관)로부터 그 어떤 연민도 받지 못할 것이다.[12]

한편에는 질투를 느끼는 청자(재판관)가 있고, 다른 한편에는 연민을 받아 마땅하다고, 은전을 받아 마땅하다고 주장하는 사람들(이해 당사자)이 있다. 그러나 후자는 전자의 질투의 대상이다. 이럴 경우 전자가 보았을 때 후자는 연민의 대상으로 간주되지 않는다. 이같은 경우 어떤 한 감정(질투)이 일게 되면 경쟁상대가 의도하는 증명에 잘 어울리는 감정(연민)의 발생은 저지된다.

아리스토텔레스는 여기서 문제의 감정에 반대되는 감정이 발생하지 않는다는 점을 말하려는 것 같다. 그러나 그는 거기서 그치지 않는다. 문제의 인물이 반대하는 감정에 조응하는 판단을 내릴 수 없다는 점까지 말하는 것 같다. 일례로 연민의 정이 담긴 판단을 연민의 정을 느끼는 사람이 내리는 판단이라고 한다면 질투심을 심하게 느끼는 사람이 연민의 정을 느끼는 일은 일어나지 않을 뿐 아니라 그는 연민의 정이 담긴 판단을 내리지도 않을 것이기 때문이다.[13]

8.2.4 찬반 대등상황의 종결자

아리스토텔레스에 따르면 공적연설에서는 의견이 갈리는 물음들이 다반사로 다뤄진다.[14] 공적연설 상황에서 작동하는 기준이라는 게 어느 한 판단을 이론의 여지가 없게끔 깔끔하게 정당화해줄 수 있는 유의 기준이 아니기 때문이다. 그러기에 그런 상황에서는 연설가가 신뢰할 만한가가 중요한 변수로 작용한다.

감정의 경우도 그와 크게 다르지 않다. 찬성 측 논변과 반대 측

논변이 팽팽히 맞서 있다면 감정 같은 비논증적 요소가 결정을 좌우할 수 있다. 일례로 퀴디아스가 아테네인을 상대로 했던 연설을 보자. 기원전 365년 아테네가 주민을 그곳으로 이주시킬 것인지를 놓고 아테네인들 사이에 의견이 분분했다. 이때 퀴디아스가 나섰다. 그는 주민 이주계획을 반대하는 입장이었다. 그는 소규모 동맹국을 보호하기로 한 '제2차 아티카 해상동맹'의 협약 준수를 호소했다. 그는 아테네인들을 향해 이렇게 요구했다. '그리스인들이 여러분을 에워싸고서 여러분이 어떤 결정을 내리는지 나중에 간접적으로 전해 듣기만 하는 게 아니라 직접 현장에서 두 눈 부릅뜨고 보고 있다고 상상해보라'고.[15] 모든 그리스인이 두 눈 치켜뜨고 쳐다보는 가상의 상황을 설정하고서 동맹국들 간에 맺은 협약을 파기하는 수치스런 표결을 해서는 안 된다는 주장이었다. 가상의 상황을 통해 아테네인들의 수치심을 자극한 것이다.

이런 식으로 트릭을 통해 촉발된 수치심이 크게 주목을 끌거나 무슨 일을 적극 도모하지는 않는다. 그러나 마침 줄다리기를 하고 있는 한 사안에서 어느 한쪽 논변에 얹힌 수치심은 결판이 나게 하는 데 결정타로 작용할 수 있다.

8.3 원본감정 *vs.* 반대감정

아리스토텔레스가 『수사학』 II권 2장-11장에서 논하는 감정은 대체로 원본감정과 반대감정의 짝을 이루고 있다. 설득과정에서 특정의 감정을 환기하거나 차단하는 데 투입하기 용이하게 할 요량으로 원본감정에 반대감정을 맞세운 것이다. 표로 나타내면 다음과 같거니와 왼쪽 칼럼은 원본감정이고 오른쪽 칼럼은 그와 대립적인 반대감정이다.[16]

분노 (II 2, 1378a31-33)	평온 (II 3, 1380a8)
그럴 자격이 없는 상대로부터 업신여김을 당했다고 여겨지기 때문에 복수라고 여겨지는 것으로 설욕하려는, 고통과 연결된 욕구	평온하게 된다는 것은 분노가 진정되고 가라앉는 것이라고 해두자
사랑 (II 4, 1380b35-1381a1)	증오 (II 4, 1381b37 이하)
자기 자신과 관련하여 좋은 것으로 간주되는 것이 아니라 어떤 사람에게 좋은 것으로 간주되는 것을 그가 (누리기를) 기원하고 가능한 한 그렇게 되도록 실로 행하는 것	(=사랑과 상반된다)
공포 (II 5, 1382a21-22)	담력 (II 5, 1383a12 이하)
파국적인 혹은 고통을 가져다줄 것 같은, 임박한 좋지 못한 일을 표상함으로써 느끼는 일종의 고통 혹은 불안	(=공포와 상반된다)
수치 (II 6, 1383b12-14)	몰염치 (II 6, 1383b16-17)
그것이 현재의 것이든 과거의 것이든 아니면 미래의 것이든지 간에 불명예를 안겨줄 것 같이 여겨지는 좋지 않은 일과 관련된 고통이자 불안의 일종	(수치에서와 같은) 그런 유의 것과 관련한 모종의 경멸이자 둔감함

사의(를 품다, charin echein) (II 7, 1385a17-18)	사의에 김을 빼다(charin aphairesthai) /호의로 그런 게 아니었다고 하다 (acharistous poiein) (II 7, 1385a35 이하)
호의(charis)를 받게 되면 그에 대해 (일반적으로) 사의를 품는다고 하는 바, 호의란 궁한 처지에 있는 사람에게 도움을 베푸는 것이라고 해두자	(=사의를 품지 못하게 하다)
연민 (II 8, 1385b13-14)	의분 (II 9, 1386b12)
그런 일을 당해서는 안 될 사람이 (애꿎게) 파국적인 혹은 고통을 안겨줄 것 같이 여겨지는 좋지 못한 일을 겪는 것을 보면서 느끼는 고통	일이 부당하게 잘 풀리는 것을 보면서 고통을 느끼는 것 (=연민과 동일한 부류의 성격에서 나온다)
무명감정1 (=불행을 보며 고소해하다) (II 9, 1386b27-29)	무명감정2 (=경사에 같이 기뻐하다) (II 9, 1386b30/31)
(인과응보로) 그래도 싼 사람이 겪는 불행을 보면서 (쌤통이라면서) 희희낙락거나 (적어도) 고통을 느끼지 않는 것 (=좋은 성격에서 나온다)	누릴 만한 사람이 누리는 행운을 보면서 (덩달아) 기뻐하는 것(=좋은 성격에서 나온다)
질투 (II 10, 1387b22-23)	경쟁심 (II 11, 1388a30-32)
(의분에 특징적인 부류의) '좋은 것'의 면에서, 자기와 비슷한 사람들에게 일이 잘 풀리는 것 같이 여겨지는 것을 보면서 배 아파하는 것(=나쁜 성격의 징후이다)	자신도 얻을 수 있는 (사람들이) 높이 떠받드는 '좋은 것'이 본성상 비슷한 사람들에게 현전한다고 여겨지는 것을 보면서 느끼는 고통(=좋은 성격의 징후이다)

위의 표에서 대립관계에 있는 것들의 지위는 똑같지 않다. (사랑의 반대감정) 증오와 (공포의 반대감정) 담력의 경우처럼 진성 감정 같이

보이는 경우가 있는가 하면, 사의(를 품다)의 경우처럼 그것에 대립하는 것이 품고 있는 사의를 더 이상 느끼지 못하도록 차단하는 경우도 있다. 그런가 하면 모종의 진성 감정을 정의하는 것인지, 평온에서처럼 어떤 한 감정(분노)이 진정됨을 말하는 것인지, 어떤 한 감정(분노)이 단순히 결여되어 있음을 말하는 것인지 불분명한 경우도 있다.

같은 칼럼 내에서도 지위가 똑같지 않다. 일례로 수치는 망신(혹은 체면손상)을 당하면 어쩌나 하는 불안과 두려움에서 비롯하기 때문에 공포의 일종으로 정의된다. 그러기에 그것은 공포에 종속적이다. 한편 연민은 무명감정1(=고소해함)과 무명감정2(=같이 기뻐함), 의분, 질투, 경쟁심 등과 함께 하나의 소그룹을 형성한다. 가르는 기준은 크게 세 가지이다. (1) 대상인물의 일이 잘 풀리느냐 일이 꼬이느냐, (2) 문제의 감정에 고통이 수반되느냐 쾌락이 수반되느냐, (3) 문제의 감정을 느끼는 사람이 좋은 성격의 사람이냐 나쁜 성격의 사람이냐가 그것이다. 기준 (1)의 각 경우는 다시금 (1a) 응당 그런 경우와 (1b) 부당하게 그런 경우로 세분된다. 이를 표로 그리면 다음과 같다.

돌아가는 형편	느낌	좋은 성격	나쁜 성격	관계	좋은 성격
부당 / 일이 잘 안 풀리다	고통	연민			
응당 / 일이 잘 안 풀리다	기쁨	무명감정1		↕	
응당 / 일이 잘 풀리다	기쁨	무명감정2			
부당 / 일이 잘 풀리다	고통	의분	질투	↔	경쟁심

위의 〈원본감정 *vs.* 반대감정〉 표에서 특기할 점은 대부분의 정의에서 쾌락이나 고통이 언급되고 있다는 점이다. 이 점은 아리스토텔레스의 감정 규정을 통해서도 확인된다. 그가 감정에 대해 통상적인 의미의 정의를 내놓고 있지는 않다. 하지만 실질적인 면에서 정의라고 하더라도 손색이 없는 규정에 따르면 "감정을 통하여 (사람들에게) 변화가 일어나고 그럼으로써 그들의 판단이 달라지거니와, (감정에는) 고통과 쾌락이 수반된다."[17]

8.3.1 쾌락과 고통이 수반되다

위의 감정 규정에서도 언급되듯이 아리스토텔레스의 개별 감정의 정의에서 가장 눈에 두드러진 특징은 쾌락과 고통이 수반된다는 점이다. 거의 모든 감정이 쾌락이나 고통으로 규정된다.[18] 문제는 쾌락이나 고통이 명시적으로 언급되지 않은 개별적인 사례도 있다는 점이다. 그러나 쾌락과 고통이 모든 유형의 감정에서 정확히 똑같은 역할을 한다고 상대적으로 강력하게 주장하지 않는 한 문제는 어렵지 않게 해소될 수 있다.[19] 일례로 분노의 경우 우리가 당한 업신여김으로 인하여 느끼는 고통은 우리의 복수욕의 직접적인 이유가 된다고 할 수 있다. 그에 반해 우리가 사의를 품는 것은 쾌락/고통과 간접적으로만 연결된다. 사의란 항상 상대방이 베푼 호의에 대해 품는 것이고 호의란 우리에게 가해지는 고통의 부담에서 우리가 놓여나게 하는 것이기 때문이다. 사랑의 경우도 그와 유사하다. 사랑의 정의에도 쾌락과 고통의 언급이 없다. 그러나 아리스토텔레스는 위의 표에 나온 사랑의 정의에 이어서 다음과 같이 말한다. "이상과 같이 상정한다면 친구란 필연적으로 좋은 일을 보면 함께 기뻐하고 고통스런 일에서는 함께 괴로워하는 사람일 수밖에 없는 바, 뭐 다른 사정이 있어 그러는 게 아니라 바로 저 사람 때문에 그러는 것이다. 왜냐하면 사람은 누구나 바라는 바가 실현되면 모두들 기뻐하고 그 반대의 결과가 나오면 고통을 느끼기 때문인 바, 그러기에 고통을 느끼고 쾌락을 느낀다는 것은 사람들이 바라는 바가 무엇인가를 보여주는 징표이다."[20] 우리는 친구에게 좋은 일이 일어나면 함께 기뻐하고 괴로운 일이 일어나면 함께 괴로워한다. 친구에게 좋은 일이 일어나기를 기원하고 고통스런 일이 일어나지 않기를 기원하기 때문이다. 사정이 이러하다고 할진대 사랑도 쾌락/고통과 무관하지 않다. 그렇다면 위의 표의 왼쪽 칼럼에 언급된 모든 원본감정에는 어떤 식으로든 쾌락과 고통의 상태가 수반된다고 하겠다.

8.3.2 감정에는 표상이 필수적이다

위에서 인용한 감정의 규정에서 눈길을 끄는 또 한 가지는 어떠어 떠해 보인다거나 그렇게 여겨진다(*phainomenon*)는 점이다. 이를테면 분노는 업신여김을 당했다고 여겨지기에 느끼는 고통이고, 공포는 파국적인 것 같이 보이는 나쁜 일을 표상함으로써 느끼는 고통이고, 연민은 파국적인 것 같이 보이는 나쁜 일을 겪는 걸 보면서 느끼는 고통이고, 질투는 일이 잘 풀리는 것 같이 여겨지는 것을 보면서 느끼는 고통이다. 감정을 느끼기 위한 이른바 충분조건이다. 어떤 것을 업신여김이라고 받아들이거나 어떤 것을 위험하다고 받아들이는 것만으로도 특정의 감정을 충분히 느낄 수 있다는 뜻이다. 달리 말하면 자타가 공인하는 업신여김이나 굴욕 같은 것이 있어야만 분노가 발생하는 것이 아니다. 이를테면 내가 보기에 업신여김이라고 여겨지기에 분노가 치밀어 오르지만 상대방은 그럴 의도가 아니었을 수도 있다. 우리를 두려움에 벌벌 떨게 하는 것 역시 실상을 들여다보면 조금도 위험한 것이 아닐 수도 있다. 여기서 덧붙여 둘 것은 감정의 이 같은 표상적 계기가 문제의 감정을 누그러뜨리는 데서도 유용하게 쓰일 수 있다는 점이다. 표상 대신 실상을 적시함으로써 오해나 착각의 매듭을 푸는 것이다.

8.4 감정 자극의 토포스

아리스토텔레스의 경우 연설가가 청중 가운데 감정을 환기할 수 있는 것은 기본적으로 감정이 인지적이기 때문이다. 감정이 인지적이지 않다면 그것을 기술적으로 환기하는 일이 어려울 수 있다. 아리스토텔레스가 그의 『수사학』 II권 2장–11장에서 설득수단의 일종으로 감정의 물음을 중점적으로 논하는 것도 그런 면에서 볼 때 너무도 당연하다. 그러나 기대했던 것과 달리 정작 저들 장의 감정론에는 수사학적 활용을 위한 지침이 소략하다. 그래서 개별 감정을 유발하는 데에 그의 감정론이 구체적으로 어떻게 이용될 수 있는지

토포스

토포스의 정의 : 책 제목이 내비치듯 아리스토텔레스의 『토피카』에는 이런저런 토포스가 수집되어 있다. 토포스란 무엇인가. 정작 『토피카』에는 토포스가 정의되어 있지 않다. 모두가 다 아는 것인데 굳이 정의할 필요가 있느냐는 투다. 토포스가 무엇인가를 어렴풋이나마 짐작케 해주는 정의 비슷한 것이 나오는 곳은 『수사학』이다. 그에 따르면 아리스토텔레스는 "'원소'(stoicheion)와 '토포스'로써 동일한 것을" 염두에 두고 있거니와, 그 이유는 "그 아래에 다수의 엔튀메마가 속하기 때문이다" (1403a18-19). 여러 엔튀메마를 자신 안에 끌어안고 있는 것, 그러니까 그것에 기초하여 다수의 구체적인 엔튀메마가 세워질 수 있는 보편적인 모델이 곧 토포스이다. 이 같은 『수사학』의 토포스 규정은 엔튀메마만 언급하는 한에서 수사학적 토포스만 규정한다고 할 수 있다. 그러나 엔튀메마 역시 연역의 일종이므로 문제의 규정은 변증법적 토포스와 변증법적 논변에 대해서도 유효하다고 할 수 있다. 요컨대 토포스는 그것에 기초하여 (수사학적인 것이든 변증법적인 것이든) 다수의 구체적인 연역이 세워질 수 있는 모델이라는 의미의 논증형식이다. 그러기에 어떤 것이 연역(추론)임을 주장할 수 있으려면 토포스라는 보편적인 형식의 구체적 사례이거나 해당 토포스의 지침에 따라 만들어진 것이어야 한다.

토포스의 과제 : '토포스'는 원래 변증법의 용어이다. 그러기에 그 기능을 알려면 변증법에서 그것이 어떤 일을 하는지 살펴야 한다. 간단히 말하면 변증법이란 (주먹이 아니라) 말로 하는 싸움, 언쟁 혹은 설전의 기술이다. 말로 공방을 벌이는 데서 효과적인 기술이 곧 변증법이다. 변증법에 따라 진행되는 논쟁적 성격의 대화에는 묻는 사람이 있고 대답하는 사람이 있다. 전자는 공격하는 입장이고 후자는 방어하는 입장이다. 주어진 문제에 대해 모종의 입장이 세워지면서 대화가 시작된다. 특정의 입장을 취하는 사람은 자신의 입장이 유지되는 걸 바라기에 자연스레 공격적인 물음에 대답하는 입장에 선다. 그의 맞상대의 목표는, 논쟁적 성격의 대화이므로, 정립된 테제를 무너뜨리는 것이다. 대개의 경우 정립된 테제에서 출발하여 그것과 모순되는 주장을 이끌어냄으로써 상대

방의 주장을 논파한다. 자연스레 캐묻는 입장에 서게 되고 공격적이게 된다. 그의 목표는 대답하는 사람이 내세운 테제와 모순되는 주장을 수립하는 일이다. 테제와 모순되는 결론을 연역해내는(*syllogizesthai*) 데서 중요한 것은 문제의 연역의 출발점을 이루는 전제의 성격이다. 연역의 전제는 대답하는 사람(을 포함하여 많은 이들)에 의해 인정받는(*endoxa*) 것이어야 한다. 한편 변증법적 공방의 한가운데서 만들어지는 그 같은 연역은 토포스에 기초해야 한다. 토포스의 모델과 지침에 어긋나지 않아야 연역의 자격을 얻을 수 있기 때문이다. 변증법적 연역에서 토포스가 하는 일은 크게 세 가지다. 첫째는 도달하고자 하는 결론과 맥이 닿는 '전제'를 '발견'하는 것이고, 둘째는 전제들 가운데서 '널리 인정받는 의견'을 골라내는 것이다. 그리고 셋째는, 대답하는 사람의 확인을 거친 다음, 문제의 전제, 그러니까 결론과 맥이 닿고 또 널리 인정받는 의견이라는 특성을 지닌 전제에서 출발하여, 도달하고자 하는 결론에 이르는 연역추론을 구성하는 일이다.

토포스의 구성 : 『토피카』 II권~VII권에 수집된 토포스를 놓고 보면 다음의 여러 '부분'을 확인할 수 있다. 첫째는 무엇을 어떻게 다루어야 할 것인가를 명시하는 부분으로서 진행할 절차의 지침에 해당한다. 둘째 부분은 일반규칙으로서 대개는 '전제의 명사들의 관계가 이러이러하면 결론의 명사들의 관계는 이러이러하다'의 형식을 취한다. 토포스에는 이 밖에도 실례도 들어 있고, 문제의 토포스가 테제의 확립에 적격인지 아니면 테제를 뒤엎는 데 적격인지를 귀띔하는 부분도 들어 있다. 경우에 따라서는 개념들을 구별하는 부분도 있는데 그것은 토포스의 적용에서 긴요하게 쓰인다. 한편 이들 부분이 모든 토포스에 빠짐없이 다 들어 있지는 않다. 일례로 일반규칙의 경우 예시에서 끌어낼 수도 있고 지침에서 끌어낼 수도 있다.

는 놀랍게도 불투명하게 남아 있다. 다만 몇 마디 안 되는 소략한 언급을 통해 개략적인 인상만 얻을 수 있을 뿐이다. 일례로 분노의 경우 아리스토텔레스가 제시하는 팁은 대체로 다음과 같다.[21] 청중을 분노의 감정에 휩싸이게 하려면 청중을 분노하는 사람이 통상적으로 빠져드는 정신적 상태에 놓이게끔 연설을 통해 기술적으로 유도하는 한편, 그 분노가 연설가와 대립적인 관계에 놓여 있는 적수―제3의 인물―를 향해 분출되게 해야 한다. 연설을 통해 기술적으로 그런다는 것은 분노 촉발의 단초에서 문제의 적수가 자유롭지 못하다는 점을 드러내 보여준다는 뜻이다. 환언하면 분노를 촉발하는 행동과 적수가 연결되어 있다는 점을 부각시키는 것이다. 평온의 경우도 크게 다르지 않다. 원전 텍스트로 고작 4행에 걸쳐 한 문장으로 이렇게 말한다. 분노의 대상인물을 ① 우리가 두려워해야 할 사람으로, ② 우리가 수치심을 느껴야 할 사람으로, ③ 선행을 베푼 사람으로 (청중이 받아들이도록), ④ (문제의 대상인물이 모종의 행동을 하긴 하였지만) 본의가 아니었다고 (청중이 받아들이도록) ⑤ (문제의 대상인물이) 자신이 저지른 짓과 관련하여 이미 고통을 느끼고 있음을 (청중이 알도록) 해야 한다고 말이다.[22] 요는 ① 두려움의 대상이니 그런 사람을 향해 함부로 분노의 감정을 표출해서는 안 된다는 것이고, ② 우리가 수치심을 느껴도 당연할 만큼 고결한 사람이니 그런 사람에게 화를 내서는 안 된다는 것이고, ③ 선행을 베푼 사람인데 그런 사람에게 분노의 속내를 표출한다면 그것은 은혜를 모르는 배은망덕한 작태라는 것이고, ④ 분노를 일으킬 만한 짓을 하긴 하였지만 고의성을 가지고 한 것은 아니니 진정하라는 것이고, ⑤ 그런 짓을 하긴 했지만 그 뒤 자신의 행태로 인해 괴로워하여 네가 복수한 것이나 진배없으니 분노의 마음을 풀라는 것이다.

아리스토텔레스가 감정과 관련하여 실천적 충고 내지 지침을 이와 같이 소략하게 제시하는 이유는 무엇인가. 『수사학』 II권 1장 끝부분에 나오는 언급이 그 일단을 짐작케 한다. 감정을 개별화할 때 따라야 할 참고지표로 세 가지[23]를 꼽은 다음 그는 이렇게 말한다.

> 전에 이야기했을 때에도 관련 명제(=특수토포스)를 목록화하였듯이, 이것(=감정)과 관련해서도 그렇게 하고 (=전에) 언급한 것과 같은 방식으로 구별하자.[24]

아리스토텔레스는 '전에' I권 4장-14장에서 연설의 장르 별로 수사 연역(엔튀메마)을 위한 각종 (특수)토포스를 논한 바 있는데, 여기 II권에서 감정을 논하면서도 그와 같은 식으로 진행하겠다는 의지를 밝힌 것이다.[25] II권 2장-11장의 감정론도 그러니까 I권 4장-14장의 토포스론과 구조적으로 다르지 않은 것이다. 실로 양자의 이 같은 구조적 동일성은 II권 2장-11장에서 다뤄진 내용이, 원래 토포스가 그러하듯, 다양하게 적용될 수 있음을 허용한다.

실로 개별 감정 관련의 여러 '소재'를 논하는 『수사학』 II권 2장-11장은 연역적으로 구조화되어 있다. 감정의 정의에서 출발하여 그것으로부터 개별화의 지표를 끌어내는 식이다. 여기서 정의는 엄밀한 의미에서의 정의가 아니라 초기 단계의 정의일 뿐이다. 초기 단계의 정의란 다시금 잠정적으로 받아들여지는 정의라는 뜻이다. 엄밀한 의미의 정의도 아니고 그렇다고 아무렇게나 만들어진 자의적인 것도 아닌, 논의를 가능케 하는 수준의 정의이다. 개별화의 지표로는 세 가지가 있다. 감정상태, 표적인물, 지향대상이 그것이다. 분노를 예로 들어 말하면 이렇다. 우선 아리스토텔레스가 인용하는 정의에 따르면 분노는 그럴 자격이 없는 사람으로부터 받은 업신여김에 대한 반응이다. 여기서 우리는 먼저 표적인물을 가려낼 수 있다. 그럴 자격이 없음에도 우리에게 멸시하는 태도를 취하는 사람이다. 각양각색의 사람을 꼽을 수 있을 것이다. 모욕으로 간주되는 여러 패턴의 행태도 리스트로 작성할 수 있을 것이다. 그 밖에 우리가 굴욕감을 느낄 때 처하는 마음의 풍경도 어렵지 않게 그릴 수 있다. 이들 모두 분노의 정의에서 도출이 가능하다. 『수사학』 I권의 특수토포스들이 수사 연역과 관련하여 하는 일과 조금도 다르지 않은 것이다. 그런 점에서 감정을 환기하는 데에 동원되는 토포스라는 의미로 '감정 자극의 토포스'라고 불러도 무방하다.[26]

연설가가 작업을 할 수 있는 것은 오직 연설을 통해서뿐이다. 연설을 통해서는 청중의 성격이나 신체적 조건 같은 외적 요인에 영향을 끼칠 수는 없다. 성격은 오랜 세월을 지나오면서 형성된 것이고 청중의 신체적 조건에는 접근이 불가능하기 때문이다. 그렇더라도 적게 잡아 저들이 이 세계의 사실과 관련하여 생각하고 믿는 것에는 그래도 연설가가 영향력을 행사할 수 있다. 이를테면 이렇게 하는 것이다. 특정 감정의 전형적인 대상이 주어졌다고, 그러니까 문제의 감정의 지향대상과 표적인물이 주어졌다고 저들이 믿게 만든다. 그리고 그게 성공한다. 그러면 문제의 감정은 십중팔구 따라 나온다. 연설가에게 아리스토텔레스가 추천하는 것이 바로 이런 조치이다. 일례로 사의의 경우 아리스토텔레스는 다음을 추천한다.

> 그러하기에, 어떤 사람에게 어떤 사유로 사의를 느끼는지 (…) 분
> 명하므로, 확실하거니와, 연설가는 이를 근거로 사의를 느끼게
> 만들어야 하는 바, 연설가는 일방이 이러이러한 고통 혹은 이러
> 이러한 궁한 처지에 (현재) 있다거나 (과거에) 있었다는 점을 보여
> 주어야 하고, 타방은 그러그러한 긴급한 상황에서 그러그러한 후
> 의를 베푼다거나 베풀었다는 점을 보여주어야 한다.[27]

이처럼 모종의 감정의 전형적인 '대상'(=지향대상과 표적인물)이 주어
졌음을 드러내 보여주거나 논증함으로써 연설가는 소기의 감정을
유발할 수 있다. 이 같은 생각의 기저에는 다음과 같은 구상이 가로
놓여 있다. 사고 혹은 판단과 감정 사이에 모종의 함수관계가 성립
한다는 것이다.[28] 그러니까 특정의 감정의 대상이 주어졌다고 믿는
다면 특별한 사정 변경이 없는 한 문제의 감정을 느낀다는 것이다.
아리스토텔레스의 감정 자극의 기술의 요체는 다음 두 가지로 간추
릴 수 있다. 하나는 감정상태를 매개로 우리는 모종의 외적 대상을
지향한다는 것이고, 다른 하나는 그런 대상이 주어졌다고 믿을 때
면 우리는 그에 조응하는 감정을 느낀다는 것이다. 아리스토텔레스
가 해석자들 사이에서 감정의 이른바 판단이론의 선구로 받아들여
지는 이유이다.

『수사학』의 아리스토텔레스는 이처럼 감정이 인지적이라는 점
을 처음부터 깔고 들어간다. 그러나 이 같은 감정의 인지성은 아리
스토텔레스의 감정 이해의 일면이다. 감정의 비인지적 측면 역시
그가 간과하지 않기 때문이다.

8.5 판단과 감정의 엇박자

아리스토텔레스가 이해하는 바에 따르면 감정은 기본적으로 신체와 연계되어 있다.[29] 그에 따르면 감정의 발생에는 신체 에너지가 필요하다. 그는 『수사학』 II권 3장에서 평온을 논하는 가운데 이런 말을 한다.

> 다른 사람을 상대로 분노를 터뜨리고 나면 평온해지는 바, 에르고필로스의 사례에서도 그랬다. 칼리스테네스보다 그에게 화가 더 많이 나 있었지만 그는 방면되었다. 그 전날 칼리클레스가 처형되었기 때문이다.[30]

인용문은 화풀이를 말하고 있다. 분노를 특정인에게 풀어버리는 것이다. 그러고 나면 에너지가 고갈된다. 그래서 또 하나의 분노(의 폭발)를 위해서는 에너지의 축적이 필요하다. 대체로 이런 생각이 인용문의 저변에 깔려 있다. 그런데 여기서 말하는 에너지라는 것이 신체의 상태와 무관하지 않은 어떤 것이라고 해보자. 그렇다면 판단과 감정이 따로 노는 일이 생길 수 있다. 아무개가 나에게 잘못을 저질렀거나 나를 업신여겼다고 내가 생각하거나 판단할 수 있다. 그러나 내가 아무리 그렇게 판단을 하더라도 분노의 공격적인 에너지를 내가 다른 사람을 상대로 이미 다 소진한 상태라면 나는 분노를 느끼지 못할 수 있다. 적게 잡아 충분히 분노를 느끼지 못할 수 있다. 판단과 감정이 늘 사이좋게 어우러져 공변(共變)하는 것만은 아님을 시사하는 사례로서 판단은 동일한데 감정이 판단과 조응하지 않는 경우이다.

위와 유사하지만 약간 다른 사례도 있다. 이 역시 판단과 감정이 함께 어우러져 공변하는 이른바 함수관계를 거스르는 사례이다. 일반적으로 우리가 합리적이라고 할 때 우리가 내리는 판단은 서로 아귀가 잘 맞아떨어진다. 수미일관성이 유지된다. 뒤집어 말하면 일련의 판단이 서로 모순을 이루거나 일관적이지 않으면 서로 배척한다. 그러나 감정의 경우는 사정이 다르다. 배척을 하되 판단의 경우와 그 양상이 다르다. 아리스토텔레스의 『수사학』에 나오는 감정들을 보면 각각 조응하는 판단이 논리적으로 수미일관적이더라도 특정 유형의 감정이 동시에 발생하는 일은 일어나지 않는다. 일례로 서로 대립하는 의분과 연민의 감정을 들 수 있다. 아리스토텔레스에 따르면 재판관이 의분을 느낀다고 하자. 그러면 그는 그와 동시에 연민의 정을 느낄 수 없다. 의분의 대상인물과 연민의 대상인물이 동일하지 않아도 그렇다. 재판관은 개똥이가 부당하게 불운을 겪는다고 판단할 수 있다. 이럴 경우 통상적으로는 연민의 정을 느낀다. 그러나 그가 쇠똥이를 상대로 의분을 느끼면서 개똥이에게 연민의 정을 느낄 수는 없다.[31] 이처럼 감정과 판단이 대응하지 않는 경우가 있다. 분노와 공포의 경우를 보자. 개똥이가 나의 마음을 상하게 하였다─이럴 경우 통상적으로는 분노가 치밀어 오른다─는 나의 판단과 쇠똥이가 나에게 위협적이라─이럴 경우 통상적으로 공포감을 느낀다─는 나의 판단은 논리적으로 상충하지 않는다. 그러나 내가 분노하는 동시에 공포를 느낄 수는 없다.[32] 아리스토텔레스는 이렇게 말한다.

두려움을 느끼게 만드는 사람, 수치심을 느끼게 만드는 사람을 상대로 해서도 (평온해진다). 그런 상태에 처해 있는(=두려움을 느끼거나 수치심을 느끼면) 한, 분노가 일지 않기 때문이다. 두려워하면서 동시에 분노하는 일은 불가능하기 때문이다.[33]

아리스토텔레스는 청중의 분노를 가라앉히려면 문제의 표적인물을 두려움의 대상인물로 그려야 한다고 추천한다. 그가 제시하는 팁대로라면 재판관을 분노에 빠지게 만들면 그가 피의자에게 연민의 정을 느끼지 못한다. 감정을 수사학적으로 유용하게 사용할 수 있는 사례들이다.

위에서 감정의 신체 연계성을 지적한 바 있다. 다음은 그와 유사한 또 하나의 사례이다. 아리스토텔레스에 따르면 사람이 나이를 먹으면 겁이 많아지고 만사를 두려워한다. 젊은이와 정반대의 신체조건에 놓이기 때문이다. 젊은이는 피가 펄펄 끓는 데 반해 노인은 몸이 차갑다. 그럴 때 느끼는 감정이 공포다. 공포는 열기가 식어 차가워지는 것의 일종이다.

> 또 그들(노인)은 겁이 많고 만사 초장부터 두려워한다. 청소년과 정반대의 (신체)상태에 처해 있기 때문이다. 그들(노인)(의 몸이) 차갑고 저들(청소년)은 펄펄 끓기 때문인 바, 연령은 겁이 많음(=소심함)으로 통하는 길을 예비한다. 공포 역시 모종의 차가워짐이기 때문이다.[34]

여기서 차갑다거나 식었다는 것이 은유적으로 받아들여져서는 안 된다.[35] 아리스토텔레스에 따르면 노인은 용감하다든가 대담하지 못하다. 몸에 기가 빠져 차가워진 상태이기에 그에 필요한 열기를 만들어내지 못하기 때문이다. 한 노인이 몇 해 전에 그런 일을 당했다면 분을 참지 못하고 터뜨렸을 상황에 직면할 수 있다. 하지만 이제는 더 이상 분노의 감정이 일지 않는다. 몸이 말을 듣지 않기 때문이다. 신체조건으로 인한 판단과 감정이 맞아 떨어지지 않는 경우이다.[36]

이상의 논의를 요약하면 아리스토텔레스가 그의 『수사학』에서 말하는 감정은 대상 지향적이다. 그리고 감정은 원칙적으로 지향대상을 놓고서 우리가 판단하는 바와 어긋나지 않게 움직인다. 그의 수사학적 감정 자극 기술의 근간을 이루는 것이 이 같은 인지적 감정 이해이다. 그러나 아리스토텔레스의 감정 설명에는 이 같은 인지적 측면만 있는 게 아니다. 그의 경우 감정은 신체적 변화이기도 하여 생리적 조건에 종속적이다. 물론 정상적인(?) 상황에서라면 신체적 조건 역시 판단에 부응하여 감정이 일어날 수 있도록 조성된다. 그러나 항상 그런 상황이 조성되기만 하는 것은 아니다. 위에서 살펴본 바와 같은 특정의 상황에서는 신체적 조건으로 인하여 판단과 감정 사이에 엇박자가 나기도 한다.

✻

『수사학』의 아리스토텔레스는 감정을 다루는 것이 수사학 체계상 필수불가결하다고 보기에 감정을 상당히 자세하게 논한다. 그리하여 그의 기본적인 인지적 감정 이해는 그가 의도했던 것은 아니지만 결과적으로 20세기에 와서 인지적 감정이론—감정판단이론—의 선구로 간주되었다. 그러나 그에게는 감정의 번듯한 정의 하나도 없다. 심지어 인지성과 부합하지 않는 측면까지 엄존한다. 그렇더라도 『수사학』의 감정 이해가 인지적 감정이론의 고대 버전임을 부정하기는 어려워 보인다. 하지만 그조차도 그가 명시적으로 말하는 바가 함축하는 것 혹은 암암리에 전제하는 것을 통해서 그런 것이지 그가 명시적으로 말하는 바를 통해서가 아니다.[37]

제4부

———

비극적 감정

제 9 장

공적연설과
비극의 공통분모

9

아리스토텔레스에 따르면 비극은 관객에게 연민과 공포를 촉발한다. 비극을 통해 우리는 연민과 공포의 감정에 빠져든다. 그러나 이것으로 끝나지 않는다. 아리스토텔레스는 유명한, 그러나 난해한 한 마디를 살짝 덧붙인다. 연민과 공포를 통해 카타르시스―정화―가 유발된다고. 이른바 비극의 파급효과이다. 그는 자신이 무슨 얘기를 하는지 자신의 강의를 수강하는 사람이라면 모를 리 있겠느냐는 듯이 부연 설명 없이 한 마디로 잘라 말하고 끝낸다. 그 뒤로도 그에 대해서는 입도 뻥긋하지 않는다. 그러나 이를 가늠하기가 어려운 후대 사람들로서는 카타르시스를 유발한다는 게 무엇을 뜻하는지를 놓고서 오랫동안 갑론을박을 벌였다. 오늘날이라고 사정이 나아진 것 같지도 않다. 간단히 말하면 씻겨 내려간다거나 풀려난다고 할 때 '관객의 비극적 감정'이 그런 것인지 아니면 '비극적 감정' 자체가 어떤 식으론가 씻기거나 정화 혹은 고양되는 것인지와 같은 물음이 대표적이다. 여전히 오리무중이다.

9.1 감정을 유발하는 극적 요소

비극에는 감정을 유발하는 여러 요소가 들어 있다. 청각적 요소, 시각적 요소, 이야기(혹은 사건) 구성 등을 대표적으로 꼽을 수 있다.[1]

　청각적 요소 : 그리스 비극의 특징 중 하나는 배우의 대사와 쌍벽을 이루는 코러스의 합창이다. 합창이라기보다는 음송이라고 하는 편이 낫다. 말을 멜로디에 실어 전달하기 때문이다. 예로부터 멜로디나 노래가 감정을 촉발한다는 것은 널리 잘 알려진 사실이었다. 신화에 나오는 세이렌만 해도 그렇다. 일엽편주에 겨우 몸만 의지한 채 정처 없이 떠밀려 다닌, 그리하여 굳어질 대로 굳어진 사내들의 심금을 그들은 노랫소리만으로도 울릴 수 있었다.

> **개념정리 09**　비극의 구성요소
>
> 비극이 갖추어야 할 요소로는 여섯 가지가 있다. 무대공연(쇼/*opsis*), 성격(*ēthos*), (잘 짜여진) 이야기(플롯/*mythos*), 언어적 형상화(*lexis*), 멜로디(*melos*), 논증(*dianoia*)이 그것이다(『시학』 6, 1450a13-14). 이 가운데서 가장 중요한 것은 사건(이야기)을 어떻게 구성하느냐이다. 반면 비극의 액세서리 가운데서 쾌감을 주는 정도가 가장 높은 것은 멜로디이다 (1450b15-16).

　플라톤과 아리스토텔레스를 통해 알 수 있거니와, 음악이 감정을 자극하는 힘은 장조냐 단조냐의 조성, 고저장단의 리듬, 악기에 따라서 다르다. 당시 사용되었던 악기 가운데서 듣는 사람을 아주 들뜨게 만들고 유쾌하게 만드는 대표적인 악기는 오보에 비슷한 아울로스였는데[2] 그것을 플라톤이 이상국가에서 금했던 것도 그 같은 이유에서였다.[3]

비극의 관객에게 감정적으로 영향을 끼치는 것은 멜로디나 악기만이 아니다. 말을 어떤 식으로 전달하는가도 중요하다. 초창기에는 비극시인이 자신의 작품을 직접 연기했으나 훈련을 받은 전문 변사와 배우가 무대에 오르게 되면서 목소리 조절을 통해 효과가 배가되었다. 아리스토텔레스는 이렇게 말한다.

> 그것(구연/hypokrisis)은 우선 목소리의 문제로서, 감정과 관련하여 어떤 식으로 그것(목소리)을 활용해야 하는가의 문제이다. 예컨대 언제 크게 내고 언제 작게 내고 언제 중간 소리를 내야 하느냐는 것이다. 그것(구연)은 억양의 문제이기도 한 바, 고음은 언제 내고 저음과 중저음은 언제 내느냐는 것이다. 그리고 그것(구연)은 매 경우 어떤 리듬을 타야 하는가의 문제이다.[4]

아리스토텔레스는 테오도로스라는 이름으로 불렸던 배우를 예시한다. 그가 전하는 바에 따르면, 다른 배우들과 달리, 테오도로스의 목소리는 그가 구연하는 작중인물의 목소리를 빼다 박았다.[5] 그의 구연이 자연스러웠다는 얘기다. 연민을 논하는 대목에서도 아리스토텔레스는 목소리와 그 밖의 다른 구연의 요소들이 효과 면에서 중요함을 강조한다.[6]

청각적 요소라고 잘라 말하기는 어렵지만 어딘가 그 언저리에

존 W. 워터하우스(John William Waterhouse),
「율리시즈와 세이렌(Ulysses and the Sirens)」(1891)

놓을 수 있는, 관객의 감정을 관리하는 또 하나의 수단은 어휘의 선택(렉시스), 언어적 형상화이다. 한편으로는 리듬, 음색, 의성(擬聲)의 정도 등을 고려하고 다른 한편으로는 의미, 이미지, 은유의 정도 등을 고려하여 어휘를 선택하는 것이다. 청중이나 관객은 연설가나 연기자가 감정을 실어 말하면 그와 비슷한 감정상태에 놓이기 마련이다.[7] 그러기에 이 같은 사정을 이용하면 설득과 극의 효과를 높일 수 있다. 이를테면 상대가 거만한 행태를 보이는 경우라면 그러한 행태에 분노한 사람이 입에 담는 어휘를 사용한다. 불경하고 수치스런 행태를 보이는 경우라면 어떻게 저런 망측한 짓을 한단 말인가, 라며 입에 담기조차 민망하다는 투의 어휘를 동원하여 형상화한다. 칭찬을 아끼지 않을 일을 두고서는 경의가 가득 담긴 언어를 구사한다. 연민의 정이 묻어나는 경우는 침통한 어조의 표현을 사용한다.[8] 같은 말이라도 어 다르고 아 다른 법, 상황에 맞게 어휘를 선택, 구사하는 것도 능력이다. 능력은 효과로 입증된다.

시각적 요소 : 비극의 감정을 유발하는 또 하나의 요소는 시각적 요소이다. 비극의 구성요소에 속하는 무대공연(오프시스)은 관객의 눈을 자극하는, 무대 위에서 펼쳐지는 각종 시각적 요소를 가리킨다. 무대장치, 배우의 연기, 스펙터클[9] 등이 그것이다.[10] 이것은 시작술—시학—에 속하는 요소는 아니지만 관객의 입장에서 보면 가장 호소력 있고 가장 감정을 들끓게 만드는 요소이다.[11] 그러기에 아리스토텔레스는 『시학』 14장에서 다른 감정도 그렇지만 비극 특유의 연민과 공포의 감정이 주로 무대공연에 의해 유발된다고 말한

알렉산드르 A. 이바노프(Alexander Andreyevich Ivanov),
「아킬레우스에게 헥토르 시신을 간청하는 프리아모스(Priam asks Achilles to return Hector's body)」(1824)

다.[12] 무대세팅, 의상, 공연용 가면 역시 비극의 효과를 높이는 시각적 요소이다. 연민의 감정과 관련하여 아리스토텔레스는 희생당한 사람의 옷가지나 소지품을 보여주는 것 역시 관객 가운데 연민의 정을 유발하기에 충분하다고 말한다.[13] 무대 위의 배우가 어떤 제스처를 취하는가도 감정 자극에 중요한 시각적 요소이다. 일례로 『일리아스』에서 사활을 건 아킬레우스의 공격에 맞서지 말라고 간청해보지만 아들 헥토르의 마음을 돌려놓지 못하자 프리아모스는 그의 백발을 쥐어뜯고 헤쿠바는 옷깃을 풀어 헤쳐 자신의 젖가슴을 드러내 보인다.[14] 아들로 하여금 연민의 정을 느끼게 하려는 제스처이다. 이처럼 여인이 젖가슴을 드러낸다든가 머리카락을 쥐어뜯거나 자른다든가 아니면 머리를 짓찧는다든가 자신의 뺨을 내려친다든가 옷을 찢는다든가 하는 것은 고전기의 여러 비극작품에 공통적으로 나오는 극적 제스처들이다. 모두 감정을 유발하기 위해 사용하는 시각적 요소이다. 춤을 추는 것 역시 빼놓을 수 없는 시각적 요소이다. 아리스토텔레스에 따르면 춤은 몸짓으로 리듬을 담아냄으로써 성격과 감정과 행동을 모방한다.[15]

이야기 구성 : 비극적 감정을 유발하는 극적 요소 중 마지막으로 꼽을 수 있는 것은 뮈토스(*mythos*)이다. 뮈토스란 이야기라는 뜻인데 우리 귀에 익숙한 '플롯'의 다른 이름이다. 이야기라고 하지만 정확히 말하면 일어난 사건의 이야기이다. 같은 내용의 이야기라도 그것을 어떤 식으로 풀어 가는가에 따라 감흥이 다르다. 이야기 구성에 기술, 즉 시작술이 요구되는 소이이다. 아리스토텔레스의『시학』은 한마디로 비극적 이야기 구성(이)론이다.

비극이론을 선뵈려는 아리스토텔레스에 따르면 비극적 감정을 불러일으키는 데서 핵심적인 것은 이야기 구성(뮈토스)이다. 그 밖의 것들은 모두 액세서리일 뿐이다. 한편 그가 말하는 이야기 구성은 그저 주제나 선정하는 정도의 일이 아니다. 주인공이 책망을 받을 만한 잘못을 저지르지 않았음에도 모종의 비극적 순간을 맞아 삶 전체가 철저히 몰락하게 되는 식으로, 소재를 시작술의 지침에 따라 구성하는 일이 아리스토텔레스가 말하는 이야기 구성이거니와 어떻게 구성하느냐에 비극작가의 역량이 드러난다. 이야기가 시작술—비극론—의 가르침대로 잘 구성되었다면 일반적으로 비극작품은 그것을 읽기만 하더라도 독자에게 연민과 공포의 감정을 유발한다.

비극에 의해 촉발되는, 그리하여 비극적 감정으로 불리는 연민과 공포의 감정 외에, 비극에서 중요한 역할을 하는 다른 유형의 감정도 있다. 그 같은 감정이 비극에서 중요한 역할을 하는 것은 그것이 관객의 반응을 특징짓기 때문이 아니라 등장인물들이 하는 행동의 주된 유발요인이 되기 때문이다. 일례로 비극(과 서사시)의 등장인물들로 하여금 모종의 행동에 나서게 하는 요인은 분노, 울분, 의분, 경쟁심, 사랑, 증오, 갈망, 수치심 등속의 감정이다.[16]

널리 알려져 있다시피 종국적으로 자신을 죽음에 몰아넣을 뿐만 아니라 비극적 종말을 맞게 되는 일련의 사건은 호메로스의 영웅 아킬레우스의 울분에서 유래한다. 그래서 울분 혹은 분노는 각별히 위험하고 파괴적인 감정이라는 평판을 얻었다. 사람들을 밀어붙여 후회하기 마련인 행동을 하게 만들기 때문이다. 분노의 감정을 품게 되는 것은 자신이 업신여김을 당했다, 멸시를 받았다, 상대방이 심술 사납게 굴었다, 자존심에 손상을 입었다고 생각할 때이다. 그것은 고통스런 경험이다. 마음에 상처를 입었기 때문이다. 고통은 복수의 욕구를 일깨운다. 복수는 가해자에게 일정 정도의 고통을 안겨줌으로써 내가 당한 것을 상쇄시킨다. 이러한 결과를 미리 내다보는 일은 쾌감을 느끼게 한다. 이런 맥락에서 아리스토텔레스는 분노를, 업신여김을 당했다는 생각에 의해 유발된, 복수를 향한 욕구라고 규정한다. 고통스런 부분과 쾌감을 느끼게 하는 부분이 모두 들어 있는 감정이 분노이다.[17] 위에서 예시한 아킬레우스의 경우를 보자. 그는 사람을 안하무인으로 대하는 아가멤논의 무례에 마음에 크게 상처를 받고 분노가 치밀어 오른다. 부하들을 이끌고 트로이군을 상대로 한 전투에서 발을 빼는 것으로 복수한다. 에우리피데스가 그린 메데이아는 어떤가. 이아손을 향한 사랑에 눈이 먼 메데이아는 이아손이 배신하자 어떻게 해볼 수 없는 분노의 감정에 휘말린다. 메데이아는 이렇게 읊조린다. "나는 내가 행하려는 짓이 나쁘다는 것을 모르지 않는다. 그러나 분노가 내 계획을 압도한다, 인간에게 커다란 골칫거리를 안겨주는 분노가."[18] 메데이아의 분노는 그에게 고통을 안겨준다. 그러나 그는 고통을 받기만 하지는 않는다. 이아손과의 사이에서 낳은 자식들을 살해한다. 그를 배신한 이아손에게 고통을 안겨주기 위함이다. 앙갚음하는 것이다.

이상의 비극적 감정을 유발하는 극적 요소들 가운데서 가장 중요한 것은 이야기 구성이다.[19] 비극의 효과는 사건과 관련한 이야기를 어떻게 구성하느냐에 종속적이다. 앞으로 논의는 비극적 효과를 얻으려면 이야기를 어떻게 구성해야 하는지에 초점을 맞춰 진행한다.

*

일견 연설가의 기량은 비극작가의 그것과 거리가 멀어 보인다. 비극에는 그 특유의 효과가 있거니와, 무대상연, 언어적 형상화, 운율,

멜로디를 통한 전달 등 비극을 구성하는 여러 요소가 공적연설과 사뭇 다르기 때문이다. 그러나 『시학』 19장에서 아리스토텔레스는 논증(디아노이아)에 한해서이긴 하지만 『수사학』을 언급하면서 거기서 다룬 것을 그대로 밀고 나가겠다고 말한다.

> 논증(디아노이아)과 관련해서는 『수사학』에서 다룬 것을 (그대로) 따른다. 왜냐하면 이 주제는 외려 저 분과에 더 잘 들어맞는 주제이기 때문이다. 말하기(로고스)의 수단을 통해 도달할 수밖에 없는 모든 것의 단초가 논증에 있다. 증명하기, 논박하기, (연민, 공포, 분노 같은) 감정과 (그 같은 부류의) 모든 (감정) 환기가 (말하기의 수단을 통할 수밖에 없는) 것에 속하거니와, 그 밖에 어떤 일을 중요하다고 하거나 중요하지 않다고 주장하는 일 역시 그에 속한다.[20]

『수사학』과 『시학』 간의 연결통로가 논증(디아노이아)을 매개로 마련된다.[21] 논증이라 옮긴 디아노이아는 로고스, 그러니까 연설과 말을 수단으로 해서 만들어질 수 있는 것을 지칭하는 바, 위의 인용문에 나와 있듯이, 증명하기, 논박하기, 중요하다고 하거나 중요하지 않다고 주장하기, 감정 환기 등이 그것이다. 다른 것도 그렇지만 특히 감정을 환기하는 일이 디아노이아의 일환이라는 것은, 아리스토텔레스가 확인하듯이, 『수사학』에서 누누이 강조된 내용이다.[22] 『시학』에서 아리스토텔레스가 취하는 입장은 분명하다. 『수사학』에서 상론한 감정 자극론에 기초하여 비극적 감정과 관련한 본질적인 물음에 접근하는 것이다.

9.2 수사학적 감정 자극을 위한 토포스적 절차

『수사학』에서 다뤄진 감정 자극의 물음에 관해서는 앞서 제8장에서 상세하게 논한 바 있다. 그러나 비극의 감정 자극의 물음으로 나아가는 통로를 확보한다는 차원에서 공적연설에서의 감정 자극의 문제를 간략하게 되짚고 넘어간다. 앞(8.4)에서 지적했듯이 『수사학』 II권 2장-11장에 나오는 감정 자극을 위한 지향대상, 대상인물, 정신상태 관련의 여러 제재는 아리스토텔레스적 의미에서 토포스-감정 자극을 위한 토포스-라고 불러도 무방한 것들이다. 왜냐하면 기능상 『수사학』 I권 4장-14장의 특수토포스들이 수사 연역과 관련하여 하는 일과 조금도 다르지 않기 때문이다. 다른 점이라면 감정 자극에 동원된다는 점뿐이다. 우선 II권 2장-11장은 해당 감정의 '초기 단계의' 정의에서 출발한다. 그런 다음 문제의 정의를 기초로 해당 감정을 유발하는 지향대상(유인), 대상인물(유인의 담지자), (문제의 감정을 느끼는 당사자의) 정신적 상태를 기술한다. 유인과 유인의 담지자와 감정을 느끼는 당사자에 대한 기술(설명)에는 자주 '왜냐하면'(gar)이라는 접속사로 인도되는 절이 이어지거니와 종속절에서는 문제의 기술(記述)이 해당 감정의 본질에 기인한다는 점이 명시된다. 외형상으로도 각 감정의 정의와 기술(記述)은 I권에 나오는 수사 연역의 구축에 동원되는 특수토포스와 유사하다. 물론 속속들이 똑같지는 않다. 감정의 정의와 기술, 즉 감정 자극의 토포스에는, (수사 연역의) 특수토포스와 달리, 전제에서 출발하여 결론에 이르는 식의 논증을 이끌어가는 지침 같은 것이 없기 때문이다. 그런 점에서 감정 자극의 토포스는 논증적이지 않다. 엄격한 의미의 '전제–결론' 형식을 취하지 않는다. 실로 연설가가 청중 가운데 일례로 분노의 감정을 불러일으키려고 한다고 해보자. 그는 통상적으로 분노의 감정을 야기하는 어떤 한 지향대상(=유인)과 통상적으로 분노의 감정을 유발하는 대상인물(=유인의 담지자)이 현전해 있다는 점을 드러내 보여주는 한편, 청중으로 하여금 분노의 상태에 놓이도록 모종의 조처를 취한다. 그러니까 분노의 감정을 유발하는 데 필요한 제반 요소─지향대상(유인), 대상인물(유인의 담지자), (분노의) 상태─에 청중의 주의를 환기하는 것이다.[23] 이처럼 감정 자극의 토포스가 논증적 토포스와 구별되긴 하나 토포스인 한에서 수사 연역을 구축하는 데에 동원되는 토포스와 기능상으로는 다르지 않다. 첫째로, 주어진 한 상황을 놓고서 이것이 분노를 일으킬 만한 것인지의 면에서 검토할 때 분노의 ① 지향대상(유인)과 ② 대상인물과 ③ 정신상태의 기술(記述)─이것에 굳이 이름을 붙인다면 분노의 토포스라고 할 수 있다─은 문제의 검토작업을 체계적으로 돕는다. 이것은 수사 연역에서 전제를 '발견하는' 기능에 해당한다.

위에서 연설가가 할 일이란 분노의 감정을 유발하는 데 필요한 제반 요소에 청중의 주의를 환기하는 정도면 된다고 언급한 바 있다. 오해가 없도록 부연하면 이렇다. 연설가가 연설을 통해 열심히 논증을 하지만 종국적으로 판단을 내리는 것은 청자의 몫이다. 그렇더라도 어쨌든 연설가는 청자가 자신이 기대하는 판단을 내리도록 그 판단으로 통하는 길을 열심히 닦아야 한다. 감정 자극에서도 마찬가지다. 분노나 공포의 감정과 관련된 제반 요소가 충족되어 있다는 점에 연설을 통해 청자의 주의가 환기되어야 한다. 물론 청자가 분노나 공포의 감정을 실로 느끼는가의 여부는 연설가가 어떻게 해볼 수 있는 영역을 벗어나 있는 물음이다. 그렇더라도 연설가는 청자가 문제의 특정 상황을 분노나 공포를 일으킬 만한 상황으로 간주하도록 심혈을 기울여야 한다. 일을 행하는 '트랙'은 달라도 그 위에서 일을 행하는 기능의 면에서는 감정 자극의 토포스 역시 수사 연역의 토포스와 조금도 다르지 않다. 감정 자극이라는 점에서 논증적이지는 않지만 논증적 토포스에 '준하는' 기능을 한다.[24]

9.3 비극적 감정 유발방법의 강구가 『시학』의 과제이다

위(9.1)에서 보았듯이 아리스토텔레스는 『시학』 19장에서 디아노이아(논증)의 물음과 관련하여 『수사학』에서 다뤘던 것을 그대로 원용하겠다는 취지의 말을 한다.[25] 여기서 말하는 디아노이아란, 얼핏 보기와는 달리, 연민, 공포, 분노 같은 감정을 환기하는 일을 일컫는다. 그러기에 비극을 통해 감정을 환기하는 일과 관련해서는 『수사학』에서 했던 방식을 따르겠다는 의중을 밝히고 있는 것이다. 『수사학』에서 했던 방식이란 II권 2장–11장에서 자세히 다뤄진 '감정 자극의 토포스'에 기초하여 공적연설의 청자 가운데 감정을 환기하는 일을 두고서 하는 말이다. 공적연설의 청중을 상대로 그랬던 것처럼 이제 비극공연의 관객을 상대로 해서도 같은 유의 조치를 취하겠다는 취지다.

당연하거니와, 사건을 그릴 때에도(*en tois pragmasin*), 그것을 연민
이나 공포감을 주는 것으로 그릴 요량이라면, 동일한 절차를 밟
아야(*apo tōn autōn ideōn*) 한다.[26]

여기서 '동일한 절차'란 아리스토텔레스가『수사학』에서 감정 자
극의 물음과 관련하여 밟았던 절차를 가리킨다.[27] 그러니까 아리스
토텔레스의 구상에 따르면 비극적 행동을 구성하는 비극시인은『수
사학』에서 다뤘던 감정 자극의 토포스에 기초하여 작업해야 한다.
비극시인은 일반적으로 사람들이 ① '어떤 사람에게' 연민과 공포를
느끼는지, 일반적으로 ② 연민과 공포를 일으키는 '유인'은 무엇인
지, 또 ③ 연민과 공포를 느낄 때 사람들은 일반적으로 어떤 정신상
태에 놓이는지를 훤히 꿰고 있어야 한다는 말이다.

그렇더라도 공적연설과 차이가 없지는 않다. 공적연설과 비극
간의 차이와 관련하여 아리스토텔레스는 이렇게 말한다.

차이라면, 이 경우(=비극)는 (명시적인) 가르침(*didaskalia*) 없이 문제
의 파급효과가 나와야 하지만, 저 경우(=공적연설)는 연설을 통해
연설가에 의해 문제의 파급효과가 나와야 하고 연설의 결과로 나
와야 한다는 것뿐이다.[28]

공적연설의 연설가는 청중 가운데 환기하고자 하는 감정(분노)의
유인(업신여김)과 대상인물(남을 업신여길 정도의 주제도 못 되는 자) 같은 제
반 요소가 충분히 갖춰져 있다는 점을 연설을 통해 '말하고' 관련
사태를 여실히 '드러내 보여준다.'[29] 그같이 '말하고 '드러내 보여주

는' 작업을 통해 소기의 감정이 청중 가운데 유발된다. 인용문에 나오는 '가르침'이란 바로 그같이 '말하고' '드러내 보여주는' 작업을 가리킨다. 그러나 비극에서는 그렇지 않다. 그러한 '가르침', 그러니까 등장인물들이 무대 위에서 하는 말을 통해 직접적으로 감정이 환기되게 해서는 안 된다. 다시 말해서 특정인이 이를테면 연민을 자아내는 모종의 특성을 지녔다고 노골적으로 '말함'—알림—으로써 연민이 유발되게 해서는 안 된다. 오로지 비극적 행동, 즉 '사건'을 통해서만 관객 가운데 비극적 감정—연민과 공포—이 유발되어야 한다. 무대 위에서 등장인물을 통해 그려진 행동(사건) 자체가 연민을 자아내야 한다. 행동은 비극 고유의 효과를 달성하는 데서 자율적이다. 비극에서 행동이 차지하는 이 같은 지위는 '사건'을 이야기로 듣기만 하여도 비극적 효과가 나와야 한다는 이야기 구성과 관련한 아리스토텔레스의 요구사항을 통해서도 (재)확인된다.[30] 이런 비극적 효과가 나오려면 행동(사건) 자체가 그런 식으로, 즉 목표 지향적으로 구성되어야 함은 불문가지다. 비극시인의 제일 과제가 바로 그것이다. 그 같은 비극시인의 과제를 아리스토텔레스는 그의 이야기 구성(뮈토스)론과 성격론에서 상세하게 다룬다.[31]

*

아리스토텔레스의 경우 감정은 그것이 지향하는 대상인물과 유인과 관련하여 정의될 수 있다. 그러기에 특정 감정의 발생을 위한 제반 요소가 충족되어 있다는 점과 관련하여 공적연설의 청자와 비극공연의 관객의 의견에 영향을 미침으로써 간접적으로 문제의 감정을 목표 지향적으로 유발할 수 있다. 연설가의 경우 감정의 그 같은 구성요건이 충족되었다는 점을 연설을 통해 전달하거나 입증한다. 그에 반해 비극시인은 행동(사건)을 통해 그 같은 사태를 그린다(모방한다). 그러나 원칙적으로 비극시인이 행동을 극적으로 형상화할 때 따르는 원리는 연설가가 청중을 상대로 감정을 기술적으로 환기할 때 사용하는 것과 동일하다. 한편 비극에서 감정을 환기하는 극적 요소로는 위(9.1)에서 보았듯이 행동만 있는 것은 아니다. 하지만 아리스토텔레스는 행동 이외의 다른 요소─리듬, 멜로디, 무대장치 등─를 행동만큼 비중 있게 평가하지 않는다. 공적연설에서 구두전달이나 언어적 형상화가 디아노이아만큼 비중 있게 다뤄지지 않는 것과 같다.[32]

제 10 장

비극과
감정

10

우리가 평소 사용하는 '비극적'이라는 표현은 대개 슬프거나 비참한 사건을 묘사하는 데에 쓰인다. 그러나 아리스토텔레스의 『시학』에 펼쳐진 그의 비극론에 따르면 그렇게 밋밋하지 않다. 하마르티아, 즉 주인공의 모종의 '치명적인 결점' 탓에 빚어진 재앙이라야 비극이라는 이름을 얻을 수 있다. 이를테면 형제(아우 에테오클레스)가 형제(형 폴뤼네이케스)를 죽이고, 아들(오이디푸스)이 아버지(라이오스)를, 어머니(메데이아)가 자식을, 아들(오레스테스)이 어머니(클뤼타임네스트라)를 죽인다. 그 길이 자신의 행로라 굳게 믿고 감행하나 실은 모종의 치명적인 결점이 작동한 결과이다. '비극'이 아닐 수 없다. 극을 관람하는 입장에서는 한편으로는 연민을, 다른 한편으로는 공포를 느끼지 않을 수 없다. 그러나 그것으로 끝이 아니다. 관객으로 하여금 묘한 쾌락을 느끼게 만든다. 이른바 비극적 쾌락이다. 아리스토텔레스의 비극론에 따르면 비극은 모름지기 이런 식으로 구성되어야 한다.

10.1 비극의 정의와 카타르시스에 얽힌 여러 물음

아리스토텔레스는 『시학』 6장에서 비극을 정의한다. 일종의 중간 결산이자 앞으로 다룰 과제의 사전 예고편이다. 앞서 다뤄진 논의의 기초 위에서 비극이 정의된다는 의미에서 중간 결산이고 앞으로 다뤄질 비극의 이른바 여섯 가지 '부분'이 언급된다는 점에서 사전 예고편이다. 문제의 여섯 가지 부분 내지 측면은 이후 진행되는 논의의 뼈대를 이룬다. 우선 앞서 이뤄진 논의를 기초로 6장에서 아리스토텔레스는 비극을 다음과 같이 정의한다.

> 그러므로 비극은 행동의 모방(*mimēsis*)이다. 문제의 행동은 진지한(*praxeōs spoudaias*) 것이고 완결된(*teleias*) 것이고 일정한 크기를 갖춘 것이다. 쾌감을 주는 언어를 매개로 이뤄진 개개의 형식은 비극의 여러 부분에 각각 따로 투입된다. 그리고 비극은 행동하는 사람을 직접 극에 등장시키는 식으로 모방한다. (제삼자가 간접적으로) 보고하는 형식으로 (일어난 행동을) 그리지(=모방하지) 않는다. 비극은 연민(*eleos*)과 공포(*phobos*)를 매개로 그 같은 감정의 정화(*katharsis*)를 유발한다(*perainousa*).[1]

인용문에는 비극의 징표가 여럿 열거된다. 비극은 (1) 행동의 모방이다. 문제의 행동은 (2) 진지한―좋은/중요한―행동이다. 그리고 그것은 (3) 완결되었고 크기가 일정하게 정해져 있다. 비극에는 (4) 쾌감을 주는, 리듬과 멜로디로 특징지어지는 언어를 수단으로 사용하는 여러 모방 형식이 담겨 있거니와 저들 각 형식은 비극의 부분을 이룬다. 비극은 (5) 행동하는 인물을 직접 등장시키는 식으로 (행동을) 모방한다. 서사시와 달리, 제삼자가 간접적으로 전달하는 보고의 형식을 취하지 않는다. 비극은 (6) 연민과 공포를 매개로 그 같은 감정의 정화를 유발한다. 아리스토텔레스의 비극의 정의는 모방의 개념에서 출발하여 모방의 대상, 수단, 방식을 통해 비극의 본질을 규정한다. 한 걸음 더 나아가, 모방의 비극적 형식이 관객 가운데 모종의 '정신적' 영향을 유발한다는 점을 들어 비극을 정의하는데, 문제의 '정신적' 영향을 아리스토텔레스는 연민과 공포의 감정으로 특징짓는다. 그런 한편 문제의 '정신적' 영향은 저들 감정을 통해 촉발된 정화로 특징지어지기도 한다.

아리스토텔레스는 징표 (1)에서 비극을 행동의 모방이라고 규정함으로써 자신이 말하는 시작술(*poiētikē [technē]*)이 모방술의 일종임을 분명히 하는데 모방의 수단, 방식, 대상과 관련해서는 이미 『시학』1장–3장에서 논의되었다. 징표 (2)를 통해서는 희극을 상대로 한 비극의 종차가 명시된다. '스푸다이오스(하다)'가 다의적이긴 하지만 그로써 희극에 대비시켜 비극의 대상을 부각시키려는 아리스토텔레스의 의지가 엿보인다. 5장의 설명에 따르면 희극의 주인공은 성격적으로 나쁜(*phaulos*) 사람으로, 경우에 따라서는 평균에도 못 미칠 정도로 나쁜 사람으로 그려진다.[2] 그에 비해 비극의 주인공은 성격적으로 좋은(*spoudaios*) 사람으로, 경우에 따라서는 평균을 웃돌 정도로 좋은 사람으로 특징지어지기도 한다. 한편 사악한 성격이 희극에서 웃음을 자아내는 요소로 작동한다는 점을 감안한다면 비극의 정의에 나오는 좋은 성격은 비극적 행동의 엄중함과 중

차대함을 돋보이게 하려는 것일 수 있다. 징표 (3)을 통해서는 비극적 행동이 제한된 시간 안에 결말이 지어진다는 점이 언급되거니와, 그로써 드러나는 것은 서사시와의 차이이다.[3] '결말이 나다'(teleios)와 '시간적으로 제한되어 있다'(megethos echōn)의 개념은 7장 전반부에서 개괄적으로 다뤄지는데 비극적 행동이 길이와 통일성의 측면에서 비교적 상세하게 다뤄지기는 7장 나머지 부분과 8장에서다.

징표 (4)는 위에 인용한 정의 바로 다음에 아주 소략하게 언급된다.[4] 그에 따르면 비극의 이야기에는 리듬과 멜로디가 동반된다. 운문으로만 된 부분도 있고 멜로디를 통해 형상화되는 부분도 있다. 징표 (4)는 그러니까 모방의 수단과 관련된 언급이다. 요컨대 언어(로고스)를 통해 모방이 이뤄지는데 모방의 언어는 리듬과 멜로디로 채색된다. 언어적 형상화(lexis)는 그 같은 언어(로고스)의 한 측면일 뿐이다. 징표 (5)는 모방의 방식을 나타내는 것으로서 이미 3장에서 논의된 내용이다.[5] 그에 따르면 모방은 호메로스의 서사시에서 보듯 이야기꾼이 늘어놓는 사건 이야기를 통해 이뤄질 수도 있고 행동하는 인물을 직접 무대에 등장시켜 문제의 행동을 실연하게 할 수도 있다. 후자가 비극의 경우이거니와 극중 인물을 통해 사건 관련의 행동이 그려진다.[6] 이상의 다섯 가지 징표는 앞서 행해진 논의에 직결된 비극의 정의이다. 이에 반해 연민과 공포를 매개로 그 같은 감정의 정화를 유발한다는 징표 (6)은 새롭게 추가되는 비극의 자격요건이다.

징표 (6)과 관련해서는 우선 카타르시스라는 표현 자체를 어떻게 번역할 것인가의 문제가 있다. 사용빈도가 높은 번역어로 '정화'가 있으나 풀려난다거나 놓여난다, 안도하다와 같은 의미로 번역되기도 한다. 카타르시스를 일단 정화의 의미로 취한다면 ① 더럽혀졌기에 정화 혹은 세척되어야 할 대상이 있고 ② 그 대상에 덧씌워진 오염물질이 있게 된다. 경우에 따라서는 ③ 정화제도 문제가 될 수 있다. 손에 묻은 더러운 때를 비누로 씻어낸다고 할 때의 비누처럼 말이다.[7] 그러면 비극의 경우 ① 무엇이 ② 무엇에서 ③ 무엇을 통해 정화되는 것인가.

우선 분명한 것은 '연민과 공포를 매개로(dia) (그 같은 감정의 정화를 유발한다)'는 데서 알 수 있듯이 연민과 공포의 감정이 정화 수단(③)의 역할을 한다는 점이다. 그런데 그러려면 텍스트에 명시되어 있지는 않지만 연민과 공포의 감정이 비극을 통해 야기되어 있어야 한다. 연민과 공포가 비극을 통해 야기된 상태여야 정화 수단으로 작동할 수 있을 것이기 때문이다. 이런 사정을 감안한다면 비극은 연민과 공포를 야기하고 그럼으로써 정화를 유발한다고 할 수 있다.

그러면 정화의 경우 정화되어야 할 객체(①)는 무엇이고 그 대상을 뒤덮고 있는 오염물질(②)은 무엇인가. 이 물음은 '(연민과 공포를 매개로) 그 같은 감정의(tōn toioutōn pathēmatōn) 정화를 유발한다'를 어떻게 이해하느냐에 달렸다. 문제는 '그 같은 감정의'의 소유격을 어떻게 이해할 것이냐이다. 두 가지 해법이 있다. 하나는 소유격의 표현(='그 같은 감정')을, 소유격을 지배하는 주격 명사(=주어)를 통해 표현되는 행동(=정화)의 대상으로 이해하는 길(genitivus objectivus; 이하 '소유목표해법'이라 칭함)이고 다른 하나는 씻어내야 할 땟국 같은 어떤 것으로 이해하는 길(*genitivus separativus*; 이하 '소유분리해법'이라 칭함)이다. 소유격을 목적어로 이해하면 감정이 정화의 대상, 즉 정화되어야 할 목표물이 되고 후자로 이해하면 감정이 씻어내야 마땅한 오염원이 된다.[8]

'정화'에 얽힌 또 하나의 물음은 '연민과 공포를 매개로 그 같은 감정의(*tōn toioutōn pathēmatōn*) 정화를 유발한다'에서 '그 같은 감정'이 정확히 연민과 공포를 지칭하느냐이다. 정확히 연민과 공포를 지칭하는 것이라면 '이'나 '그' 같이 똑 부러지는 지시대명사를 쓰지 모호하게 '그 같은'이라는 표현을 썼겠느냐는 데서 나온 이의제기이다. '그 같은'의 피지자가 특정되어 있지 않기에 '연민과 공포를 비롯하여 그와 유사한 다른 감정'을 가리키는 것으로 이해될 수도 있고 어떤 유의 것이든 어쨌든 감정으로부터 정화되는 것을 가리키는 것으로 이해될 수도 있다는 것이다. 그러나 이 같은 이의제기에 결정적인 구속력이 있어 보이지는 않는다. '그 같은'의 그리스어 표현이 모호하게 '그 같은 유의 것'을 지칭하기도 하지만 그와 동시에 아주 분명하게 앞서 말한 것과 동종의 것 ─우리의 경우, 연민과 공포─을 지칭하기 때문이다. '그 같은 감정'으로 연민과 공포가 언급된다고 하더라도 문법적으로 문제될 것이 없다.[9]

한편 정화의 과정에는 감정을 촉발한 모종의 이야기가 있다는 사실이 전제되어 있다. '그 같은 감정의 정화(를 유발한다)'라는 표현에 그 같은 점이 함축되어 있다. 뜬금없이 연민과 공포에 휩싸인게 아니라 어떤 이야기인가를 통해 그 같은 감정이 야기되었을 것이기 때문이다. 문제의 이야기는 비극의 뮈토스(이야기)를 통해 환기된 연민과 공포의 이야기와 동일한 이야기일 수밖에 없을 것이다.

이상과 같이 이해한다면 비극의 감정적 파급효과에 대한 아리스토텔레스의 규정은 크게 둘로, 즉 〈연민과 공포의 환기〉 부분과 〈'그 같은' 감정의 정화〉 부분으로 나뉜다.

10.2 어째서 하필이면 연민과 공포인가

하고많은 감정 중 어째서 하필이면 연민과 공포인가. 비극의 힘 내지 효력과 관련하여 우리에게 전승된 지적 성찰 가운데서 주목을 요하는 것은 소피스트 고르기아스의 성찰이다. 그에 따르면 시란 운율로 짜인 연설(로고스)에 지나지 않는다. 그는 그의 유명한 『헬레네 찬사』―아리스토텔레스의 분류에 따르면 과시연설에 속하는― 에서 이른바 '트로이의 헬레네', 즉 트로이의 왕자 파리스의 구애를 받아들여 스파르타를 등진 헬레네를 옹호한다. 그 과정에서 고르기아스는 연설(말)의 힘 혹은 위력을 찬양하는 한편, 시가 미치는 파급효과를 다음과 같이 묘사한다. 즉 시는 듣는 사람으로 하여금 소름이 돋게 만드는 공포감(phrikē), 눈물을 글썽이게 만드는 연민(eleos)을 느끼게 하고, 애간장을 태우는 그리운 마음(pothos)이 들게 하거니와, 타인에게 좋은 일이 일어나는 것에서, 그리고 타인의 신체가 행하는 나쁜 행동에서, 시를 듣는 사람의 영혼은 말을 매개로 그 나름의 감정을 경험한다는 것이다.[10] 여기서 고르기아스는 시를 통해 우리가 느끼는 감정을 언급하고 있거니와 공포감과 슬픔에 동정

개빈 해밀턴(Gavin Hamilton), 「헬레네를 데려가는 파리스(Abduction of Helen)」(1784)

하는 마음 내지는 연민이 거기에 포함되어 있다. 비극이 일으키는 감정적 파급효과를 설명하는 자리에서 공포와 연민이 언급되기 시작한 것은 대체로 고르기아스 이후의 일이다.[11]

그러면 대체 연민과 공포는 어떤 감정인가. 『수사학』 II권 5장에 따르면 공포는 '파국적인 혹은 고통을 가져다줄 것 같은, 임박한, 좋지 못한 일을 표상함으로써 느끼는 일종의 고통 혹은 불안'이다.[12] 하지만 '좋지 못한' 일이라고 해서 모든 것이 다 공포의 대상이 되는 것은 아니다. 목숨을 잃는 것 같은, 파멸이나 커다란 고통을 안겨줄 것 같은 '나쁜' 일만 공포를 불러일으킨다. 그러기에 우리는 보통 좋지 못한 일이더라도 우리들 자신이 정의롭지 못하거나 아둔하다고 공포감을 느끼지는 않는다.[13] 그로 인해 고통을 받지 않기 때문이다.[14] 그에 반해서 고통을 수반하는, 죽음이라든가 가혹행위를 당하는 것, 늙어감, 질병, 배고픔, 신체적 허약함, 불구 등은 공포의 대상이다.[15] 하지만 이들 가운데에도 서열이 있다. 제일 꼭대기에 놓이는 것은 죽음이다.[16] 여기서 다시 한 번 제한이 가해진다. 어떤 유의 것이든 모든 유형의 죽음이 공포를 불러일으키는 것은 아니다. 실로 공포를 느끼게 만드는 것은 눈앞에 보이는 임박한 죽음이다. 멀리 떨어져 있어 현실감이 없는 죽음은 공포의 대상에 속하지 않는다. 우리 모두는 안다, 우리가 언젠가는 죽을 것이라는 사실을. 그렇더라도 평소에는 죽음 같은 것에 신경 쓰지 않고 잘만 산다. 먼 미래의 일로 간주하기 때문이다.

공포감에 사로잡힌 인간에게 최대의 관심사는 자신의 생명이 손상 당하지 않고 온전하게 유지·보전되는 것이다.[17] 그러면 공포와 육체적 고통 간의 차이는 무엇인가.[18] 자신의 생명이 손상을 당하거나 생명이 전적으로 파손되는 것을 우리는, 육체적 고통의 경우, 지각(촉각)을 통해 직접 경험한다. 반면 공포에서는 표상작용을 매개로 경험한다. 무엇보다도 공포에는 (1) 경험이 요구된다. 자신의 것이든 타인의 것이든 어쨌든 경험을 통해 모종의 사건이 파멸적임을 아는 사람만이 문제의 사건을 놓고서 공포감을 느낄 수 있다. 그런 앎(경험지)이 없는 사람은 같은 사건에 부딪치더라도 공포감을 느끼지 못한다.[19]

나아가 공포에는 (2) 앞으로 일어날 사건을 미리 내다보는 예기가 요구되고[20] 문제의 사건과의 시간적 거리를 추정할 수 있는 능력이 요구된다.[21] 모종의 사건과 관련하여 공포를 느끼느냐 여부는 그 사건과의 시간적 거리를 어떻게 평가하느냐의 물음이기 때문이다. 임박했다고 본다면 공포감을 느낄 테지만 대처할 시간이 충분하다고 본다면 공포감이 들지 않을 것이기 때문이다.[22] 우리가 시간을 고려할 수 있는 것은 다름 아닌 우리의 이성능력 덕분이다.[23] 공포의 바탕에는 이처럼 이성적 계산이 깔려 있다.

한편 육체적 고통이나 욕망은 쾌감을 주거나 고통을 주는 감각인상과의 일대일 관계로 모든 일이 정리되지만 공포에는 (3) 또 하나의 관계가 함축되어 있다. 그것은 공포를 느끼는 이가 자기 자신과 맺고 있는 관계이다. 공포의 경우 모종의 대상에 직면하여 공포감을 느끼는 이가 '자기 자신을 돌아보면서' 공포감을 느끼는 것이다. 문제의 대상이 '나에게' 닥치면 어쩌나 싶어서 두려움에 떠는 것이다.[24] 내가 모종의 대상에 공포를 느낀다면 문제의 대상은 항상 나와 모종의 관계에 놓여 있는 것이다. '나의' 소유물을 잃으면 어쩌나 싶어 두려운 것이고 '내' 친구가 생명을 잃으면 어쩌나 싶어 두려운 것이다. 공포의 극한의 경우는 나의 존재가 무화되는 죽음이다. 나의 목숨, 나의 생명을 놓고서 공포감을 느끼는 것이다.

끝으로 공포는 (4) 어떤 것이 사실이라거나 충분히 사실일 수 있다는 데서 비롯한다. 이것을 아리스토텔레스는 표상한다는 말로 표현한다. 어떠어떠하다고 믿는다, 간주한다는 뜻이다.

윌리엄 블레이크(William Blake), 「연민(Pity)」(1795)

연민의 감정 역시 고통이라는 점에서 공포와 다르지 않다. 아리스토텔레스는 『수사학』 II권 8장에서 연민을 다음과 같이 규정한다.

> 그런 일을 당해서는 안 될 사람이 (애꿎게) 파국적인 혹은 고통을 안겨줄 것 같이 여겨지는 좋지 못한 일을 겪는 것을 보면서 느끼는 고통인 바, 문제의 좋지 못한 일은 우리들 자신이나 우리의 권속 중 누군가에게도 닥칠 수 있다고 충분히 예상 가능한 일이고 임박한 것 같이 보이는 일이다.[25]

『시학』에는 위와 같은 형태의 연민의 정의가 나오지 않는다. 하지만 『시학』의 연민 역시 원칙적으로 애꿎게 좋지 못한 일을 겪는 인물과 관련되어 있다.[26] 위의 인용문을 중심으로 본다면 (1) 연민의 감정에서 문제로 서 있는 것은 파국적인 혹은 고통을 안겨줄 것 같이 여겨지는 좋지 못한 일인데 그것이 타인에게 일어났다. 문제의 '좋지 못한 일'은 공포에서와 다르지 않다. 차이가 있다면 공포에서 우리는 문제의 좋지 못한 일이 우리에게도 충분히 일어날 수 있다고 상정할 따름인데 반해 연민의 경우는 문제의 좋지 못한 일이 다른 사람에게 사실적으로 일어난다.[27]

하지만 다른 사람에게 일어났더라도 (2) 그같이 좋지 못한 일은 우리들 자신에게도 얼마든지 일어날 수 있다. 여기서 알 수 있거니와 타인에 대한 연민이라고 해서 그것이 이타적인 감정이 아니라는 점이다. 공포와 마찬가지로 연민은 연민의 정을 느끼는 사람 '자신과 관련된' 감정이다.[28] 타인의 파멸과 타인의 고통이 대상이긴 하지만 타인에게 일어나는 한에서의 파멸과 고통이 아니라 우리에게도 일어날 수 있는 한에서의 파멸과 고통인 것이다. 연민의 이러한 '자기 관련성'은 '우리들 자신이나 우리의 권속 중 누군가에게도 닥칠 수 있다고 충분히 예상 가능(한)' 좋지 못한 일로 인하여 유발된다는 대목에 잘 드러나 있다. 그러기에 공포가 그러하듯 연민에서도 자기 자신에 대한 모종의 평가가 전제되어 있다. 자신을 놓고서 좋지 못한 일에 취약하다고 평가할 것 같으면 (공포와) 연민을 상대적으로 더 민감하게 느끼겠지만[29] 자기 자신은 그 같은 일과 별로 상관이 없다고 평가할 것 같으면 (공포와) 연민의 정을 느끼기 어려

울 것이다.[30]

그 밖에도 (3) 좋지 못한 일이 시간적으로 임박한 것으로 보여야 한다. 이 점에서도 공포와 다르지 않다. 좋지 못한 일과의 시간적 거리가 짧으면 짧을수록 (공포와) 연민의 강도가 더 높다.[31] 이상의 세 가지 측면에서 보면 공포에서 그러하듯이 연민에서도 문제의 감정을 느끼는 사람 자신의 생명이 온전히 유지·보전되는 것이 주된 관심사이다. 연민의 감정에서 타인에게 일어나는 좋지 못한 일에 우리가 감응하는 것은 우리들 역시 저 타인과 다를 바 없는 인간이기 때문이고 그러기에 그 같은 일이 우리들에게도 얼마든지 일어날 수 있다는 점을 알기 때문이다. 비극의 관객과 주인공 간의 감정적 유대의 밑바탕에는 이 같은 동질감 혹은 동류의식이 깔려 있다. 『시학』 13장에 따르면 죄를 짓지 않았음에도 일이 잘 풀리지 않고 자꾸만 꼬여가는 걸 보면서 인간은 배운다.[32] 옳고 그름의 물음이 제기될 수 없는 운명이라는 경계 안에 갇혀 있다는 사실을.[33] 그러기에 인간의 성격적 태도와 무관하게 모든 인간에게는 언제든 인간으로서 불가항력적인 일이 일어날 수 있다는 사실을. 인간인 이상 (아리스토텔레스적 의미의) '비극적' 사건에 언제든 휘말려들 수 있는 것이다. 공포감에서도 사정은 마찬가지다. 우리와 비슷한 사람이 저같이 좋지 않은 일을 당하는 것을 볼 때 우리는 공포를 느낀다. 우리 역시 예외가 아니겠구나 하는 생각이 들기 때문이다.[34] 『시학』에서 말하는 공포도 이와 다르지 않다. 관객인 우리와 크게 다르지 않은 비극의 주인공이 겪는 수난을 보면서 우리는 공포를 느낀다.[35]

10.3 비극적 감정의 토포스

감정 일반이 그러하듯 비극적 감정인 연민과 공포 역시 쾌락/고통과 연계되어 있다. 그뿐만이 아니다. 다른 감정이 그러하듯 연민과 공포 역시 ① 유발요인과 ② 대상인물에 따라 상이한 반응을 보이고 해당 감정을 느끼는 주체의 ③ 정신적 상태가 어떠하냐에 따라 편차를 보인다. 아리스토텔레스의 경우 감정의 개별화에서 느낌의 질—강약의 정도—이나 신체적 변화는 일단 고려의 대상에 들지 않는다. 감정의 개별화에서 고려의 주된 대상은 해당 감정을 불러일으키는 유인과 지향대상이다.[36] 분노의 경우 그것은 고통과 연결된 욕구이다. 그럴 자격이 없는 이에게서 업신여김을 당했다고 여겨지기에 그것을 설욕하려는 욕구이다.[37] 여기서 분노가 고통이라고 하지만 그것은 분노 특유의 징표는 아니다. 분노 말고도 고통의 감정이 여럿 있기 때문이다. 다른 감정을 상대로 분노의 종적 차이를 드러내 보여주는 것은 분노의 감정이 그것에 가 꽂혀 있는, 분노를 야기한 유인 내지 분노의 지향대상이다. 그럴만한 위인도 못 되는 특정인에게서 받은 특정의 업신여김이 바로 그것이다.

연민과 공포의 경우도 마찬가지다. 위(10.2)에서 보았듯이 연민이란 '그런 일을 당할 만하지 않은 사람'이 '파국적인 혹은 고통을 안겨줄 것 같이 여겨지는 좋지 못한 일을 겪는 것'을 보면서 느끼는 고통이다. 이것은 『수사학』 II권 8장에 나오는 연민의 정의이지만 『시학』의 연민 역시 원칙적으로 애꿎게 좋지 못한 일을 겪는 인물과 관련되어 있다.[38] 공포의 경우도 마찬가지다. 『수사학』에서 공포는 '파국적인 혹은 고통을 가져다줄 것 같은, 임박한 좋지 못한 일'을 표상함으로써 느끼는 고통이다. 우리와 비슷한 사람이 저같이 좋지 못한 일을 당하는 것을 보면서도 공포를 느낀다. 우리 역시 예외가 아니겠구나 싶은 생각이 들기 때문이다.[39] 『시학』에서도 그렇다. 관객과 다를 바 없는 비극의 주인공이 겪는 수난을 보면서 공포를 느낀다.[40]

　　모종의 업신여김을 당했다는 생각이 들 때 분노를 느끼듯이, 그런 일을 겪을 만한 일을 눈곱만큼도 하지 않았음에도 부당하게 좋지 못한 일을 겪는 것을 목도하면서 연민을 느끼고 나와 크게 다르지 않은 사람이 겪는 고통을 보면서 공포를 느낀다. 여기서 확인할 수 있듯이 아리스토텔레스의 경우, 감정의 개별화에는 우리의 의견, 판단, 믿음이라는 한 편과 우리의 감정이라는 다른 한 편이 긴밀하게 연결되어 있다.[41] 이런 식이다. 모종의 좋지 못한 일을 당할지도 모르겠다는 생각이 들면 공포를 느낀다. 반면 그 같은 위험한 상황이 더 이상 존립하지 않는다고 생각하게 되면 정상적인 경우 공포감 역시 자취를 감춘다. 문제의 연결관계가 구체적으로 어떤 형식을 취하는가를 일목요연하게 드러내 보일 수는 없다. 아리스토텔레스가 그와 관련하여 하는 말이 거의 없다시피 하기 때문이다. 다만 그가 예시하는 여러 사례를 미루어 짐작컨대 '감정'과 '의견/판단/믿음' 간에 모종의 함수관계가 존립하는 것이 분명하다.

10.4 청중과 관객 상대의 감정 환기,
그 유사성과 비유사성

공적연설의 청중과 비극공연의 관객을 상대로 어떻게 하면 그들에게 감정을 목표 지향적으로 환기할 수 있는가. 연설가와 비극작가의 과제가 아닐 수 없다. 어떻게 하면 저들의 감정에 파문이 일게 할 수 있느냐는 것이다. 아리스토텔레스의 전략은 위에서 말한 함수관계를 활용하는 것이다. 저들의 의견/믿음/지각에 영향을 미침으로써 그 여파로 감정에 연쇄반응이 일어나게 하는 것이다. 우리는 특정의 감정이 어떤 종류의 유인 혹은 상황을 통해 촉발되는지를 알고 있다. 분노의 감정이 업신여김을 당했다는 믿음을 통해 폭발하듯이 말이다. 청중과 관객을 상대로 모종의 감정을 불러일으키고 싶으면 어떻게 하면 되는가. 그들로 하여금 해당 감정의 유인이 존립한다는 점을 믿게 만들면 된다. 공적연설의 장에서 행해지는 감정 자극의 경우, 일례로 분노를 촉발하려면 우선 ① 분노하는 사람이 어떤 정신적 상태에 놓이는지 ② 어떤 사람을 상대로 분노하는지 ③ 도대체 무엇 때문에 분노하는지를 알고 있어야 한다.[42] 연설가는 자신의 정적을 향해 청중의 분노를 유발할 참이다. 그러려면 그는 청중에게 ① 그들이 문제의 인물—연설가의 정적—에게 분노를 느낄 근거가 차고 넘친다[43]는 점과 ② 문제의 인물은 분노를 받아도 싸다[44]는 점, 그리고 ③ 청중은 그 같은 행태를 참아서는 안 된다는 점을 설명해야 한다. 공포의 경우도 마찬가지다. 청중 가운데 공포심을 불러일으키려면 ① 좋지 못한 일이 임박해 위협적이라는 점과 ② 이미 다른 비슷한 부류의 사람들이, 심지어 힘이 더 센 사람들조차 문제의 좋지 못한 일을 면치 못했음을, 그리고 ③ 문제의 좋지 못한 일에 대해서는 백약이 무효라는 점을 여지없이 드러내 보여주어야 한다.

비극공연이 공적연설과 다른 주된 점은, 비극에 특징적인 연민과 공포의 감정을 불러일으키되, 공적연설에서 연설가가 그러는 것과 달리, 어떤 사람이 나서서 사태가 이러이러하다고 말을 하거나 언설과 논변을 통해 사태의 자초지종을 들추어내지 않는다는 점이다.[45] 비극공연에서 관객 가운데 촉발되는 감정 자극은 '잘 구성된 행동의 흐름'(뮈토스)의 결과로 생긴 것, 더 정확히 말하면 저러한 행동의 모방의 결과이다.[46] 공포와 연민이라는 비극에 특징적인 감정이 행동의 흐름(뮈토스) 내지는 모방(의 결과, 즉 비극작품)에 기초하여 유발되어야 한다는 것, 이것이 아리스토텔레스 비극론의 근본 원리이다.[47] 무대공연이나 합창단의 노래가 수반되지 않은 채 작품을 혼자서 읽음으로써 행동만 전달되더라도 비극적 감정이 산출되어야 한다고 말하는 이유가 여기에 있다.[48]

그러나 비극공연이 공적연설과 다르기만 한 것은 아니다. 앞서 언급했듯이 같은 감정의 토포스를 이용한다는 데서 다르지 않다.[49] 감정의 토포스에 정통한 사람, 일례로 연민과 공포의 본성을 잘 꿰고 있는 사람, 그리하여 연민과 공포를 유발하려면 무슨 말을 어떻게 해야 하는지를 잘 알고 있는 사람은 관객 가운데 연민과 공포의 감정을 촉발하려면 행동을 어떤 식으로 구성해야 하는지에 대해서도 정통하다. 아리스토텔레스의 경우 비극을 구성하는 여러 요소가운데서 가장 중요한 것이 이야기 구성이다.[50] 이야기란 행동의 모방이다. 행동은 연민과 공포를 유발하도록 그려져야 한다.[51] 그 같은 효과를 얻을 수 있도록 행동을 그리려면 『수사학』에 나오는 연민과 공포의 토포스를 원용하면 된다.

　『수사학』의 감정 토포스는 일반적으로 연역적으로 구조화되어 있다. 비록 '초기 단계의' 것이긴 하지만 어쨌든 정의에서 출발하여 그것을 기초로 해당 감정 특유의 지향대상과 대상인물과 정신상태를 도출할 수 있다. 이 같은 감정 토포스의 모델을 좇아 특정 감정의 제반 조건이 갖추어졌음을 실감나게 펼쳐 보이거나 논증함으로써 연설가는 자신이 바라는 소기의 감정을 유발한다. 공적연설의 경우 청중으로 하여금 특정의 감정을 '느끼게 만드는' 것은 본질적으로 그들로 하여금 특정의 지향대상이 주어져 있다고 '믿게' 만들고 문제의 대상과 관련하여 일정의 방식으로 '판단하게' 혹은 '생각하게' 만드는 문제이다. 이처럼 수사학적 토포스를 통한 감정 유발은 청중의 의견, 사고, 판단을 매개로 이뤄진다. 아리스토텔레스가 구상하는 감정 환기의 일은 '인지적' 과정 혹은 '인지적으로 매개된' 과정이다.[52]

　비극의 경우 문제가 되는 감정은 연민과 공포이다. 아리스토텔레스에 따르면 비극작가는 이야기를 구성할 때 『수사학』의 '공포와 연민의 토포스'를 따라야 한다. 그래야 비극의 효과를 낼 수 있다. 『수사학』의 '공포와 연민의 토포스'에는 해당 감정 특유의 제반 조건이 명시되어 있다. 그러한 제반 조건을 비극시인은 작품 속에 녹여 넣어야 한다. 등장인물의 행동과 성격을 이야기 속에 구현함으로써 관객으로 하여금 특정인이 이를테면 부당하게 불운을 겪는다고 생각하게 만드는 것이다. 문제의 토포스에 기초하여 구성된 이야기를 극으로 관람하는 관객은 토포스와 동일한 메커니즘에 따라 연민을 느낀다. 극의 관객이 특정인이 부당하게 불운을 겪는구나, 라고 생각하게 되면, 특별한 사정 변경이 없는 한, 그는 연민의 정을 느끼기 마련이다. 연민이란 부당하게 불운을 겪는 것을 볼 때 느끼는 고통이기 때문이다. 관객이 그렇게 '생각하도록' 이야기를 구성하는 것이 비극시인의 과제이다. 그러기에 연민과 공포의 감정을 환기하는 일 역시 디아노이아의 문제이다. 수사학적 상황과 비극적 상황 간에 차이가 있다면 단지 한 가지, 즉 비극에서는 딱 들어맞는 행동이 배우의 연기를 통해, 그러니까 모방의 방식으로 공연되지만 연설에서는 이러이러한 성격의 행동이 행해졌다고 그냥 말로 언명하고 실감나게 펼쳐 보여줄(디다스칼리아) 따름이다.[53]

10.5 비극적 쾌락

이제까지 비극적 감정과 관련하여 연민과 공포를 관객 가운데 어떻게 환기할 것인가를 논하였다. 이제 비극 정의의 감정 관련 부분 중 나머지 절반을 차지하는 '정화'의 문제를 다룰 차례다. 아리스토텔레스의 정의에 따르면 비극적 모방은 '연민과 공포를 통해 그 같은 감정의 정화를 유발한다.' 이 가운데서 연민과 공포에 대한 언급은 『시학』에서도 심심치 않게 나온다. 비극적 형식의 모방은 연민

과 공포를 불러일으켜야 한다거나 연민과 공포의 감정을 불러일으
키는 행동을 모방해야 한다는 식으로 말이다.[54] 그러나 정작 '정화'
를 위와 같은 의미로 사용하는 것은 『시학』 6장의 저 대목이 유일
하다. 그 밖의 다른 추가적인 설명이 전무하다. 그러기에 논란이
분분한 것도 전혀 놀라운 일이 아니다.

비극적 쾌락 : 먼저 비극적 쾌락의 개념부터 보자. 내내 연민과
공포를 말하던 아리스토텔레스는 『시학』 14장에서 뜬금없이(?) 비
극 고유의 쾌락을 언급한다. 비극에서 쾌락을 느낄 수 있다니 무슨
말인가.

> 비극을 통해 온갖 종류의 쾌락(hēdonē)을 죄다 일으키려고 해서는
> 안 된다. 비극에서만 맛볼 수 있는 쾌락을 일으키도록 해야 한다.
> 한편 (비극)시인이 유발해야 할 쾌락은 연민과 공포에서 나오는
> 쾌락, 모방을 통해 야기되는 쾌락이다. 그러기에 명백하거니와
> 사건 자체에 이 같은 포석이 깔려 있어야 한다.[55]

비극은 어떤 형태의 쾌락이든 아무튼 쾌락을 유발한다는 점, 이
점만큼은 자명한 사실이라는 게 인용문에 전제되어 있다. 『시학』의
독자 내지는 비극의 관객이라면 이를 모를 사람은 없다는 투다. 그
래서 문제는 한 가지뿐이다. 비극에서만 맛볼 수 있는 쾌락은 어떤
쾌락이냐는 것이다. 아리스토텔레스의 대답은 이렇다. 첫째, 문제
의 쾌락은 모방(미메시스)을 매개로 유발된다. 둘째, 연민과 공포에서
나온다.

연민과 공포는 비극의 정의(6장)에 나오는 감정이고 비극이라면 마땅히 일으켜야 하는 감정적 파급효과이다. 그런데 연민과 공포라는 비극적 감정은 고통이 수반되는 감정이다. 그렇다면 어떻게 고통스런 감정이 비극적 쾌락과 연결될 수 있는 걸까 의문이 들지 않을 수 없다. 해결의 실마리는 비극적 쾌락이 '연민과 공포에서 나온다'(apo eleou kai phobou)는 데 있다.[56] 비극적 감정과 비극적 쾌락이 인과적으로 연결되어 있다. 비극적 감정이 비극적 쾌락의 특질을 형성한다. 비극적 쾌락은 연민과 공포를 느낀 연후에 '후속적으로' 찾아온다. 이런 의미의 쾌락은 고통의 소멸과 다르지 않다. 고통 상태가 해소되는 것이 쾌락으로 이해된다. 이 같은 이해는 고대 쾌락이론에 깊이 뿌리박혀 있는 일종의 정리(定理) 같은 것으로서 따로 논증하고 말고 할 필요가 없을 정도로 자명한 쾌락관이다.[57]

　　쾌락은 복원이다 : 위와 같은 쾌락관이 대표적으로 표명된 곳은 플라톤의 『필레보스』이다. 거기서 플라톤을 대변한다고 할 수 있는 소크라테스가 주장하는 바에 따르면 한정되지 않은 것과 한계(짓는 것)를 구성요소로 하여 '결합된 부류들' 가운데서 애초의 조화상태가 '해체'되는 것은 항상 고통을 의미하고 부족한 부분이 다시 메워져 채워지는 것, 즉 충일 혹은 복원은 쾌락을 의미한다.[58] 일례로 굶주림은 자연적 균형상태가 '해체'되는 것이기에 고통이지만 음식물을 섭취함으로써 배가 '다시 채워지는 것'(plērōsis)은 쾌락이다. 갈증 역시 적정량의 수분이 유지되는 자연적 균형상태가 '와해' 되는 것이기에 고통이지만 바싹 말라붙은 상태가 수분으로 '다시

채워지는 것'은 쾌락이다. 열기로 인하여 자연적 균형상태가 깨지는 경우도 마찬가지다. 자연상태의 '분리·해체'는 고통이지만 자연상태가 다시 '복구'(apodosis)되는 것, 즉 '냉각'은 쾌락이다. 이처럼 다양한 경우를 예시한 다음 소크라테스는 다음과 같이 일반화하여 정의한다.

> 하나의 생명체를 놓고 볼 때 앞서 화제로 삼았던 '한정되지 않은 것'과 '한계(짓는 것)'로 이루어진 자연상태가 와해된다면 그러한 와해는 고통이지만 그 (생명체) 고유의 상태로 돌아가는 과정, 즉 복원(anachōrēsis)은 그 모든 것의 경우 쾌락이다.[59]

인용문에 따르면 자연적 균형상태의 해체와 와해는 고통이고 그것의 충전(充塡)과 복원은 쾌락이다. 한편 이 같은 쾌락은, 소크라테스에 따르면, 존재(ousia) 때문에 행해지는 생성과정이다.[60] 그러니까 문제의 쾌락은 존재가 아니다. 그것에는 존재성이 없다. 생성과정인 한에서 쾌락은 과정이고 운동이다.[61] 존재성을 얻기 위해 나아가는 과정이고 운동이다. 아리스토텔레스가 『수사학』 I권 11장에서 인용하는 쾌락의 정의 역시 플라톤이 『필레보스』에서 취하는 입장의 판박이에 가깝다. 그에 따르면 쾌락은 '영혼의 운동의 일종으로서 (영혼에) 제격인 자연적인 상태로 (…) 복원되는 것'이다.[62] 고통은 물론 그 반대다. 그러한 자연상태의 소멸이 고통이다.

비극적 쾌락의 문제를 이러한 쾌락관에 비춰보면 고통의 상태가 해소되는 것이 쾌락이다. 연민과 공포가 바로 고통이다. 연민과 고통이라는 비극적 감정의 해소 혹은 소멸이 곧 비극에서만 맛볼 수 있는 (비극적) 쾌락이다. 한편 비극적 쾌락은 연민과 공포에서 나오는 쾌락이기도 하지만 모방을 매개로 성립하는 쾌락이기도 하다. 비극적 감정의 해소가 비극적 쾌락이라는 이해에 기초한다면 모방을 매개로 성립하는 쾌락이라는 비극적 쾌락의 또 하나의 요건 역시 어렵지 않게 설명될 수 있다. 연민과 공포의 발생과 해소가 각각의 감정과 관련된 '사건 이야기'의 '모방'을 통해 이뤄질 것이기 때문이다. 비극적 쾌락은 결국 '모방'을 통해 구성된, 연민과 공포의 '이야기'(=비극작품)를 매개로 구체화되고 개별화된다.

아리스토텔레스의 정의에 따르면 비극적 모방, 즉 비극작품은 연민과 공포를 매개로 정화를 유발한다. 그런데 위에서 살펴본 바와 같이 비극적 쾌락은 ① 모방을 통해 만들어진, 연민과 공포를 둘러싼 이야기에서 나오고 또 ② 정화와 조금도 다르지 않게 비극을 특징짓는 비극의 파급효과이다. 그렇다면 분명하거니와 정화와 비극적 쾌락은 밀접하게 관련된 것일 수밖에 없어 보인다. 위에서 살폈던 대로 쾌락을 고통의 해소라고 이해한다면 비극적 쾌락에는 비극적 감정－연민과 공포－의 해소 내지는 변모가 전제되고 이는 다시금 비극의 정의에 언급된 정화[63]란 저 같은 비극적 감정의 해소 내지 변모과정이거나 그러한 과정의 결과물, 즉 고통의 해소에 기인하는 쾌락일 수밖에 없다는 결론으로 이어진다. 실로 비극의 정의(10.1)에 나오는 '(연민과 공포를 매개로 그 같은 감정의) 정화를 유발한다'는 대목의 '유발하다'(perainousa)는 어떤 한 사물로 하여금 '목표에 이르게' 하는 것을 의미한다. 그리고 정화가 이같이 모종의 과정을 거친 결과물이라면 그것은 비극적 감정의 해소 내지는 변모라는 결과물, 우리가 쾌락적인 것으로 느끼는 결과물일 수밖에 없을 터이다.

　『정치학』 Ⅷ권 7장의 카타르시스 : 이로써 우리는 ① 정화와 ② 쾌락과 ③ 감정의 형질변화 내지 극복이 서로 연계되어 있음을 보는데 그와 유사한 형태의 연관성은 『정치학』 Ⅷ권 7장에서도 확인된다. 여기서 아리스토텔레스의 관심사는 교육의 맥락에서 음악의 역할을 살피는 일이다.[64] 그는 멜로디들 가운데에는 윤리적인 멜로디도 있고 실천적인 멜로디, 무아지경에 빠지게 만드는 멜로디가 있다는 음악이론가들의 견해를 긍정적으로 소개한다. 그는 음악이 여러 가지 목적에 동원될 수 있다는 점에 유의한다. 이를테면 교육하는 데에, 긴장을 푸는 데에, 카타르시스에 음악을 동원할 수 있다. 목적에 따라 장조 단조 같은 조성과 멜로디를 달리 적용할 수 있다. 한편 멜로디를 논하는 대목에서 아리스토텔레스는 격한 흥분상태, 그러니까 연민의 정이나 공포감 혹은 무아지경에 쉽게 빠져드는 경우가 있음을 말한다. 그런가 하면 그렇게 격한 흥분상태에 잘 빠지는 사람이 '성스러운 멜로디'의 영향을 받아 '마치 의학적 처치와 카타르시스를 받기라도 한 것 (같이 됨으로써)' 그의 격한 흥분상태가 진정되기도 한다고 말한다.[65] 그러니까 카타르시스가 흥분상태의 종결과 연결되는 한편, 문제의 종결은 모종의 멜로디를 매개로 유발된다. 논의 말미에 아리스토텔레스는 음악의 물음으로 돌아가 다음과 같이 부연한다.

연민과 공포에 민감한 사람들, 일반적으로 감정에 민감한 사람들 역시 (위에서 말한 것과) 똑같은 것을 겪을 게 틀림없다. 그 밖의 다른 사람들 역시 감정에 민감한 정도에 따라 똑같은 것을 경험할 게 틀림없다. 그러니까 저들은 모두 일종의 정화(*tina katharsin*)를 맛볼 게 틀림없고 쾌락과 연계된 (긴장이 풀려) 느슨해짐(*kai kouphizesthai meth' charan*)을 맛볼 게 틀림없다. 카타르시스를 느끼게 해주는 멜로디 역시, (다른 것들과) 다르지 않게, 해롭지 않은 쾌락을 가져다준다.[66]

다시금 모종의 감정상태에서 풀려나는 것이 다뤄지고 다시금 연민과 공포의 감정이 앞자리에 놓이고 다시금 파급효과가 일종의 카타르시스로 기술된다. 눈길을 끄는 것은 '일종의 카타르시스와(*kai*), 쾌락과 연계된, 긴장이 풀려 느슨해짐'이라는 표현이다. 왜냐하면 '카타르시스'의 개념이 '쾌락과 연계된, 긴장이 풀려 느슨해지는' 현상과 밀접하게 연결되기 때문이다. 한편 그리스어에서 연접을 의미하는 '와'(*kai*)는 부연하는 용법으로 쓰이기도 한다. 연결사 '와' 뒤에 나오는 개념, 즉 '쾌락과 연계된, 긴장이 풀려 느슨해짐'이 앞의 개념, 즉 '카타르시스'를 단지 부연하기 위해 덧붙여졌을 개연성이 농후하다.[67] 이것이 사실이라면 아리스토텔레스는 감정적 흥분상태를 지나 진정된 상태를 카타르시스라고 기술하는 것일 터이고 이같은 카타르시스를 쾌락이라는 이름으로 부르는 것일 터이다. 나아가 문제의 쾌락은 긴장에서 풀려나 편안하게 되었다는 의미의 이완 현상을 통해 설명될 터이다.

그러면 이상의 논의가, 비극의 정의에 나오는 카타르시스의 물음과 관련하여, 우리에게 던져주는 시사점은 무엇인가. 우선 유사하지 않은 점부터 보자. 비극의 파급효과는 본질적으로 행동의 모방을 통해 나오는 것이지 음악적 요소로 인한 것이 아니다. 그러기에 음악의 작동방식이 비극의 상황에 직접 전용되기는 어렵다. 그렇긴 하지만 아리스토텔레스가 비극을 정의하면서 언급하는 카타르시스에 대한 정보가 거의 없다시피 한 사정을 감안한다면 아리스토텔레스가 『정치학』 Ⅷ권에서나마 유사한 맥락에서 카타르시스라는 표현을 '쾌락을 동반하는 이완현상'—이것은 감정상태의 극복에 후속하는 현상이다—의 기술에 사용하는 것은 그의 '비극적 카타르시스'의 이해를 위한 실마리가 될 수 있다. 그 밖에도 거기서 비극의 맥락에서 문제가 되는 감정들—연민과 공포—이 실례로 인용된다는 점 역시 문제의 두 대목이 무관치 않다는 단서가 될 수 있다. 음악과 비극 간의 차이를 완전히 지워버릴 수는 없겠지만 어쨌거나 『정치학』 Ⅷ권 7장을 근거로 다음을 유추할 수 있다. 아리스토텔레스는 (1) 카타르시스 개념을 마치 자명하기라도 하다는 듯이 이완의 경험을 기술하는 데에 사용한다. (2) 이 이완은 모종의 감정적 흥분상태에서 놓여난 결과이다. 그리고 (3) 문제의 이완은 쾌락적이다. 한편 놀랍게도 이 모든 점은 비극의 상황과 정확히 잘 맞아떨어진다. 이 같은 유사성을 유의한다면 '비극적 카타르시스'는 본질적으로 ① 연민과 공포감을 자아내는 이야기를 바탕으로 형성되는 ② 쾌락적인 ③ 이완현상이 될 것이다.[68]

10.6 카타르시스, 비극적 감정의 정화인가

앞서 서두(10.1)에서 보았듯이 '연민과 공포를 매개로 그 같은 감정의 카타르시스를 유발한다'에서 '그 같은 감정의 카타르시스'는 (1) 소유격을 분리의 의미로 받아들여 그 같은 감정'이 해소되거나' 그 같은 감정'에서 놓여나는' 것을 의미한다고 할 수 있고 (2) 소유격을 목적어를 표현하는 것으로 받아들여 그 같은 감정을 정화하거나 그 같은 감정의 변모를 꾀하는 것으로 이해할 수도 있다. 전자(소유분리 해법)의 경우는 문제의 감정이 해소·소멸되는 것이므로 감정이 더 이상 존립하지 않지만 후자(소유목표해법)의 경우는 문제의 감정이 정화 혹은 변모되었을 뿐임으로 이전과 같은 양상으로는 아닐지라도 어쨌거나 해당 감정 자체는 그 후에도 존속한다. 앞서(10.5) 비극적 쾌락을 논하는 가운데, 그리고 『정치학』 Ⅷ권 7장에 기술된 이완현상을 분석하는 가운데 자연스럽게 감정상태가 해소된다는 쪽으로, 그러하기에 감정상태에서 풀려난다는 쪽으로 기울어졌던 면이 없지 않으나 위의 두 가지 해법 중 어느 것을 선택할지는 확정되지 않았다.

일단 소유분리해법이 유리한 것은 소유목표해법이 지닌 여러 난점 때문이다.[69] 소유목표해법에 따르면 (1) 연민과 공포의 감정은 카타르시스(정화)의 대상이다. 그리고 (2) 카타르시스의 과정을 통한 향상·개선은 도덕적인 성격을 띤다. 나아가 문제의 해법에 따르면 아리스토텔레스의 비극론에 카타르시스 개념이 도입된 이면에는 도덕교육적 관심이 자리 잡고 있다.[70] 소유목표해법의 지지자들에 따르면 카타르시스의 과정을 통해 비극의 관객의 감정이 정화 혹은 향상된다. 여기서 묻지 않을 수 없다. 어째서 감정이 정화되어야 하는가. 대체 감정에서 무엇이 정화되어야 한단 말인가. 정화된다는 데에는 오염되었다는 것이 전제되어 있다. 그러나 아리스토텔레스의 경우 감정은 감정인 한에서 나쁜 것도 아니고 해로운 것도 아니다. 그러니 오염되었을 리도 없다. 이와 관련하여 소유목표 해법의 지지자들이 이구동성으로 내놓는 대답은 카타르시스의 과정을 통해 제거되는 이른바 '오물'이란 감정인 한에서의 감정이 아니라 그의 중용론에 비추어 과도해 보이거나 유해한 것으로 보이는 감정이라는 것이다. 그러니까 문제의 해법에 따르면 카타르시스의 과정이 종결되면 비극의 관객은 감정에서 풀려나는 것이 아니라 감정에 과도하게 얽혀 있던 '지나쳐서 해로운 부분'에서 놓여난다. 이런 의미에서 소유목표해법은 '과도감정 제거' 해법이다. 카타르시스의 과정을 통해 도덕적인 관점에서 문제가 있는 감정의 '과도한 부분'이 정화되고 그런 과정을 통해 정화된 관객은 도덕적으로 더 나은 인간, 유덕한 인간으로 거듭나게 된다.[71]

소유목표해법의 바탕에는 아리스토텔레스의 중용론에 대한 통속적인 이해가 깔려 있는 것으로 보인다.[72] 덕은 중용으로서 양적으로 중간 크기의 감정을 요구한다는 것이다. 그러나 아리스토텔레스가 말하는 중용론에 따르면 덕 있는 사람의 감정은 여러 모로 시의적절한 것이다. 바꿔 말해서 덕 있는 사람의 감정은 딱 그 시점에, 딱 그 사람을 상대로, 딱 그 이유로 발현된 것이다. 행동하는 특정인 자신의 여러 사정과 그가 처한 상황의 여러 특수성에 한 치의 오차도 없이 딱 들어맞는 것이다. 그러니까 행동할 가능성이 있는 모든 사람에게 적절한 중간을 규정하는 절대적 의미의 고정된 감정의 양 같은 것은 없다. 그러나 레싱이 개략적으로 그려놓은 바와 같은 소유목표해법은 과도한 감정이라는 단적인 의미의 양을 상정한다. 모든 관객이나 대부분의 관객에게서 찾아볼 수 있는 그 같은 과도한 감정이 비극을 통해 평균값 혹은 중간 수준의 감정으로 환원된다. 그 밖에도 아리스토텔레스의 경우 감정이 중간 수준의 상태에 있다고 해서 유덕한 상태에 있느냐면 그렇지도 않다. 그의 경우 윤리적 측면에서의 감정적 반응은 '행동을 향한 바른 태도'의 현실화이다. 그리고 행동을 향한 바른 태도는 하루아침에 형성되는 것이 아니다. 그것은 장기간에 걸쳐 가르침을 받고 꾸준히 연마해야 비로소 얻을 수 있다. 일회성으로 혹은 어쩌다가 한 번 적절한 감정상태에 놓였다고 단박에 유덕해지는 게 아니다.

이 밖에도 카타르시스의 과정을 통해 정화되는 것이 정확히 무엇인가의 물음, 즉 비극을 관람하는 동안 비극적 행동을 통해 자극되는 단편적인 감정이 정화되는 것인지, 아니면 장기간에 걸쳐 확고하게 틀 잡힌 감정적 태도와 성향이 정화되는 것인지의 물음이 제기된다. 전자의 경우라면 그 같은 정화를 통해서는 많은 것을 얻을 수 없을 것이다. 왜냐하면 그런 식의 감정은 아무리 길게 잡는다고 하더라도 공연이 끝남과 동시에 연기와도 같이 사라질 것이기 때문이다. 그렇다고 해서 후자일 것 같지도 않다. 왜냐하면 비극의 정의에 나오는 카타르시스는 비극을 통해 자극되는 감정과 관련되어 있지만 확고하게 틀 잡힌 감정적 성향은 비극을 통해서는 형성될 수 없는 성격의 것이기 때문이다.

카타르시스의 과정을 통해 정화되는 것은 정확히 무엇이냐의 물음 외에 행동과 관련해서도 '소유목표해법'의 모델은 문제가 있다. 아리스토텔레스에 따르면 중용은 한갓된 양적 의미로 이해되어서는 안 되고 특정의 상황에서 행동하는 개별자가 감정적으로 딱 들어맞게 반응하는 것이다. 그렇기에 이런 의미의 바른 감정적 반응은 행동하는 인물과의 관계 속에서만 규정될 수 있다. 그런데 지금 우리가 문제 삼고 있는 카타르시스는 비극공연에서의 일이거니와, 극장의 관객은 도대체 행동하는 사람이 아니다. 관객의 경우 실천적으로 결단을 내리고 말고 할 일이 없는 것이다. 행동에 연루되어 있지 않기 때문에 그에게는 옳고 그름의 척도 같은 것도 있지 않다. 그렇기에 그의 경우 덕론에서 말하는, 감정을 잴 수 있는 바른 잣대 같은 것이 딱히 정해져 있지도 않다.

이렇게 볼 때 카타르시스의 소유목표해법의 근간을 이루는 상정들에는 문제가 많다. 그 밖에도 소유목표해법이 내세우듯 '비극의 작용'과 '덕 있는 감정으로 인도하는 과정' 간에 긴밀하고 직접적인 관련성이 있다고 친다면 아리스토텔레스가 '덕 있는 감정으로 인도하는 과정'을, 도덕철학의 맥락에서, 카타르시스와 연결시키겠구나 하고 기대하는 게 당연지사일 텐데 그는 어디서도 양자를 연결하지 않는다.

10.7 카타르시스, 의료처치 같은 것인가

이상의 여러 사정을 감안하여 평가할 때 소유목표해법과 경쟁관계에 있는 소유분리해법—이것은 카타르시스를 감정상태에서 놓여나는 것과 연계된 비극의 파급효과로 이해한다—이 최소한 추가적 상정을 상대적으로 적게 필요로 한다. 그런 의미에서 해석상 상대적으로 더 합리적인 것 같이 보인다. 과연 그런가.

소유분리해법에 따르면 비극의 관객은 카타르시스의 과정을 통해 그의 감정을 다 뿜어내는 것과 같은 것을 경험한다. 그리하여 종국에 가서는 감정적으로 흥분된 상태에서 해방된다. 비유하자면 사혈—정맥에서 나쁜 피를 빼냄—이나 그와 유사한 의료처치를 통해 환자가 유독성 물질이나 염증을 유발하는 물질에서 자유롭게 되는 것과 같다. 이 같은 소유분리해법의 원조는 야콥 베르나이스(Jacob Bernays)이다.[73] 그는 의학적 의미의 카타르시스를 적극적으로 끌어들인다. 그에 따르면 비극적 카타르시스는 병적인 상태의 의료처치와 크게 다르지 않다. 그는 아리스토텔레스의『정치학』이 자신의 입장을 뒷받침해줄 수 있다는 입장인데 위(10.5)에서 보았듯이『정치학』Ⅷ권 7장에서는 카타르시스가 병적 상태의 맥락에서 언급되고 명시적으로 의료치료와 비교된다. 베르나이스도 그렇지만 그의 지지자들이 지적하는 바에 따르면 감정은 아리스토텔레스의 경우 신체적 변화이다. 그러기에 감정은 신체의 비정상적인 현상과 다를 바 없이 다뤄져야 한다.

베르나이스의 병리학적 해법은 카타르시스를 의료처치와 비교하는 아리스토텔레스의 『정치학』의 한 대목[74]에 크게 의지한다. 하지만 앞서 살폈듯이 『정치학』의 문제의 대목은 어디까지나 비교이지 비극에 관한 언급이 아니라는 점을 명심할 필요가 있다. 한편 베르나이스와 그의 계승자들은 아리스토텔레스가 감정을 신체적 변화로 기술한다는 점을 계속해서 강조한다. 맞는 말이다.[75] 그러나 아무리 그렇더라도 대뜸 '카타르시스는 기본적으로 생리학적인 성격의 파급효과이다'라고 단정할 수는 없다. 사태의 진상은 카타르시스가 유발되는 이전 단계만 보더라도 얼추 드러난다.[76] 연민과 공포의 감정을 환기하는 데에 저들 감정의 신체적 측면이 사용되지 않는다. 그런데도, 그러니까 신체적으로 유발되지 않았음에도, 문제의 감정을 진정시키고 해소시킬 때는 감정의 신체적 특성을 주로 이용한다? 도대체 왜 이래야 하는지 설명이 있어야 할 것이다. 신체적 특성을 이용한다는 게 가당키나 한가. 소유목표해법과 소유분리해법에 그럴듯한 면이 없지 않지만 해결책으로 받아들이기에는 양자 모두 한계가 있다.

10.8 카타르시스, 비극적 감정의 고통에서 놓여나는 것, 그리하여 쾌감을 느끼는 것

아리스토텔레스의 『정치학』 VIII권 7장의 관련 대목은 멜로디와 리듬이 교육적 목적에 사용될 수 있는지, 그리고 사용될 수 있다면 어떻게 사용될 수 있는지의 물음에서 출발한다. 거기서 아리스토텔레스는, 『국가』의 플라톤과 다르지 않게, 멜로디와 리듬이 감정을 모방하고 다양한 유형의 성격을 모방한다는 점을, 그러기에 듣는 사람의 감정에 영향을 줄 수 있다는 점을 지적한다. 하지만 그는 논의의 틀을 살짝 넓혀 음악이 교육적 목적에 유용할 뿐만 아니라 오락, 유흥, 휴식, 치료를 위해서도 유용하게 쓰일 수 있다고 부연한다. 그는 문제의 대목에서 신비적인 혹은 종교적인 광기에 가까운 상태에 몰입하는 사람들의 경우를 예시하면서 그들이 모종의 멜로디를 매개로 그 같은 상태에서 놓여나기도 한다는 점을 언급한다.

『정치학』 Ⅷ권 7장의 관련 대목에 따르면 '연민과 공포에 민감한 사람들, 일반적으로 감정에 민감한 사람들'은 모종의 멜로디를 매개로 이완될 수 있고 그런 감정에서 놓여날 수 있다. 이것이 곧 아리스토텔레스가 역설하는 열정적 멜로디의 작용이다. 이것을 그는 카타르시스 혹은 이완현상이라고 기술한다. 그리고 그는 이것을 쾌락의 느낌과 연결시킨다. 여기서 그가 생각하는 쾌락은 '해롭지 않은' 쾌락이다. 열정적인 멜로디를 매개로 종국적으로 맛보는 쾌락은 그 밖의 다른 유형의 멜로디, 즉 비극적 모방의 대상인 행동과 연결된 멜로디를 매개로 느끼는 쾌락과 조금도 다르지 않은 무해한 쾌락이다. 아리스토텔레스가 여기서 문제의 쾌락을 '해롭지 않은' 것으로 기술하는 것은 함축적이다. 왜냐하면 플라톤이 『국가』에서 음악과 시에 대해 취하는 입장과 뚜렷이 대비되기 때문이다. 아리스토텔레스는 '미적' 쾌락을 말하고 있는 것이다.[77]

『정치학』에 나오는 관련 언급은 고도로 압축되어 있다. 그렇긴

에스타케 르 소에르(Eustache Le Sueur),
「뮤즈 클레이오, 에우테르페, 탈리아(The Muses Clio, Euterpe and Thalia)」(1652-1655)

하지만 아리스토텔레스가 거기서 음악을 통해 얻을 수 있는 유익을
말한다는 것만큼은 분명해 보인다. 감정에 짓눌려 중압감에 시달리
는 상태에서 놓여나 느끼는 쾌감 혹은 후련함이 곧 그런 유익이다.
여기서 아리스토텔레스가 말하는 카타르시스는 우리가 그 같은 감
정에 짓눌려 중압감에 시달리는 상태에서 놓여났을 때 느끼는 정신

에스타케 르 소에르(Eustache Le Sueur),
「뮤즈 멜레포네, 에라토, 폴리힘니아(The Muses Melpomene, Erato and Polyhymnia)」(1652-1655)

적 상태의 '질'을 지칭하는 것 같다.[78] 그러니까 레싱 류의 윤리적 해법이나 베르나이스 류의 병리적 해법이 말하는 것과는 다르다. 관객의 감정의 질이나 성격이 강화되거나 관객의 신체상의 상태가 호전되거나 하는 것이 아니기 때문이다.

　『정치학』의 문제의 대목의 관심사는 시종일관 음악이다. 비극에 관해서는 일언반구도 없다. 그러기에 그 같은 음악의 카타르시스 용법이 얼마나 비극의 카타르시스에 전용될 수 있는지는 불확실하다. 하지만 구조적 유사성을 근거로 음악의 카타르시스에서 비극적 카타르시스의 이해를 위한 실마리 정도는 충분히 끌어낼 수 있을 것이다.

『정치학』의 카타르시스든 『시학』의 카타르시스든 문제는 연민과 공포의 감정이다. 그리고 그것은 그러한 감정상태가 해소되거나 진정될 때 느끼는 쾌락과 연결되어 있다. 앞서(10.5) 인용했듯이 『시학』 14장에서 아리스토텔레스는 비극적 쾌락과 관련하여 이렇게 말한다. "비극을 통해 온갖 종류의 쾌락을 죄다 일으키려고 해서는 안 된다. 비극에서만 맛볼 수 있는 쾌락을 일으키도록 해야 한다. 한편 (비극)시인이 유발해야 할 쾌락은 연민과 공포에서 나오는 쾌락, 모방을 통해 야기되는 쾌락이다. 그러기에 명백하거니와, 사건 자체에 이 같은 포석이 깔려 있어야 한다."[79] 비극에서만 맛볼 수 있는 쾌락, 그것은 연민과 공포에서 나오는 쾌락이다. 연민과 공포는 기본적으로 고통의 감정이다. 그렇다면 어떻게 고통 가운데서 쾌락을 느낄 수 있다는 것인가. 위에서 살펴본 『정치학』의 카타르시스에 비추어 본다면 비극적 쾌락은 연민과 공포에서 놓여나는 것이라고 이해할 수 있다. 이것은 앞서(10.5) 살펴본 복원으로서의 쾌락 이해와도 잘 맞아떨어진다. 결국 『시학』 14장에서 말하는 비극적 쾌락이란 연민과 공포가 종결됨으로써, 그리하여 고통에서 벗어남으로써, 후속적으로 맛보는 쾌락이라고 할 수 있다. 과연 비극적 쾌락이 이런 유의 것이라면 그것은 비극적 카타르시스와도 다르지 않을 것이다. 결과적으로 비극은 이런 것이 된다. 먼저 연민과 공포의 감정이 유발된다. 그러나 일련의 과정을 거치면서 종국적으로는 그런 고통스런 감정에서 놓여난다. 고통스런 감정에 짓눌린 상태에서 놓여난 우리를 기다리는 것은 후련함과 안도감이다. 그런 의미에서 고통에서 벗어나 이완된 상태는 쾌락, 비극적 쾌락이다.

감정, 인간의 특장

"내가 감정을 상세하게 연구하였다는 사실로 미루어 당신
은 내가 감정을 가져서는 아니 될 것으로 결론지은 줄 아
나 봅니다만 단언컨대 그 반대입니다. 감정을 탐구하면서
나는 거의 모든 감정이 좋다는 것과 우리의 삶에 아주 유
익하다는 것을 발견하였습니다. (어느 정도로 유익하냐면)
우리의 영혼이 감정을 느끼지 못한다면 잠시라도 신체와
결합되어 있을 이유가 없을 정도입니다."

_1646년 11월 1일 샤뉘에게 보낸 르네 데카르트의 편지 중에서

공적연설의 공간에서 감정이 하는 역할은 기본적으로 논증(이성)과
함께 일하는 동역자의 역할이다. 논증의 길을 닦아 논증이 잘 펼쳐
질 수 있도록 하는 한편, 논증이 진행되는 동안에도 때론 동반자로
때론 견인자로 동행한다. 자주는 아닐지라도 논증이 제구실을 못
할 때는 논증을 대체하기도 한다. 이렇게 본다면 감정은 논증의 동
역자이면서 동시에 대체재라고 할 수 있다. 감정은 철저히 논증과
손발을 맞춰 함께 일한다. 논증 혼자서도 감정 혼자서도 온전히 일
을 해낼 수 없다. 서로는 서로를 필요로 하고 서로 도와 일을 완수
한다.

공적연설의 공간의 감정이 저 같은 일을 하는 것은 믿음, 의견, 사고를 매개로 해서다. 감정이 행동에 직접 작동하는 게 아니다. 그럴 수가 없다. 연설가가 청중에게 할 수 있는 것은 저들의 감정에 파문이 일도록 관련 정보를 제공하는 일뿐이다. 단안을 내려 실행하느냐 여부는 청자 자신의 몫이다. 하지만 청자로 하여금 움직이게 하는 것은 연설가의 기량에 달렸다.

공적연설의 장에서 문제되는 감정이나 좋은 삶 혹은 행복한 삶에서 문제되는 감정이나 현장 중심이라는 점에서는 다르지 않다. 그러나 현장 중심이라고 하더라도 그 의미는 다르다. 공적연설의 그것은 말 그대로 '그 자리에서' 유발된다는 의미에서 현장 중심이지만 좋은 삶에서 말하는 감정은 성격으로 확고하게 틀 잡힌 태도라는 점에서 이미 형성된 어떤 것이다. 좋은 삶의 감정의 현장 중심은 실천현장에서 '활성적'이라는 의미의 현장 중심이다. 좋은 삶의 감정은 장기간에 걸친 절차탁마의 소산이다. 태도로 몸에 배어 제2의 천성이 된 것이다. 그런 것이 실천현장에서 본성이라도 되는 듯이 자연스럽게 표출되는 것이다. 이것이 좋은 삶을 떠받치는 감정이다. 우리가 덕이라고 한 마디로 뭉뚱그려 말하지만 그것의 근간을 이루는 것은 어려서부터 계속해서 계발된 감정이다. 우리의 감정적 반응에는 그러므로 우리가 받은 가정교육과 타인과 교섭하는 가운데 부지불식간에 학습한 사회교육이 반영되어 있다. 그런 의미에서 감정은 인간의 성숙의 정도를 반영한다.

비극에서는 어째서 연민과 공포의 감정이 문제되는 것인가. 결국은 나의 존재 때문이다. 언젠가는 죽어 무화될 인간 존재에 대한 염려이다. 비극이 인간 행동의 모방이고 그 모방을 통해 연민과 공포가 유발된다. 연민과 공포라는 고통스런 감정에서 풀려나 쾌감을 맛보는 것도 결국은 모방을 통해서다. 연민과 공포라는 특정의 감정이 문제로 되어 있다는 것만 특이할 뿐 궁극적 관심은 인간에 놓여 있다. 인간에게는 한계가 있다. 한결같지가 않다. 이럴 수도 있고 저럴 수도 있다. 가변적이다. 그렇다고 경향성이 없지도 않다. 또 하나, 인간은 구체의 세계에 산다. 오감을 통해 지각하는 세계에 산다. 힘들기도 하지만 재미있기도 한 세계이다. 그리고 살 수밖에 없다. 인간의 한계이고 인간의 가능성이다. 이 실천의 구체적 세계를 떠받치고 있는 두 기둥이 감정이고 사려분별이다. 그러나 결국은 감정 하나다. 사려분별은 감정에 얹혔을 때만 그 존재가치가 드러나기 때문이다.

이성 우위의 사고로 점철된 서양철학의 역사는 감정을 차별하고 배제하고 거세하는 역사였다. 편파적이라느니 신뢰할 수 없다느니 충동적이라느니 수동적이라느니 감정에 갖가지 부정적인 꼬리표가 붙는다. 얼마쯤 사실일 것이다. 그러나 뒤집어 보면 조금도 그렇지 않은 것이 있는가. 설사 감정이 저렇다고 하더라도 나는 그것이 감정의 단점이 아니라 특장이라고 생각한다. 파랑색을 두고서 너는 어째서 늘 푸른색을 띠느냐고 꾸짖을 텐가. 게더러 너는 왜 반듯이 기질 못하고 늘 옆걸음질이냐고 나무랄 텐가. 두루미더러 너는 왜 부리가 그리도 기냐고 투덜댈 텐가. 감정에 붙여진 온갖 부정적인 꼬리표는 하나같이 이성을 대조대상으로 삼고서 붙여진 것이다. 대조대상이 잘못 선정되었다. 이성은 인간의 인지능력이지만 감정은 영혼(프쉬케)의 상태, 사건, 현상, 경험이다. 감정은 이성의 노예도 이성의 시종도 아니다. 이성의 역할 따로 있고 감정의 역할 따로 있다. 갑을관계도 우열관계도 노사관계도 아니다. 그렇다고 서로 무관한 지구인 화성인이냐면 그렇지도 않다. 서로가 서로를 필요로 하는 공생·공존의 관계이다. 이성, 제 아무리 혼자 발버둥 쳐도 되는 일 하나도 없다. 감정의 조력이 필요하다. 비유하자면 이성은 영양분이고 감정은 혈액이다. 아무리 영양분이 차고 넘쳐도 그것이 몸 구석구석에 배달되지 않고 한 곳에 쌓여 있으면 비만이 된다. 섭취한 영양분을 몸 구석구석에 골고루 나눠주는 것이 혈액이 하는 일이다. 최신형 세단을 뽑았더라도 엔진이 돌아가게 하려면 연료가 공급되어야 한다. 연료가 공급되지 않으면 값비싼 고철덩어리에 불과하다. 이성에 동력을 공급하는 것이 감정이다. 이성은 만능이 아니다. 이성의 한계는 감정으로 메워질 수 있다. 아리스토텔레스가 『니윤』에서 '이성적 사고 혼자서는 티끌 하나도 못 움직인다'고 말한 취지이다. 요는 이성이 아무리 대단한 일을 한다고 하더라도 그것은 오직 감정이라는 동력과 짝을 이룰 때만 그렇다. 배는 밀물이 차올라야 부력을 얻는다. 감정과 이성의 관계도 다르지 않다. 이성의 배를 띄우는 것은 감정의 밀물이다. (상식의 눈에 배는 잘 띄어도 밀물은 잘 들어오지 않는다. 이성을 금과옥조로 삼는 '철학자들'은, 그런 의미에서, 지극히 '상식적'이다.)

　흔히 이성이라고 통칭하지만 엄밀한 의미에서 이성(누스와 디아노이아)은 불변적이고 필연적인 성격의 인식능력이다. 우리의 구체적 일상을 관할하는 이성은 사려분별(프로네시스)이다. 문제는 이 사려분별이 감정의 (추)동력과 연결되어야 비로소 제구실을 할 수 있다는 것이다. 그렇게 한 몸이 된 감정과 사려분별은 현실적으로는 어디서 어디까지가 감정이고 어디서 어디까지가 사려분별인지 구별이 안 된다. 일심동체가 되었기 때문이다. 일상의 사려분별, 감정의 다른 이름이다.

날것 그대로의 감정, 야생의 감정은 선도 악도 아니고 추도 미도 아니다. 그저 감정일 따름이다. 먹고 마시고 배설하는 것과 조금도 다르지 않은 극히 자연스런 인간적 현상이다. 그게 뭐가 잘못되었단 말인가. 왜들 감정을 폄훼하지 못해 안달인가. 감정은 다듬어지지 않은 원석과 같다. 담금질을 거친, 아리스토텔레스적 의미로 습관화가 이루어져 몸에 밴 감정은 세공된 보석과 같다. 감정만 그런 것이 아니다. 이성 역시 마찬가지이다. 익지 않은, 날것의, 훈련되지 않은 이성, 자신의 한계를 망각한 이성은 오류에 빠지지 않으면 사변을 농한다. 오남용이 빈발한다. 만인의 칭송을 받는 이성, 뭇 철학자들이 입에 침이 마르도록 상찬하는 이성은 양질의 교육을 받은, 잘 벼려진 이성이다.

플라톤이 시인을 국가에서 추방해야 한다고 했던 까닭은 시인이 그림자를 다루기 때문이다. (선분비유와) 동굴비유에서 알 수 있듯이 동굴에 갇힌 자처럼 벽에 비치는 그림자를 놓고서 이러쿵저러쿵 갑론을박을 벌이는 게 시인이다. 모상이 아니라 원본, 즉 실상(이데아)의 세계라는 무균실을 꿈꾸었던 플라톤으로서는 용납할 수 없는 일이었다. 그러나 인간의 삶은 경험세계에서 이루어진다. 플라톤의 말로 하면 (이데아의) 그림자를 상대하면서 살 수밖에 없다. 영락없는 수인 신세이다. 이데아가 드리우는 그림자, 이미지의 세계의 수인 말이다. 그렇다면 그림자를 부정적으로만 볼 일이 아니다. 설사 그 것이 인식론적으로, 존재론적으로 열등한 것일지라도 그것을 떠나 서는 한 순간도 살 수가 없기 때문이다. (언제까지 신세타령만 할 것인가!) 우리의 의지와 무관하게 주어진 인간적 삶의 조건에 매몰되지 않 고, 파도타기하듯, 삶의 조건을 슬기롭게 타고 넘을 일이다.

감정의 물음에서도 사정은 마찬가지가 아닐까 싶다. 감정과 욕 구의 수렁이 삶의 조건이라고 할진대 그 수렁을 벗어나려는 노력은 도로일 뿐이다. 외면한다고 없어질 성질의 것이 아니다. 끌어안고 공존·공생하면서 그 안에서 연꽃을 피울 일이다. 아리스토텔레스 의 감정론이 그 한 해법, 레시피라고 나는 생각한다. 인간만이 웃을 줄 안다. 감정은 인간의 특장이다. 감정과 어떻게 어우러져 살맛나 게 살 것인가. 번뇌가 보리다. 해결책은 문젯거리에 이미 배태해 있다.

주

—

참고문헌

—

찾아보기

프롤로그

1 '감정신화'는 Solomon 1993에서 차용한다. Solomon 2007도 참조.

2 '부엌에서는 며느리 말이 맞고 안방에서는 시어머니 말이 맞다'는 속담도 그런 취지일 것이다.

3 2018년부터 북한과 미국 사이에서 벌어지고 있는 비핵화협상에서 자주 언급되는 표현이 있다. 'CVID', 'CVIID', 'PVID', 'CVIG' 등이 그것이다. 'complete, verifiable, *irreversible*, permanent, dismantlement, guarantee'를 이리저리 조합한 조어들이다. 여기서 문제는 '불가역적'이다. 바꿔 말하면 뒤집을 수 없다, 파기할 수 없다, 취소할 수 없다는 뜻이다. 그러나 인간사에 '불가역적인' 일은 없다. 그런 일은 원칙적으로 불가능하다. 설사 그런 것이 있다고 하더라도 본질적으로 한시적이다. 시간의 장단의 차이만 있을 뿐이다.

4 고대 그리스 철학자들이 '아크라시아'라는 표제 하에 다뤘던 것이 바로 그 문제이다. 플라톤의 경우, 『프로타고라스』에서 소크라테스의 입을 통해 아크라시아 불가 입장을 밝힌다. 일단 최선의 판단을 내렸다면 그것이 행동으로 옮겨지지 않는 경우란 있을 수 없다는 것이다. 그러나 아리스토텔레스의 경우는 그와 다르다. 원칙적으로는 플라톤의 입장에 동의하지만 현실적으로는 그런 일이 이따금 있다는 것이다. 그러니 그것을 불가하다고 잘라 말하는 것은 눈 가리고 아웅 하는 격이라는 게 아리스토텔레스가 『니윤』에서 취하는 비판적 입장이다. 그는 구체적 '현상'을 살려 설명에 반영하는 길을 택한다.

5 철학은 본질적으로 감춰져 있는 것, 은폐되어 있는 것을 빛 가운데로 끌어

내 그 진상을 밝히는 작업, 이름하여 진리화(*alētheia*) 작업이다. 덮개를 벗겨내는 일이라고 할 수도 있다. 감정도 이제는 합리적 사고의 걸림돌로만 볼 것이 아니라 그것의 적극적인 면모를 들추어냄으로써 합리적 사고의 대열에 동참할 수 있는 길을 열어 놓아야 할 것이다.

개관 세계 설명에 독보적이던 시문학에 철학이 도전하다

1 희극의 경우도 다르지 않다. 비극의 관객이 연민과 공포 같은 고통의 감정에 노출되는 데 반해 희극의 관객은 박장대소하며 재미있어 하는 것이 다를 뿐이다.

2 소피스트란 '지식 혹은 지혜의 사람'이라는 뜻의 일반명사이다. 요즘 쓰는 말로 '지식인' 혹은 '전문가'라고 할 수 있다.

3 *EN* X 10, 1181a12-14.

4 *DL* I 18.

5 Cicero, *TD* V 10.

6 *Crito* 48b.

7 *Rep.* 352d5.

8 *Euthyd.* 279a-b.

9 여기서 벌써 '신체적으로 좋은 것'이 소크라테스적 의미의 '좋은 것'의 자격에 미달하는 것임이 드러난다.

10 첫 번째와 두 번째 범주의 '좋은' 것은 요즘 흔히 쓰는 말로 하면 직업(수입), 학벌, 재산, 외모 등 '스펙'이 되지 않을까 싶다. 윤리학에서 말하는 이른바 '외적 좋음'의 물음은 '좋은 삶'을 위해서는 스펙도 필요하냐의 물음으로 바꿔 놓을 수 있을 것이다.

11 *Crito* 48d.

12 Vlastos 1991, 214 이하 참조.

13 *Rep.* 387d.

14 *Apol.* 41d.

15 *EN* VI 13, 1144b29-30.

16 *Rep.* 604b12-c1.

17 *Rep.* 606b.

18 *Rep.* 604e.

19 Nussbaum 1996, 314.

20 Rapp 2002, II 567.

21 *Rhet.* III 1, 1404a14.

22 그렇더라도 수사 증명이 수사기술의 본령임에는 변함이 없다. 그의 관심사
는 수사기술을 명실상부한 기술(학)로 정초하는 것이다.

23 *Rhet.* 1377b31-1378a3. 위의 '사랑의 감정을 품고 있는 사람'의 사태를
표현하는 우리말 속담은 "마누라가 예쁘면 처갓집 말뚝 보고도 절한다"
이다.

24 *Rhet.* 1378a22-26.

25 *Rhet.* II 2.

26 *Rhet.* II 5.

27 *Poet.* 6, 1449b27-28.

28 *Poet.* 1453b4-5.

29 *Poet.* 1456b2-7.

30 *Poet.* 1453b10-14.

제1부 감정 일반

제1장 감정의 기초

1 한석환 2018 참조.

2 *DA* 403a16-22.

3 *Rhet.* II 3, 1380b10-14.

4 *Rhet.* II 13, 1389b29-32.

5 *DA* 403a22-24. 이하의 '영적', '정신적'은 모두 '프쉬케상의'를 의미한다.

6 그러나 저들 경우에는 그런 유인이 없다.

7 *DA* 403a25.

8 *Top.* 145a3-12; *Phys.* 226a27-29.

9 여기서 말하는 '영혼'은 오늘날의 자연과학적 용어로 '뇌'라고 해도 무방할 것이다.

10 *Met.* 1010b33.

11 *Int.* 16a3-6.

12 *Int.* 16a10-14.

13 *DA* 408b11 이하.

14 *DA* 402a8-9.

15 *EN* 1105b29 이하.

16 뒤에 다루겠지만 감정이 아에 칭찬과 비난의 대상에 속하지 않는다는 게 아니다. 칭찬을 받든 비난을 받든 감정이 도덕적 평가의 대상이 되는 것은 그것에 내가 어떤 식으로 반응하느냐에 달린 문제이다.

17 *EN* 1106a5; *Top.* VI 6과 *Met.* V 21.

18 *EN* 1105b21-23.

19 *EE* 1220b13.

20 IV권 5장.

21 *DA* 403a17.

22 *Rhet.* 1382a9-10.

23 *Rhet.* 1370a27.

24 *Rhet.* 1370a28-35.

25 *DA* 431a9-10.

26 여기서 행동을 촉발하는 직접적인 요소란 이를테면 공복상태에서 음식물을 섭취하고자 하는 충동 같은 것을 뜻한다. 이와 관련해서는 Konstan

2006, 42 참조.

27 *DA* 403a27.

28 *Rhet.* 1378a25.

29 이 반대감정도 이름이 특정되어 있지 않다.

30 *Rhet.* 1386b33-1387a5; '같은 부류의 인물(B)에게 고통을 주는'은 '같은 부류의 인물(B)이 배 아파하는', '그를 심통 나게 만드는'의 뜻이다.

31 이하에서도 같은 명칭을 사용한다.

32 Rapp 2002, II 631.

33 *Rhet.* 1378a31.

34 Rapp 2002, II 549.

35 이하의 논의는 Rapp 2002, II 549-550에 기초한다.

36 여기서는 고통스럽지 않은 것이 쾌락적인 것으로 간주된다. 이것은『수사학』I권 11장에 개진된 쾌락 개념에 기초한 이해이다. 1369b33-35에 대한 Rapp 2002의 주석 참조. 쾌락복원이론과 관련해서는 한석환 2017c 참조.

37 '*charis*'와 '*charin echein*'을 이런 식으로 이해하는 것은 새로운 시도이다. 이러한 해석과 관련해서는 1385a16-19에 대한 Rapp 2002의 주석 참조.

38 *Rhet.* 1385a22.

39 *Rhet.* 1380b35-1381a1.

40 *Rhet.* 1381a3.

41 *Rhet.* 1382a13.

42 Rapp 2002, II 550.

43 한석환 2017, 26-31 참조.

44 *DA* 403a31.

45 *Rhet.* 1389b29-32.

46 한국어에서도 몹시 놀라서 섬뜩할 때 '간담이 서늘하다'고 한다. 특정 신체 기관이 차갑게 됨을 가리키는 표현이다. 그 밖에 감정의 신체 연계성을 가리키는 표현으로 다음을 들 수 있다: '간이 붓다', '간을 녹이다', '간(이) 크다', '애간장(을) 태우다', '부아가 끓어오르다', '허파에 바람 들다', '쓸개

398

(가) 빠지다', '눈이 등잔만 하다', '코가 납작해지다' 등.

47 *DA* 403a3-4.

48 *DA* 403a16-19.

49 *DA* 403a20 이하.

50 Rapp 2002, II 561.

51 *DA* 403a24-27.

52 *DA* 403a31-b1.

53 *DA* 403a30-31; *Rhet.* 1378a31-32.

54 Rapp 2008, 52; 한석환 2015, 322-324.

55 위에서 감정의 신체적·질료적 원인과 관련하여 아리스토텔레스의 텍스트에서 얻을 수 있는 정보가 거의 없다시피 하다고 했다. 감정을 비교적 자세히 논하는 『수사학』에서도 사정은 다르지 않다. 거기서 개개의 감정을 규정하는 것을 보면 질료적인 사항과 관련해서는 한마디도 나오지 않는다 (분노와 공포의 예외적인 사항은 위에서 지적한 바와 같다). 왜 그럴까. 그럴만한 이유가 있다(Rapp 2002, II 552). 첫째, 연설가가 감정의 생리적 조건과 관련하여 많은 것을 잘 알고 있다손 치더라도 그에게 그것은 무용지물이기 때문이다. 왜냐하면 그가 연설을 매개로 영향을 미칠 수 있는 것은 오직 감정의 '형상적' 조건뿐이기 때문이다. 둘째, 아리스토텔레스는 개별 감정을 정의하는 일과 관련하여 '질료에 깃든 형상' 형식의 정의를 모델로 내놓았다. 그러나 그 같은 프로젝트를 그가 완벽하게 수행하였거나 수행할 의지가 있었는지는 불투명하다. 무엇보다도 『수사학』에 나오는 개별 감정의 규정은 모두 잠정적인 성격을 띤다. 모두가 '(일단) ~라고 해두자'(*estō*)라는 식의 규정뿐이다. 사정이 그러하기에 모든 감정을 '완벽하게' 규정하는 야심찬 프로젝트가 『수사학』에 나온다고 하더라도 오히려 그게 더 이상한 일일 것이다. 『수사학』에 나오는 개별 감정의 규정이 잠정적이고 학적 전문성이 없는 것인 한, 각 감정의 생리적인 기초를 언급하지 않는 편이 그 같은 성격을 해치지 않는 길이다.

제2장 감정, 근본적으로 인지적인

1 그러나 공포의 경우는 사정이 다르다. 공포심을 유발하는 대상의 실재성에 대해 확신하지 못한 채 긴가민가한 상황에서는 명실상부한 의미의 공포는 일어나지 않는다(*DA* 427b21).

2 그러나 감정의 모든 대상에서 그런 것은 아니다. 이런 한계 때문에 아리스토텔레스가 아무리 감정의 인지적 요소를 강조한다고 하더라도 그는 현대적 의미의 감정판단이론과 거리가 멀다. 이 문제는 제3장에서 다룬다.

3 *Rhet.* 1378a23-25.

4 *Rhet.* 1378a31-33.

5 *Rhet.* 1378b1-2.

6 *Rhet.* 1381a4-6.

7 *Rhet.* 1382a21-22.

8 *Rhet.* 1386b22-24.

9 *Rhet.* 1383b12-14.

10 *Rhet.* 1385b13-16.

11 *Rhet.* 1386b9.

12 *Rhet.* 1386b13-14.

13 *Rhet.* 1386b12.

14 *Rhet.* 1387a9-10.

15 *Rhet.* 1386b18-21.

16 *Rhet.* 1387b23-25.

17 *Rhet.* 1388a30-33.

18 *Rhet.* 1386b27-29.

19 *Rhet.* 1386b30-31.

20 *Rhet.* 1387a1-3.

21 Dow 2011, 57.

22 *Rhet.* 1378b2.

23 *Rhet*. 1382a21.

24 Dow 2002, 59.

25 Dow 2011, 59; 이상은 한석환 2017a, 34-37에 따랐다.

26 Dow 2011, 57.

27 번역 문제와 관련해서는 Harris 1997 참조.

28 *DA* 428b2-3.

29 *DA* 428a19-22.

30 문제의 인물이 한편으로는 지향대상과, 다른 한편으로는 표적인물과, 맺고 있는 관계 때문에 그는 이 상태에 놓여 있다.

31 Sherman 1993, 13.

32 위에 인용되지는 않았지만 '담력'의 정의에도 '판타시아'가 나온다. 담력은 공포심에 반대되는 감정으로서 (우리를 위험으로부터 안전하게) 구출해줄 것이 가까이 있는 데 반해, 공포의 대상은 실재하지 않거나 멀리 떨어져 있다고 '표상하는 것과 연결된'(*meta phantasias*) 안전하게 구출될 것에 대한 기대감이다(*Rhet*. 1383a17-18).

33 아리스토텔레스는 『수사학』에서 '파이네스타이' 형식과 그 밖의 다른 인지적 단어들을 '사고하다'와 '믿다' 대용으로 사용한다. 일례로 공포심의 정의에서 그는 '판타시아'(1382a21)라는 표현을 사용하나 그 뒤에 가서는 '생각하다', '믿다', '기대하다'를 뜻하는 *'oiomai'*, *'dokein'* 같은 동사형을 사용한다(1382b31 이하).

34 이상은 한석환 2017a, 38-41에 따랐다.

35 이하는 한석환 2017b에 따른다.

36 *Rhet*. 1378a31-b5.

37 '인간사'와 관련된 '정치적인' 물음을 다룰 때 아리스토텔레스는 통념을 즐겨 인용한다. 상대(청중)가 받아들이는 전제에서 논의에 착수하려는 의지의 표현이다.

38 *Rhet*. 1378a34-35.

39 *Rhet*. 1378a34.

40 *Rhet.* 1378a20-22.

41 *EN* 1105b23 참조.

42 *Rhet.* 1370a28-35 참조.

43 Konstan 2006, 277.

44 아리스토텔레스는 분노의 쾌락을 말하는 가운데 '분노란 똑똑 떨어지는 꿀보다 달콤하다'는 『일리아스』의 한 대목(XVIII 109)을 인용한다(137 8b5-7).

45 *DA* 431a9-10.

46 *Rhet.* 1378b10-11.

47 *Rhet.* 1378b15-16 참조.

48 *Rhet.* 1378b18-19.

49 만일 문제의 못된 행태가 뭔가 부당한 처사에 대한 응징으로 그러는 것이라면 그것은 거만함이라기보다는 오히려 복수라고 해야 옳다(1378b25-26).

50 *Rhet.* 1378b23-25 참조.

51 *Rhet.* 1378b28 참조.

52 아리스토텔레스는 젊은이와 부자가 곧잘 거만하다고 말한다(1378b28). 젊은이가 그런 건 아직 철이 들지 않아서일 터이다. 그리고 그가 말하는 부자는 필시 졸부일 터이다.

53 상대보다 자신이 더 잘났다고 뻐기는 것은 상대를 무가치하다고 얕잡아 보는 것으로 연결된다. 무가치하다고 깔보는 것은 존중해야 마땅한 명예를 실추시키는 것, 마땅히 표해야 할 경의를 표하지 않는 것을 뜻한다 (1378b30-31). 사람대접을 제대로 하지 않는 것이다. 왜 그런가. 위에서 말한 거만함 말고는 달리 설명이 되지 않는다. 인격적으로 성숙하지 못한 탓이다. 아리스토텔레스가 『일리아스』의 관련 대목을 인용하면서 예시하듯이, 아킬레우스가 아가멤논을 향해 분노했던 것도 바로 그런 수모 때문이었다.

54 *Rhet.* 1382a5-6.

55 도둑과 밀고자는 『수사학』에 나오는 예이지만 우리 주변의 예를 든다면

불특정 다수의 여성을 향한 혐오라든가 외국인 노동자, 동성애자에 대한 혐오 등을 꼽을 수 있을 것이다. 나치독일의 유대인 학살도 이런 혐오의 발로일 것이다.

56 Fortenbaugh 1969, 165 참조.

57 *Rhet.* 1382a9-10.

58 의분의 경우 지향적 대상은 일이 잘 풀리는 것 같이 '여겨지는' 사람이고 (1387a9-10), 공포의 경우는 파멸적인 혹은 고통을 가져다줄 것 같이 '여겨지는' 임박한 위험이고(1382a21-22), 연민의 경우는 그런 일을 당해서는 안 될 사람이 애꿎게 파멸적인 혹은 고통을 가져다줄 것 같이 '여겨지는' 좋지 못한 일을 겪는 것이다(1385b13-14). 한편 아리스토텔레스는 『수사학』에서 '사고하다'와 '믿다' 대신에 '*phainesthai*' 형식과 그 밖의 다른 인지적 표현을 사용한다. 일례로 공포의 정의에서 그는 '*phantasia*'를 사용하지만(1382a21) 그 아래(1382b31 이하)에 가서는 '생각하다', '믿다', '기대하다'를 뜻하는 '*oiomai*', '*dokein*' 같은 동사형을 사용한다.

59 *Rhet.* 1378a32.

60 *Rhet.* 1378a31.

61 *Rhet.* 1380b16-17.

62 *Rhet.* 1380b17-18 참조.

63 이런 의미에서 믿음/(사실)판단과 (가치)평가가 개념적으로는 구별이 가능하지만 실질적으로는 단일의 판단이다. Fortenbaugh 1969, 178 참조.

64 이것은 어디까지나 실현 가능한 것이어야 한다. 자신이 달성할 수 없어 '보이는' 것을 추구하는 사람은 아무도 없다(1378b3-4 참조). 분노하는 사람이 도모하는 복수 역시 자신이 충분히 달성할 수 있다고 간주하기에 추구하는 것이다. 복수하려는 욕구를 우리가 충족시킬 수 있는 것으로 간주하지 않는다면 우리는 아리스토텔레스가 분노라고 정의하는 문제의 감정에 빠질 수 없을 것이다. 복수 가능성이 없어 보이면 분노도 일어나지 않는다(1370b13-15). 공포의 경우도 다르지 않다. 안전에 대한 희망이 없고 안전대책 마련이 여의치 않을 것 같으면 공포도 있을 수 없다. 될 대로 되라면서 자포자기 상태에 빠지기 때문이다. "공포는 사람들로

하여금 (무엇을 할 수 있을지) 숙고하게 만들지만 가망성이 없는 것을 놓고 숙고하는 사람은 아무도 없기 때문이다"(1383a6-8)). 분노에는 이처럼 복수를 하려는 욕구도 포함되어 있으며 분노의 복수에는 쾌락이 수반된다.

65 청중으로 하여금 분노의 감정을 품게 만들려면 이 세 가지 사항을 잘 파악하고 있어야 한다는 것이 아리스토텔레스의 기본구상이다.

66 *Rhet.* 1379a9-22 참조.

67 *Rhet.* 1379a22-28 참조. 우리말 속담 '기대가 크면 실망도 크다'와 유사하다고 하겠다.

68 1379a22-28에 대한 Rapp 2002의 주석 참조.

69 *Rhet.* 1379a29 참조.

70 *Rhet.* 1379a30-32.

71 이 경우 분노의 지향적 대상은 거만해서 가하는 해악이다.

72 *Rhet.* 1379a32-b2 참조.

73 이러한 일반적인 설명은 삶의 여러 영역에 적용 가능하다. 예컨대 철학 연구에 열성적으로 종사하는 사람은 철학을 무가치하다고 깔보는 사람을 만나면 분노한다. 외모 가꾸는 일에 관심이 많은 사람은 그런 게 뭐가 중요하냐고 깔아뭉개는 사람을 만나면 분노한다. 이들 경우 분노는 전적으로 분노하는 사람의 가치평가에 달려 있다. 똑같이 깔아뭉개는 언사라고 하더라도 멸시의 대상이 되는 문제의 사안에 전혀 가치를 부여하지 않는 사람의 경우는 분노를 촉발하지 않는다.

74 *Rhet.* 1379b2-4 참조.

75 1379b2-4에 대한 Rapp 2002의 주석 참조. 정상적인 상황이라면 여기서 분노의 표적인물로 인용된 문제의 인물군(친구)은 사실 분노의 표적인물이 아니다. 친구관계는 도대체 업신여김 같은 것이 어울리는 관계가 아니기 때문이다.

76 *Rhet.* 1379a9-10.

77 *Rhet.* 1379b37-a1.

78 1379a28-30에 대한 Rapp 2002의 주석 참조.

79 *DA* 417b2 이하.

80 이것은 위에서 유인이라고 했던 것으로서 이것이 없으면 쾌락이나 고통을 느끼고 말고 할 일도 없고 따라서 감정을 느낄 일도 없다.

81 II 4.

82 *DA* 427a19 이하; 432a16 이하.

83 *DA* 427a18; III 9.

84 *DA* 414b2; *MA* 700b22.

85 *EN* I 13; *EE* II 1, 1219b26 이하; II 4, 1221b27 이하.

86 *EN* 1111b11; *EE* 1223a26-27; 1225b25.

87 *EN* 1098a1 이하; 1102a32 이하; 1139a19; 1144a9 이하; *EE* 1219b20 이하.

88 *EN* 1105b20 이하; *EE* II 2.

89 *DA* 414b2; *MA* 700b22; *EN* 111b11; *EE* 1223a26-27; 1225b25.

90 *DA* 433b13 이하.

91 앞서 살폈듯이 아리스토텔레스의 『니윤』의 '파토스' 리스트에는 '욕망'도 포함되어 있다(1105b21; 아울러 *EE*, 1220b13도 참조). 그리고 그의 감정의 정의에는 '기원'도 포함되어 있다. 사랑(*philein*)이 그 한 예이다. 아리스토텔레스의 정의에 따르면 사랑은 기원(*boulesthai*)의 일종이다. 우리가 일반적으로 좋은 것으로 간주하는 것을 자기 자신을 위해서가 아니라 문제의 인물을 위해 '바라면서' 힘닿는 데까지 그것을 해주려고 애쓰는 것, 이것이 곧 사랑이다(1380b35-81a1). 이렇게 본다면 아리스토텔레스가 욕망과 기원도 기개와 함께 묶어 넓은 의미의 감정으로 간주한다고 할 수 있다. 그러나 다른 한편 그가 욕망, 기원, 감정을 각각 개념적으로 구별하는 것을 보면 감정은 욕망하고도 다르고 기원하고도 다르다. 그러기에 이처럼 욕망하고도 다르고 기원하고도 다른 세분화된 의미의 감정이 무엇인지 개념적으로 명확히 규정할 필요가 있다. 문제는 아리스토텔레스가 저들 개념을 판명하게 구별하고 있지 않다는 데 있다. 아래에

서는 여러 감정 규정의 공통적 특성이 무엇인지 규명하는 데에 초점을
맞추고자 한다. 이하의 논의는 Ricken 1976, 53-60에 기초한다.

92 *EN* 1128b18.

93 *Rhet.* 1388a36 이하.

94 *DA* 431a13; 432b16-17.

95 *EN* II 5와 *EE* II 2 참조.

96 Ricken 1976, 54.

97 *Rhet.* 1382a24, 28.

98 *Rhet.* 1383b13.

99 *Rhet.* 1383a27.

100 *Rhet.* 1384b4.

101 Ricken 1976, 54.

102 *Rhet.* 1382b12 이하 참조.

103 *Rhet.* 1384b27 이하.

104 Ricken 1976, 55.

105 *Rhet.* 1378a23; *EN* 1115a29에서는 질병이나 죽음 같은 것도 공포의
대상에 포함된다.

106 *Rhet.* 1384a24 이하.

107 *Rhet.* 1387a9.

108 *Rhet.* 1386a17 이하.

109 Ricken 1976, 55.

110 *Rhet.* 1382a21; 1383b13. *Phys.* 247b18; *EN* 1229b18; *Pol.* 1312b29.32
참조.

111 *EN* 1118b18.

112 *Rhet.* 1378a31; *Top.* 151a16-17.

113 *EN* 1111b22.

114 *Rhet.* 1383b15.

115 *EN* 1113b1.

116 *Rhet.* 1381a5-6; *EN* 1099a28, *EE* 1214a6, *Rhet.* 1379a25-26 참조.

117 Ricken 1976, 57.

118 *Rhet.* 1381a6.

119 *EN* 1111b22.

120 Ricken 1976, 57.

121 Ricken 1976, 58.

122 *EN* 1113a23-24; *Rhet.* 1369a3-4.

123 Ricken 1976, 59.

124 *DA* 428a21.

제3장 판단 외적 요인

1 Solomon 1980, Nussbaum 1996과 2001, Neu 2000가 대표적이다. 그 밖에 Bedford 1961, Kenny 1963, Broad 1971, Lyons 1980, Marks 1982, Stocker 1987, Greenspan 1988, Nash 1989, de Sousa 1987, Oakley 1992, Stocker/Hegeman 1996, Griffiths 1997 등 역시 같은 입장으로 묶인다.

2 Solomon 1993, 126.

3 Nussbaum 2004는 '판단' 외에 '현상에 동의하다'라는 표현을 사용하기도 한다(191).

4 Solomon 1977, 47.

5 Nussbaum 2004, 188.

6 *Rhet.* 1378a31-33.

7 *Rhet.* 1382a21-22.

8 *Rhet.* 1385b13-14.

9 *Pol.* 1253a9-10.

10 이하의 논의는 주로 Rapp 2002, II 565-567에 따른다.

11 설사 분출되더라도 분노의 유인의 '크기'에 비례해서 앞서의 사람에게서보다 더 강력하게 분노의 감정이 분출되지는 않는다.

12 이것이 『수사학』에서 다뤄지는 통상적인 경우이다.

13 거꾸로 '정당화되지 않은' 채 감정이 발생하는 경우도 있다. 아래 (II-3)의 사례가 바로 그런 경우이다.

14 *Rhet.* 1380b10-13.

15 우리 주변이라고 다르지 않다. 형제가 다툰다. 한두 번은 눈감아주지만 똑같은 일이 반복되면 가만있을 수 없다. 참고 참던 아버지가 어느 순간 분을 이기지 못하고 형제를 불러 세운다. 잘못의 크기로 따지면 작은 녀석부터 혼내야 하지만 먼저 큰 녀석에게 일장 훈계를 늘어놓는다. 작은 녀석 차례다. 큰 녀석을 붙들고 한참 진을 뺀 뒤라 기운도 없고 기분도 허탈하다. 입에서 나온다는 게 고작 "썻고 가서 밥 먹어라!"다. 안도의 표정이 역력한, 엄한 질책을 모면했다는 쾌감이 만면에 숨길 수 없이 번지는 개구쟁이 둘째에게 먼발치서 지켜보던 엄마가 한마디 던진다. "오늘은 형 때문에 안 혼난 줄 알아!"

16 '함수관계'는 Rapp 2002의 'Kovarianz'(556)를 옮긴 것이다.

17 *Rhet.* 1386b26-29.

18 *Rhet.* 1388a30-36.

19 물론 그 같은 점이 『수사학』에 문자로 표현되어 있지는 않다. 아마도 연설의 청자에게 굳이 말로 하지 않더라도 너무도 자명한 것이기 때문이었을 공산이 크다.

20 *Rhet.* 1387b13-14.

21 공포심의 경우도 그와 크게 다르지 않다. 리켄의 해석에 따르면, 공포심은 근본적으로 자신의 존립 자체에 대한 우려이고 어떻게 하면 고통을 회피할 수 있는가에 대한 우려이다(Ricken 1976, 63-80 참조). 다만 다른 감정들과 다른 점이라면 자연적 경향성이라는 것 정도이다. 그러기에 성격적인 면이 상대적으로 덜 부각될 따름이다. 하지만 자연적 경향성도 경험을 통해 소멸할 수 있다. 고통을 많이 겪다보면 웬만한 고통쯤은 고통 같지도

않듯이 말이다.

22 욕구능력의 형성과정의 다른 한 축은 사려분별이다. 그러기에 감정이 성격에 종속적이라고 해서 그것이 곧 감정의 비인지성을 주장하는 데로 직결되지는 않는다. 덕에 기초한 감정의 경우 성격을 매개로 인지적 요소와의 관련성이 확보되기 때문이다(이와 관련해서는 제2부 윤리학적 감정 참조). 여기서는 다만 판단이 감정 발생의 유일한 요소가 아니라는 점을 부각하는 것일 뿐이다.

23 *MA* 703b36-704a2.

24 *DA* 433a23.

25 Rapp 2002, II 569.

26 그러니까 여느 때와 같은 종류의 행동 옵션이므로 다른 욕구능력이라면 발동하지 않을 수도 있다. 그러나 예의 욕구능력은 특정 방향으로 확고하게 틀이 잡혔기 때문에 같은 유의 행동 옵션이더라도 문제의 사태를 포착해낼 수 있다. 욕구능력의 경향성을 여실히 드러내 보이는 것이다. 그렇게 틀 잡힌 욕구능력만이 해낼 수 있는 일이다.

제4장 감정의 층위

1 감정과 욕망의 물음은 이미 제2장(2.4)에서 다룬 바 있거니와 거기서는 양자의 차이에 초점이 맞춰졌었다. 아래에서는 그와 다른 시각에서 조명한다.

2 그러기에 식물에게도 '영혼'이 깃들어 있다.

3 *DA* 412a20 이하.

4 이상의 능력과 기능이 아리스토텔레스의 『영혼론』 II권과 III권의 주된 논제이다. 한편 이러한 논조는 영혼에 본질적인 기능적 상관성이 있음을 잘 보여준다. 몸을 움직여 이동할 수 있는 동물이 그렇게 운동하기 위해서는 지각기관을 가지고 있어야 한다. 또 어떤 것을 지각할 수 있다는 것은 쾌감을 주는 것과 불쾌감이나 고통을 주는 것을 분별할 수 있다는 것이고,

먹이 같은 것을 욕구할 수 있는 능력, 고통을 주는 것을 피할 수 있는 능력을 발휘할 수 있다는 것이고, 이런 욕구능력이나 회피능력을 발휘한다는 것은 다시금 동물이 몸을 움직여 이동할 수 있는 능력을 가지고 있을 때만 유의미하다(*DA* 434a30 이하 참조). 이런 측면에서 아리스토텔레스의 영혼론은 그 핵심적인 부분에서 심물동일성론에 속하는 현대의 기능주의적 이론과 유사하다. 이와 관련해서는 Patzig 2009 참조.

5 *DA* 412a19.

6 *EN* 1102a27-28.

7 *EN* 1102b28 이하.

8 *EN* 1102b30.

9 *Rhet.* 1370a18 이하.

10 Rapp 2002, II 216.

11 비유하자면 발광체는 아니더라도 반사체 노릇은 할 수 있다는 뜻이다.

12 *EN* 1105a33 참조.

13 *EN* 1139a32.

14 *EE* 1220b13.

15 Ricken 1976, 137; Striker 1996, 289; Rapp 2002, II 571.

16 *Rhet.* 1370a18 이하.

17 Rapp 2002, II 571.

18 *EN* 1113b27-30.

19 *Rhet.* 1370a16-27.

20 Buddensiek 1997 참조.

21 *Pol.* 1253a9-10.

22 *Pol.* 1334b22-25.

23 *Rhet.* 1369a9-11; 1389a2-b12 참조

24 이성능력: *DA* 428a19-24, *EE* 1224a27, *Pol.* 1332b5, *EN* 1098a3-4; 숙고능력: *DA* 433a12; 사고능력: *PA* 641b7; 정신능력: *DA* 404b4-6; 의견형성능력: *DA* 428a19-24, *Mem.* 450a16.

25 '점진론'은 Sorabji 1993의 용어이다.

26 Sorabji 1993, 12-16.

27 *EN* 1116b32-34; *PA* 650b27 이하, 667a7, 692a23도 참조.

28 Sorabji 1993.

29 Rapp 2002, II 573.

30 *Met.* I 1.

31 *DA* 428a11.

32 *Theaet.* 185b 이하.

33 *DA* 418a17-18; 425a16; *Sens.* 442b5.

34 *DA* 418a21-23; 425a25-27.

35 이런 지각의 해석과 관련해서는 Cashdollar 1973 참조.

36 Sorabji 1993, 12 이하.

37 *EN* 1118a18-23.

38 *DA* 428b3-4.

39 동물이 감정을 느낄 수 있다면 어린아이의 경우는 두말할 필요도 없다.

보론 쾌락과 고통: 생명보전과 그 너머의 좋음

1 쾌락의 물음과 관련해서는 *EN* VII 11-14; X 1-5 참조; 아울러 III 10-12 도 참조.

2 *EN* 1117b28 이하.

3 *EN* 1118a1 이하; *EE* 1230b25 이하.

4 *EN* 1118a23 이하; *EE* 1230b37 이하.

5 *EN* 1118a16 이하; *EE* 1231a6 이하.

6 *Sens.* I, 436b10-437a10.

7 434b10 이하.

8 한 명제가 '분석적'이라 함은 그 명제의 진위가 그 명제를 구성하는 명사

들(terms)의 의미에 달렸다는 뜻이다. 그것은 '종합적'에 대립하는 개념인 바, '종합적'은 해당 명제의 진위가 그 명제가 언표하는 대상세계의 사실(여부)에 종속적이라는 뜻이다. '임신부는 여성이다'가 전자의 예이고 '임신부는 갑부이다'가 후자의 예이다.

9 아리스토텔레스에 따르면 식물의 경우 지각하고 사고하고 스스로 움직이는 등의 '영적' 능력은 없다. 그렇더라도 그것은 살아 있는 생물, 즉 '영혼'이 깃들어 있는 생명체로 간주된다. 스스로 양분을 섭취하고 또 그럼으로써 뿌리를 내리고 가지를 뻗는 등 성장할 수 있는 능력이 있기 때문이다 (*DA* 414a32-33). 한편 흔히 '동물'로 번역되는 '조온'(*zōon*)은 인간까지 포괄하는 넓은 의미의 동물을 지칭한다. 인간을 제외한 날짐승과 들짐승 등만 지칭하는 좁은 의미의 동물을 위한 별도의 표현은 없다. 언어적 표현상 그러하지만 그렇다고 해서 아리스토텔레스가 인간과 (좁은 의미의) 동물을 구별하지 않는 것은 아니다. 사안상으로는 아주 명확하게 양자를 구별한다.

10 *DA* 416b18; 412a15-16.

11 *DA* 415a29.

12 *DA* 415a26 이하, b6-7 등.

13 *Sens.* 436b10 이하; *DA* 415b1-2.

14 Ricken 1976, 37 참조.

15 *EN* 1098a5-6.

16 *DA* 412a14; 415a25-26; 416b23 이하.

17 *DA* 434b2.

18 *DA* 731a24 이하.

19 *MA* 700a26 이하; *Phys.* 260a26 이하, b29 이하.

20 *DA* 432b16-17.

21 *DA* 433b11-12, 28-29.

22 Ricken 1976, 38.

23 Bonitz, *Index* 272b49 이하. 동물에게는 이성이 없는 반면, 욕구(오렉시

스) 가운데서 욕망(에피튀미아)을 제외한 나머지 둘, 기개(튀모스)와 기원(불레시스)에는 이성이 전제된다(*DA* 414b2; *EN* 1149a25 이하; *DA* 433a24).

24 *DA* 415b1 이하.

25 *DA* 423a16-17. 427a18-19 참조.

26 *DA* 429a1-2. 표상은 지각에 종속적이다. 그리고 지각능력은 다섯 가지가 전부다. 『영혼론』 III권 1장에 따르면 다섯 가지 외에 제6의 감각 같은 것은 없다(*DA* 424b22 이하). 그러기에 우리가 다루고 있는 쾌감과 관련해서 보면 육체적 쾌락과 육체적 고통을 느끼는 별도의 감각 같은 것은 없는 것이다.

27 *DA* 433b11-12, 28-29. 여기서 말하는 감각적 표상이란 ① 감각에 나타난다는 의미의 현상과 ② 그 같은 감각적 현상에 종속적인 (좁은 의미의) 표상을 아우르는 (넓은) 의미의 표상이다. '감각적 현상'의 내용과 좁은 의미의 표상의 내용은 다섯 가지 감각(과 공통감각)이 지각하는 대상의 범위를 벗어나지 않는다.

28 *EN* 1176a7-8 참조.

29 *DA* 413b23-24; 414b4-5; 454b29 이하.

30 *DA* 415b1 이하; *Pol.* 1252a29-30.

31 *DA* 415a29-b1; *Pol.* 1252a29.

32 인간의 '좋음'은 '인간을 인간이게 하는 어떤 것', '그것 때문에 인간이 인간이게 되는 어떤 것'과 다르지 않다.

33 Ricken 1976, 45 이하의 분석 참조.

34 *DA* 422b2-3; *Phys.* II 5도 참조.

35 *Phys.* 200b31-32; *Phys.* III 3.

36 *DA* 422b8-9; *EN* 1113a28-29; 1176a12 이하.

37 *Sens.* 442a2; *GA* 776a28-29.

38 *EN* 1147a32-33.

39 *Phys.* 198b23; 199a10-11, 33 이하, b18.

40 *DA* 422b8-9; *EN* 1113a28; 1148b15 이하; 1152b31 이하; 1154b15 이
하; 1173b22 이하; 1176a13-14; *EE* 1235b35 이하.

41 *MA* 700b29; *EE* 1235b26-27.

42 Ricken 1976, 47.

43 *Met.* 980b28 이하 참조.

44 *Met.* 981a29-30 참조.

45 *DA* 433b7 이하; *EE* 1238a25-26도 참조.

46 *Rhet.* 1383b12-14.

47 Ricken 1976, 77.

48 *EN* 1123b35-36; 1124a25; 1163b3-4.

49 앞서 인간의 경우는 가상을 맞닥뜨리더라도 이성 덕분에 그것이 가상임
을 인식할 수 있다고 말한 바 있다. 여기서 묻는 것은 그렇게 가상을 가
상으로 분별할 수 있기까지의 과정이다.

제2부 윤리학적 감정

제5장 무엇이 왜 좋은가

1 *EN* 1096a23 이하. '*on*'은 흔히 '존재(자)'로 번역된다.

2 *Met.* 1003a33 참조.

3 Wolf 2002, 37.

4 영어의 'good'과 'well'에 조응한다.

5 Ricken 1976, 21.

6 *EN* 1094a1-3.

7 *EN* 1094a3.

8 *EN* 1094a4; 1097a21.

9   *EN* 1094a9-18.

10 *EN* 1094a18 이하; 1098a16.

11 *EE* 1215b18.

12 그런 의미를 위해서는 '에우튀키아'라는 표현이 따로 준비되어 있다. 운수대통을 속되게 표현하면 '대박'이 될 것이다.

13 *Gorg.* 491e; 500c; *Rep.* 352d 등.

14 *EN* I 4; *EE* I 8 참조.

15 *EN* 1096b32 이하.

16 *EN* 1097a30-b6.

17 *EN* 1097a30.

18 *EN* 1097b6-20.

19 *EE* 1215b18.

20 *EN* 1097b25-28.

21 제2장(2.4) 참조.

22 *EN* 1102a32-b12.

23 *EN* 1102a32-b12.

24 *EN* 1102b13-1103a1.

25 *EN* 1103a2.

26 세분하면 ① 자체적으로 이성적인 것(*kata logon*)과 ② 이성과 소통이 가능하다(*mē aneu logou*)는 의미에서 이성적인 것으로 나눌 수 있으나 이 절에서는 편의상 개괄하여 '이성능력'이라 통칭한다.

27 *EN* 1098a7 이하. 이런 의미의 좋음은 서두에서 나누었던 좋음의 세 가지 의미 중 두 번째 의미의 좋음에 해당한다.

28 이하의 논의는 큰 틀에서 Ricken 1976, 29-33에 기초한다.

29 *Phys.* 200b5 이하; *PA* 642a9 이하 참조.

30 *Phys.* 200b5-6 참조.

31 여기서 말하는 '아레테'는 특정의 사물이 '좋은' 것일 수 있도록 모종의 방식으로 확고하게 틀 잡혀 있음, 즉 '잘 벼려져 있음'을 지칭한다. '절대

로 불변적'이지는 않지만 확고하게 틀이 잡혀 있는 상태 내지 성향(헥시스)이므로 웬만해서는 변하지 않는다. 안정성의 근거이다.

32 이 '좋음'이 여타의 사물의 '목표'에 상응하는 것이다.

33 그와 반대로 인간의 행동과 관련하여 '나쁜' 혹은 '악한' 쪽으로 나아가도록 틀지어져 있는 헥시스는 카키아라고 부른다. 헥시스란 틀이 잡혀 있음을 뜻하는데 달리 말하면 그에 따른 행동이 일정한 패턴을 보인다는 뜻이다.

34 *EN* 1102b16 이하.

35 동물은 쾌락이 곧 좋음이다. 그러나 그것이 정말 좋은 것인가는 다른 관찰자, 즉 인간에 의해 알려진다. 그에 반해 인간의 경우 이성이 관찰자이다. 물론 프로네시스, 즉 사려분별이 문제의 이성이다. 이 같은 사려분별을 보존하고 있는 것이 윤리적 아레테, 덕성이다. 덕이 없으면 좋음의 물음과 관련하여 기만, 속임, 착각 등이 있을 수 있으나 덕이 갖춰지면 기만의 가능성이 제거된다.

36 *EN* 1102b27-28; 1104b24 이하; 1106b18 이하; 1151b34 이하.

37 *EE* 1220a39-b3; *Pol.* 1332b1 이하.

38 이하에서는 인간의 아레테를 '덕성'이라고 옮긴다.

39 *EN* 1139b12.

40 *EN* 1139b13.

41 *EN* 1103a5.

42 *EN* 1141a19-20, b1, 3; 1177a12 이하.

43 *EN* 1177a13.

44 이 책에서는 그것이 윤리적인 것이든 오성적인 것이든 아레테의 정도로만 '좋다', 고 하는 정립을 수립하는 것으로 만족한다. 감정의 물음이 우리의 관심사이므로 감정과 직결된 윤리적 '덕성'에만 논의의 초점을 맞춘다. 윤리적 '덕성'과 오성적 '순도'의 조화 가능성과 관련한 최근의 역작으로는 Lear 2004를 꼽을 수 있다.

45 *EN* 1096b10 이하; 1098b13 이하; *Pol.* 1323a24 이하.

46 외재적인 것이기에 이 역시 감정의 물음과 직접적인 연관성이 없다. 그러기에 더 이상 논하지 않는다.

제6장 덕성과 감정

1 *EN* 1105b20. 덕성과 감정

2 *EN* 1105b28-1106a6.

3 *EN* 1106a1.

4 *EN* 1106a6-10.

5 그리고 악덕은 비난의 대상이 된다.

6 *EN* 1105b25 이하.

7 *EN* 1106b36. 여기서 말하는 성격은 악덕이 아니라 (미)덕이라는 의미의 성격이다. 오해의 소지를 없애려면 '좋은' 성격이라고 하는 편이 낫다. 나쁜 쪽으로 굳어진 성향—악덕—도 있기 때문이다. 그러나 이하에서 성격이라고 하면 달리 특정하지 않는 한 그것은 덕이라는 의미의 성격을 의미한다.

8 비유컨대 특정 질병의 보균자가 있다. 특정 질병에 감염된 것이다. 그렇더라도 일상생활을 영위하는 데에 아무런 문제가 없는 경우가 많다. 보균자이지만 문제의 병균이 불활성의 상태에 있기 때문이다. 역의 경우이지만 덕/헥시스의 경우도 마찬가지이다. 단지 특정 성향/기질만 띠고 있을 뿐 그것이 활성화되지 않는다면 그것은 '거의' 죽은 것이다. 죽은 것, 그러니까 덕이 없는 것이나 마찬가지라는 뜻이다.

9 *EN* 1105b26. 그 밖에도 1104b14, 1106b17, 1106b25, 1107a9 참조.

10 *EN* 1105b26-28.

11 *EN* 1106a4.

12 Kosman 1980, 104 참조.

13 감정 역시 마냥 수동적이기만 한 것은 아니다. 감정 역시 능동적으로 무엇인가를 행하는 것이기도 하다.

14 *Rhet.* 1370a7; *Mem.* 452a27.

15 *EN* 1106a26-b16.

16 *EN* 1106b16 이하.

17 악덕의 경우도 다르지 않다.

18 *EN* 1104a11 이하.

19 *EN* 1107a6-8.

20 이하의 논의는 대체로 Jimenez 2011의 분석(56-83)에 기초한다.

21 *EN* III 8, 1117a22-28.

22 Xenophon, *Hellenica* 4.4.10.

23 *EN* 1111a4.

24 *EN* 1115b10-24.

25 *EN* III 8, 1117a9-17.

26 *EN* 1123a34-b8.

27 Jimenez 2011, 60.

28 *EN* III 8, 1116b23-1117a9.

29 *EN* 1149a25-27. 그러나 여기서 주의할 점은 이상에서 언급한 이성과
무관하다는 튀모스의 특징은 튀모스 일반의 특징이 아니라는 것이다. 튀
모스, 그러니까 기개 중에서도 '이성(의 말)을 청종하는' 경우가 있다. 이
점과 관련해서는 앞서 감정의 인지적 특성을 논하면서 언급한 바 있다
(제2장 2.4 참조).

30 Burnyeat 1980 참조.

31 *EN* III 8, 1116b2-23.

32 *EN* II 1-4 참조.

33 *EN* 1105b2.

34 *EN* 1105b2-3.

35 아리스토텔레스에 따르면 "오성으로 사고하는 것만으로는 티끌 하나도
못 움직인다"(*EN* VI 2, 1139a32).

36 *EN* III 8, 1116a28-b3.

37 *EN* 1116a17.

38 그러나 양자가 어떻게 연결되는지는 불분명하다. 이 물음과 관련해서는
Jimenez 2011 참조.

39 *EN* III 8, 1116a27-29.

40 *EN* 1116b2-3.

41 *EN* 1116b19-20.

42 *EN* III 8, 1116a17-19.

43 *EN* 1105a30 이하 참조.

44 *EN* 1103a32-b2.

45 *EN* II 4, 1105a26-b2.

46 *EE* 1222a3.

47 *EE* 1228b27 이하.

48 *EN* 1115b7 이하.

49 *EN* 1117b7 이하.

50 *EN* 1115b11-13.

51 Wolf 2002, 83. 아리스토텔레스가 말하는 좋은 삶, 에우다이모니아는 최
고로 좋은 것, 최고로 고상한 것(*kalliston*), 최고로 쾌락적인 삶이다(*EN*
1099a24). 그 같은 삶은 활성태가 부단히 지속되는 삶이다. 문제의 좋은
삶이 가장 고상하고 가장 쾌락적이라는 것은 고상함이 있어야 비로소 최
고도의 쾌락도 있을 수 있다는 뜻이다. 활동을 하되 그 어떤 방해도 받는
일 없이 지속적으로 할 뿐만 아니라 쾌락적이고 단적인 의미에서 바랄
만한 것이기까지 한 것이 좋은 삶이다. 이 같은 삶을 유발하는 것이 다름
아닌 고상함이다. 고상함이 모든 덕의 최종 목표이다.

52 *DA* 433a4-7.

53 *DA* III 10, 433a22-23.

54 *EN* 1139a32-33. "오성으로 사고하는 것만으로는 티끌 하나도 못 움직인
다." 감정(과 욕구)이 배제된 사고는 비유하자면 (다른 배가 끌어주지 않
으면 스스로 움직일 수 없는 새우 잡이용) '멍텅구리 배'와 같다.

55 *EN* 1139a23.

56 *EN* 1139a23-26.

제3부 수사학적 감정

제7장 설득의 논증적 요소와 논증 외적 요소

1 감정 외의 다른 한 축은 사려분별이다.

2 *Rhet.* 1354a1.

3 *Rhet.* 1355b25-26.

4 *Rhet.* 1355a5-6.

5 아무리 적게 잡더라도 외관상 그렇게 도출되는 것 같다.

6 *Rhet.* 1356a30-31.

7 *Rhet.* 1354a14-16.

8 *Gorg.* 465d-e.

9 *Rhet.* 1357a24.

10 *Rhet.* 1357a3-4.

11 *Rhet.* 1355a27.

12 *Rhet.* 1354a11 이하.

13 *Rhet.* 1354a24-25.

14 *Rhet.* 1354b11.

15 *Rhet.* 1355a5-6.

16 *Rhet.* 1356a16-17.

17 *Rhet.* 1356a14-16.

18 *Rhet.* 1377b21-22.

19 *Rhet.* 1377b24.

20 *Rhet.* I 2, 1356a1-4.

21 Rapp 2012, 603.

22 *Rhet.* 1356b28 이하.

23 합리성의 이 같은 이해는 금융거래의 신용과 유사하다. 금융거래의 생명
은 상호간의 믿음이다. 여신, 수신, 보증, 담보 등 모든 게 믿음과 신빙성

의 문제이다. 신용카드의 사용으로 대표되는 신용사회에서 신용카드의 사용은 보편화되어 있다. 상품 구매는 물론 세금 납부, 심지어 경조사에 축의금과 부의를 전달하는 데까지 안 쓰이는 데가 없다. 카드 한 장을 이처럼 '만능 키'처럼 사용할 수 있는 것은 바로 카드에 믿음이 담겨 있기 때문이다. '카드 사용자–상품 판매자–카드회사–은행'으로 이어지는 여신/수신의 일관성이 없다면 신용카드를 통한 금융거래는 이루어질 수 없다. 합리성의 물음도 그와 같은 식으로 이해할 수 있다. 이쪽에서든 저쪽에서든 관건은 일관성이 유지되고 있느냐이다. 이 같은 식의 합리성 이해와 관련해서는 Rapp 2012, 600-601 참조.

24 아크라시아의 물음과 관련해서는 『니윤』 VII권 1-11장 참조. 『프로타고라스』의 소크라테스는 덕이 있다면 부덕한 짓을 하지 않을 것이기에 원칙적으로 아크라시아의 성립 가능성을 부정한다. 꼭 그 때문이라고만 할 수는 없지만 어쨌든 그의 경우 감정이 비집고 들어갈 틈이 없는 데는 저 같은 사정도 한 몫을 한다.

25 세 가지 기술적 설득수단은 이미 앞 절(7.2)에서 논급한 바 있다. 이것은 II권 1장에 나오는 다른 버전이다.

26 *Rhet.* 1377b21-24.

27 *Rhet.* 1378a6-15.

28 *Rhet.* 1356a7.

29 실상을 알고 보면 별거 중이거나 별거에 준하는 생활을 하는 경우도 종종 있다.

30 *Apol.* 34c.

31 *Rhet.* 1354a24-26, 1354b33-1355a1.

32 *Rhet.* 1354a11-21.

33 *EN* 1179b4-10.

34 *Rhet.* 1377b31-1378a3.

35 태도 결정의 준거가 사안이 아니라 개인적 유불리이다.

36 *Insomn.* 3. 460b4-16.

37 *DA* 403a19-22.

38 '개 눈에는 똥만 보이고 부처님 눈에는 부처님만 보인다.'

39 Rapp 2012, 608.

40 그럼으로써 그들이 문제의 결론을 도출하는 걸 가로막을 수 있다.

41 *Rhet.* 1356a15-16과 1377b31-1378a6 참조.

42 Rapp 2007, 158.

제8장 설득과 감정

1 이하의 논의는 큰 틀에서 Rapp 2002, II 575-583과 한석환 2015, 제10
   장에 기초한다.

2 *DA* 431a8-10.

3 *EN* 1104b9-11.

4 *Rhet.* 1355a1.

5 *Rhet.* 1377b31-1378a6.

6 Rapp 2002, II 577의 표현: 'Einfärbung'.

7 그렇다고 해서 객관적으로 'F'로 기술되는 사안인데 그것을 F가 아닌 것
   으로, 그러니까 완전히 뒤집어, 정반대로 판단하는 데까지 밀고나가는 것
   이 감정의 영향이라는 의미는 아니다. 이와 관련해서는 Rapp 2002, II
   578 참조.

8 *Rhet.* 1377b21 이하.

9 *Rhet.* 1377b24.

10 Rapp 2002, II 578 참조.

11 Rapp 2002, II 579.

12 *Rhet.* 1388a26-29.

13 Rapp 2002, II 579.

14 *Rhet.* 1356a8.

15 *Rhet.* 1384b32-35.

16 각 감정의 정의와 관련해서는 제2장(2.1) 참조

17 *Rhet.* 1378a20-22.

18 '쾌락과 고통'의 묶음으로 규정되는 분노 같은 특수한 경우도 있다. 이와 관련해서는 제2장(2.3) 참조.

19 이와 관련해서는 제1장(1.3) 참조.

20 *Rhet.* 1381a3-8.

21 *Rhet.* 1380a2-4.

22 *Rhet.* 1380b30-33.

23 세 가지 참고지표와 관련해서는 제2장(2.1) 참조.

24 *Rhet.* 1378a28-30.

25 Rapp 2002, II 542.

26 Rapp 2002, II 298.

27 *Rhet.* 1385a30-34.

28 함수관계와 관련해서는 제3장(3.2) 참조.

29 감정의 신체 연계성과 관련해서는 제1장(1.4) 참조.

30 *Rhet.* 1380b10-13.

31 *Rhet.* 1387b17-20.

32 위 8.4의 ①의 경우 참조.

33 *Rhet.* 1380a32-33.

34 *Rhet.* 1389b29-32.

35 Rapp 2002, II 694.

36 "슬퍼도 이젠 눈물도 안 나와! 눈물도 말랐나봐." "이젠 화도 안 나." 노인들의 넋두리다.

37 『수사학』에서 아리스토텔레스가 감정 물음을 체계적으로 다루지 않은 것은 '널리 인정받는 의견─통념─을 통해 접근하는 수사학의 변증법적 성격 때문이었을 수 있다.

제4부 비극적 감정

제9장 공적연설과 비극의 공통분모

1 Stanford 1983 참조.

2 *Pol.* VII 7, 1342b3.

3 *Rep.* III, 399d3-6.

4 *Rhet.* III.1, 1403b26-30.

5 *Rhet.* III.2, 1404b21-24.

6 *Rhet.* II.8, 1386a33.

7 *Rhet.* 1408a23-24.

8 *Rhet.* 1408a16-19.

9 극의 효과를 높이기 위해 동원되는 엑스트라나 그 밖의 장관.

10 오늘날 연극이론에서 널리 쓰이는 '무대장치'(*mise en scène*)라는 표현은 '오프시스'에서 유래한다.

11 *Poet.* 1450b16-18.

12 *Poet.* 1453b1-11.

13 *Rhet.* 1386b1-4.

14 XXII, 77-80.

15 *Poet.* 1447a27-28. 이상에서 언급한 '무대공연'(오프시스)의 시각적 요소는 관람객의 감정을 유발하는 데 크게 기여하는 것이지만, 아리스토텔레스에 따르면, 그것은 시작술을 발휘해야 하는 사안은 아니다. 엄밀한 의미에서 시작술에 속하는 물음이 아니라는 뜻이다. 왜냐하면 비극은 경연(競演)에 나가야만, 배우의 연기를 통해서만 효과를 낼 수 있는 것이 아니기 때문이다. 아리스토텔레스에 따르면 무대공연의 경우 가면을 제작하는 기술이나 무대를 디자인하는 기술이 시작술보다 더 중요하다(1450b16-20). 이 같은 이해에 따르면 '무대공연'은 아리스토텔레스가 『수사학』에서 말하는 '몰기술적 설득수단'에 대응하는 것으로 보인다. 그가 말하는 몰기술적

설득수단이란 법률조항, 증인, 계약문건, 고문을 통해 받아낸 자백, 배심원의 선서 등을 가리키는 것으로서, 『시학』의 '무대공연이 그러하듯, 기술적으로, 그러니까 수사학적으로 마련된 설득수단이 아니기 때문이다. 기술이전에, 바꿔 말해서 수사술과 무관하게 마련된 것으로서 그냥 가져다 쓰기만 하면 되는 것이기 때문이다.

16 Stanford 1983, Konstan 2006 참조.

17 *Rhet.* II 2, 1378a30-b4. 제2장(2.3) 참조.

18 *Medeia* 1078-1080.

19 *Poet.* 1450a15.

20 *Poet.* 1456a34-b2.

21 Schmitt 2008에 따라 '디아노이아'를 '논증'이라 옮긴다.

22 제8장(8.3) 참조.

23 여기서 한걸음 더 나아가 어째서 문제의 사태가 분노하게 하는지 그 자초지종을 낱낱이 보여줄 필요까지는 없다. 그렇게 한다면 그것은 청중더러 어떤 한 감정을 느끼라고 '구슬리는' 게 되기 때문이다.

24 Rapp 2002, II 299.

25 *Poet.* 1456a34-35.

26 *Poet.* 19, 1456b2-4.

27 여기서 '*idea*'는 Rapp 2007, 161에 따라 '절차'로 옮긴다.

28 *Poet.* 1456b4-7.

29 연설을 통해서이긴 하지만 어떤 면에서는, 그러니까 상대적인 의미에서 노골적, 직접적이라고 할 수도 있다.

30 *Poet.* 1453b4-6.

31 이야기 구성론과 성격론과 관련해서는 『시학』 7장-15장 참조.

32 Rapp 2007, 162.

제10장 비극과 감정

1 *Poet.* 1449b24-28.

2 *Poet.* 1449a32-34.

3 *Poet.* 1449b13-14.

4 *Poet.* 1449b28-31.

5 *Poet.* 1448a20-24.

6 *Poet.* 1449b31 참조.

7 그 밖에도 유해물질에 중독된 몸에 약물을 투여함으로써 독성물질을 제거하거나 죄인이 모종의 속죄의식을 통해 지은 죄를 용서받는 것 등이 그런 예이다.

8 정화 개념의 해석상의 여러 물음과 관련해서는 Halliwell 1986, Appendix 5; Luserke 1991; Kappl 2006, 266-311 참조. 소유격의 물음과 관련해서는 Vöhler 2011과 Rapp 2007 참조.

9 Rapp 2009, 90.

10 *Encomium* 9.

11 Rapp 2015, 446.

12 *Rhet.* 1382a21-22.

13 *Rhet.* 1382a23.

14 *Rhet.* 1382a10.

15 *Rhet.* 1386a 이하.

16 *EN* 1115a26.

17 이하의 공포 분석은 주로 Ricken 1976, 64-65에 따름. Konstan 2006, 6장도 참조.

18 육체적 고통에서도 주된 관심사는 원래의 상태가 손상 당하지 않은 채 유지·보전되는 것이다.

19 *EN* 1117a23; *EE* 1229a16; *Rhet.* 1383a28.

20 *Rhet.* 1382a22.

21 *Rhet.* 1382a25.

22 *Rhet.* 1383a19.

23 *DA* 433b7.

24 *Rhet.* 1382b30 이하.

25 *Rhet.* II 8, 1385b13-16.

26 *Poet.* 1453a3-4.

27 이하의 연민의 분석은 주로 Ricken 1976, 66-67에 따름. Konstan 2006, 10장도 참조.

28 Rapp 2015, 447.

29 *Rhet.* 1385b24 이하, 1386a2, 1390a20.

30 *Rhet.* 1385b29 이하, 1385b19 이하.

31 *Rhet.* 1386a29 이하, 1382a24.

32 *Poet.* 1453a4 이하.

33 옳고 그름의 물음은 인간들 사이에서나 가능한 물음이다. 인간으로서 어찌해볼 수 없는, 인간의 힘을 넘어서는 운명을 상대로 옳고 그름을 따질 수는 없는 노릇이다.

34 *Rhet.* 1383a10-12.

35 *Poet.* 1453a5-6.

36 감정의 개별화와 관련해서는 제2장(2.1) 참조.

37 *Rhet.* II 2, 1378a31-33.

38 *Poet.* 1453a3-4.

39 *Rhet.* 1383a10-12.

40 *Poet.* 11453a5-6.

41 함수관계와 관련해서는 제3장(3.2) 참조.

42 *Rhet.* 1378a24-28.

43 일례로 그가 깔보는 듯이 행동을 하였기 때문이다.

44 일례로 그 같은 행태는 그가 애당초 해서는 안 되기 때문이다.

45 비극의 등장인물 역시 어떤 의미에서는 말을 한다. 하지만 그들이 하는

것은 연기지 논증이 아니다. 그들은 문제의 사건/행동을 모방하고 있는 것이다.

46 *Poet.* 1456b4-8.

47 *Poet.* 1453b3-6.

48 그렇게 되도록 행동이 잘 구성되어야 하기에 뮈토스, 즉 이야기 구성이 무엇보다도 중요하다. 이 물음을 아리스토텔레스는 『시학』 13장과 14장 에서 상론한다.

49 이와 관련해서는 제9장(9.2와 9.3) 참조.

50 *Poet.* 1450a15, 1450b22-23.

51 *Poet.* 1452b32-33.

52 그러나 여기서 유의할 것은 인지적이라는 말이 이성적이라는 의미로 받 아들여져서는 안 된다. 왜냐하면 위험천만한 좋지 못한 일이 일어나려 한다고 판단하지만 근거가 빈약한 경우도 얼마든지 있기 때문이다.

53 아리스토텔레스가 이 같은 입장을 취할 수 있는 근거는 그가 감정을 지향 적이라고 보는 데 있다. 우리는 우리의 감정상태를 통해 특정의 외적 대 상을 머릿속에 그리고 있다는 뜻이다. 나아가 아리스토텔레스는 '그 같은 대상이 주어졌다는 데에 우리의 생각이 미치게 되면, 바꿔 말해서 그런 의견을 갖게 되면 우리는 해당 감정을 느낀다'고 이해한다. 이것이 그의 감정론의 토대를 이루는 기본상정이다.

54 *Poet.* 11, 1452a38-1452b1; 13, 1452b33 참조.

55 *Poet.* 1453b10-14.

56 *Poet.* 1453b12.

57 Rapp 2009, 97; 쾌락복원이론과 관련해서는 한석환 2017c 참조. 고생 끝에 즐거움이 온다는 '고진감래'의 쾌락관 역시 그와 크게 다르지 않다.

58 *Phileb.* 31c.

59 *Phileb.* 32b.

60 *Phileb.* 53c.

61 『국가』 585e에 따르더라도 쾌락은 '운동'의 일종이다.

62 *Rhet.* 1369b33-35.

63 이것은 비극을 특징짓는 (비극적 쾌락과 동일한) 파급효과이다.

64 음악의 교육적 역할과 관련해서는 Sherman 1982, 4장 참조.

65 *Pol.* 1342a10-11.

66 *Pol.* 1342a11-16.

67 Rapp 2009, 98.

68 비극적 쾌락의 물음과 관련해서는 Belfiore 1992와 Heath 2001 참조.

69 이하의 논의는 큰 틀에서 Rapp 2009, 99-103에 기초한다.

70 아닌 게 아니라 아리스토텔레스의 비극론과 윤리학 간에는 연결고리가 많다. 『시학』에서 비극을 인간 행동의 모방(작품)이라고 하는데 인간 행동은 윤리적 결단의 문제에 속한다. 『시학』은 비극의 주인공의 성격의 역할을 강조하는데 좋은 성격, 덕 있는 성격의 개발은 아리스토텔레스 윤리학의 궁극 목표인 것 같다. 비극을 결정짓는 파급효과는 감정적 효과인데 아리스토텔레스의 윤리학에서 한 인물의 성격이 좋고 덕 있는 것인지 아니면 사악한 것인지를 드러내 보여주는 것은 다름 아닌 그 인물의 감정이다.

71 이러한 해석 모델을 따르는 다양한 변형들 가운데 파급효과가 큰 대표적인 것은 계몽주의 시대에 활동했던 레싱(Gotthold Ephraim Lessing)의 해석이다. 그에 따르면 감정의 유해한 극단이 정화됨으로써 감정은 유덕한 능력으로 변모한다. 이와 관련해서는 Lessing [1767] 1954 참조.

72 Rapp 2015, 449.

73 Bernays [1857] 1979 참조. 그는 지그문트 프로이트(1856-1939)의 처삼촌이다.

74 *Pol.* 1342a8-11.

75 감정의 신체 연계성과 관련해서는 제1장(1.4) 참조.

76 Rapp 2015, 450 참조.

77 그런 의미에서 비극적 쾌락은 '무해하다.' '미적' 쾌락은 Rapp 2015의 표현: 'aesthetic'.

78 Rapp 2015, 450.

79 *Poet.* 1453b10-14.

참고문헌

한석환 2015: 『아리스토텔레스 수사학 연구』. 파주.

한석환 2017a: "감정의 지향성과 표상성: 아리스토텔레스 『수사학』 II 1-11
의 감정 규정." 『철학』 131. 21-46.

한석환 2017b: "아리스토텔레스 『수사학』 II 2장의 분노 규정과 그에 반영
된 그의 감정 이해." 『수사학』 29. 299-321.

한석환 2017c: "쾌락복원이론과 그 수사학적 적합성: 아리스토텔레스 『수
사학』 I 11장의 쾌락 정의." 『철학연구』 118. 1-24.

한석환 2018: "아리스토텔레스 영혼 정의의 몇 가지 문제." 숭실대학교 인
문과학연구소(편), 『인문학연구』 47. 141-175.

Andersen, Ø./Haarberg, J. 2001: *Making Sense of Aristotle. Essays in Poetics.* London.

Bedford, E. 1961: "Pleasure and Belief." *Proceedings of the Aristotelian Society.* supplementary volume 33. 73-92.

Bekker, I. 1831: *Aristotelis Opera*, 2 Bde. Reprint Berlin 1970.

Belfiore, Elizabeth S. 1992: *Tragic Pleasures.* Princeton.

Bernays, J. 1979: "Aristotle on the Effect of Tragedy." In *Articles on Aristotle*, edited by J. Barnes, M. Schofield, and R. Sorabji, 154-165. London. Vol. 4. Psychology and Aesthetic. (Originally in *Abhandlungen der historisch-philosophischen Gesellschaft in Breslau*, vol. 1, 1857: 135-202).

Boniz, H. 1870: *Index Aristotelicus. In Aristotelis Opera.* Bd. V. Nachdruck Berlin: 1961.

Broad, C. D. 1954: "Emotions and Sentiment," In *Broad's Critical Essays in Moral Philosophy*, edited by David R. Cheney. London 1971.

Buddensiek, F. 1997: "Pathē". In *Die Tugend ist ein Werkzeug des Intellekts. Untersuchung zur Konzeption der 'eudaimonia' in Aristoteles' Eudemischer Ethik*. Dissertation. Erlangen/Nürnberg.

Buddensiek, F. 1999: *Die Theorie des Glücks in Aristoteles' Eudemischer Ethik*. Göttingen.

Burnet, J. 1900-1905: *Platonis Opera*. 5 vols., Oxford.

Burnyeat, Myles F. 1980: "Aristotle on Learning to be Good." In A. O. Rorty. 69-92.

Cashdollar, S. 1973: "Aristotle's Account of Incidental Perception." *Phronesis* 18. 156-175.

Cicero: *Tusculanae Disputationes*. Recognovit M. Pohlenz. Stuttgart 1965.

Conley, T. 1982: "*Pathē and Pisteis*. Aristotle Rhet. II 2-11." Hermes 110. 300-315.

Cooper, J. 1996: "An Aristotelian Theory of the Emotions." In A. O. Rorty. 238-57.

de Sousa, R. 1987: *The Rationality of Emotion*. Cambridge.

Destrée, P./Murray, P. 2015: *A Companion to Ancient Aesthetics*. Chichester.

Donaldi, F. 2016: *Gorgias, Helenae encomium*. Stuttgart.

Dorandi, T. 2013: *Diogenes Laertius: Lives of Eminent Philosophers*. Cambridge.

Dow, J. 2011: "Aristotle's Theory of the Emotions: Emotions as Pleasures and Pains." In M. Pakaluk/G. Pearson. 47-74.

Fortenbaugh, William W. 1969: "Aristotle: Emotion and Moral Virtue." *Arethusa* 2. 163-185.

Fortenbaugh, William W. 2002: *Aristotle on Emotion*. 2nd edition.

London.

Fortenbaugh, William W. 2006: *Aristotle's Practical Side on His Psychology, Ethics, Politics and Rhetoric.* Leiden.

Frede, D./Reis, B. 2009: *Body and Soul in Ancient Philosophy*, Berlin.

Furley, D. J./Nehamas, A. 1994: *Aristotle's Rhetoric. Philosophical Essays.* Princeton.

Greenspan, P. 1988: *Emotions and Reasons: an Inquiry into Emotional Justification.* New York.

Griffiths, P. 1997: *What Emotions Really Are: The Problem of Psychological Categories.* Chicago.

Grimaldi, William M. A. 1988: *Aristotle, Rhetoric II: A Commentary.* New York.

Halliwell, S. 1986: *Aristotle's Poetics.* London.

Harris, W. V. 1997: "Saving the *phainomena* : A Note on Aristotle's Definition of Anger." *Classical Quarterly* 47. 452-454.

Heath, M. 2001: "Aristotle and the Pleasures of Tragedy." In Ø. Andersen/J. Haarberg. 7-24.

Homer: *Ilias.* Übersetzt von Johann Heinrich Voß. München: ³2004.

Höffe, O. 2009: *Aristoteles. Poetik.* Berlin.

Jimenez, M. 2011: *The Values of Shame: Aristotle on the Positive Role of Shame in Moral Development.* University of Toronto, PhD thesis.

Kappl, B. 2006: *Die Poetik des Aristoteles in der Dichtungstheorie des Cinquecento.* Berlin.

Kassel, R. 1976: *Aristotelis Ars Rhetorica.* Berlin.

Kenny, A. 1963: *Action, Emotion and Will.* London.

Kosman, L. A. 1980: "Being Properly Affected: Virtues and Feelings in Aristotle's Ethics." In: A. O. Rorty. 103-116.

Konstan, D. 2006: *The Emotions of the Ancient Greeks: Studies in Aristotle and Classical Literature.* Toronto.

Kraut, R. 2012: "Aristotle on Becoming Good: Habituation, Reflection, and Perception." In C. Shields. 529-557.

Landweer, H./Renz, U. 2008: *Klassische Emotionstheorien. Von Platon bis Wittgenstein.* Berlin.

Lear, G. R. 2004: *Happy Lives and the Highest Good: An Essay on Aristotle's Nicomachean Ethics.* Princeton.

Leighton, S. 1982: "Aristotle and the Emotions." *Phronesis* 27. 144-174.

Lessing, G. E. 1954: *Die Hamburgische Dramaturgie* [1767-1769]. In *Gesammelte Werke*, Bd. 6. Berlin.

Luserke, M. 1991: *Die Aristotelische Katharsis. Dokumente ihrer Deutung im 19. und 20. Jahrhundert.* Hildesheim.

Lyons, W. 1980: *Emotion.* Cambridge.

Marks, J. 1982: "A Theory of Emotion." *Philosophical Studies* 42. 227-242.

Most, G. W. 1994: "The Use of Endoxa: Philosophy and Rhetoric in the Rhetoric." In D. J. Furley/A. Nehamas. 167-190.

Nash, R. A. 1989: "Cognitive Theories of Emotion." *Noûs* 23. 481-504.

Neu, J. 2000: *A Tear is an Intellectual Thing: the Meaning of Emotions.* Oxford.

Nussbaum, M. 1978: *Aristotle's De Motu Animalium. Text with Translation, Commentary, and Interpretive Essays.* Princeton.

Nussbaum, M. 1996: "Aristotle on Emotions and Rational Persuasion." In A. O. Rorty. 303-323.

Nussbaum, M. 2001: *Upheavals of Thought: The Intelligence of Emotions.* Cambridge.

Nussbaum, M. 2004: "Emotions as Judgements of Value and Importance." In R. Solomon. 271-83.

Oakley, J. 1992: *Morality and the Emotions.* London.

Pakaluk, M./ Pearson, G. 2011: *Moral Psychology and Human Action in Aristotle*. Oxford.

Patzig, G. 2009: "Körper und Geist bei Aristoteles. Zum Problem des Funktionalismus." In D. Frede/B. Reis. 249-266.

Poeschke, J./Weigel, Th./Kusch, B. 2002: *Tugenden und Affekte in der Philosophie, Literatur und Kunst der Renaissance*. Münster.

Pohlenz, M. 1982: *Tusculanae Disputationes*. Berlin. Reprint 1918 Edition.

Rapp, C. 2002: *Aristoteles. Rhetorik. Übersetzung, Einleitung und Kommentar*. 2 Bde. Berlin.

Rapp, C. 2007: "*Katharsis* der Emotionen." In B. Seidensticker/M. Vöhler. 149-172.

Rapp, C. 2008: "Aristoteles: Bausteine für eine Theorie der Emotionen." In H. Landweer/U. Renz. 47-68.

Rapp, C. 2009: "Aristoteles über das Wesen und die Wirkung der Tragödie." In O. Höffe. 87-104.

Rapp, C./Corcilius, K. 2011: *Aristoteles-Handbuch. Leben/Werk/Wirkung*. Stuttgart.

Rapp, C. 2012: "Aristotle on the Moral Psychology of Persuasion." In C. Shields. 589-611.

Rapp, C. 2015: "Tragic Emotions." In P. Destrée/P. Murray. 438-454.

Ricken, F. 1976: *Der Lustbegriff in der Nikomachischen Ethik des Aristoteles*. Göttingen.

Rorty, Amélie O. 1980a: *Explaining Emotions*. Los Angeles.

Rorty, Amélie O. 1980b: *Essays on Aristotle's Ethics*. Berkeley.

Rorty, Amélie O. 1996: *Essays on Aristotle's Rhetoric*. Berkeley.

Schmitt, A. 2008: *Aristoteles. Poetik*. Berlin.

Seidensticker, B./Vöhler, M. 2007: *Katharsiskonzeptionen vor Aristoteles. Zum kulturellen Hintergrund des Tragödiensatzes*. Berlin.

Sherman, N. 1982: *Aristotle's Theory of Moral Education*. Harvard University Ph.D. thesis.

Sherman, N. 1993: "The Role of Emotions in Aristotelian Virtue." *Proceedings of the Boston Area Colloquium in Ancient Philosophy* 9. 1-33.

Sherman, N. 1997: *Making a Necessity of Virtue: Aristotle and Kant on Virtue*. Cambridge.

Shields, C. 2012: *The Oxford Handbook of Aristotle*. Oxford.

Solomon, R. 1977: "The Logic of Emotion." *Noûs* 11. 41-49.

Solomon, R. 1980: "Emotions and Choice." In: A. O. Rorty. 251-81.

Solomon, R. 1993: *The Passions: Emotions and the Meaning of Life*. 2nd edition. Indianapolis.

Solomon, R. 2004: *Thinking about Feeling: Contemporary Philosophers on Emotions*. Oxford.

Solomon, R. 2007: *True to Our Feeling*. Oxford.

Sorabji, R. 1993: *Animal Minds and Human Morals. The origins of the Western Debate*, Ithaca.

Stanford, W. B. 1983: *Greek Tragedy and the Emotions*. London.

Stocker, M. 1987: "Emotional Thoughts." *American Philosophical Quarterly* 24. 59-69.

Stocker, M./Hegeman, E. 1996: Valuing Emotions. Cambridge.

Striker, G. 1996: "Emotions in Context: Aristotle's Treatment of the Passions in the *Rhetoric* and His Moral Psychology." In A. O. Rorty. 286-302.

Vlastos, G. 1991: *Socrates: Ironist and Moral Philosopher*. Cambridge.

Völler, M. 2011: "Tragödie." In C. Rapp/K. Corcilius. 357-361.

Wittgenstein, L. 1953: *Philosophical Investigations*. trans. by G. E. M. Anscombe. Oxford.

Wolf, U. 2002: *Aristoteles' 'Nikomachische Ethik'*. Darmstadt.

Xenophon, *Hellenica*, Volume I: Books 1-4. Translated by Carleton L. Brownson. Loeb Classical Library 88. Cambridge. 1918.

찾아보기

하

총서 知의회랑 을 기획하며
arcade of knowledge

대학은 지식 생산의 보고입니다. 세상에 바로 쓰이지 않더라도 언젠가는 반드시 인류에 필요할 지식을 생산하고 축적하며 발전시키는 일을 끊임없이 해나갑니다. 오랫동안 대학에서 생산한 지식은 책이란 매체에 담겨 세상의 지성을 이끌어왔습니다. 그 책들은 콘텐츠를 저장하고 유통시키며 활용하게 만드는 매체의 차원을 넘어, 인간의 비판적 사유 능력과 풍부한 감수성을 자극하는 촉매의 역할을 충실히 해왔습니다.

이와 같은 '책을 읽는다'는 것은 단순히 지식과 정보를 습득하는 데 멈추지 않고, 시대와 현실을 응시하고 성찰하면서 다시 그 너머를 사유하고 상상함을 의미합니다. 그러므로 '세상의 밑그림'을 그리는 책무를 지닌 대학에서 책을 펴내는 것은 결코 가벼이 여겨선 안 될 일입니다.

이제 우리는 다양한 방식으로 존재하는 지식과 정보, 그리고 사유와 전망을 담은 책을 엮어 현존하는 삶의 질서와 가치를 새롭게 디자인하고자 합니다. 과거를 풍요롭게 재구성하고 미래를 창의적으로 기획하는 작업이 다채롭게 펼쳐질 것입니다.

대학의 심장부에 해당하는 도서관이 예부터 우주의 축소판이라 여겨져 왔듯이, 그곳에 체계적으로 배치된 다양한 책들이야말로 이른바 학문의 우주를 구성하는 성좌와 다름없습니다. 우리는 그 빛이 의미 없이 사그라들지 않기를, 여전히 어둡고 빈 서가를 차곡차곡 채워가기를 기대합니다.

앎을 쉽게 소비하는 시대를 살고 있지만, 다양한 앎을 되새김함으로써 학문의 회랑에서 거듭나는 지식의 필요성에 우리는 공감합니다. 정보의 홍수와 유행 속에서도 퇴색하지 않을 참된 지식이야말로 인간이 가야 할 길에 불을 밝혀줄 수 있기 때문입니다. 앞으로 대학이란 무엇을 하는 곳이며, 왜 세상에 남아 있어야 하는 곳인지 끊임없이 되물으며, 새로운 지의 총화를 위한 백년 사업을 시작하겠습니다.

총서 '知의회랑' 기획위원

안대회 · 김성돈 · 변혁 · 윤비 · 오제연 · 원병묵

지은이 한석환

숭실대학교 철학과 명예교수이다. 서양고대철학, 존재론, 수사학이 주된 연구
분야이다. 『존재와 언어』(2007년 대한민국학술원 우수학술도서), 『아리스토텔
레스 수사학 연구』(2016년 대한민국학술원 우수학술도서) 등의 저서와 『철학자
아리스토텔레스』(J. L. 아크릴), 『철학자 플라톤』(M. 보르트), 『하일라스와 필로
누스가 나눈 세 편의 대화』(조지 버클리) 등의 역서를 냈다.

🏛 知의회랑
arcade of knowledge
024

감정의 귀환
아리스토텔레스 감정론 연구

1판 1쇄 인쇄 2022년 2월 20일
1판 1쇄 발행 2022년 2월 28일

지 은 이   한석환
펴 낸 이   신동렬
책임편집   현상철
편   집   신철호·구남희
마 케 팅   박정수·김지현

펴 낸 곳   성균관대학교 출판부
등   록   1975년 5월 21일 제1975-9호
주   소   03063 서울특별시 종로구 성균관로 25-2
전   화   02)760-1253~4 팩스 02)762-7452
홈페이지   http://press.skku.edu

ISBN 979-11-5550-503-8 93160

ⓒ 2022, 한석환
값 28,000원

⊙ 이 저서는 2016년 정부(교육부)의 재원으로 한국연구재단의 지원을 받아
   수행된 연구임(NRF-2016S1A6A4A01019058).
⊙ 잘못된 책은 구입한 곳에서 교환해 드립니다.